불교와 주역

지은이 | 하금화 夏金華

1958년 2월 절강성 건덕(建德)에서 태어났다. 1987년 상해불학원, 1993년 상해사회과학원연구생부를 졸업했다. 1994년『상해종교지. 불교권』에 편집인으로 초빙되었고, 현재 상해사회과학원철학연구소에서 연구원과 불교연구중심비서장을 지내고 있다.

일찍이『중화역학대사전』의 조목(條目)을 집필했으며, 저서로는『中國佛教的制度與儀軌』,『隋唐佛學研究』등이 있다. 이외 홍콩, 대만, 싱가폴과 중국에서 발표한 불학논문이 약 80여편이 있다.

옮긴이 | 정병석

정병석은 영남대학교 철학과와 대학원을 졸업하고 타이완(臺灣)의 中國文化大學 哲學研究所에서 박사학위를 받았다. 계명대학교 철학과 교수(1988-1994)를 지낸 후, 1995년부터 지금까지 영남대학교 철학과 교수로 재직하고 있다. 주된 관심 분야로는 周易과 고대 유학 및 현대 신유가 철학 등이다.『점에서 철학으로』,『유학, 연속성의 세계와 철학』,『주역과 성인, 문화상징으로 읽다』,『주역』,『주역철학의 이해』,『중국고대사상사론』외 다수의 저역서가 있다. 한국주역학회 회장과 새한철학회 회장을 역임하였다.

옮긴이 | 김대수

김대수는 계명대학교 영문과와 한국정신문화연구원 대학원 통합과정을 수료하고 영남대학교 대학원 철학과에서 박사학위를 받았다. 현재 영남대 철학과 겸임교수로 있다. 오늘날 사회에서 동양적 가치는 무엇이며, 현대적 시각에서 동양철학의 여러 문제들을 어떻게 해석할 것인가 하는 주제에 관심을 가지고 이 분야에 연구와 글쓰기를 집중하고 있다. 주요 논문으로는『동양철학의 인식과 실재』,『웅십력의 체용론』,『언어와 세계 간의 역설 구조』,『서세동점 위기 속에서 근대유학의 환골탈태』외 다수가 있다.

불교와 주역

하금화 지음 | 정병석 · 김대수 옮김

영남대학교출판부

한국어판 서문

중국 전통 학술사에 보이는 천재적인 고승高僧이나 사대부들이 늘 손에 가지고 놀았던 두 가지의 골동품이 있었는데, 그 중 하나는 전통적인 『주역周易』이고 다른 하나는 바깥에서 들어온 불학佛學이었다. 하나는 중국의 것이고 다른 하나는 외래에서 온 것으로, 이 둘이 소통하여 『주역』으로 불교를 해석하거나 불교로 『주역』을 해석해서 서로 호응하며 발전하였다. 또한 이들은 상호 간의 공통점을 찾아내고, 각자 다른 의견을 인정하여 하나의 특수한 학문 체계를 만들어 내었다.

고승들은 『주역』을 빌려 사대부들을 끌어들여 불교를 전파하는 데 많은 도움을 받았다. 송대의 대문호 소식蘇軾이 "불교가 문장으로 가르침을 세워 중국에 유익함을 주려 할 때는 반드시 유가의 도리로 말할 수 있는 것에 의탁하였는데 그 후에 널리 전파될 수 있었다."[1]고 말하는 것과 같았다.

불교는 최고 수준의 학문을 숭상하는 사대부들의 기호와 식후의 이야기 거리에 매우 좋은 자료들을 제공해 주었다. 비록 불교가 어렵고 애매하여 그 뜻을 명확하게 파악하기는 어렵지만, 삼국 시대로부터 시작하여 남북조시

1) "釋迦以文設教, 其澤於中國, 必托於儒之能言者, 然後傳遠。" 이 말은 「柳宗元六祖碑題記」에 나오는 말이다.

기를 거쳐 청말清末과 근대에 이르기까지 많은 사람들이 머리가 하얗게 될 때까지 연구를 즐겨 지칠 줄 모를 지경이었다. 『불교와 주역』이라는 이 책은 천 년 동안 전해 내려온 일련의 공안公案들을 오래된 종이 더미 속에서 하나하나 정리하고 가감加減하여 중요한 문제들에 대해 집중적으로 다루었다.

이 책이 1997년에 대만의 신문풍新文豊 출판사에서 초판으로 발간되고 나서 20년의 세월이 지났다. 당시에 저자의 공부가 부족하여 지금과 비교해 보니 고칠 부분이 많았지만 줄곧 기회가 없었다. 이런 상황을 앞으로의 연구에 채찍으로 삼을 것이다.

역자인 정병석 교수와 김대수 박사는 난해한 이 책을 번역하는데 엄청난 신고辛苦를 겪었으리라 생각한다. 이 책을 번역해준 두 사람에게 깊은 감사를 드린다.

상해에서 夏金华

차례

Ⅳ. 밀교密教와 역학易學 • 267

Ⅴ. 유식학唯識學과 역학易學 • 295

부록

서론 緖論

불교와 『주역』의 상호 관계에 대한 연구는 기본적으로 지금도 여전히 개척의 손길을 기다리는 분야이다. 1950년대 이래로 중국이나 해외를 막론하고 이와 관계된 글을 볼 수 있는 것은 겨우 몇 편에 불과하고 이 또한 대부분 깊이가 없고 논의 또한 분명하지가 않다. 연구하는 관점이 얕고 체계를 갖춘 저작은 아직 보이지 않는다. 이 또한 그럴 수밖에 없는 것이 불학佛學과 역학易學은 매우 다루기 어려운 것으로 유명하고 또 역사적으로 불학과 역학의 관계를 토론한 것은 대부분 고승高僧의 손에서 나왔다. 그들은 대체로 불교의 관점에서 불교를 전파하는 보조수단으로 역학을 삼고 있기 때문에 양자의 관계를 언급한 글은 대부분 불교의 이론을 기술하는 데 집중되어 있다. 그래서 이들 관계를 (전문적인) 주제로 삼아 상세히 검토한 것은 드물 수밖에 없다. [물론 우익藕益은 예외이다]

명대明代 말엽 선禪에 빠진 몇몇 거사居士들의 전문적인 저서는 많았지만, 애석하게도 현재 남아있는 것은 없다. 근대 몇몇 학자들 또한 이러한 문제를 다룬 적은 있지만, 대부분 일반적인 논의로서 관련된 문제를 다룰 경우에만 부수적으로 언급했을 뿐 전문적으로 깊이 있게 논의하지는 않았다. 이 때문에 주의를 기울이지 않으면 핵심적인 문제들을 쉽게 지나칠 가능성이 크다.

불교 경전은 전체 3장 12부三藏十二部[1]로 방대하다. 그 중에서 사상 이론의 맥락을 정리하는 것은 모래 속에서 금을 찾는 것과 마찬가지로 쉽지 않다. 불교적인 관점에서 다룬 역학은 역학의 정통을 자처하는 유가의 호교론자護教論者들로부터 질책과 비난을 줄곧 받아왔다. 고승이 『주역』을 논한 것은 불법을 높이려는 동기에서 나온 것이지만, 역학의 다원화라는 측면에서는 어느 정도 발전을 촉진시킨 것은 사실이다. 하지만 이들 저작들은 비운을 피하기 어려웠다.

그 중의 하나가 당대唐代 초기 공영달孔穎達[2]이 『오경정의五經正義』를 편찬할 때 『주역정의周易正義』에서 이런 부류의 글은 모두 다 빼버린 경우이다. 또, 청대清代 건륭乾隆 년간年間 『사고전서四庫全書』를 편찬할 때, 불교와 『주역』의 융통融通을 시도한 서적들은 대량으로 불태워졌으며 지금은 소수의 서목書目만이 남아있다. 이렇게 되자 연구의 어려움은 더욱 가중되었다. 앞서서 어렵고 힘든 가시밭길을 개척하여 극복한 사람들이 없었다면 후대의 이런 편리함은 누리기 어려웠을 것이다.

이 책은 당연히 역사 발전의 전후 순서에 따라 서술해야 하겠지만, 사고방향의 명증성과 자료의 한계를 고려하여 선학과 역학, 화엄학과 역학, 밀교密教와 역학, 유식학과 역학, 이 네 장의 주제로 나누어 쓰려고 한다. 여기에 불학과 역학의 교섭이란 한 장을 더하여 불교의 기본 이론과 『주역』의 초기 교섭 상황을 기술함으로써 전체적인 구도와 조화시키려고 하였다. 이렇게 하면 적어도 이 책을 통하여 『주역』과 여러 불교 종파의 이론이 상호 교류한 상황을 충분히 이해할 수 있을 것으로 전망한다. 또한 이 책은 불교와 『주역』이 발전한 역사적 맥락을 드러내기 위해서 장절章節을 안배하여 사건 발생과 변천의 전후 순서를 조명하였다.

이 책에서 인물의 사상적 관점을 분석할 경우에는 그들이 사상을 계승하고 발전시킨 측면을 다루는 것 외에도(이것은 노력도 많이 들지만 때로는 자료 부족으로 진행하기가 쉽지 않다) 전체적인 역사의 발전, 연원의 문제 등을 간단하게 서술함으로써 전체 내용을 종횡으로 파악할 수 있는 이론의 틀을 분명하게 드러내려고 노력했다.

넓게 보면 불교와 『주역』의 상호 교류는 불교 전래 초기부터 이미 시작되었다고 할 수 있다. 불교에 대한 역사적 지식을 어느 정도 가진 사람이라면 중국 내륙으로의 불교 전파는 주로 상층 귀족에서 시작되어 이후 점차 민간으로 파고들었다는 사실을 알고 있을 것이다. 상층 귀족이 받은 교육은 일반 백성에 비해 높아 그들의 머릿속에는 어느 정도 『주역』에 관한 기본적인 개념과 지식이 저장되어 있었다. 당시 생소한 불교의 교의教義를 접할 때, 그들은 무의식적으로 중국 고유의 철학서인 『주역』 학설과 서로 대조하고 (둘 사이에 서로 같거나 비슷한 점이 있다면) 손익損益을 따져 취사선택했다.

불교가 전래한 초기에 가장 넓게 퍼진 교의는 아마 인과응보설因果應報說일 것이다. 특히 백성들의 삶이 도탄에 빠진 동한東漢 말 전쟁이 끊이지 않은 시기에 "선善에는 선보善報, 악惡에는 악보惡報"의 사상과 "선을 쌓은 집안에는 반드시 경사가 남아돌고 불선을 쌓은 집안에는 반드시 재앙이 남아 돌 것이다積善之家, 必有餘慶, 積不善之家, 必有餘殃."[3]는 『주역』의 경문은 기본적으로 같다. 따라서 그 둘(불교와 주역)을 동일시하였는데 이런 관점은 여전히 초보적인 단계에 속하는 것이다.

이후 승려와 사대부 계층은 이러한 사상적인 관점을 가지고 이론적 차원으로 발전시켰으며, 서로 비교 연구를 통해 동이同異 점을 가려 장점을 취하고 단점을 보완하여 각자의 사상적 입장에서 다양한 변론을 전개하였다. 동시에 이 내용들을 정리하여 발표하였는데 이것이 바로 불교와 『주역』의 상호 관계를 다룬 글들이다.

불교 교의의 변천 또한 예외가 아니다. 이에 대해 『모자이혹론牟子理惑論』[4]이 이미 그 점을 반영하고 있다. 이 책은 비록 불교, 도가와 유가의 일치를 선양宣揚하는 사상적 경향을 가지고 있지만 『주역』의 관점에서 직접 논하고 있는 것은 없다. 하지만 이러한 추세는 이미 상당한 단서를 드러내고 있다. 『홍명집弘明集』[5]에는 이런 문장들이 거의 모두 집대성되어 있다. 대부분 동한에서 발생하여 위진魏晉 시기를 거쳐 이루어진 것들이다. 불교는 주로 번역이라는 수단을 빌려 전파하였는데 이러한 관점 또한 특별히 지적할 필요가 있다. 그러나 이 문제는 이 책의 핵심 주제가 아니기 때문에 크게 언급하지 않으려고 한다.

이 시기(위진)는 불교의 영향이 날로 확대됨에 따라 『주역』과 교류할 수 있는 기회와 범위 또한 매우 증대되었다. 교류 확대의 계기는 의리義理로 『주역』을 해석하는 기치를 높이 들고 상수象數를 일소一掃한 왕필王弼[6]의 영향이 크다. "뜻을 얻으면 상을 잊고, 상을 얻으면 말을 잊는다得意忘象, 得象忘言"는 그의 역학관은 세상에 널리 퍼져 사유의 폭을 넓혔으며 역학의 발전을 한 단계 더 촉진시켰다.

이로부터 승려들은 『주역』으로 불교를 해석하고, 사대부들은 불교를 통해 『주역』을 논하는 기풍이 마침내 유행하기 시작하였다. 그 표현 형식은 다양하다. 예를 들면, 축도생竺道生[7]이 창립한 '돈오성불頓悟成佛' 등의 이론은 비록 불경의 문구에 속박되어 있지 않지만 깊은 연구를 통해 불학 사상을 대담하게 응용한 결과로서 왕필의 '득의망상得意忘象'설에서 매우 중요한 단서를 얻었다.

또 어떤 것은 '격의格義'[8]의 관점으로 불교와 『주역』을 서로 비교하였는데 이것은 『홍명집』에서 충분히 살펴볼 수 있으므로 여기에서는 일일이 거론하지 않겠다. 불경을 편조編造하면서 불교와 『주역』이 "길은 다르나 목적지는 같다殊途同歸"는 점을 강조한 것도 있다.

북위北魏의 승려 담정曇靖[9]이 편찬한 『제위파리경提謂波利經』[10]은 역학의 음양오행 학설과 불교의 여러 가지 계율을 적절히 안배하여 불교를 선양하는 보조 수단으로 삼았다. 이러한 사례들은 한 둘이 아니다. 대체적으로 남북조 시기에 이르면 이러한 관점은 더욱 성행했으며 특히 양梁대에 이르면 양무제梁武帝를 필두로 하는 제왕, 관료, 사대부가 참여하여 불교와 『주역』의 교류는 최고조에 이른다.

이 당시 대승 불전佛典인 『유마힐경維摩詰經』은 이미 『노자』, 『장자』 그리고 『주역』과 함께 나란히 사서四書가 되었다. 사대부들은 불교의 개념으로 『주역』을 해석하거나 불교의 분석 방법으로 유가의 책을 소해疏解하여 매우 높은 이해력과 표현력을 보여주었다. 소연蕭衍[11], 즉 양무제는 스스로 역학 이론으로 불교의 문제를 설명하였는데, 그 중에 『출고육왕탑하불사리조出古育王塔下佛舍利詔』와 『주해대품반야경서注解大品般若經序』가 이런 관점을 가장 잘 보여준다. 이러한 현상은 진陳[12] 나라 멸망 때까지 지속되었다. 이것은 중국사상사에서 주목할 가치가 있는 내용이지만 유감스럽게도 오랫동안 학계의 관심을 이끌어내는 데에는 실패하였다.

수당隋唐 시대는 불교 발전의 전성기로서 고승들이 배출되고 많은 종파가 난립하였다. 이때는 불학 이론이 사상계에서 주도적인 지위를 차지한 시기이다. 위진 남북조 시기 승려들이 『주역』으로 불교를 해석한 것은 엄밀히 말해서 여전히 『주역』에 종속된 것이라고 볼 수 있지만 수당 시기에 이르면 『주역』은 오직 불학 이론을 해석하는 도구로만 간주될 뿐이었다. 이 때문에 이 시기의 각 종파는 자신들의 이론 학설을 높이는 동시에 역학 원리를 적절하게 응용하여 자기 종파의 이론을 사상계의 권위로 확립하려는 노력을 경주했다. 이러한 역학적 원리의 응용을 통하여 각 종파의 학설은 더욱 체계화 되었고 사변은 더욱 날카롭게 되었다. 그리하여 이 시기의 사상들은 중국철학 사상에서 한 자리를 차지할 수 있게 되었다.

우선 선학禪學 중의 조동종曹洞宗 계열은 석두희천石頭希遷에서 시작하는데 『주역』과 끊을 수 없는 인연을 맺고 있다. 그의 『참동계參同契』는 조동종 초기 사상의 중요한 문헌이다. 이 책은 도가의 위백양魏伯陽[13]이 쓴 『참동계』의 영향으로 형성된 것이기 때문에 도교적 색채가 짙게 배여 있지만 역학과의 관계도 매우 깊다. 이 책이 담고 있는 선학禪學 사상은 훗날 조동종의 형성과 발전에 큰 영향을 끼쳤다. 그의 제자 운암雲岩 담성曇晟[14]은 스승의 의발衣鉢을 전수받고 『참동계』의 성격과 특징을 보존했을 뿐만 아니라 이것을 매개로 자신의 사상을 역학의 괘효 구조와 긴밀하게 결합하여 불교 게송偈頌인 「보경삼매가寶鏡三昧歌」[15]를 지었다. 이것은 조동종 사상 계열에 유 · 불 · 도 사상이 함께 융합하여 회통하는 특징을 잘 드러내고 있다. 그 가운데 「십육자게十六字偈」는 바로 『주역』 리괘離卦의 괘효사卦爻辭를 가지고 선禪의 의미를 표현한 중요한 시도였다고 할 수 있다. 함축한 뜻이 매우 난해하여 일반 사람들이 이해하기는 결코 쉽지 않다.

운암의 제자인 동산洞山 양개良价는 스승의 사상을 한걸음 더 발전시켜 「편정오위偏正五位」[16]라는 선학적 관점을 제기하였다. 후에 조산曹山 본적本寂은 오위五位 이론에 대해 새로운 해석을 남겼다.[17] 그에 이르러 조동종은 비로소 정식으로 종파가 형성되었다. 그러나 그들의 사상은 다같이 『주역』과 다소 미묘한 관계를 유지하고 있다.

동산 조사가 「십육자게」에 대해 명확한 해석을 하지 않았기 때문에, 송대 이후 수 백 년에 걸쳐 그 속에 숨은 함의가 무엇인가에 대한 논쟁이 벌어지게 되었다. 논쟁의 초점은 「십육자게」에 나타난 삼첩三疊과 오변五變의 진의가 무엇인가에 있다. 혜홍慧洪[18]과 원현元賢[19]은 그 뜻이 리괘離卦에서 다른 네 괘로 변했다고 보았으며 이후 5괘와 오위五位를 서로 배합하여 '편정회호偏正回互'의 뜻을 제기했다. 그들의 적용 방법은 다르지만 기본적인 특징은 거의 같다.

운수雲岫[20]와 행책行策[21] 두 사람은 위의 설에 찬동하지 않았다. 그들은

'편정오위'를 '리괘'의 한 괘에 포함시켰는데, 나란히 운암의 「보경삼매가」 안에 관련되는 몇 가지 비유를 들고 '육종도설六種圖說'에 배치시켜 논증을 전개했다. 여기에 이르러 「십육자게」가 함의하고 있는 수수께끼가 다소 밝혀진 것으로 보인다.

다음은 화엄학華嚴學이다. 이 종파는 선종이 『주역』을 은밀히 이용하는 태도와는 달리 공개적으로 『주역』의 관점을 활용한다. 법장法藏[22]의 경우에는 다소 은밀히 취하고 있는 느낌이 있지만 이통현李通玄[23]으로부터 5조 종밀宗密[24]에 이르기까지 모두 드러내놓고 역학 이론을 끌어와 말한다.

징관澄觀[25]은 『주역』에 대해 거리낌 없는 비판을 가하기도 하였다. 이통현은 어릴 때에 『주역』을 익혀 역도易道에 정통하였다. 그는 『신화엄경론新華嚴經論』이라는 책에서 거방우표법擧方隅表法, 취상표법取象表法, 탁사표법托事表法, 세 가지 방법을 가지고 『화엄경』의 요지와 역학의 팔괘와 음양오행의 제 원리를 대비시켜 새로운 견해를 연이어 주장하였다. 이것은 사람들에게 깊은 성찰을 하게 하였으며 이 책은 송유宋儒와 선사禪師들의 필독서가 되었다.

징관은 이통현의 유지를 이어받아 『화엄경소초華嚴經疏鈔』를 지어 이통현이 다 밝히지 못한 뜻을 남김없이 드러내려고 했다. 그는 『역전易傳』의 '궁리진성窮理盡性', '숭덕광업崇德廣業' 등의 뜻을 불교의 '철과해인徹果該因'[26]과 보살행菩薩行으로 융합하였다. 한 걸음 더 나아가 그는 불교의 '연생법緣生法'[27]을 기준으로 삼아 『역전』의 '태극생성론太極生成論'이 잘못된 원인[邪因] 발생론이라고 주장하였다. 이것은 역학사易學史에서 승려가 『주역』에 대해 비판한 첫 번째 사건이라고 할 수 있다. 이러한 비판은 물론 상당한 담력과 식견을 필요로 했다.

종밀은 주로 음양 이기二氣를 가지고 글을 지어 건괘乾卦의 원형이정元亨利貞의 사덕四德과 불교의 상락아정常樂我淨 사덕을 '기氣' 아래 통일시켰는데, 이런 관점은 매우 빼어나다. 『화엄경』의 뜻은 크고 넓지만, 역학의 이론 또한 방대하기 때문에 이 둘을 회통하려는 시도는 크게 문제 되지 않는다.

일반인의 입장에서 보면, 다양한 불교 종파 중에서 사람들에게 가장 신비스럽게 다가오는 것은 밀교密教라고 할 수 있다. 예상과는 달리 이 종파 또한 『주역』과 관계가 얽혀있는데, 밀교의 본사本寺인 대흥선사大興善寺는 『주역』의 괘효와 관련이 있을 뿐만 아니라 신비한 만다라曼荼羅 또한 역학 체계에 속하는 낙서洛書의 방위와 서로 비슷하다. 밀교의 수행법과 밀교승인 일행一行28은 『주역』의 점복占卜과 깊은 인연이 있어서 깊이 탐구해 볼 만한 주제라고 할 수 있다.

천태종과 도교와의 관계는 학계에서 이미 인정하고 있다. 관정灌頂29의 『능엄경소楞嚴經疏』에서는 다음과 같이 말한다.

> 신장腎臟의 물을 감괘坎卦의 남자로 삼고 심장의 불을 리괘離卦의 여자로 삼는다. 감坎을 취하여 리離를 메우고, 불을 내리고 물을 끌어올려 서로 교합하여 선태仙胎가 이루어지게 하니, 쉬지 않고 오래 행하면 효과를 보니 감응이 원만하게 이루어진 것이라 한다. 감응이란 바로 서로 교합交合한다는 뜻인데, 이것은 감리坎離로서 정精을 만들고 행行을 이룬다. 그러므로 정행선精行仙30이라고 불린다.[1)]

위의 인용문을 살펴보면 그 뜻은 분명히 역학의 영향을 받고 있는데, 다만 도교道教의 수련 이론을 통해 표현하고 있다는 점이다. 천태종의 교의教義와 역학의 교류는 이를 통해 그 일면을 살펴볼 수 있다. 다만 다른 종파와 비교해 보면, 그와 관련된 내용을 별도의 장이나 절을 만들어 논하기에는 상당히 부족하여 따로 나누어 논하지는 않겠다.

송대에 들어와 당대 말기의 무종武宗의 멸불滅佛 사건31과 오대五代의 전란

1) "以腎水爲坎男,心火爲離女,取坎填離,降火提水,令其交遘,以成仙胎;久行不息,而得功效,謂感應圓成。感應者,即交遘義,此以坎離,遘精成行,故名精行仙."

에 의한 손실 그리고 유가 이학理學의 비약적인 발전은 불교 교학教學을 퇴조시키는 계기가 되었으며 불학과 역학의 교류 또한 점차 침체의 국면으로 접어들게 되었다. 그러므로 정이천程伊川(1033~1107)은 공공연히 "『화엄경』 한 질을 보는 것은 간괘艮卦 하나를 보는 것만 못하다"라고 할 정도로 불교를 폄하하였다.

간괘의 괘사에는 "그 등에 그치면 그 몸을 얻지 못하며 그 뜰에 가도 그 사람을 보지 못하니 허물이 없을 것이다"[2]라고 되어 있다. 이 괘사는 사욕을 억제하는 이치를 밝히는 데 있다. 말하자면 사람의 사욕을 막으려할 때, 그 사람이 아직 '사욕'이 무엇인지를 (등 뒤에 있어서) 전혀 알지 못하는 것처럼 자신도 모르는 사이에 제거되어야 하는 것을 말한다. 이는 마치 '등 뒤에서[背後]' '억지抑止'된다는 것은 억지되는 것이 어떤 '사욕'인지 보지 못하게 하는 것과 같다. 이것이 바로 왕필의 『주역주』에서 말하는 "등에 그치게 되면 물욕에 막히지 않으니 그 그칠 바를 얻는다"32의 뜻과 같다.

정이천이 볼 때 팔십 권의 『화엄경』은 비록 보살의 제행諸行을 반복하여 나타내지만[3] 그 최종 목적은 '그릇됨을 막고 악을 그치게 함防非止惡'에 불과하며 선을 행하는 길을 목표로 나아갈 뿐이기 때문에 『주역』의 간괘艮卦의 뜻

2) "艮其背, 不獲其身, 行其庭, 不見其人. 无咎." 간괘 괘사를 "등 뒤에 그치니 감각으로 느끼는 것을 피하여, 신체가 마땅히 억제되어야 할 사욕을 직접 대면하지 못하게 한다. 비유하면 정원에서 거닐면서 두 사람이 서로 등지고 상대방이 억지되어야 할 사악에 물들지 않게 하면 반드시 허물이 없다."라고 해석하였다.

3) 『화엄경』이 관통하고 있는 전체 경전의 내용은 보살행이며 크게 세 부분으로 나눌 수 있다. 첫째, '지전(地前)'의 보살제행 : 삼보(三寶)를 받드는 것에서 시작하니 수습십바라밀(修習十般羅蜜)에 해당하며 나누어 말하면, '십주', '십행', '십무진장', '십회향'을 거쳐 '십지'에 이르는데, 이것은 초보적 수행단계이다. 둘째, '입지(入地)'의 보살제행: '십지'에서 시작하여 수습(修習)하는 자는 '초지(初地)'에 진입하는데, 이것이 바로 "범부지를 벗어나 보살 위에 들어가며(過凡夫地, 入菩薩位)" "불가에서 산다(生在佛家)"를 가리킨다. 셋째, '불계(佛界)'에 진입하는 보살제행: 십지수행은 원만하며 불계에 진입하여 이로 말미암아 제불의 신통과 지혜를 획득하며 아울러 중생을 두루 구제하고 출세간을 드러내며 법계에 깊이 들어간다. 이러한 보살제행은 바로 불교가 어떻게 '범부'를 수련하여 '보살', '불'이 되는가 하는 과정을 말하고 있다.

과 결코 다르지 않다고 보았다. 오히려 '간괘'의 두 세 마디 말이 핵심적 요점을 말하고 있기 때문에 자연스레 『화엄경』을 반복적으로 말하는 것보다 낫다는 것이다. 사실 이것은 오해이다. 경經 가운데 다른 사상은 덮어두고 '사욕의 억제'라는 점에서만 말한다면 이 둘은 확실히 비슷하다. 이것은 다만 목적만 같을 뿐이고 방법은 다르다.

간괘의 괘사가 취한 뜻은 '욕망을 볼 수 없어 마음을 혼란하게 하는 것을 면하는 것'으로, 회피하는 것에 뜻이 있으나 실제 효과는 오히려 크게 감소되기 마련이다. 볼 수 없다고 말하지만 마음은 스스로 욕심을 일으키는 것을 알기 때문에 억지로 마음을 움직여 참으면 강제로 억제하게 만드는 병통이 생긴다.

불교는 오히려 이와 반대로 욕망이라는 문제에 정면으로 대응하여 사욕의 해로움을 지적하여 '부정관不淨觀'[33]으로 다스리는 것에 중점을 둔다. 이것은 앞의 얼굴을 보기도 하고 또한 뒤의 등도 보는 것을 말한다. 따라서 보각寶覺 선사가 말한 '마음을 제거하지만 대상을 제거하지 않는除心不除境'[4)] 경지에 이르게 되는데, "그 등에 그치면艮其背"이라는 것과 비교하면 확실히 한 수 위라고 할 수 있다.

이 시기에 이르러 거사居士 중에서 유불을 가장 잘 소통시킨 사람은 마땅히 장상영張商英[34], 이강李綱[35], 두 사람을 꼽아야 할 것이다. 특히 이강은 당대 화엄종 조사祖師가 남긴 유지遺志를 잊어버리지 않고 화엄학과 역학을 서로 참고하여 별도의 새로운 이론을 세우는 데 힘썼다. 그는 『주역』은 상象을 세워 뜻을 다하고, 『화엄경』은 사事에 의탁하여 법法을 펴고 있으니 이것은 같은 이치

4) 『오등회원(五燈會元)』 권17 "사람들이 보통 마음을 비우려 들지 않는 까닭은 공에 떨어질까 두려워해서인데, 자기 마음이 본래부터 비었음을 모르는 것이다. 어리석은 사람은 경계는 없애려고 하면서 마음은 없애지 않는다. 그러나 지혜로운 이는 마음을 없애지 경계를 없애지 않고, 보살은 마음이 허공과 같아서 모든 것을 다 버리고 자기가 지은 복덕마저도 탐착하지 않는다.(凡人多不肯空心, 恐落於空, 不知自心本空. 愚人除事不除心, 智者除心不除事, 菩薩心如虛空, 一切俱捨, 所作福德 皆不貪着)"라고 하는 말에서 나왔다.

라고 주장하였다. 한 걸음 더 나아가 화엄법계華嚴法界와 『주역』의 건곤乾坤 등의 여러 괘, 화엄법문華嚴法門과 이간易簡[5] 법문은 또한 서로 일치하는 것이라고 생각했다. 동시에 『화엄경』 중에 육바라밀六波羅密36의 보살행 및 자비희사慈悲喜捨 사상과 『주역』의 뜻을 서로 연결시켰다. 그 중에서 다음과 같이 말한다.

> 자강불식自彊不息 하여 작은 것을 쌓아 크게 하는 것이 정진이 아니겠는가? 스스로 명덕明德을 밝혀 일을 할 때는 처음부터 철저히 잘하도록 도모해야 하는 것이 지혜가 아니겠는가? 자신에게 돌이켜 덕을 닦고 검소한 덕으로 어려움을 피하는 것이 인욕忍辱이 아니겠는가? 사물을 저울질하여 공평하게 베풀어야 하고 베풂과 녹을 아래에까지 미치게 하는 것이 보시布施가 아니겠는가? 분노와 욕심을 막고 말을 신중히 하고 음식을 절제하는 것이 지계持戒가 아니겠는가? 그 따라야 할 바른 방향을 세워 바꾸지 않아서 말에는 결과가 있고 행에는 항상 됨이 있는 것이 선정禪定이 아니겠는가? 가르쳐 주려는 생각이 무궁하며 백성을 포용해서 보살피는 것이 끝이 없고 힘써 때에 맞추어 만물을 기르는 것이 이른바 자慈이다. 옥사를 의논하고 사형을 완화하며 형 집행을 신중히 하여 옥에 가두지 않는 것이 이른바 비悲이다. 먹고 마시며 잔치를 열고 즐거워하고 붕우와 강습하는 것이 이른바 희喜이다. 홀로 서도 두렵지 않고 세상을 은둔하여도 근심이 없는 것이 이른바 사捨이다.[6]

5) 『역위건착도(易緯乾鑿度)』에 역(易)에는 이간(易簡)·변역(變易)·불역(不易)의 세 가지 뜻이 있다고 하였다. '이간'이란 『주역』의 이치가 쉽고 간편하다는 의미로 『주역』의 기본 원리이다. 이(易)는 건(乾)의 형이상적인 작용이 되고 간(簡)은 곤(坤)의 형이하적인 작용이 되어, 건은 이(易)로서 주장하고, 곤은 간(簡)으로서 능(能)하다고 말한다.

6) 팽제청(彭際淸) 『거사전(居士傳)』 권29 『이백기전(李伯紀傳)』. 『만속장경(卍續藏經)』 제149책, 『송사(宋史)』 「이충정집(李忠定集)」 "自強不息, 積小而大, 非精進乎? 自昭明德, 作事謀始, 非智慧乎? 反身修德, 儉德辟難, 非忍辱乎? 稱物平施, 施祿及下, 非布施乎? 懲忿窒欲, 慎言語, 節飮食, 非持戒乎? 立不易方, 言有物, 行有恆, 非禪定乎? 教思無窮, 容保民無疆, 茂對時育萬物, 所謂慈也; 議獄緩死, 明慎用刑而不留獄, 所謂悲也; 飮食宴樂, 朋友講習, 所謂喜也; 獨立不懼, 遁世無悶, 所謂捨也."

위의 말들은 모두 이치에 들어맞아 불교나 『주역』의 본의에 매우 부합된다. 마지막에 이강은 『화엄경』과 『주역』은 다 같이 심법心法에 귀결되는 것이라고 말한다. 이것의 마지막 결론은 불교와 역학 모두의 궁극적인 취지에 어긋나지 않는다. 화엄 5조 이후의 불교와 역학의 관계는 사실상 새로운 단계로 발전한 것이나 다름없다.

중국불교사에서 불교와 역학의 융합을 선양하는 데에 승속僧俗이 가장 분명하게 공동으로 참여한 시기는 남북조 시기와 명대의 말엽이다. 남북조 시기(특히 양조梁朝)에 제왕과 대신들이 앞장서서 사람들을 적극적으로 고무하여 제창한 것과는 달리, 명대 말에 이르면 이러한 노력은 완전히 자발적인 행동에서 나온다. 이것은 한편으로는 국정의 혼란과 환란이 자주 일어나 사대부들이 자신들의 앞길을 예측하지 못하여 역학 연구를 통해 우환을 예측하려 하였기 때문이다.

또 다른 한편으로는 이 시기에 네 명의 유명한 고승이 '유학을 끌어와 선禪을 파악하는' 유불일치儒佛一致 경향을 고취시킨 결과이다. 그러므로 불교와 역학이 서로 융합하여 다시 한 번 이 시기에 크게 유행되면서 이와 관련된 내용을 담고 있는 많은 저작들이 출현하였다. 예를 들면, 소준蘇濬[37]의 『주역명명편周易冥冥篇』[38]은 선을 끌어당겨 『주역』으로 들어갔고, 방시화方時化[39]의 『학역술담學易述談』은 모두 선기禪機(선 사상의 정신적 틀)를 주로 삼았고, 『주역송周易頌』은 불가의 종지를 벗어나지 않았다. 『역통易通』 또한 다른 학문(불교와 도교의 학문을 말함)과 혼합되었으며 초횡焦竑[40]의 『역전易筌』도 불교의 설을 포함하였으며 서세순徐世淳[41]의 『역취易就』는 선가禪家의 틀과 거의 비슷하고 지욱智旭의 『주역선해周易禪解』는 분명히 선으로 『주역』을 해석하였다.

『주역선해』는 '역리설易理說', '유불역사덕설儒佛易四德說'과 '수행실천의 핵심'이라는 세 가지 관점에서 불교와 주역의 유사점에 대해 철저한 분석을 하고 있으며 또한 그 둘을 융합하는 관점에 대해 많은 논의를 하고 있다. 『주역선해』

는 이전 불교와 역학이 상호 관계한 역사에 대해 종합적인 총결을 하고 있다.

또 다른 고승인 자백존자紫栢尊者42 또한 『해역解易』을 지었으며 그 책에서 불교의 '무상無常'설을 가지고 『주역』의 철학적 의미를 밝혔는데, 매우 정밀하다. '선천先天' '후천後天'에서 건곤 8괘, 64괘 384효와 "가까이로는 몸에서 취하여近取諸身" 20개의 손가락과 발가락을 포함한 성정性情, 이사理事에 이르기까지 두루 언급하지 않은 것이 없을 정도이다. '무상'은 바로 변變이다. 변화는 『주역』의 근본이다. 역易의 본의가 바로 변화이기 때문이다.

「계사전」의 "멀리할 수 없는 것이요, 도됨이 자주 옮긴다. 변동하여 머물지 않아 여섯 빈자리에 두루 흘러 오르내림이 일정함이 없으며, 굳센 것과 부드러운 것이 서로 바뀌어 일정한 표준으로 삼을 수 없고, 오직 변해서 갈 뿐이니"[7]라는 말은 역易의 의미에 대한 묘사라고 할 수 있다. 만약 변화하는 것인 역易을 볼 수 없다면 건곤乾坤은 아마 사라지게 될 것이다. 이것은 불교가 말하는 '무상'과 다르지 않다. 하지만 불교와 역학의 교류와 회통이라는 좋은 시절은 오래갈 수 없었고 곧 만주족 통치자들에 의해 부정되고 파기되어 버린다.

불교 유식학의 부흥은 현대 철학사의 중요한 부분이다. 유식학의 부흥은 서양 철학이 들어온 여파로 말미암은 것이라는 측면도 있고, 또한 당시 지식인들이 국가의 운명이 사생존망死生存亡이라는 기로에 직면했을 때 고대 사상 이론에 대한 적극적 인정이라고도 할 수 있다. 표면상으로 보면 유식학은 순수한 인도철학이며 중국에서 자생한 역학과는 성향과 방향이 상당히 다르다. 따라서 당대 초기 유식학이 왕성하게 발달하였을 때에도 기타 불교 종파가 역학과 어떤 연결을 가졌던 것과는 달리 유식학은 독립적으로 발전했다. 이런 까닭에 독자적 발전이 좌절되자 그 후 거의 천년 동안이나 생기를 잃어버렸다. 하지만 자세히 분석해보면 이 둘 간의 비슷한 점을 찾아 낼 수 있다.

7) "不可遠. 爲道也屢遷, 變動不居, 周流六虛, 上下无常, 剛柔相易, 不可爲曲要, 唯變所適."

예컨대 유식학과 역학은 둘 다 고대의 심오한 철학에 속하며 모든 사물의 변화에 대해 논의가 깊고 정밀하다. 유식학자들은 일체 행行의 흐름이 그치지 않고 갑자기 나타났다, 갑자기 사라지는 현상에 의해 '제행무상諸行無常'의 심오한 의미를 깨달았다.

『주역』은 '크게 변화하고 유행하니大化流行', '변동하여 머물지 않는變動不居' 현상을 통해 '오직 변해서 갈 뿐이니唯變所適', '날마다 새로워지는 성대한 공덕日新盛德'이라는 점을 말한다. 이러한 점에서 유식학과 역학은 공통된 법칙을 끄집어낼 수 있다. 그 둘은 서로 잘 어울리고 돋보이게 할 수 있다. 웅십력熊十力은 여기에서 가장 많은 힘을 기울였는데 드러낸 성과 또한 매우 빼어나다.

그 다음은 만물생성론 상에서 서로 비슷하다. 이 점은 태허太虛[43]의 '아뢰야식연기론阿賴耶識緣起論'과 '태극생성론太極生成論'의 비교를 통해서 한두 가지를 대략적으로 볼 수 있다. 장태염章太炎은 주로 곤괘坤卦 「단전彖傳」의 설을 취했으며 그 밖에 『연산역連山易』, 『귀장역歸藏易』의 설과 유식에서 말하는 '아뢰야식연기설'을 서로 대조하고 독특하게 해석하여 근대 유식학과 역학의 융합에 중요한 촉진제 역할을 했다. 기타 내용에 관해서는 본서 제5장의 각 절을 참고하기 바라며 여기서는 더 이상 부연하지 않겠다.

결론적으로 말하면 불교는 인도에서 기원했지만 그것을 크게 발전시킨 곳은 오히려 중국이다. 중국의 공맹 유가철학이 윤리의 대통大統을 펼쳤고 노장老莊이 현학玄學의 선하를 열었는데 이런 원고遠古 문명의 교화는 인도와 서로 다를 것이 없다. 그러므로 불교가 동쪽으로 전래되면서 중국 사람들은 곧 바로 그 주된 교의를 취하여 중국 사상의 일부로 삼았다. 불학과 역학의 교섭과 충돌은 점차적으로 융합의 길로 나아갔으며 복잡한 발전의 맥락은 대개 '『주역』으로 불교를 해석하는' 것에서 '불교로 『주역』을 해석하는 것'에 이르러 최종적으로는 불교와 역학을 융합시켜 새로운 의미의 길을 열었다.

이 중 '『주역』으로 불교를 해석하는' 것은 주로 불학을 역학에 억지로 연결시켰는데, 그 이유는 사람들에게 결코 익숙하지 않은 불교사상을 널리 보급하려는데 목적이 있었기 때문이다. '불교로 『주역』을 해석하는 것'은 불교가 번성한 후에 불학으로 역학을 포용하여 중국 사상계의 주도적 지위를 점하려 했기 때문이다. 불교와 주역을 융합하여 새로운 이론을 주장하였던 것은 근대 불학과 역학 발전의 고급단계에 속하는 것으로, 웅십력의 『신유식론新唯識論』이 대표적이라고 할 수 있다. 이러한 발전은 바로 일천 여년 이상 내려온 중국과 인도 두 나라 사상의 교류와 충돌이라는 축소판을 보여주고 있다.

비록 불학과 역학의 상호 융합이라는 평탄치 않은 험난한 조우가 있었지만 이로 말미암아 유가는 불교에 대해 충돌, 배척, 혹은 타격을 가하였는데, 이는 사상사에서 어두운 일면에 속한다. 그러나 이러한 충돌은 결코 사상사 발전의 추세를 돌리지는 못했다. 현재 실사구시의 태도에 입각하여 '불교로 『주역』을 해석하는 것' 혹은 '『주역』으로 불교를 해석하는' 유파의 지위에 대해 역학사와 불학사 속에서 객관적이고 공정한 평가를 내리는 것이 바로 우리들의 불가피한 임무라고 할 수 있다.

『주역』은 중국의 가장 오래되고 논쟁이 많은 저작이며, 원래 그것은 제자백가 중의 어떠한 학파에도 속하지 않으며 유가역儒家易이 정통이 된 것은 한漢 이후의 일이다. 『주역』의 괘효사가 기술하는 본의는 역사가 매우 오래되고 자료가 부족하여 기본적으로 무엇이라고 확정하기 어렵다. 그래서 모두 자기의 사상적 입장에서 그 뜻을 펼칠 수 있는 권리가 있으므로 근본적으로 어떤 것이 정통인가 하는 문제는 존재하지 않는다. 이 문제는 『주역』 사상 내용의 특징에 의해 결정된다.

'역도易道는 광대하여 포괄하지 않음이 없고 널리 천문, 지리, 악률樂律, 병법, 운학韻學, 산술'의 영역에까지 미친다. 예를 들면, 천문은 방위를 말하고 지리는 분야分野에 대해 말하고 악률 · 음운은 모두 음양의 변화를 말한다. 그러므로 모두 『주역』과 관계를 가지고 있다. 또 병법을 말하는 책은 기문奇門, 둔갑遁甲, 태을太乙, 육임六壬 등의 여러 술수를 언급하면서 동시에 『주역』에다 억지로 견강부회시킨다. 게다가 『주역』에는 상수象數가 있고 또 수학 등을 언급하고 있다. 제자백가의 여러 사상들은 "모두 『주역』을 인용하여 설로 삼고 기이함을 좋아하는 자들 또한 『주역』을 이용해서 그들의 설을 만든다. 그러므로 『주역』의 이론들이 더욱 번쇄하게 되어"[8] 마침내 지엽이 무성하여 다양한 역학 유파를 형성하고 중국 제일의 저명한 학설인 '현학顯學'이 되었다.

불학은 본래 『주역』과 무관하지만 불학 사상과 역학 이론이 서로 비슷하거나 유사한 점이 없다고 말할 수 없다. 이 때문에 승려와 불교학자들은 불법을 전파하려는 필요성에서 역학 중에 불교사상과 유사한 학설을 끄집아내어 불학의 각도에서 변통하고 개조하여 많은 유익한 이론을 출현시켰다. 이것은 바로 왕필이나 정이천이 『주역』을 주석한 것처럼, 비록 『주역』의 본의와 완전히 부합되지 않지만 일종의 철학사상으로서 정확성만 따지는 훈고보다는 장점이 될 수 있다. 하지만 관건은 어떤 측면에서 관찰하고 평가하는가에 달려있다.

'불교를 가지고 『주역』을 해석한' 결과는 불학의 사상내용을 풍부하고 충실하게 했을 뿐만 아니라, 또한 중국불교가 인도불교와 구별되는 특색을 형성하는 데에 보조적인 작용을 했으며 동시에 역학 체계의 발전에도 그 역할은 결코 가볍지 않다. 이 점은 부인하기 어려운 사실이다. 지금에 이르러 우리들은 또다시 당대의 공영달과 청대의 사고관신들처럼 '불교로 『주역』을 해석한' 저작들을 원수처럼 여겨 몽둥이로 때려잡는 방법을 취해서는 안된다. 마땅히 그것을 '의리역' 일파로 보아 유, 도 양가의 역학처럼 똑같이 다루어야 할 것이다. 거친 것은 버리고 정밀한 것을 취하며, 마치 잡초를 뽑아내고 진실을 보존하고 연구해서 그 본래면목으로 돌아가야 비로소 선현들이 조석으로 쉬지 않고 고심한 노력을 헛되이 하지 않을 것이다.

8) 『사고전서총목(四庫全書總目)』 권1 「經部. 易類小序」

역주

1 【역주】 삼장(三藏)이란 경장(經藏), 율장(律藏), 논장(論藏)을 말한다. 삼장의 내용은 계정혜(戒定慧)의 삼학(三學)으로 경(經)은 정학(定學)을 말하고, 율(律)은 계학(戒學)을 말하고, 논(論)은 혜학(慧學)을 말한다. 십이부는 부처의 가르침을 그 내용이나 서술의 형식에 따라 12가지로 분류한 것으로, 12부경(部經)이라고도 한다. 이 분류법은 부처 사후 불경의 최초 편찬과 더불어 이루어진 것으로 문체 · 문장 및 기술의 형식과 내용 등을 기준으로 경전을 12가지로 분류한 것을 말한다.

2 【역주】 어려서부터 재능이 뛰어나 수(隋)나라 양제(煬帝)때 명경과(明經科)에 급제하여 관계에 나갔으나, 양제가 그의 재능을 시기하여 암살하려 하였다. 당나라의 태종(太宗)에게 중용되어 국자박사(國子博士)를 거쳐 국자감의 좨주(祭酒)·동궁시강(東宮侍講) 등을 지내고 태종의 신임을 받았다. 문장·천문 ·수학에 능통하였으며, 위징(魏徵)과 함께 《수서(隋書)》를 편찬하였다. 왕명에 따라 고증학자 안사고(顔師古) 등과 더불어 오경(五經) 해석의 통일을 시도하여 《오경정의(五經正義)》 170권을 편찬하였다.

3 【역주】 곤괘(坤卦) 「문언전(文言傳)」의 말.

4 【역주】 『모자이혹론』은 모융(牟融, ?-79)이 지었다. 모융은 학문이 뛰어난 제자들이 수 백 명이나 되었다고 전한다. 대사농(大司農), 태위(太尉) 등의 관직을 역임했다. 『모자이혹론』은 중국 최초의 불교 관련 저작의 하나로서, 남조(南朝) 제(齊) 나라와 양(梁) 나라의 불교 연구자 승우(僧祐)가 편찬한 『홍명집』에 수록되어 있다. 불교 전래가 중국 사회에 미친 영향과 비판 등을 싣고 있는데, 공자나 노자의 논점을 인용하여 불교를 옹호하고 유(儒)·불(佛)·도(道) 정신이 근본적으로 일치한다는 주장을 펴고 있다.

5 【역주】 승우(僧祐)가 편찬하였고 책의 이름은 '홍도명교(弘道明敎)'라는 말에서 따온 것이다. 동진(東晉) 이래 유교 ·불교 ·도교 사이에 벌어진 논쟁들을 수록한 책인데, 당시 중국의 배불(排佛) 운동에 대하여 불교도의 입장에서 불교의 중요성을 주장하는 불교의 호교서(護敎書)로 모두 14권으로 구성되어 있다. 14권 중 11권까지는 유교 측에서 인과응보(因果應報)나 정신의 멸(滅)·불멸(不滅) 문제 등 불교

비판에 관한 것이고, 나머지 3권은 호법(護法)의 입장에서 적극적으로 불교의 가르침을 주장하고 있다. 그 속에는 모융(牟融)의 『이혹론(理惑論)』을 비롯하여 『명불론(明佛論)』 『사문불경왕자론(沙門不敬王者論)』 『신멸론(神滅論)』 등이 실려 있다.

6 【역주】 왕필(226~249)은 중국 위(魏)나라의 학자. 하안(何晏), 곽상(郭象)과 함께 위진 현학(玄學)을 대표하는 학자이다. 자는 보사(輔嗣)로 산동성(山東省) 출신이다. 한대(漢代)의 상수를 통한 『주역』 해석보다는 의리(義理)의 사변적이고 철학적인 해석의 학풍을 일으켰다. 대표적인 저서로는 『노자주(老子註)』와 『주역주(周易註)』가 있다.

7 【역주】 축도생(竺道生)은 도생(道生)이라고도 하는데, 중국 동진(東晉)의 승려로 구마라습(鳩摩羅什)의 제자이다. 속성은 위(魏)이고 하북성(河北省) 출생이다. 남방에서 축법태(竺法汰)에게 출가하여 도를 배웠으므로 축도생이라고 한다. 뒤에 장안사(長安寺)에서 혜예(慧叡)·혜엄(慧嚴)·혜관(慧觀) 등과 함께 구마라습의 가르침을 받아 그의 문하 4철(四哲)의 한 사람으로 불린다. 저서로는 『법화의소(法華義疏)』 『주유마경(註維摩經)』 『불성당유론(佛性當有論)』 『법신무색론(法身無色論)』 등이 있다.

8 【역주】 격의(格義)란 말은 불교 이외의 학설이나 가르침을 통해 불교를 이해시키려는 시도에서 나온 말이다. 즉 '의미를 맞춘다'는 뜻으로 사용된다. 중국의 불교학자들이 불교 수용 초기에 불교의 교리를 설명하는데 사용했던 일종의 해석학적 방법이라고 할 수 있다. 즉 불교가 중국에 수용될 때, 중국인들이 쉽게 이해하지 못하는 불교 교리를 보다 쉽게 이해할 수 있도록 하기 위해 유가나 도가 등 중국 고유의 사상으로부터 유사한 개념이나 용어를 빌려 설명하는 방법을 말한다. 예를 들면, 노장사상(老莊思想)이 성행한 중국 위진 시기에 불교의 '공(空)' 사상을 노장의 '무(無)'로 설명, 해석하는 방법이다. 이런 격의불교는 인도에서 성립된 이질적인 불교를 중국화하는데 매우 중요한 역할을 하였다.

9 【역주】 담정(曇靖)은 북위(北魏) 때의 승려로 생몰 년도는 미상이다. 북위의 태무제(太武帝)가 훼불(毁佛)하여 북지(北地)가 황폐해지자 남조 유송(劉宋) 효무제(孝武帝) 때 위경(僞經)인 『제위파리경(提謂波利經)』 2권을 지었다고 한다.

10 【역주】 『제위파리경(提謂波利經)』은 북위(北魏)의 담정(曇靖)이 찬(撰)하였다. 이 책은 또 『제위오계경(提謂五戒經)』 또는 『제위경(提謂經)』이라고 하는데 붓다가 제위(提謂)나 파리(波利) 등의 사람들에게 오계(五戒)나 십선(十善) 등의 여러 법도와 선악·인과응보(因果報應) 등에 대해 주로 말하고 있다. 또 이 책이 가진 가장 중요한 특색은 한유(漢儒)의 음양오행설과 윤리강상(倫理綱常) 등의 이론과 불교 이론을 결합하고 있다는 점에 있다. 이 책에는 비속어가 많이 섞여 있고 유가의 음양오행의 설을 많이 인용하여 금지되기도 하였으나 당송(唐宋) 시기까지도 이를 신봉하는 사람이 많았던 것으로 보인다.

11 【역주】 양무제(梁武帝) 소연(蕭衍, 464~579)을 말한다. 지금의 강소성(江蘇省) 무진현(武進縣) 사람으로 박학하고 문장에 뛰어나 많은 저작을 남기고 있다.

12【역주】 위진남북조 시대의 진

13【역자주】 위백양(魏伯陽)은 중국 후한(後漢) 때의 철학자로 회계상우(會稽上虞, 지금의 절강성浙江省 동쪽) 출신으로, 생몰 연대는 알 수 없다. 호는 운아자(雲牙子)이다. 『주역참동계』를 지어 『주역』에 나오는 효상(爻象)의 원리를 응용하여 신단(神丹)을 만드는 방법과 과정을 말하고 있다.

14【역주】 운암(雲岩) 화상의 휘(諱)는 담성(曇晟)이요 성은 왕씨(王氏)이며, 본시 종릉(鍾陵)의 건창현(建昌縣) 사람이다. 약산(藥山)의 법을 이었고, 담주(潭州)의 예릉현(澧陵縣)에 살았다.

15【역주】 동산의 저술로는 「보경삼매(寶鏡三昧)」·「오위현결(五位顯訣)」·「신풍음(新豊吟)」·「강요송(綱要頌)」·「공훈오위송(功勳五位頌)」 등이 있다. 이 가운데 「보경삼매」는 선의 이치를 게송(偈頌)의 형태로 간략하게 서술한 것이다. '보경'이라는 말은 일종의 비유이고 '삼매'는 법을 말한다. 「보경삼매」는 보배거울(寶鏡)이 영롱하게 비추어 꿰뚫는(照徹) 것과 같아서 일찍이 만상의 흔적을 남긴 적이 없는 모습이다. 마치 추호의 의심이나 번뇌도 남아 있지 않는 명경지수 같은 성불(成佛)을 비유하고 있다. 「보경삼매」는 철학적이고 형이상학적인 사상뿐만 아니라 수행의 실천적인 측면도 그대로 보여주고 있다.

16【역주】 동산은 정위각편(正位却偏)·편위각정(偏位却正)·정위중래(正位中來)·편위중래(偏位中來)·상겸대래(相兼帶來)라는 이론적인 측면의 정편오위설(正偏五位說)을 말한다. 아울러 향(向)·봉(奉)·공(功)·공공(共功)·공공(功功)이라는 실천적인 측면의 공훈오위설(功勳五位說)이 출현하여 이른바 동상오위설(洞上五位說)이 성립된다. 정편오위는 교상문(教相門)의 측면으로 선의 이론과 사상적 성격이 강하고, 공훈오위는 관심문(觀心門)의 측면으로 선의 실천과 체험의 성격이 농후하다.

17【역주】 이른바 「조동오위(曹洞五位)」는 중국의 대표적 선종 학파인 5가 7종 중 조동종의 개조(開祖)인 동산 양개(洞山良价)가 도를 배우는 사람들을 인도하는 방편으로서 지은 편정오위(偏正五位) 체제에서 비롯된다. 그 후 제자인 조산 본적(曹山本寂)이 여기에 주를 달아 주장한 것을 혜하(慧霞)가 편찬하고 광휘(廣輝)가 해석하면서 이 이론을 더욱 심화 발전시켰다.

18【역주】 혜홍(慧洪, 1071~1128)은 송대의 승려로 덕홍(德洪)으로도 불린다. 14살 때 승려가 되고 삼봉정선사(三峰靚禪師)의 시동이 되었다. 숭녕(崇寧) 때 무주 경덕사에 있다가 다시 서주 청량사로 옮겼다. 마침 간승(奸僧)의 참소를 만나 옥에 갇혔다가 풀려났다. 정화(政和) 원년(1111) 다시 참소를 입어 도성 밖으로 쫓겨나고 나중에 또다시 세 번째로 옥에 갇혔다. 상서의 남대에 명백암에 거주하면서 『선림승보전(禪林僧寶傳)』을 지었다. [한보광, 임종욱 편저, 『중국역대불교인명사전』(이회문화사, 2011년)을 참조하였음.]

19【역주】원현(元賢, 1578~1657)은 명나라 때의 승려로 고산원현(鼓山元賢)으로도 불린다. 복건(福建) 건양(建陽) 사람으로 송나라 때의 대유(大儒) 채원정(蔡元定)의 14대 손이다. 어린 시절에 성리학을 공부했다. 18살 때 『육조단경(六祖壇經)』을 읽고 불교를 접했다. 40살 때 수창무명(壽昌無明)에게 낙발(落髮)했다. 나중에 신주(信州, 지금의 강서(江西) 상요(上饒)) 박산(博山) 능인사(能仁寺)에서 무이원래(無異元來)를 뵙고 구족계(具足戒)를 받았다. 사상은 선정(禪淨)과 유석(儒釋)의 조화를 중심으로 삼았다. 아울러 선종 내부와 임제(臨濟), 조동(曹洞) 두 파간의 대립을 해소시키기 위해 공상심법(洞上心法)을 제창하는 것으로 임무를 삼아 임제종지(臨濟宗旨)를 널리 설파했다. 영력(永曆) 11년에 입적했다. 저서에 『건주홍석록(建州弘釋錄)』과 『영각화상예언(永覺和尙寱言)』, 『영각화상속예언(永覺和尙續寱言)』, 『주천주개원선사어록(住泉州開元禪寺語錄)』, 『능엄약소(楞嚴略疏)』, 『선여내집(禪餘內集)』, 『금강약소(金剛略疏)』, 『고산지(鼓山志)』, 『동상고철(洞上古轍)』, 『보등록(補燈錄)』, 『심경지장(心經指掌)』, 『정자어요(淨慈要語)』 등 백여 종이 있다. [한보광, 임종욱 편저, 『중국역대불교인명사전』을 참조하였음.]

20【역주】운수(雲岫, 1242~1324)는 원나라 때 조동종의 승려이다. 절강(浙江) 창국(昌國) 사람으로, 속성은 이(李) 씨이고, 자는 운외(雲外)이며, 별호는 방암(方嵓)이다. 직옹덕거(直翁德擧)를 따라 득도(得度)했고 그의 법을 이었다. 자계석문(慈溪石門)과 상산(象山), 지문(智門), 천녕(天寧) 등 사찰에서 머물렀고, 나중에 천동사(天童寺)로 이주해 종풍(宗風)을 드날렸다. 저서에 『어록(語錄)』과 『시게(詩偈)』 등이 있다. [한보광, 임종욱 편저, 『중국역대불교인명사전』을 참조하였음.]

21【역주】행책(行策, 1628~1682)은 청나라 때의 승려로 강소(江蘇) 의흥(宜興) 사람이고, 그의 아버지 장전창(蔣全昌)이 유불(儒佛)에 정통하여 감산덕청(憨山德淸)과 친교가 있었다. 장성하여 부모가 연이어 세상을 떠나자 나이 23살 때 무림(武林) 안리사(理安寺) 약암통문(箬菴通問) 문하에 몸을 맡겼다. 5년 동안 눕지 않으면서 공부해 법요(法要)에 통달한 뒤 보은사(報恩寺)에서 주석했다. 자암영(自庵瑛)의 권유를 받아 정토(淨土)를 닦았다. 아울러 전당(錢塘) 초석(樵石)에게 나아가 천태학(天台學)을 배우고 법화삼매(法華三昧)도 익혀 교의를 수련했다. 저서에 『금강경소기회편(金剛經疏記會編)』 10권과 『권발진신문(勸發眞信文)』, 『기일심정진염불칠기규식(起一心精進念佛七期規式)』, 『보경삼매본의(寶鏡三昧本義)』, 『능엄경세지원통장(楞嚴經勢至圓通章)』 등이 있다.

22【역주】법장(法藏, 643~712)은 당대(唐代)의 승려로 화엄종의 제3조로 지엄에게서 화엄경을 배웠다. 670년에 칙령에 의하여 출가한 뒤 교학에 힘썼으며 현장, 일조, 실우난타 등의 역경(譯經) 사업에도 참여하였다. 저서로는 『화엄오교장(華嚴五敎章)』, 『화엄경탐현기(華嚴經探玄記)』 등이 있다.

23【역주】이통현(李通玄)은 당(唐)나라 때의 승려로 출생지가 어디인지 분명하지 않다. 그는 고금의 학문을 연구하여 유교와 불교의 경전에 모두 통달하였다고 한다. 개원(開元) 7년(719)에 태원우현(太原右縣)의 서남쪽에 있는 방산(方山)에 들어가 『화엄경』을 해석하였고 3년 동안 뜰에 나오지 않았으며 매일 대추 10개와 잣나무 잎 떡 하나를 먹었으므로 사람들이 조백대사(棗栢大士)라 불렀다. 『신화엄(新華嚴)』을 해석한 다음에 『법의사권(法疑四卷)』을 지었다.

24【역주】 종밀(宗密, 780~840)은 화엄 오조 규봉종밀선사(圭峯宗密禪師)이다. 당나라 원화(元和) 2년(807) 수주(遂州) 도원선사(道圓禪師)를 만나 출가하기를 구하였다. 『원각경(圓覺經)』을 얻어 다 읽기 전에 바로 깨달음이 있었다고 한다. 28세에 도원선사를 따라 출가한 후에 화엄종 제4조 청량징관(淸凉澄觀)에게 배우고 『화엄경』을 공부했다. 또 스스로 선종의 일파인 하택선(荷澤禪)의 법계(法系)를 이어받았다고 전해지나 그 진위는 알 수 없다. 저서로 『논소(論疏)』 90여 권이 있다. 중국에서 지은 『원각경』을 세상에 반포하고 『원각경』의 주석서를 저술한 외에 『선원제전집도서(禪源諸詮集都序)』를 지어 교선(敎禪) 일치설을 주장하였다. 중국 사상인 유교·도교를 불교의 입장에서 정의하여 삼교일치설(三敎一致說)을 전개한 것이 『원인론(原人論)』인데, 그의 사상은 송대의 신유학에도 많은 영향을 주었다.

25【역주】 징관(澄觀, 738~839)은 중국 화엄종 제4조로 월주 산음(山陰) 사람이다. 성은 하후씨(夏候氏). 휘(諱)는 징관, 자는 대휴(大休), 호는 청량(淸凉)이다. 당나라 현종 개원 26(738)년에 출생하여 11세에 출가하였다. 화엄종의 사상에 매우 밝았다. 저서로는 『화엄경주소(華嚴經註疏)』(60권), 『화엄경수소연의초(華嚴經隨疏演義抄)』(90권), 『화엄경강요(華嚴經綱要)』, 『화엄현담(華嚴玄談)』, 『화엄략의법계현의(華嚴略義法界玄義)』, 『삼성원융관(三聖圓融觀)』 등이 있다.

26【역주】 '철과해인(徹果該因)', 즉 "불과(佛果)에 사무치고 인행(因行)을 갖추어서"라는 이 말은 염불법문(念佛法門)이 다른 법문과 모두 다르다는 것을 말한다. 다른 법문은 모두 인과(因果)가 다른 때(不同時)이지만 염불법문은 인과가 동시(因果同時)이기 때문에 '철과해인(徹果該因)'이라고 말하는 것이다。 다시 말하면, 인과가 다른 때라는 것은 먼저 원인이 있고 난 후에 결과가 있음을 말하고, 인과가 동시라는 것은 원인 중에 결과가 있고 결과 중에 원인이 있는 것을 의미하는 것으로 '철과해인'이라고 말한다.

27【역주】 연기법(緣起法)과 연생법(緣生法)은 다르다. 연기법은 연기의 법칙이라는 의미이고, 연생법은 연기소생(緣起所生)의 법, 즉 연기에 의하여 생성된 법이라는 뜻이다. 즉 연(緣)에 의해서 생성된 결과를 의미한다. 연생법의 가장 근본적인 특성이자 속성은 바로 무상(無常)이다. 즉 원인과 결과는 연생법 곧 인연에 따라 생긴 존재라는 말이다.

28【역주】 일행(一行, 683~727)은 당나라 시대의 밀교의 승려이자 천문학자로 또한 대혜선사(大慧禪師)로 불린다. 724년에 역법(曆法) 개편 작업을 시작하여 역법에 『주역』의 형이상학을 결부시킨 『대연력(大衍曆)』(52권)을 완성하였다.

29【역주】 관정(灌頂, 561~632)은 천태종의 제사조(第四祖)로 어려서 부친을 여의고 7세에 섭정사(攝靜寺)의 혜극(慧極)에게 출가하여 20세에 비구계를 받고 23세 때 천태산(天台山)의 지자대사(智者大師)를 스승으로 모셔 죽을 때까지 시자侍者로서 13년 동안 모시며 스승의 설법을 듣고 『법화현의(法華玄義)』·『법화문구(法華文句)』·『마하지관(摩訶止觀)』의 삼대부(三大部)를 비롯하여 지자대사의 강설 대부분을 필사(筆寫)하여 편찬하였다. 또 『지자대사별전(智者大師別傳)』을 쓰고, 스승에 관한 문서를 모아 『국청백록(國淸百錄)』을 엮었다. 지자(智者)가 죽은 뒤에는 그의 유언으로 국청사(國淸寺)·칭심정사(稱

心精舍) 등에서 강설에 힘쓰고 당 정관(貞觀) 6년에 국청사에서 입적하였다. 보통 장안대사(章安大師)·장안존자(章安尊者)로 불렸다. 저서에 『열반현의(涅槃玄義)』·『열반경소(涅槃經疏)』·『관심론소(觀心論所)』·『국청백록(國淸百錄)』 등이 있다. 후세에 석가제자 아난다(阿難陀)에 비유되었으며, 중국 천태종을 성립시키는데 중요한 역할을 하였다.

30【역주】『능엄경(楞嚴經)』에서 말하는 선인(仙人)에는 모두 열 가지가 있다. 그것은 지행선(地行仙)·비행선(飛行仙)·유행선(遊行仙)·공행선(空行仙)·천행선(天行仙)·통행선(通行仙)·도행선(道行仙)·조행선(照行仙)·정행선(精行仙)·절행선(絕行仙) 등이다. 정행선은 도가에서 말하는 남녀쌍수(男女雙修)의 교합(交合)을 말하는 것으로 『주역』의 「계사전」에서 말하는 "건의 도가 남성이 되고 곤의 도가 여성이 되니 …… 남녀가 정기를 합침에 만물이 변화를 일으켜 생겨나니(乾道成男, 坤道成女, ……男女遘精, 萬物化生)"에 해당하는 말이다.

31【역주】수 왕조에서 당 왕조에 이르는 시기의 불교 발전은 매우 왕성하였지만 안사(安史)의 난 이후에는 내전이 빈번하고 부역이 매우 가중되었기 때문에, 많은 백성들은 사원을 국가의 강제적인 부역을 피하는 공간으로 삼았다. 당나라 중엽부터 균전제가 파괴되는 틈을 이용하여 사원들은 토지를 대대적으로 확대하였고 많은 노비를 사들였다. 이러한 상황은 경제와 문제시기에 중앙정부와의 갈등을 더욱 가속화시켰다. 당 경종(敬宗), 당 문종(文宗) 이래 중앙정부는 불교에 대해 불만을 가지게 되었다. 특히 당 무종(武宗) 때에 마침내 제3차 멸불(滅佛) 사건이 일어났다. 제3차 멸불 사건은 회창(會昌) 2년부터 회창 5년(842~845년) 사이에 진행되었는데, 무종은 사원을 헐어버리고 승려들을 지정한 기일 안에 환속시키고 불상과 불경을 대량으로 불살라 버리라는 칙령을 내렸다. 그러나 이 멸불 사건은 장안(長安) 일대에 국한되어 영향력이 그다지 크지 않았기 때문에 무종 사후 불교는 어느 정도 회복할 수 있는 여력을 가지고 있었다. 그러나 삼차 멸불 사건에서 불에 타고 훼손된 불경이 상당히 많았기 때문에 그 뒤의 불교 발전에 전혀 지장이 없었던 것은 아니다. 특히 화엄경, 법화경 계통의 승려들이 쓴 문장이 그때 많이 산실되었다. 당 무종의 멸불 사건 후에 불교는 쉽사리 원기를 회복하지 못하였으며 사원과 승려들에 대한 중앙정부의 관리도 매우 엄격하였다. 이러한 상황은 오대 전기까지 계속되었다.

32【역주】"施止於背, 不隔物欲, 得其所止." 이 말을 저자는 왕필의 『주역주』에서 나온 것으로 말하고 있으나, 이 구절은 공영달(孔穎達)의 주석에 보인다.

33【역주】음욕(淫慾)이 많은 중생이 닦아야 하는 수행법으로 오정심관(五停心觀)의 하나이다. 탐욕을 버리기 위해 육신의 더러움을 주시하는 수행법으로 육체의 부정함을 느끼고 깨달아 번뇌와 욕망을 떨쳐버리는 관법(觀法)이다.

34【역주】장상영(張商英, 1043~1122)의 호는 천각(天覺)이고, 자는 무진거사(无盡居士)이다. 송나라 영종(英宗)과 철종(哲宗) 시기에 평생 동안 벼슬길에 있었다. 대관(大觀) 4년에 79세의 나이로 관직에서 순직하였다. 문집에는 『무진거사집(無盡居士集)』이 있다.

35【역주】이강(李綱, 1083~1140)은 송나라의 문학가이자 저명한 애국명신(愛國名臣)이다. 소무(邵武) 사

람으로 시호는 충정(忠定)이다. 정강(靖康) 초에 병부시랑(兵部侍郎)으로 있으면서 금(金)의 공격에 대해 맞아 싸울 것을 주장하다 유배되었는데, 고종(高宗)이 즉위하자 승상으로 부름을 받아 내치와 군정에 힘썼으나 황잠선(黃潛善) 등의 방해로 70 여일 만에 다시 물러나고 말았다. 그는 천하의 신망을 업고 그 명성이 금에까지 떨쳤으며, 시문 또한 빼어나고 불리(佛理)를 즐겨 말했기 때문에 남송의 유가들로부터는 크게 추앙받지 못했다. 그의 저서로는 『역전내외편(易傳內外篇)』, 『논어상설(論語詳說)』 등이 있다.

36【역주】 열반에 이르기 위한 보살의 여섯 가지 수행. 보시, 인욕, 지계, 정진, 선정, 지혜를 말한다. 바라밀은 산스크리트 paramita를 음역(音譯)한 것으로 '저 언덕에 이른 상태', '완성'이라는 뜻이다. 중생들의 어리석음과 탐욕으로 생기는 괴로움의 세계를 '이 언덕'이라고 한다면, 지혜와 자비로 가득 찬 깨달음의 세계는 '저 언덕'이다.

37【역주】 소준(蘇濬)은 명대 사람으로 진강(晋江) 출신이다. 저서로는 『역경아설(易經兒說)』, 『사서아설(四書兒說)』 등이 있다.

38【역주】 이 책은 상경과 하경의 경문과 「계사전」·「설괘전」만 풀이하고 「서괘전」이나 「잡괘전」은 빼 버리고 있다.

39【역주】 방시화(方時化)는 광안(廣安) 사람이다. 그가 지은 『주역』 관련 책으로는 『역인(易引)』, 『주역송(周易頌)』, 『학역송(學易頌)』, 『학역술담(學易述談)』, 『역통(易通)』 등이 있다.

40【역주】 중국 명나라의 문인으로 산동성의 일조(日照) 출신이다. 성미가 강직해서 옳지 못한 일을 보면 곧 반론을 펴 조정에서 여러 사람의 미움을 받아 좌천당했다. 이듬해 중앙에서 불렀으나 끝내 복직하지 않고 책을 읽으며 저술로 일생을 보냈다. 그는 유가와 불교의 조화를 시도하였는데, 주요 저서로는 『초씨필승(焦氏筆乘)』, 『국사경적지(國史經籍志)』, 『노자익(老子翼)』, 『장자익(莊子翼)』 등이 있다.

41【역주】 서세순(徐世淳)은 절강성 가흥(嘉興) 사람으로 만력 46년(1618)에 급제하였고, 저서에는 『역설(易说)』, 『역취(易就)』와 『춘추회편(春秋會編)』 등이 있다.

42【역주】 자백진가(紫柏真可, 1543年-1603年)로 명대의 소주(蘇州) 출신이다. 속성은 심(沈)이고 법명은 달관(達觀)으로 후세 사람들은 그를 자백존자로 부르는데 명말 4대 고승 중의 한 사람이다.

43【역주】 태허(太虛, 1890 -1947)는 근대 중국의 불교 부흥 운동 지도자이다. 절강성 출생으로 16세 때 출가하였고 불교의 개혁을 주장하였다. 1921년에 불학원(佛學院)을 창립하는 등 적극적으로 불교의 부흥과 혁신을 위해 진력했다.

I

불학佛學과 역학易學의 교섭交涉

1. 격의格義를 통한 불교와 주역의 연결

2. 불경을 위조하여 불교와 주역의 일치一致를 선양宣揚함

3. 제왕, 관료 및 사대부의 참여

외래 종교인 불교가 중국에서 살아남아 전도傳道하고 발전하기 위해서는 반드시 본토의 고유 사상과 상호 소통하고 연결되면서 불교를 심화시켜 나갈 계기를 만들어야 했다. 이를 위해서 불교는 자신의 형식과 내용을 자발적으로 개조시켜 나가야 함을 자각하였다. 주로 격의格義의 방법(때로는 심지어 불경의 편조編造를 아끼지 않았다)을 통해서 중국의 고유한 사유 방식에 적응하여 그들의 관습과 문화를 수용하는 동시에 시대 분위기에 편승하여 소기의 목적을 달성하려 하였다.

위진魏晉 이래 중국은 또다시 전쟁시기로 접어들었다. 먼저 '영가永嘉의 난'과 '팔왕八王의 난'에 이어 '오호五胡의 난'이 일어났다. 북방의 소수민족 간에 해마다 전쟁이 끊이지 않는 참혹한 살육으로 인해 백성들은 고통을 감당하지 못하였고 유가의 경학經學 또한 심각한 피해를 입었다.[1)] 이 때 불교가 서쪽에서 왔다. 인과응보因果應報와 살생을 막고 내세를 위해 공덕을 쌓는 불교의 교의는 문화가 낙후하고 살생을 마다하지 않는 상층 통치자들의 입장에서 보면 한족漢族의 신앙으로 비춰지는 유학 사상에 비해 더욱 쉽게 받아들여졌다. "부처는 융신戎神[1]이며 마땅히 모셔야한다"[2)]는 석륵石勒[2]의 말은 이 점을 잘 보여준다.

불교는 당시 고통 속에서 허덕이며 미래가 불투명한 하층민들에게 강력한 흡인력을 가지고 있었다. 이 때문에 광범위하게 전파되어 발전하였다. 불경佛經 번역, 필사와 각인刻印 작업은 후한後漢 이래 날로 발달되어 민간에서 상층 통치자에 이르기까지 출판 수량과 인쇄 회수만 놓고 보면 당시 유가 경적經籍

1) 『수서(隋書)』「경적지(經籍志)」, 육덕명(陸德明)의 『경전석문(經典釋文)』「서록(序錄)」에 기재되어 있다. 영가(永嘉)의 난 후 『주역』은 양구(梁丘), 시씨(施氏)와 고씨(高氏)에서 끊어지고, 『서경(書經)』은 구양(歐陽), 대소하후씨(大小夏候氏)에 와서 절연되고, 『제씨(齊詩)』는 위(魏)에서 이미 사라졌고, 『노시(魯詩)』는 강동(江東)을 넘지 못했고, 『한시(韓詩)』는 비록 있었지만, 전하는 자가 없었고, 맹희, 경방, 비직의 『주역』 또한 전하는 사람이 없었으며, 『공양(公羊)』, 『곡량(穀梁)』은 미미하여 거의 사설(師說)이 없었다.

2) 『고승전』 권9 『불도등전(佛圖澄傳)』, 『진서(晉書). 불도등전(佛圖澄傳)』 참고 바람

의 전파를 훨씬 넘어서고 있었다. 이것은 당시의 시대정신이 가진 상황을 잘 반영해 주고 있다.

동진東晋 왕조의 성립 이후 강을 건너는 승려들이 붕어 떼처럼 강좌江左 지방으로 몰려들어[3] 남방불교의 발전을 재촉하였다. 불교 반야학설은 양진兩晉의 현학적 분위기 속에서 유학의 경학과 접촉하는 기회가 상당히 많았다. 승려들은 역학의 해석 방식을 본떠 불교이론을 기술하였으며[3)] 귀족 사대부들은 점차 불교의 교리를 취하여 유가 경전을 소해疏解하였다.[4)] 어떤 사람은 심지어 『주역』의 어구를 이용하여 고승의 덕을 칭송했다.[5)][4] 이것은 한 때의 유행이었다.

이 당시 『주역』은 경학의 대표로서 통치자의 후원을 받고 있었지만 사상적으로는 이미 위력을 잃어, 새로운 사상(외래 불교사상을 포함)을 흡수해 내실을 다짐으로써 한 걸음 더 발전하기 위한 동력을 얻었다. 이러한 분위기 속에서 역학 내부에서 해석의 새로운 돌파를 모색하기도 했는데, 그런 기회는 곧바로 찾아왔다. 즉 서한의 경방京房과 초순焦循의 역학은 상수象數만을 다루었

3) 예를 들면, 승조(僧肇)가 『주역』의 십익(十翼)을 모방하여 『열반무명론(涅槃無名論)』을 짓고 다시 『구절십연(九折十演)』의 논을 저술하였다.

4) 예를 들면, 진인각(陳寅恪)의 「양수달논어소증서(楊樹達論語疏證序)」에 이르기를, "남북조 불교가 중국에 크게 유행하니 사대부들의 학문방법에 또한 그 훈습을 받은 것이 있었으며 나는 일찍이 배송지(裵松之)의 『삼국지주(三國志注)』, 유효표(劉孝標)의 『세설신어주(世說新語注)』, 역도원(酈道元)의 『수경주(水經注)』, 양현지(楊衒之)의 『낙양가람기(洛陽伽藍記)』 등이 당시 불전 중에 주석을 합한 것과 약간 비슷하다고 말한 적이 있다. 황간(皇侃)의 『논어의소(論語義疏)』는 불교를 인용하여 「공야장(公冶長)」을 해석하였는데, 이것은 인도의 비유경(譬喩經, Apadana: 불교의 성자들이나 보살들의 전생을 담은 것으로, 위대한 행위를 기리는 시로 이루어진 전설적 이야기)과 다소 비슷하였다. 육조에 이르러 유학자들은 점차 불교에 깊이 빠져들었으며 또 이 법을 익혀 유가의 책을 주해(詁)하였다." (『금명관총고이편(金明館叢稿二編)』을 참고 바람)

5) 명사(名士) 손작(孫綽)은 일찍이 "『주역』은 한백(翰白)을 말하고 『시전(詩傳)』에서는 빈조(蘋藻: 문장)를 찬미하네. 희고 날쌘 얼룩말이 마당에 있듯이(易曰翰白, 詩美蘋藻, 斑如在場.)"라는 말로써 승려 우법개(于法開)를 칭찬했다. (『고승전』 권4 「우법개전(于法開傳)」에 상세히 수록) 그러나 금본 『주역』에는 이러한 구절이 없다. 혹은 별본 『주역』에 의거한 것은 아닌지 모르겠다. 상세한 고증이 필요할 것으로 보임.

고 동진東晋에 이르러 참위讖緯가 성행하여 역학 또한 크게 변화하였다.

왕필의 『주역약례周易略例』에서 "호체互體로서 부족하자 드디어 괘변卦變에 이르고… 괘변이 부족하자 오행에까지 미루어 갔다. 한번 그 근원을 잃으면 기교가 더욱 심해졌다"[6]는 말은 바로 이러한 상황을 잘 보여주고 있다. 더욱 번쇄해진 상수학은 결국 생명력을 잃고 서서히 쇠락의 길로 접어들었다. 이런 상황 속에서 왕필은 번쇄한 상수학을 일소하고 의리義理를 밝혀서 "뜻을 얻었으면 상을 잊어버리고 상을 얻었으면 말을 잊어 버린다.得意忘象, 得象忘言."[7]는 주장을 폈다. 그의 설은 세상에 크게 유행되어 그 후 역학은 처음으로 의리적義理的 해석으로 새롭게 전개되었으며 동시에 역학과 불교 반야학이 서로 만나는 길을 터놓게 되었다.

6) "互體不足, 遂及卦變; 變又不足, 推致五行, 一失其原, 巧愈彌甚."

7) 왕필, 『주역약례(周易略例)』「명상(明象)」

1. 격의格義를 통한 불교와 주역의 연결

격의格義는 중국 초기 승려 또는 불교학자들이 사용한 불경의 내용을 해석하는 방법을 말한다. 승우僧祐[5]의 『출삼장기집出三藏記集』에 따르면, 이 방법은 한말과 위나라 초기 사이에 시작되었다고 한다.[8] 당시 불교는 중국에 처음 전해졌을 때 그 의미가 심오해서 일반인들을 이해시키기가 어려웠다. 이에 불법을 이야기하는 자들이 격의의 방법을 사용하여 불법과 중국 고유의 사상을 서로 결합해서 그 뜻을 풀이했다. 예를 들면, 위魏나라 초기의 승려인 강승회康僧會[6]는 『육도집경六度集經』[9]을 편역할 때 중국 유가전통의 '인仁' 사상을 가지고 불경佛經을 소개하였는데, 말하자면 인도에서 유전流轉되는 불경의 고사故事에다 유가사상의 색채를 덧칠하였다.

8) 『출삼장기집(出三藏記集)』 권5 「유의(喩疑)」 중에 이르기를 "한말 위초, …… 깨달은 현자들이 처음 강설할 때 '격의'로서 넓혔으나 배설(配說)한 것과는 실제로는 많이 멀었다(漢末魏初, …… 尋味之賢, 始有講次, 而恢之以格義, 迂之以配說)"고 하였다.

9) 『육도집경六度集經』(「대정장(大正藏)」 제3권에 수록)은 불타가 과거세에서 보살도를 행할 때 91칙 본생담 고사를 집록한 것인데, 대승불교가 설한 보시, 지계, 인욕, 정진, 선정, 지혜 등 육도를 배합하였기 때문에 육도집경이라 했다. 그 특징은 대승불교의 보살행을 천명하는 데 있다.

그 중에서 제왕帝王은 "하늘을 대신하여 백성을 다스리는 데에는 마땅히 인도仁道로서 해야 한다"[10] "왕은 덕을 행함은 인법仁法으로 하고 제帝의 밝음은 일월日月같이 밝으며 토지의 신인 후토后土의 윤택함은 건곤과 같고, 중생을 두루 품음은 바로 허공과 같이 여긴다면 가히 천하에 왕이 될 수 있다. 만약 인仁을 어기고 해치면 곧 짐승과 같아진다"[11]라고 하였다.

불학과 역학의 상봉은 대부분 격의格義를 차용하는 시대적 분위기 때문에 가능하게 되었다. 강승회康僧會가 오吳에 가서 전교할 때 그 당시 "오나라 땅이 처음으로 불교의 대법大法에 감화를 받았으나, 아직 완전하게 풍속이 교화되지는 않았고" "불법도 아직 행해지지 않았다."[12] 따라서 움막을 짓고 불상을 세워 수도하는 그의 행위 자체가 사람들의 회의를 불러일으켰다. 오吳나라 왕 손호孫皓가 일찍이 강승회에게 물었다.

> "불교가 밝히는 선악보응善惡報應이라는 것이 도대체 무엇인가?" 그가 답하길 "『주역』은 선을 쌓으면 경사가 남아도는 것을 말하고,[13] 『시경』은 복을 구하는 자는 사악한 마음을 품지 않는 것을 노래하였는데, 비록 유가 경전의 격언이지만, 불교의 가르침이기도 합니다 … 그러므로 악을 행하면 지옥의 고통이 있고 선을 닦으면 하늘의 영락永樂이 있습니다."[14]

10) 『육도집경(六度集經)』 "爲天牧民, 當以仁道."

11) 『육도집경(六度集經)』 "王者為德仁法, 帝精明即日月濟等, 后土潤齊乾坤, 含懷眾生即若虛空, 爾乃可為天下王耳。若違仁從殘, 即豺狼之類矣."

12) 『고승전』 권1 「강승회전(康僧會傳)」 "吳地初染大法, 風化未全."

13) 이 말은 『주역』 곤괘 「문언전」에 나온다. 원문은 "積善之家, 必有餘慶., 積不善之家, 必有餘殃. 臣弑其君, 子弑其父, 非一朝一夕之故, 其所由來漸矣!"

14) 『고승전』 권1 「강승회전」 "佛教所明, 善惡報應, 何者是耶? 『易』稱積善餘慶, 『詩』詠求福不回, 雖儒典之格言, 即佛教之明訓. …… 故行惡則有地獄苦, 修善則有天宮永樂."

강승회는 『역전』의 "선을 쌓으면 경사가 남아돌고 불선不善을 쌓으면 재앙이 남아돈다積善餘慶, 積不善餘殃"7는 말을 가지고 불교의 인과응보가 허구가 아닌 진실임을 설명하였다. 이것은 다만 비유에 불과하지만, 그 목적은 손호에게 불법에 대한 믿음을 갖고 불법을 모욕하는 악행을 버리게 하여 오나라에서 불교를 순조롭게 교화시켜 전파하는 데 있다. 후에 북주北周의 도안道安[15]의 『이교론二教論』, 종병宗炳8의 『명불론明佛論』 등의 글 또한 『역전』의 이 말을 근거로 자주 인용하여 인과응보라는 점에서는 서로 차이가 없음을 거듭 말하고 있다.

사실 인도 불교의 업보業報론과 중국 선진先秦이래의 인과因果관에는 분명한 구별이 있다. 인도의 업보론은 자업자득自業自得을 강조하며 '아직 하지 않은 것은 일어나지 않고, 이미 하였으면 사라지지 않는다未作不起, 已作不失'는 원칙에 근거하여 선인善因은 선과善果를 얻고 악인惡因은 악과惡果를 얻음을 말한다. 또한 '팥 심은데 팥 나고 콩 심은데 콩 난다'는 관점에서 인과는 과거, 현재, 미래 삼세三世를 통하여 지은 업은 시간의 흐름을 통해 소멸되지 않는다고 보았다.

그러나 『역전』의 "선을 쌓으면 경사가 남아돌고 불선을 쌓으면 재앙이 남아돈다"는 관점에서 보면, 응보를 주재하는 것은 천신天神이며 응보를 받는 대상은 행위자 본인 외에 가족과 자손에까지 이어진다. 이것이 바로 '여경餘慶', '여앙餘殃'에 내재되어 있는 함의이다.[16]

15) 여기서 도안(道安)은 북주(北周) 사람이며 동진(東晋) 불도징의 제자 도안이 아니다. 그러므로 이 장에서는 '북주 도안'이라 칭해 구별하였다.

16) 인도의 인과응보설이 들어오기 전에는 중국 선진시대의 종교사상 중에 이미 유사한 관점이 있었다. 예를 들면, 『상서』 「고요모」에 "하늘이 덕이 있는 사람에게 명하시어 다섯 가지 복장으로 다섯 가지를 나타나게 하시며 하늘이 죄 있는 자를 치시거든 다섯 가지 형벌로 다섯 가지를 쓰시며(天命有德, 五服五章, 天討有罪, 五刑五用哉!)"라고 하였다. 서한(西漢)의 동중서(董仲舒)는 사람을 선양(宣揚)함에 있어 만약 하늘의 뜻을 위반하면 하늘이 분노를 일으켜 각종 재이(災異)를 출현시켜 견고(譴告)와 징벌

『잡아함경雜阿含經』에 “보시하는 자는 베푼 대로 바로 응보를 받는다”[17] 고 하여 타인과 무관하다는 점을 이미 명확히 밝히고 있다. 동진東晉 치초郗超9 는 그의 『봉법요奉法要』에서 불교의 업보윤회설과 전통적인 유가의 윤리관은 서로 다르다고 했지만, “선을 행하는 자는 스스로 선과를 얻고 악을 행하는 자는 스스로 그 재앙을 당하는 것은 백대의 통전에는 지혜로운 성왕이 세간을 다스림에 어지러움이 없어지고, 사사로운 정情으로 인해 죄와 복의 응보가 뒤바뀌어 선악의 질서가 무너지지 않게 한다. 이치를 해롭게 하는 것은 진실로 심각하다”[18]라고 말했다. 이어 그는 『이원경泥洹經』에서 말하기를, “부모가 선하지 않은 일을 하여도 자식이 대신 받지 않으며 자식이 선한 일을 하지 않아도 부모 또한 받지 않는다.”[19] 다시 불교 업보윤회설과 유가의 가족혈연을 기초로 하는 선악응보 관념에는 본질적 차이가 있음을 논증하였다.

그러나 후에 이러한 차이는 혜원慧遠10이 지은 『삼보론三寶論』에 의해 상당히 모호해졌다. 그는 『아비담심론阿毘曇心論』에서 “만약 업業이 법보法報를 드러내고 다음 생보生報를 받고 후보後報 또한 다시 그러하니 나머지는 말할 필

(懲罰)을 나타내 보인다고 했다. 그는 말하기를, “재(災)라는 것은 천(天)의 꾸지람(譴)이고 이(異)라는 것은 천의 위협(威)이다. 꾸지람을 해도 알지 못하면 위협으로 두렵게 한다.” (『춘추번로』「비인차지(比仁且知)」) 왕충(王充) 『논형(論衡)』「복허편(福虛篇)」에도 당시 사람들의 주장이 다음과 같이 기록되어 있다. “세상에서 말하는 선을 행하는 자는 복이 오고 악을 행하는 자는 화가 오니 화복의 반응(應)은 모두 천이다.” 또 선조의 행위는 또한 자손 후대에게 좋은(好) 혹은 나쁜(壞) 영향을 줄 것이다. 예를 들면, 『후한서(後漢書)』 권19 「경엄전(耿弇傳)」에 말하기를, “삼세대가 장수가 되는 것을 도가에서는 금한다.(三世爲將, 道家所忌.)” 주에 『사기(史記)』를 인용하여 이르기를, “대저 장수將는 삼대에는 반드시 패하게 되니 그 때문에 죽는 일이 많다.” 『사기』 권56 「진승상세가(陳丞相世家)」 또한 다음과 같이 기재되어 있다. “진평이 스스로 말하기를 나는 음모가 많은데, 이는 도가에서는 금하는 것이라! 나의 세대에서 받은 것은 폐지될 것으로 그것은 끝이 나서 가문은 끝내 다시 일어서지 못할 것이다. 내가 꾸민 많은 음모로 생긴 재앙이다.(始陳平曰: “我多陰謀, 是道家之所禁. 吾世卽廢, 亦已矣, 終不能復起, 以吾多陰禍也.)”

17) “施者行施, 施者受報.”

18) 『홍명집』 권13 “百代通典, 哲王御世, 猶無淫濫, 不以情者而令罪福錯受, 善惡無章. 其誣理者, 固亦深矣.”

19) “父作不善, 子不代受; 子作不善, 父亦不受.”

요가 없다"[20]의 게송에 근거하여 "인과는 삼세를 통해 지은 업이 없어지지 않는다因果通三世, 所作業不亡"는 삼보三報의 학설을 체계적으로 제시했다.

북주北周 도안道安의 사상[21] 또한 이와 같다. 그는 인도 불교의 인과론을 밝히고 또 중국 전통사상에 적합한 새로운 견해를 세웠으며 이를 통해 유가의 역학 윤리로는 설명하지 못한 선량한 안회顔回는 요절하고 오히려 극악무도한 도척盜跖이 장수하는 역사적 난제를 해결하였다.

혜원은 삼세 인과응보 사상에 대해 말하는 것 외에도 마음의 감응感應을 가지고 '어째서 삼보의 선후先後에 다름이 있었는가'를 설명했다. 그는 말하기를,

20) 『대정장(大正藏)』 제28권 참조. 若業現法報, 次受於生報, 後報亦復然, 餘則說不定.

21) 도안(道安)의 「二教論. 教指通局第十一」(『광홍명집』 권8에 수록)에 이르기를, "『주역』에서 말하기를 … 선을 쌓은 집에서는 반드시 경사가 남아돌고, 불선을 쌓은 집에서는 반드시 재앙이 남아돈다. … 경(經)에 이르기를, 업(業)에는 삼보(三報)가 있으니, 하나는 현보(現報)이고 둘은 생보(生報)이고 셋은 후보(後報)이다. 현보는 선악이 이 몸에서 시작하니 고락(苦樂)을 이 몸이 받는다. 생보는 다음 몸이 바로 받는다. 후보는 이생(二生) 혹은 삼생(三生), 백 천 만 생후에 받는다. 보응을 받을 때 이 몸은 없지만 반드시 마음을 통해서 받는다. 마음에는 정해진 관리자가 없지만 마음은 일에 따라 감응한다. 인연에는 강약이 있기 때문에 응보에 느리고 빠름이 있다. 그러므로 경에 이르기를, 비유하자면 부채(負債)처럼 강자는 먼저 재촉하는 것(先牽)과 같은데, 이러한 인과의 상벌, 삼보의 넓은 범위(弘趣)는 통달한 재사(才士)가 아니면 그러한 문(門)에 이르는 것은 드물다. 세간에 혹 적선하였는데도 재앙을 받거나 사악하였는데도 경사에 이르면 이것은 모두 현재의 업은 아직 익지 않고 전의 과보가 응한 것이다. 그러므로 이르기를, 상서로움이 화를 만나고 괴기함이 복을 누리니 의심이 이에 있으나 안자(顔子)가 단명한 것은 운이 과거에 있고 현재의 적선은 그 이로움(利)이 장래에 있다. 도척이 장수한 것은 옛 과거의 보답이며 현재의 저지른 악(惡)은 그 응보가 미래에 있다.(『周易』 曰, 積善之家, 必有餘慶. 積不善之家, 必有餘殃 … 經曰。業有三報。一者現報。二者生報。三者後報。現報者。善惡始於此身。苦樂即此身受。生報者。次身便受。後報者。或二生或三生百千萬生。然後乃受。受之無主必由於心。心無定司必感於事。緣有強弱。故報有遲速。故經曰。譬如負債強者先牽。此因果之賞罰。三報之弘趣。自非通才達識。罕得其門。世或有積善而得殃。或有凶邪而致慶。此皆現業未熟而前報已應。故曰。貞祥遇禍妖孽享福。疑似之嫌於是乎在。斯則顔子短壽。運鍾在昔。今之積德利在方將。盜跖長年。詶於往善。今之肆惡衰在未來.)"

보응을 받을 때에는 현신現身의 주체가 없으며 반드시 심心을 통하여 보응을 받는다. 심에는 고정적으로 담당하는 것이 없이 상황에 따라 감응한다. 감응에는 완급이 있기 때문에 보응에는 선후가 있다.[22]

이것이 바로 "여러가지 감정이 보응을 초래하고 감感에 따라 응應이 생긴다"[23]는 것이다. 그는 감응의 작용과 관계가 있다는 점을 특히 강조하는데 『주역』의 "감을 체로 보는以感爲體"[24][11] 사상과 일치한다고 생각하였다. 이후 중국인은 선악응보를 말할 때 왕왕 불교의 인과因果와 『주역』을 결합하고 도교의 적공누행積功累行(공덕을 쌓고 선행을 누적함) 이론까지 겸해서 말하기도 한다. 응보는 지은 자 본인 외에도 가족과 자손에까지 연루되고 문자로 기록되어 서책에 남는다. 예를 들면, 명대 관동명管東溟[12]의 『권인적음덕문勸人積陰德文』이 바로 이것의 전형적인 사례이다.

불교의 윤회응보 사상은 삼세三世설과 귀신 관념의 기초 위에서 건립되었으며 영혼불멸과 보응報應이 서로 관련되어 있다. 그러나 중국 고대는 귀신의 존재를 부정하지는 않았지만 크게 중시하지도 않았다. 예를 들면, 공자가 말한 "아직 사람도 섬길 수 없는데 어찌 귀신을 섬기리오!未能事人, 焉能事鬼"는 바로 이러한 관점을 전형적으로 반영하고 있다. 그러므로 위진 시기에 불교가 대거 수입된 후에 귀신의 유무有無 문제와 신멸神滅과 신불멸神不滅의 문제는 유불儒佛 간의 가장 큰 쟁점 중의 하나가 되었다.

불교의 입장에서는 사람들의 의문을 해소하기 위해 부득이 『주역』을 대표로 하는 유학의 이론을 모방하여 전도傳道의 보조 수단으로 삼을 수밖에

22) 『삼보론』, 『홍명집』 권5 "受之無主, 必由於心. 心無定司, 感事而應, 應有遲速, 故報有先後."

23) 혜원, 「답환현명보응론(答桓玄明報應論)」, 『홍명집』 권5 "因情致報, 乘感生應."

24) 혜원(慧遠)은 여산(廬山)에서 일찍이 은중감(殷仲堪)과 함께 북쪽 개울에서 『주역』의 바탕에 대해 논하였다. 해가 저물도록 싫증내지 않았다.

없었다. 예를 들면, 혜원의 『사문불경왕자론沙門不敬王者論』은 다음과 같이 말하고 있다.

> 대저 신神이라는 것이 무엇인가? 그것은 지극히 정미한 영靈이다. 지극히 정미하다는 것은 괘상이 그려낼 수 있는 것이 아니다. 그러므로 성인이 다만 (신은) 신묘한 것이라고 말한 것이니, 비록 상지上智를 가진 사람이라도 여전히 그 모습을 명확하게 설명하여 그 깊은 뜻幽致을 궁구할 수 없다.[25)]

이것은 신이란 지극히 정미하여 영靈이 된다는 것을 비유하는 것으로, '괘상이 그려낼 수 있는 것이 아니다'라고 하며 일반인은 그 깊이를 예측하기 어렵다고 말한다. 종병宗炳은 『명불론明佛論』에서 「계사전」의 "한번 음하고 한번 양하는 것을 도라고 한다. 음양의 변화를 헤아리지 못하는 것을 일러 신이라고 한다一陰一陽之謂道, 陰陽不測之謂神"는 말로 그 특성을 설명하고 있다.

> 지금 말하는 '한번 음하고 한번 양하는 것을 도라고 한다. 음양의 변화를 헤아리지 못하는 것을 일러 신이라고 한다'는 말은 대개 지무至無가 도가 되고 음양은 서로 뒤섞이는 것이니 그러므로 일음일양이라 말한다. 도로부터 내려와 정신으로 들어가 항상 음양에서 표현된다. 음양으로만 궁구할 수 있는 바가 아니기 때문에 '음양불측陰陽不測'이라고 말한다.[26)]

고대인의 관념 가운데 천과 신명神明은 하나로 연결되어 있고 신명은 바

25) 『홍명집』 권5 "夫神者何耶? 精極而爲靈者也. 精極則非卦象之所圖, 故聖人以妙物而爲言, 雖有上智猶不能定其體狀, 窮其幽致."

26) 『홍명집』 권2 "今稱一陰一陽謂道, 陰陽不測之謂神者, 蓋謂至無爲道, 陰陽兩渾, 故曰一陰一陽也; 自道而降, 便入精神, 常有於陰陽之表, 非二儀所究, 故曰陰陽不測耳."

로 천의 대표이며 선악보응의 주재이다. 이에 대해 석도항釋道恒[27]은 진일보한 설명을 하고 있다. 그는 말하기를,

> 주역에 이르기를, "진실함을 실천하고 하늘의 뜻에 따를 것을 생각하며 하늘로부터 돕는지라 길하여 이롭지 않음이 없다" 또 이르기를, "(다른 사람이) 뒤에서 모르게 불선을 행해도 귀신이 알아 그를 벌하는데, 어찌 몰래 보고 있는 신명의 도움이 아니겠는가!" 선악의 응보는 이미 참된 증거가 있으니 다시 일일이 나열할 필요가 없다.[28]

승우僧祐는 「홍명집후서弘明集後序」에서 다음과 같이 말한다.

> 주공周公과 공자는 예전禮典을 제정하고 귀신에 대해 분명하게 말했다. 『주역』에 '혼이 떠돌면서 변화가 생기니 이로서 귀신의 정상情狀을 안다'라고 하였다. 이미 정情과 상狀이라고 했으니 그것은 형태形가 없겠는가?[29]

상술한 여러 예들은 『주역』에서 언급한 귀신의 존재에 관한 입장과 불교의 인과응보 사상에 기초한 귀신의 관점은 상당히 비슷하기 때문에 회통할 수 있음을 증명한다. 물론 양자 간의 차이점 또한 분명히 존재한다. 이것은 석도항이 인용한 "진실함을 실천하고 하늘의 뜻에 따를 것을 생각하며 하늘로부터 돕는지라 길하여 이롭지 않음이 없다履信思順, 自天佑之, 吉無不利"라는 말이 가장 전형적인 예이다. 이 말은 「계사전」에 나온다. 원문은 이와 같다.

27) 석도항(釋道恒, 346~447)은 구마라습의 제자로 『석박론(釋駁論)』을 지었다.

28) 『홍명집』 권6 "『易』曰: 履信思順, 自天佑之, 吉無不利. 又曰: 爲不善於幽昧之中, 鬼得而誅之, 豈非冥伺神明之佑哉! 善惡之報, 經有誠證, 不復俱列."

29) "周孔制典, 昌言鬼神. 『易』曰: 遊魂爲變, 是以知鬼神之情狀, 旣情且狀, 其無形乎?"

진실함을 실천하고 하늘의 뜻에 따를 것을 생각하며 또한 그러한 마음으로 어진 사람을 숭상하므로 이 때문에 하늘로부터 돕는지라 길하여 이롭지 않음이 없다.[30)]

그 뜻은 사람은 다만 진실함을 실천하고 군주를 섬기고, 강剛으로 유柔를 따르고, 현자를 숭상하는 세 가지 미덕을 갖추기만 한다면, 바로 하늘의 도움을 얻어 길상吉祥하여 이롭지 않음이 없다는 것이다. 여기에서 천은 분명히 주재 작용을 하는 천신天神의 의미를 함유하고 있는 것으로 불교가 말하는 신령神靈과는 다르다.

불교는 비록 세간世間의 제천諸天과 일반 신령의 존재를 인정하고 있지만 그들은 모두 세간 중생의 구성 부분에 속하며 각각 삼계육도三界六道에 귀속되는데, 엄격한 업보의 법칙에 따라 인과 윤회한다. 그 성격과 작용은 인간과 마찬가지로 자신의 과거세過去世의 업행業行에 제재를 받고 있다.

기본적으로 국운國運을 좌우하고 인간에게 화복을 내리는 특별한 위력을 가지고 있지는 않다. 말하자면 주재 작용의 인격신 형상을 가지고 있지 않다는 뜻이다. 이것이 불교가 기타 종교와 구별되는 중요한 특징 중의 하나라고 할 수 있다. "하늘로부터 돕는지라 길하여 이롭지 않음이 없다"는 구절에서 '천天'에 대해 명말明末의 고승高僧인 우익蕅益[13]은 다른 관점을 가지고 있다. 그는 여기에서 천은 결코 천신天神을 가리키는 것이 아니라 '천리天理'의 의미라고 보았다. 그는 다음과 같이 말한다.

대저 천天에는 사사로운 정情이 없으며, 도와주는 것은 순리順理에 불과할 뿐이다.[31)]

30) 「계사상전」 제12장 "履信思乎順, 又以尙賢也, 是以自天祐之, 吉无不利也."

31) 우익, 『주역선해』 권8. 남경 금릉 각경처(刻經處) 민국4년 판각본(刻本). 상해도서관 보관 "夫天無私

분명히 여기에서 말하는 '천'은 지존至尊적인 인격신의 냄새가 없다. 왜냐하면 천은 '사사로운 마음'을 가질 수 없고 인간의 운명을 주재할 수 없기 때문이다. 그것이 인간을 도와주는 것은 '순리順理'다. 이른바 순리는 바로 '천리'를 따르는 것이다. 또한 자연법칙의 의미도 가지고 있다. 법칙에 위배되면 자연히 징벌을 받게 된다. 사람의 재앙은 스스로 만든 것이지 결코 천신이 장난친 것은 아니라는 것이다. 우익의 천에 대한 이해는 오히려 불교 특유의 귀신 관점을 운용한 것으로 보아야 할 것이다.

情, 所助者, 不過順理而已."

2. 불경을 위조하여 불교와 주역의 일치一致를 선양宣揚함

불교를 전파하는데 있어 편리하고 중생들이 신앙심을 일으키도록 하기 위해 불교도는 역학 사상과 불교의 교의를 억지로 연결하는데 힘썼을 뿐만 아니라, 이런 목적을 달성하기 위해 불경 편찬 등 모든 수단을 강구하는 데 노력을 아끼지 않았다. 위진 시기의 위경僞經의 대량 생산은 바로 이러한 현상을 잘 보여주는 증거이다. 위경의 출현은 적어도 아래 두 가지 점을 설명할 수 있다.

1) 불경은 인도에서 제작되어 그 문화배경, 사유방식, 기원과 실현목적이 다르기 때문에 중국의 전통사상과는 근본적인 차이가 있다. 비록 그렇더라도 이 둘 사이에는 입신처세立身處世의 근본 관념과 수학修學의 과정 등 여러 부분에서 상통되거나 유사한 점이 있다. 하지만 공통점보다는 차이점이 많다는 것이 객관적인 사실이다. 억지로 연결시키는 것은 오히려 사람들을 만족시키기 어렵다. 이에 어떤 사람들은 근본적으로 문제를 해결하고자 불경을 조작하는 방식을 써서 이런 차이점을 보완하려 했다. 이것이 위경을 편찬한 가장 기본적인 이유이다.

2) 불경 조작은 객관적으로 볼 때 불교가 새로운 발전시기로 이미 진입했음을 보여준다. 몇몇 승려들은 외래의 불전佛典을 그대로 번역하는데 만족하지 못했다. 불교사상과 중국 고유의 종교 및 전통 문화를 하나로 결합시켜 사람들이 이해하는데 유리한 중국 본토 언어를 이용하여 불교를 전파하려고 하였다. 비록 정통 불교도는 이런 식의 번역 작업에 대해 줄곧 반대하고 비판했으나 사실상 이런 흐름을 완전히 막을 수는 없었다.

몇몇 위경僞經은 후에 '진경眞經'으로 여겨져 지금까지 그대로 전래되고 있다. 어떤 것은 후세 불교 저작에 인용되어 일부분 보존되고 있다. 북위北魏의 승려 담정曇靖14이 편찬한 『제위파리경提謂波利經』은 이런 식으로 보존되어 온 대표적인 위경僞經이라 할 수 있다. 본경本經은 이미 일실逸失되어 전하지 않지만, 여러 논서論書에 많이 인용되어 있기 때문에 그 대의를 어느 정도 살펴볼 수 있다.

『제위파리경』은 재가在家 불교도가 편찬 위조한 경전이다. '제위提謂'(帝梨富婆의 약칭으로 범어 Trapusa를 말함)와 '파리波利'(跋梨迦의 약칭으로 범어 Bhalika)는 인도불교 중에 가장 일찍 불타에 귀의한 두 상인의 이름이다. 『방광대장엄경方廣大莊嚴經』, 『수행본기경修行本起經』, 『중본기경中本起經』과 『서응본기경瑞應本起經』 등의 기록에 의하면, 석가 태자가 보리수 아래에서 성도成道한 후 제위와 파리가 오백 명의 상인들을 인솔하여 이곳을 경유할 때 부처에게 음식을 공양하자 부처는 그들을 위해 '삼귀오계三歸五戒'를 설하였다.[32] 그들이 첫 번째 불교 신자가 되었다는 것이다.

『제위파리경』은 주로 이런 이야기를 엮어 편찬되었다. 주된 내용은 사람들에게 불법을 믿고 계율의 수행과 선악응보를 권하고 있으며 한대 역학易學 중의 음양오행 학설, 유가의 윤리강상, 도교의 불노장생 사상 등과 불교를 긴

32) 삼귀(三歸)는 불, 법, 승 삼보에 귀의함을 가리킨다. 오계(五戒)는 불살생(不殺生), 불투도(不偸盜), 불사음(不邪淫), 불망어(不妄語), 불음주(不飮酒)를 가리킨다.

밀하게 결합한 것이 이 경전의 두드러진 특색이다.

우선 편자編者는 불교의 오계五戒를 유학의 오상五常 그리고 역학의 오행五行과 오성五星·오방五方 등과 서로 배치시키고 있다. 그 취지는 불교와 유학의 모순을 조화시켜 양자가 서로 같음을 드러내는 것에 있었다. 예를 들면, 경 가운데에서 다음과 같은 내용이 있다.

> 제위와 파리 등이 부처에게 물었다. "저희를 위해 사계와 육계를 말씀해 주시지 않겠습니까? 부처가 답하기를, 다섯은 천하의 큰 수이다. 하늘에는 오성이 있고 땅에는 오악五岳이 있고 사람에게는 오장五藏이 있고 음양에는 오행五行이 있고 왕은 오제五帝가 있고 세상에는 오덕五德이 있고 색에는 오색五色이 있고 법에는 오계五戒가 있다. 살생하지 말라는 것은 동방에 배속되며 동방은 목木이며 목은 인仁을 주관하고 인은 양생을 의미한다. 도둑질하지 말라는 것은 북방에 배속되며 북방은 수水이며 수는 지智를 주관하고 지는 도둑질하지 말라는 것을 의미한다. 음행을 하지 말라不邪淫는 것은 서방에 배속되며 서방은 금金이며 금은 의義를 주관하며 의가 있는 자는 음행을 하지 않는다. 술을 마시지 말라는 것은 남방에 배속되고 남방은 화火이며 화는 예禮를 주관하고 예는 잘못을 방비한다. 거짓말을 하지 말라는 것은 중앙에 배속되며 중앙은 토土이며 토는 신信을 주관한다.[33]

이외에 프랑스 파리 국립도서관에 소장된 돈황본 『제위파리경』에서는 다음과 같이 말한다.

33) 지의(智顗), 『인왕호국반야경소(仁王護國般若經疏)』 권2 인용, 『대장경』 제33권 "提謂·波利等問佛: 何不爲我說四·六戒? 佛答: 五者天下之大數, 在天爲五星, 在地爲五岳(嶽), 在人爲五藏(臟), 在陰陽爲五行, 在王爲五帝, 在世爲五德, 在色爲五色, 在法爲五戒. 以不殺配東方, 東方是木, 木主於仁, 仁以養生爲義; 不盜配北方, 北方是水, 水主於智, 智者不盜爲義; 不邪淫配西方, 西方是金, 金主於義, 有義者不邪淫; 不飮酒配南方, 南方是火, 火主於禮, 禮防於失也; 以不妄語配中央, 中央是土, 土主於信."

장로 제위가 부처에게 여쭙기를, "신이 오장五臟에 있어 하는 일이 무엇입니까?" 부처가 말씀하시길, "오장의 신이 머무는 곳은 각각 다르며 간의 신은 인을 행하며, 심心의 신은 예禮를 행하며, 폐肺의 신은 의義에 배당되며 신腎의 신은 지智를 행하며 비脾의 신은 신信을 행한다. 이러한 오행은 천지의 대용大用이며, 하늘이 그것을 잃으면 재해가 일어나며 땅이 그것을 잃으면 만물이 자라지 않고 사시가 그것을 잃으면 음양이 조화롭지 않고 왕이 그것을 잃으면 천하가 어지러워지고 인민이 그것을 잃으면 생명을 잃고 몸이 위태롭고 신기神氣가 그것을 잃으면 오장이 제 기능을 못하여 발광하여 사망하게 된다."[34]

경經 가운데 서로 짝지어 놓은 것을 도식으로 나타내면 아래의 그림과 같다.

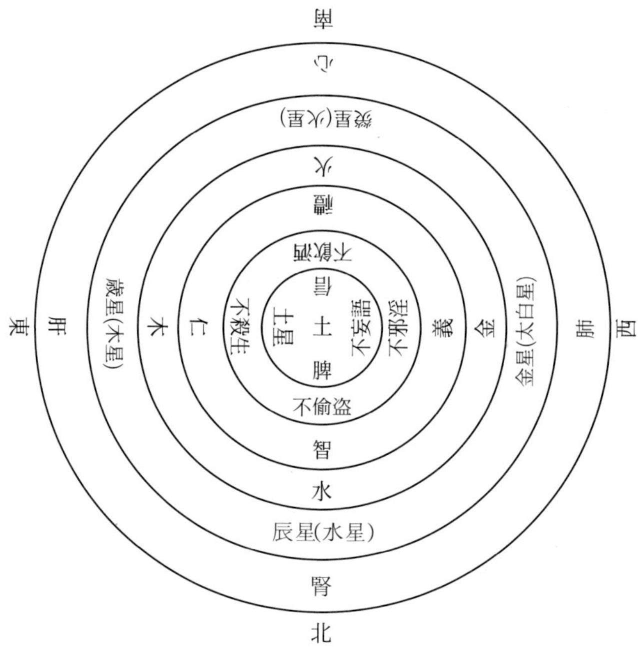

[그림 1-1]

34) "長者提謂白佛言: 神在五臟, 用事之何? 佛言: 五藏之神所住各異, 肝行仁, 心行禮, 肺行義, 腎行智, 脾行信. 此五行者, 天地之大用, 天失之妖災起, 地失之萬物不生, 四時失之陰陽不和, 王者失之天下亂, 人民失之滅姓(性)命, 身危亡, 神氣失之五臟不治, 發狂死亡."

사실 '오행五行'의 설은 『상서尙書』「홍범洪範」편에 처음 보인다. 후에 제齊나라 추연鄒衍이 오행을 개조하였으며 아울러 여기에 천인감응天人感應과 천도순환론의 관점을 더하여 '오덕종시설五德始終說'을 만들었다.[35) '오덕종시'가 바로 '오행종시'이다. 『여씨춘추呂氏春秋』「십이기十二紀」에 이르러, 당시의 천문역법과 음양오행의 사상을 억지로 연결시켜 춘하추동의 사계, 동남서북의 사방과 오행이 관련이 있다고 보았다.

서한西漢의 『회남자』「천문훈天文訓」은 또한 오성五星을 추가하여 서로 짝지어 더욱 복잡하게 만들어 버렸다. 역학 대가인 경방京房은 납갑納甲[36)·세응世應[37)·비복飛伏[38) 등으로 재이災異에 대해 많이 언급했으며 오성·오행

35) 오덕종시는 '오덕전이(五德轉移)'라고도 불린다. 수, 화, 목, 금, 토, 다섯 가지 성질이 상생상극(相生相克)하고 계속적으로 순환하고 변화를 가리킨다. 왕조 흥망(興替)의 원인을 설명하는데 사용되는데, 예를 들면, 하, 상, 주 삼대의 교체는 바로 화(火, 주)가 금(金, 상)을 이기고, 금은 목(木, 하)을 이기는 결과이다. 또 '오덕종시'의 역사 순환론체계를 허위로 만들어 정치상에서 '오행의 배열'에 부응하기 위해 상응하는 제도를 제정할 필요성을 논증했다.

36) 납갑(納甲)은 팔괘를 천간, 오행, 방위와 서로 배합시키므로 붙여진 이름이다. 마치 갑건(甲乾)·을곤(乙坤)이 서로 목(木)과 합하기에 갑을(甲乙)은 동(東)에 있고, 병간(丙艮)·정태(丁兌)는 서로 화(火)와 합하므로 병정(丙丁)은 남(南)에 있고, 무감(戊坎)·을리(己離)는 서로 토(土)와 합하기에 무기(戊己)는 중앙에 거하며, 경진(庚震)·신손(辛巽)은 서로 금(金)과 합하므로 경신(庚辛)은 서(西)에 있고 천임(天壬)·지계(地癸)는 서로 수(水)와 합하기에 임계(壬癸)는 북(北)에 있다. 서한의 경방, 삼국의 우번 모두 여기에 근거하여 『주역』을 말하였다. 복서가(卜筮家)들은 괘효(卦爻)를 가지고 간지(干支)와 오행(五行)에 분속시켰다.

37) 조공무(晁公武)의 「경씨역전후서(京氏易傳後序)」에 "그 진퇴(進退)는 기미(幾)를 일괘(一卦)의 군주(主)로 삼는 것을 일러 세(世)라 하고, 기우(奇偶)는 상응하여 1에 의거해서 2를 일으켜 군주의 재상(相)으로 삼는 것을 일러 응(應)이라 한다"는 뜻에 근거하여 괘변(卦變)이 효변(爻變)의 지배를 받기 때문에 변괘(變卦)의 진퇴는 괘 가운데 경중을 재는 작용이 있다. 그러므로 이러한 변효(變爻)는 한 괘의 주(主)가 된다. 주가 있으면 반드시 종(從)이 있고 주는 세(世)이고 종은 응(應)이다. 그리고 주종관계는 또한 '기우상여(奇偶相與)'의 원칙으로 결정된다. 하나의 괘에는 육효가 있고 초(初), 삼(三), 오(五)가 홀수(奇)가 되고 이(二), 사(四), 상(上)은 짝수(偶)가 되며 만약 초가 세라면 사는 응이 되고 이가 세이면 오는 응이 되고 삼이 세라면 상은 응이 된다. 반대도 또한 그렇다. 이것은 바로 이른바 '하나에 의거하여 둘을 일으켜 군주의 재상(相)이 되는 것을 일러 응(應)이라 한다.'는 것이다.

38) 비복(飛伏)은 『경씨역전(京氏易傳)』의 "괘에서 드러나는 것을 비(飛)라 하고 드러나지 않는 것을 복

등의 사상을 『주역』 속으로 끌어들였다. 이것은 한대 역학의 중요한 특징이 된다.

『당개원점경唐開元占經』 권30에 『사기』의 「천관서天觀書」·『회남자』의 「천문훈天文訓」과 『홍범오행전洪範五行傳』 등의 책에 기록된 내용들을 인용하여 오성五星은 각각 '오방五方', '오제五帝', '오상五常' 등의 신령과 사물을 분별하여 상징하고 있다. 그 중에 목성은 동방 청제青帝(즉 항제巷帝)의 사자使者이며, 오행 중에 '목木'의 정령精靈은 봄을 주관하고 농업의 풍작과 흉작을 결정하니 오상의 인仁과 상응한다. 화성은 남방 적제赤帝(즉 염제炎帝)의 사자이며 '화火'의 정령이고 여름을 주관하며 천기天氣를 결정하니 예禮와 상응한다. 토성은 중앙 황제의 사자이며 토의 정령은 늦여름季夏을 주관하니 신信과 상응한다. 금성은 서방 백제白帝의 사자이고 금의 정령은 가을을 주관하고 군대와 형벌을 주관하니 의義와 상응한다. 수성은 북방 흑제黑帝의 사자이며 수水의 정령이며 겨울을 주관하고 형刑을 주관하니 지智와 상응한다. 그들 간의 관계는 매우 긴밀하며 그 순역順逆의 작용은 장차 국가와 백성들에게 복 혹은 재난을 가져다준다. 분명히 불교 오계五戒와 상술한 여러 가지 뜻을 서로 비교하면 약간 상통하는 점이 있으나, 견강부회하는 병통을 또한 피할 수 없다. 하지만 이러한 논의가 유가사상의 진일보한 발전과 불교 전파의 발양에 도움이 되었다는 점은 결코 의심할 수 없을 것이다.

그 다음, 『제위파리경』 중에 지재持齋[15]를 말할 때 또한 중국 고대 '월령月令'의 음양사상을 결합하여 다시 풀이하였는데 매우 특수한 해석이다. 편자編者는 천지의 운행이 '사시가 교대하고 음양이 자리를 바꾸는四時交代, 陰陽易位' 것으로 보았다. 정월正月에는 '소양이 작용하고 만신이 자리를 바꾸고 음

(伏)이라 한다"에 의거하여 비를 미래로 복을 과거(既往)로 본다. 그 목적은 괘효 구조에서 음양변화가 하나의 은현(隱顯) 유무(有無)의 관계가 존재하고 있음을 드러내고 있다. 한유(漢儒)들은 점(占)으로써 증험했다.

양이 교배하고 만물이 싹트기少陽用事, 萬神代位, 陰陽交構, 萬物萌生' 때문에 반드시 '고요히 도를 행하여 화기를 돕는다.寂然行道, 以助和氣' 5월에는 태양이 작용하고 만물이 자리를 바꾸고 초목이 싹트니 응당 지재持齋해야 하고 '도기道氣를 도와 만물을 성장시킨다.' 9월에는 '소음少陰이 작용하고 건곤乾坤이 자리를 바꾸고 만물이 반드시 다 마친다.' 그러므로 지재하는 것이 필요하며 마땅히 "신기가 근본으로 돌아가서 도리에 따라 스스로 편안하여야"[39] 한다고 말한다.

비록 불교 입장에 근거하여 말한다 하더라도, 담정曇靖이 위조한 『제위파리경』은 마땅히 비판받아야 한다. 하지만 그가 운용한 유가 학설과 불교의 의미는 서로 일치하고 있다. 승우僧祐의 『출삼장기집出三藏記集』 권5의 「신집의경위찬잡록新集疑經僞撰雜錄」에 의거하면, 북위北魏 태무제太武帝의 불교 멸법滅法 후, 문성제文成帝가 즉위하여 불교 회복에 크게 힘을 쏟던 초기에 구역舊譯 불경이 타버려 거의 없어진 상황에서 전교傳教의 필요성에 의해서 제작된 것으로 그러한 동기 자체는 크게 비난할 만한 것은 아니다. 게다가 실제로 효과도 보았고 영향도 매우 컸다.

남북조에서 수당에 이르기까지 본경本經에 대한 교판教判에 각종 여러 사람들의 이설異說을 막론하고 오계五戒를 오상五常에 배합하였다. 북제北齊 안지추顔之推의 『안씨가훈顔氏家訓』, 수隋나라 지의智顗의 『호국인왕경소護國仁王經疏』·『마가지관摩訶止觀』 등이 이것을 크게 드러내었기 때문에 당·송, 명, 청을 거쳐 유불동원儒佛同源을 주장하는 자들의 유력한 논거가 되었다. 특히 담정은 음양오행설과 불교 교의를 서로 배합한 방법을 주로 사용했다. 그는 당대 징관澄觀16의 화엄사상에 영향을 주었을 뿐만 아니라 만당晩唐 시기의 종밀宗密이 취한 『주역』 건괘乾卦의 원元, 형亨, 이利, 정貞 사덕四德과 대승불교의 상

39) 당(唐) 도세(道世) 『법원주림(法苑珠林)』 권88 인용.

常, 락樂, 아我, 정淨의 사덕이 서로 만나게 되는 직접적인 계기를 제공하였다. (본서 제 3장 화엄학과 역학에서 상세히 논의될 것이다.) 이 문제는 매우 주목할만한 가치가 있다.

3. 제왕, 관료 및 사대부의 참여

위에서 언급한 '격의格義'는 광의적으로 말한 것인데 바로 외학(外學: 불교를 제외한 일체의 학문) 이론으로 불교의 철학적 의미를 해석한 것을 가리킨다. 협의적 '격의'가 가리키는 것은 불교 사수事數[40]의 조목에 따라 배치하려 한 것으로 보인다. 『고승전』「축법아전竺法雅傳」에서는 "축법아는 바로 축법랑竺法朗 등과 함께 경전 중의 사수事數를 외서外書에 배치하여 이해하려는 것으로 이것을 일러 격의라 한다"[41]고 하였다.

이러한 방법은 불교 전래 초기에 사용된 것이며 아직 불교의 이치에 밝지 않은 사람들을 이해시키는데 유리했다. 예를 들면, 상술한 『제위파리경』에 오성, 오행, 오상 등을 오계와 『안씨가훈』「귀심편歸心篇」에… "불교의 경전은

40) 사수(事數)는 불교의 명상(名相 : 망상(妄想)을 일으키고 미혹(迷惑)하게 하는, 들리고 보이는 모든 것)의 조목(條目)을 가리킨다. 『세설신어(世說新語)』「문학(文學)」편에서는 "사수학은 오음(五陰)·십이입(十二入)·사제(四諦)·십이인연(十二因緣)·오근(五根)·오력(五力)·칠각(七覺) 등을 말한다.(事數學 , 謂若五陰、十二入、四諦、十二因緣、五根、五力、七覺之屬.)"라고 하였다.

41) "雅乃與竺法朗等, 以經中事數擬配外書, 爲生解之例. 謂之格義."

처음부터 오계五戒를 세우고 외전外典(즉, 유가의 경전)의 인, 의, 예, 지, 신과 부합된다."[42]고 하였는데 이는 바로 협의적인 의미의 '격의'를 전형적으로 사용한 사례이다.

그러나 격의의 단점 또한 분명하고 쉽게 드러나는데 바로 불교의 진수를 전달하기 어렵다는 것이다. 이 때문에 당시 어떤 사람들은 이와 같은 방법에 반대했다. 도안道安은 "이전의 오래된 격의는 이치에 위배됨이 많다"[43]고 지적했다. 승예僧叡17 또한 "멋대로 격의를 강설하는 것은 잘못된 것으로 불교의 근본과는 어긋났다"[44]고 했다. 도안은 생존 당시 제자 혜원이 불법은 가히 "속서를 폐기할 수 없다不廢俗書"[45]고 하는 주장을 특별하게 허락하는 것 외에 나머지 다른 사람들이 경經을 강설할 때 '속서'의 사상을 통하여 풀이하지 못하게 하였는데, 그 의도는 불법의 참된 정신을 알리려는 데 있다. 그러나 격의의 운용은 결코 이런 이유 때문에 사용을 멈춘 것은 아니었다.

격의의 의도는 중국사상을 외래의 불법과 융합시켜 중국 사람이 받아들이는데 적합하도록 만드는 것에 있다. 이런 식으로 하여야만 더 많은 중국인들이 불교를 이해하여 그들 속으로 깊이 파고들 수 있기 때문이다. 이 때문에 위진 시대 대부분의 불교의 강술講述이나 불전佛典의 주석들은 『노자』, 『장자』와 『주역』의 용어들을 인용하는 방식을 취하였다(도안道安 본인도 포함함). 불교 반야학설의 '육가칠종六家七宗'[46]이 바로 이렇게 형성된 것이다.

42) "內典初門設五種禁(五戒), 外典仁·義·禮·智·信皆與之符."

43) 『고승전』 권5 「석승광전(釋僧光傳)」 "先舊格義, 於理多違."

44) 『출삼장기집(出三藏記集)』 권8 「비마라힐제경소서(毗摩羅詰提經疏序)」. 『대장경』 권55권 "講肆格義, 迂而乖本."

45) 『고승전』 「혜원전(慧遠傳)」에, 혜원이 24세에 강설(講說)에 나아갔다. 일찍이 청강하는 사람들이 실상(實相)의 뜻을 어려워하자 여러 번 바꾸어 말하니 더욱 혼란스러워했다. 혜원은 곧 『장자』를 끌어다가 연관시키자 이에 의혹이 풀어졌다. 이후 도안(道安)은 혜원이 속서(俗書)를 폐하지 않았다는 말을 들었다.

46) 육가칠종(六家七宗)은 동진 시기 『반야경』의 '공'의 의리 해석이 같지 않아 형성된 유파를 가리키며, 담

도안이나 구마라습 이후 불경에 대한 이해가 크게 높아져서 협의의 '격의' 법은 기본적으로 폐기되어 사용되지 않게 되었으며 (다만 기존의 대표적인 오상을 오계와 짝 지우는 관점은 여전히 유행하였다) 피상적으로 억지로 끌어대는 견강부회의 방식은 더 이상 출현하지 않았다. 그러나 불경과 외학外學을 서로 교대로 대입하여 논하는 방식은 여전히 존재하였고 위진 남북조 시기까지 쇠퇴하지 않았다. 인용 비율이 가장 높은 것으로는 『노자』와 『장자』가 으뜸이며 그 다음이 바로 『주역』이다. 고승들이 선교의 수단으로 삼았을 뿐만 아니라 관료 사대부 또한 청담淸談을 하는 경우 불교 자료를 이용하였기 때문이다.

위진 학풍의 서막을 연 왕필王弼은 현허玄虛를 숭상하고 의리로 『주역』을 해석하는 학풍을 새롭게 수창主唱하여 한학漢學은 이 시기에 이르러 드디어 변하게 된다. 그의 '득의망상得意忘象'설은 『주역』「계사전」의 "말은 뜻을 다 표현하지 못하고言不盡意"와 "상을 세워 뜻을 다한다立象盡意"는 관점에서 발전하였고 아울러 『장자』「외물편外物篇」의 "뜻을 얻으면 말은 잊어버린다得意忘言"는 말을 통하여 그것을 응용하여 진일보한 '득의망상', '득상망언'의 관점을 제시하였다.

왕필의 이러한 사상은 『주역』과 『장자』가 말한 것과는 다르다. 그는 특히 '망상忘象'이라는 관점을 중시한다. 이것은 새로운 주장으로 불교 반야의 '무상無相' 관점의 영향을 받았을 가능성이 큰 것으로 보인다. 반야학 중의 '무상無相(無名相)', '선권善權 (즉, 방편方便)'과 '망상忘象', '망언忘言'의 설은 회통할 수 있는 것이며, 이것은 지겸支謙[18]의 개역改譯인 『대명도무극경大明度無極經』과 관련이 있다. 이 경의 제1권에서 "법의 뜻을 얻음으로 증명함得法意以爲證"과 그에 대

제(曇濟) 『육가칠종론』 (원서는 소실, 당(唐) 원강(元康) 『조론소(肇論疏)』 인용), 길장 『중론소』 등에 의거하면 육가는 본무종(本無), 즉색종(卽色), 식함종(識含), 환화종(幻化), 심무종(心無), 연회종(緣會)에다 본무종의 분파 '본무이(本無異)'를 합하여 모두 칠종이다. 그러한 관점에서 논하면, 본무종, 즉색종, 심무종 삼가가 대표적으로 당시에 가장 유행하던 종파들이다.

한 지겸의 주석은 "말로서 증명하는 것을 그만두고 마땅히 본무(실상을 말함)로 돌아가야 한다由言證已, 當還本無"고 했는데, 이것은 '득상망언', '득의망상'과 아주 비슷한 주장이다.[47] 지겸이 불경의 번역 문제를 언급할 때, 또한 『노자』와 『주역』의 말을 인용하여 설명하였다. 그는 『법구경서法句經序』에서 "노자가 아름다운 말은 믿음이 없고, 믿음이 있는 말은 아름답지 못하다고 하였고, 중니仲尼 또한 글은 말을 다하지 못하고, 말은 뜻을 다하지 못한다고 하였으니, 성인의 뜻이 심오하여 끝이 없다는 것을 밝혔다. 이제 서역西域의 뜻(불교의 의미)을 전함에, 실로 경전에 통달함이 마땅하다"[48]라고 하였으며, 왕필의 생존 년대가 226년~249년이라고 보면 바로 위魏나라가 시작하는 때에 해당된다.

일찍이 동한東漢 연희延熹 9년(116년)에 환제桓帝는 이미 탁용궁濯龍宮에서 부처와 노자를 친히 제사 지내니 불경을 번역하는 서역 학자들 또한 낙양洛陽으로 모여 들었다. 예를 들면, 지루가참支婁迦讖, 안세고安世高, 축불삭竺佛朔, 지요支曜, 엄불조嚴佛調 등이 번역한 것들이 남아 있다. 그 중 안세고는 167년 『수행도지경修行道地經』, 『반주삼매경般舟三昧經』을, 지요는 『성구광명정의경成具光明定意經』을, 엄불조는 『유마힐경維摩詰經』을 번역하였는데, 모두 대승반야, 삼매三昧, 선수禪數**19**의 핵심적인 경전이 되었으며 학자들이 반드시 연구해야 하는 글들이다.

『반야경』의 번역은 한진漢晉 때 가장 많았고 축불삭, 지참이 번역한 것이 『소품小品』이며, 지겸이 다시 『도행반야경道行般若經』을 개역한 것이 『대명도무극경大明度無極經』이며, 왕필은 그 시대에 태어나 뛰어난 재주로 보고 듣고 많이 접해 그것들을 자료로 취하였는데 실제와도 잘 부합한다. 그러나 이러한 점은

47) 『중국불학원류략강(中國佛學源流略講)』 제2강 『西域傳本佛典的廣譯』, 『여징불학론저선집(呂澂佛學論著選集)』 제5책, 齊魯書社 1991년 판.

48) 『출삼장기집(出三藏記集)』 권7, 『대정장(大正藏)』 제55권 老氏稱, 美言不信, 信言不美. 仲尼亦云, 書不盡言, 言不盡意. 明聖人意深邃無極. 今傳胡義, 實宜經達.

왕필의 저작 가운데 분명하게 나타나 있지 않다. 왜냐하면 한위漢魏 시기에 일반적으로 외래 사상에 대해 표면적으로는 거부하는 태도가 여전히 남아있어 '오랑캐夷夏 땅'의 것을 추구하는 것이 동진東晋 시기처럼 그렇게 개방적이지 않았기 때문이다. 그러므로 왕필과 같이 새로운 사상에 개방적인 사람이라 할지라도 스스로 불교의 영향을 받았다고 드러내놓고 말할 수 있는 단계에는 아직 이르지 못했던 것이다.

현대의 마일부馬一浮20는 일찍이 "현언玄言은 실제 장자를 근본으로 삼고 있는데, 양쯔강 동쪽(江左: 강소성) 제현諸賢들이 모두 현언을 말하는 것을 보면 알 수 있다. 그것은 원래 『주역』에서 나왔다. 왕필은 『주역』과 『노자』에 밝았으며, 실제 개척자이며 후세에도 그를 넘는 자가 없다"[49]라고 하였다. 이것은 정확한 지적이다.

왕필은 『주역』의 상수적 해석을 축출하였고 가장 먼저 『노자』와 『장자』의 뜻으로 『주역』을 해석하여 한대 유가들의 박실樸實한 경학적經學的 관점과는 서로 배치된다. 그 이해득실에 관해서는 이전의 연구가 많으므로 여기서는 더 이상 이야기하지 않겠다. 특별히 지적해야 할 것은 그는 『주역』의 상象을 보다 승화昇華된 내용으로 인식했는데, 바로 이 점은 후대에 많은 영향을 끼쳤다. 이것은 후인들이 불도佛道로 역리易理를 구하고 역학과 교류하는 방편의 문을 열었다고 할 수 있다.

불교를 예로 들면, 승려들은 불교의 삼장三藏과 『주역』의 학풍을 함께 연구하여 이로부터 크게 흥성했는데, 양혜교梁慧皎의 『고승전』에서 보이는 승려로는 담일曇一, 담이曇二, 우법개于法開, 도립道立, 담도曇度, 혜통慧通, 도성道盛, 현창玄暢 등으로 모두 한 시대를 풍미한 빼어난 사람들이었다.

49) 馬一浮, 「玄義諸書擧略答賀君昌群」, 『중국문화여중국철학(中國文化與中國哲學)』, 심천대학(深圳大學) 국학연구소(國學硏究所) 주편(主編), 동방출판사(東方出版社) 1986년 판 "玄言實以莊子爲宗, 觀江左諸賢俱談玄言可知. 其原出『易』. 王輔嗣(弼)深明『易』·『老』, 實爲開山, 後世無以過之."

왕필 사후 160년 만에 저명한 불교의 인물인 축도생竺道生이 태어났다. 중국불교계에서 그의 지위는 왕필이 역학사에서 차지하는 위치와 필적할 정도로 높다. 축도생이 창립한 '돈오성불頓悟成佛'설은 근본적으로 불경 문구의 구속에 매이지 않는 것에 근원하는 것으로 세심하게 연구하여 불교 교리를 대담하게 발휘한 결과이다. 이것은 또한 왕필의 '득의망상'설에서 단서를 얻은 것이 많다. 그는 다음과 같이 보고 있다.

> 상象이라는 것은 리理가 가탁한 곳이고 상에 집착하면 이치가 미혹된다. 불교의 교의라는 것은 개화開化가 유래하는 바이며 교의에 집착하면 우매한 교화가 된다.[50)]

그러므로 축도생에 대해 또 다음과 같이 말한다.

> 잠심하는 시간이 오래되어 언어 밖의 의미를 투철하게 깨우치니 이에 한숨 쉬며 탄식하기를, 대저 상으로서 뜻을 다하고 뜻을 얻으면 상을 잊는다. 말은 이치를 해석할 수 있고 이치를 깨달으면 말은 그친다. 경전이 동쪽으로 유입된 이래로 번역하는 사람들이 (언어의 한계에) 거듭 막혀 대부분 경문에 구속되어 (불교의) 궁극적 의미를 번역해 낸 것이 드물었다. 고기를 잡았으면 통발을 잊어야 비로소 더불어 도를 말할 수 있다. 이에 (도생이 다시) 진속(진제와 속제)의 설을 비교·연구하고 인과를 궁리하여 이에 선善을 닦아 응보를 바라지 않고 돈오하여 성불하였다. 그는 『이제론二諦論』과 『불성당유론佛性當有論』을 저술했다.[51)]

50) 송혜림(宋慧琳) 「용광사축도생법사뢰(龍光寺竺道生法師誄)」, 『광홍명집』 권23 "象者, 理之所假, 執象則迷理; 教者, 化之所因, 束教則愚化."

51) 『고승전』 권7 「축도생전」 "潛心(思)日久, 徹悟言外, 乃喟然嘆曰: 夫象以盡意, 得意而忘象(象忘); 言可(以)詮理, 入理則言息. 自經典東流, 譯人重阻, 多守滯文, 鮮見圓義. 若忘筌取魚, 始可與言道矣. 於是校

왕필이 보기에 『주역』의 '상(卦象을 말함)'은 이미 '성인의 뜻'을 드러낸 것이며 '말言'은 상을 표현한 것이라면, 그러한 말과 상 둘은 결국 '득의得意'의 도구에 불과할 뿐이다. 따라서 그는 명언名言을 초월하여 직접 언言과 상象 배후에 함축되어 있는 깊은 뜻을 체득하여 "뜻을 얻으면 상을 잊고 상을 얻으면 말을 잊는다.得意忘象 得象忘言."라는 것을 주장하였다.

『반야경』의 주요 사상은 '제법성공諸法性空'이며 요지는 상相에 집착하는 견해를 깨버리고 바로 진성眞性에 도달하는데 있다. 반야경은 제법의 진제眞諦는 언어와 상을 초월하는 것이며 만약 상에 집착하여 구하면 미혹되어 문자의 함정에서 벗어나기 어려우며 요령을 터득할 수 없다고 보았다.

축노생은 상술한 두 가지 사변 방식을 흡수하였고 또한 자신의 틀을 구축하여 결국 융회관통에 이르게 되는데 '언어 바깥의 의미를 분명하게 깨달아' 홀로 선구자의 길을 열었다. 그의 돈오성불과 일천제一闡提[21]도 모두 불성을 가지고 있다는 일련의 새로운 관점은 당시 문자에 얽매인 분위기와 침체된 불학계에 새로운 활력을 주입시켜 이후 불학사상의 발전 방향에 적지 않은 영향을 끼쳤다. 그의 관점은 후에 나온 불경의 요지와 우연하게도 일치하는데, 여기에서 그의 사상이 얼마나 정밀한가를 볼 수 있다. 어떤 의미에서 보면 왕필의 "득의망상, 득상망언得意忘象 得象忘言"설이 불교 발전과 변천에 작용한 영향은 결코 역학에 뒤지지 않으며 특히 수당 시기 선종 사상의 형성이라는 점에서 그 의미는 더욱 크다. 덧붙이자면 『장자』「외물편外物篇」의 고기를 잡고 나서는 통발을 잊어버리라고 하거나 토끼를 잡고서는 올무를 잊어버리라는 말은 여기에서 특히 중요한 의미를 가지고 있는데 이 점은 더 이상 논하지 않으려 한다.

위진시대 현풍玄風이 크게 불어 불학은 현학의 청담을 빌려 흥성하였는

閱真俗, 研思因果, 乃立善不受報·頓悟成佛. 又著『二諦論』·『佛性當有論』……."

데, 이 둘은 나란히 이 시기 학술의 주류가 되었다. 특히 '무론無論'과 관련한 논의들이 분분한 가운데 진晉의 배외裴頠22가 나타나 『숭유론崇有論』을 지어 바로잡았다. 그는 다음과 같이 말한다.

> 노자는 이미 5천 자의 글을 지어 번다한 폐단을 드러냈으며 '정일靜一'의 뜻을 밝혀 사람들에게 미심쩍은 것들이 확 풀린 것처럼 편안해지게 했으니 『주역』의 손괘損卦, 겸괘謙卦, 간괘艮卦, 절괘節卦의 네 괘의 취지에 부합한다. 그런데 정일하게 근본을 유지함에는 허무를 말함이 없다. 손괘와 간괘 등이 말하는 것들은 대개 군자가 지켜야 하는 하나의 도道이지만 『주역』이 체體로 삼는 것은 무無를 근본으로 삼아 지키려는 것은 아니다.[52]

『숭유론』은 '무無'를 비판한 저작이며 이곳에서 설명한 '허무虛無', '본무本無'는 불가사상을 가리키는 것이다. '허무'와 '공空'의 의미는 서로 같기 때문에 반야성공般若性空의 설은 바로 '본무에 관한 담론들'이다. 지겸支謙이 번역한 『도행반야경道行般若經』 제14품, 축숙란竺叔蘭이 번역한 『방광반야경放光般若經』 등 모두 본무本無를 말하였다.

지도림支道林의 『대소품대비요초大小品對比要鈔』는 "여러 신령스런 것도 본래 무無임을 다 밝힌다"[53]고 하였고 혜달慧達의 『조론소肇論疏』 또한 일찍이 혜원의 말을 인용하여 다음과 같이 "본무와 법성은 실질은 같지만 이름이 다르다.本無與法性同實而異名也."고 하였다. 법성法性은 불교 가운데 진여, 실상, 열반 등과 같이 동등한 성질에 속하는 개념이고 일체 현상의 본질, 본체를 강조한 것을 가리킨다. 반야학설은 제법은 인연으로 인해 생기고 본래의 성품인 체성體

52) 『숭유론(崇有論)』 "老子既著五千之文, 表摭穢雜之弊, 甄舉靜一之義, 有以令人釋然自夷, 合於『易』之損謙艮節之旨, 而靜一守本, 無虛無之謂也. 損艮之屬, 蓋君子之一道, 非『易』之所以爲體守本無也."

53) "盡群靈之本無."

性은 본래 있는 바가 없다고 인정하는 까닭에 '성공性空'을 제법의 '법성法性'이라고 말한다.

앞에서 말한 바와 같이 초기의 한역漢譯 불전은 대부분 '진여眞如'를 '본무本無'로 번역하여 세계 만유萬有는 '공', '무'의 '자연' 상태에서 점차 변화되어 나온 것이라고 보았다.[54] 이 때문에 혜원은 '법성'이 바로 '본무'라고 말한다. 배외의 '무'를 비판한 '숭유崇有'는 자연히 현학과 불학을 하나로 연결시키는 관점에 대해 배척했다. 그는 노자의 '정일精一'의 뜻이 역도易道와 합치하는 것으로 보고 『주역』과 '허무', '본무'는 오히려 관계가 없음을 말하였다. 이러한 논의는 현학, 불학가들에 대해서 말한 것으로 도리어 당시 불학과 현학, 역학 간의 연계가 얼마나 긴밀하였는지를 설명하는 것이 되어 버린다.

이후 남북조에 이르러 유가의 경학은 비로소 남학南學과 북학北學의 구분이 생기는데, 대체로 '남학'의 『주역』 연구는 왕필을 종주로 삼았고, '북학'은 정현鄭玄의 입장을 취하였다. 이 때는 불교의 영향이 크게 떨쳤기 때문에 관료 사대부 속으로 깊이 파고들었는데 바로 하상지何尙之가 송宋 문제文帝에게 "양자강을 건너온 이래로 왕도王導·주의周顗·유량庾亮·왕몽王濛·사상謝尙·극초郄超·왕탄王坦·왕공王恭·왕밀王謐·곽문郭文·사부謝敷·대규戴逵·허순許詢 및 죽은 고조 황제의 형제·왕王인 원림元琳·범주范注와 손작孫綽·장현張玄·은의殷顗 등과 같은 사람들이 있습니다. 이들은 혹은 재상으로서 권좌를 보필한 우두머리였고, 혹은 인륜의 모범이 되었으며, 혹은 뜻을 하늘과 사람 사이에 두

54) 이것은 '육가칠종(六家七宗)'의 하나인 본무종(本無宗)의 관점이다. 「명승전초(名僧傳抄). 담제전(曇濟傳)」에 인용된 담제(曇濟)의 『육가칠종론(六家七宗論)』에 의하면 다음과 같다. "세계가 만들어지기 전에는 확연(廓然)할 뿐이었다. 원기(元氣)가 도화(陶化)되니 여러 형상들이 형태를 품부 받고, 형태가 비록 교화(資化), 권화(權化)의 근본이지만, 자연(自然)에서 나온다. 자연은 저절로 그러하니(自爾), 어찌 만드는 자가 있겠는가? 이로 말하자면, 무(無)는 원화(元化)보다 먼저 있었고 공(空)은 모든 형태의 시초이다. 그러므로 본무(本無)라 칭하지 텅빈(虛豁) 가운데 만유(萬有)를 낳는다고 말하지 않는다. (夫冥造之前, 廓然而已. 至於元氣陶化, 則群像稟形, 形雖資化, 權化之本則出於自然. 自然自爾, 豈有造之者哉? 由此而言, 無在元化之先, 空爲衆形之始, 故稱本無, 非謂虛豁之中能生萬有也.)"

었고, 혹은 안개와 노을 밖의 신선의 세계에 높이 자취를 두었습니다. 모두가 불법에 귀의하는 뜻을 품거나, 마음으로 불법을 숭앙하여 믿었던 사람들입니다"[55]라고 말한 것처럼 그것을 믿었던 사람들이 얼마나 많았는지는 상상하기 어렵지 않다.

불학이라는 명칭은 이미 역학 저술 가운데 출현하여 유행하고 있었다. 예를 들면, 남제南齊의 유언劉瓛은 일찍이 보병步兵 교위校尉로 징병되었으나 응하지 않았다. 그가 지은 『주역유씨의소周易劉氏義疏』[56] 1권은 지금은 전하지 않지만, 공영달의 『주역정의周易正義』, 육덕명陸德明의 『경전석문經典釋文』, 이정조李鼎祚의 『주역집해周易集解』와 석원응釋元應의 『일체경음의一切經音義』등은 모두 그 설을 인용하고 있다. 그 가운데 『주역』「건곤의乾坤義」에서는 다음과 같이 말하고 있다.

> "주역이라는 것은 생생生生의 도를 말하며, 변화하여 서로 이어지는 것으로 모두 역위易緯로 칭하여 번거롭거나 어지럽지 않다."[57]

위 인용문 중에 '서로 이어간다相續'라는 말은 어원이 불전에 나온다. 범어로는 "Samtati"로 빨리어도 그와 같다. 뜻은 유위법有爲法으로 전후 연속되어 끊어지지 않는다는 말이다. 고대 한어 중에는 결코 '상속相續'이라는 말은

55) 『고승전』 권7 "渡江以來, 則王導·周顗·庾亮·王濛·謝尚·郗超·王坦·王恭·王謐·郭文·謝敷·戴逵·許詢, 及亡高祖兄弟王元琳·昆季范汪·孫綽·張玄·殷顗, 或宰輔之冠蓋, 或人倫之禮儀(羽儀), 或置情天人之際, 或抗跡煙霞之表, 並秉之(稟志)歸依, 厝心崇信."

56) 원가(元嘉) 이후 왕필이 지은 64괘와 「단전」, 「상전」의 뜻이 성행하였고 다만 「계사전」 이하는 빠져 주(注)가 없었다. 그러므로 유환(劉瓛), 사만(射萬), 한백(韓伯), 원열지(袁悅之), 환현(桓玄), 변백옥(卞伯玉), 구유지(荀柔之), 서원(徐爰), 고관(顧觀), 명승소(明僧紹) 십인(十人)은 모두 「계사전」에 주(注)를 달았으나 한주(韓注)가 전행되자 각 가(家)는 모두 사라졌다.

57) 공영달 『주역정의(周易正義)』 서(序) "易者, 謂生生之道, 變而相續, 皆以緯稱, 不煩不擾."

없고, 다만 뜻이 이와 비슷한 '연속連續', '지속持續', '연속延續' 등이 있을 뿐이다. '상속'이라는 말이 어느 시기에 중국으로 들어왔는지 자세히 알 수 없다. 하지만 유송劉宋[23] 시기에 이미 『상속해탈경相續解脫經』의 번역이 나왔다는 것으로 그 상황을 어느 정도 짐작할 수 있을 것으로 보인다. 이것은 『해심밀경解深密經』의 부분 번역본이다. 유씨는 그것을 소화하고 흡수하여 『주역』의 생생불이生生不已, 변화부단變化不斷하는 뜻을 설명하는데 아주 적절하게 사용하고 있다. 이러한 점에서 그 시대 사대부들의 불학에 대한 이해의 정도가 어느 정도인가를 살펴보기란 어렵지 않다.

만약 송제宋齊 시대 사대부들이 불학을 인용하여 역학 문제를 설명하는 경우 명상구법名相句法을 이식移植하는 측면에 여전히 머물러 있다고 한다면, 양조梁朝 시기에 이르면 이러한 기초위에서 다시 한 걸음 더 발전한 것으로 보인다. 이 때 『노자』, 『장자』와 『주역』은 이미 '삼현三玄'이라고 칭해졌고 어떤 사람들은 그것에 『유마힐경維摩詰經』을 더하여 '사서四書'라고 칭하였다. 현학은 『노자』, 『장자』, 『주역』을 대종大宗으로 삼았으며, 성인은 무無에 근본하고 불교는 공空을 말하니 허무의 뜻과 자연히 병행하게 되어 어긋나지 않는다. 이 점은 양무제가 힘써 제창한 것과 밀접한 관계가 있다.

양무제 소연蕭衍은 불법을 독실하게 믿었는데, 역대 제왕 가운데서 보기 드물 정도였다. 그는 나라를 다스리는데 있어서는 유술儒術을 돈독하게 하였다. 따라서 불리佛理를 의논하면서 항상 유서儒書를 언급하였고 『주역』을 인용하여서 논증했다. 『남사南史』「제기帝紀」, 『양서梁書』「본기本紀」 등의 기록에 근거하면 그는 『주역대의周易大義』, 『주역계사강소周易繫辭講疏』, (『수서隋書. 경적지經籍志』), 『주역강소周易講疏』 등 다양한 역학 저작을 남겼으나 이러한 저술들은 이미 산실되어 내용을 상고할 수 없게 되었다.

다만 양무제는 『출고육왕탑하불사리조出古育王塔下佛舍利詔』 중에서 말하길, "천지가 차고 기우는 것은 때와 더불어 소식消息한다.[24] 만물이 그 미혹함을 낳아 고르지 못하고, 천지의 음양도 그 덮고 싣는 것을 항상 하게 하지 못한다. 그러므로 수고롭고 빼어난 것이 해마다 다르며 기뻐하고 슬퍼하는 것이 날마다 다르다. 작년에 제대로 수확하지 못하여 곡식이 귀해지자 백성이 곤궁해졌으므로 이로써 법을 그르치는 사람이 많아지게 되었다. ……『주역』에서도, '때에 따르는 의미야말로 크다'고 말했는데, 지금 진형사리眞形舍利가 다시 세상에 나왔으니, 참으로 보기 드문 일이고 만나기 어렵다는 생각이 들었다. …… 때에 따라 덕을 펴나가면 사람과 백령百靈도 함께 화합할 것이다. 천하의 죄는 경중을 가리지 않고 모두 지금 사면한다."[58] 이것은 풍괘豐卦 단사彖辭에서 말하는 "천지영허天地盈虛"의 구절로 작황이 좋지 않아 '백성들이 곤궁하여' 법을 어기고 난을 일으키니 이 때문에 관용을 베풀어야 한다고 설명한다. 둘째는 수괘隨卦 단사의 "수시지의隨時之義"를 원칙으로 삼아 사리舍利를 출토할 때 마땅히 때에 맞게 덕을 베풀어 대사면을 실시하고 천하의 훌륭한 사람을 천거해야 한다. 그가 찬술한 『주해대품반야경서注解大品般若經序』에서 다음과 같이 말한다.

> 일의 기틀이 아직 드러나지 않을 때 육획六畫으로 그 회린悔吝을 얻는다. 천체天體(玄象)가 이미 운행하니 구장九章25으로 그 영허盈虛를 예측한다. 그렇다면 귀신은 그 정상情狀을 감출 수 없고 음양은 그 변통을 따를 수 없다. '마하반야바라밀'은 모든 것에 통달하여 바닥이 없고 텅 비어 끝이 없으며 마음의 작용이 여기에 이르러 사라지게 되고, 언어는 막히고 끊겨 술수數術로 구할 수 없고 의식으로 알 수가 없다.[59]

58) 『광홍명집』 권15 「불덕편」, 「전양문」 권4에 자세히 보인다. "天地盈虛, 與時消息. 萬物不得齊其蠢生, 二儀不得恒其覆載. 故勞逸異年, 歡慘殊日. 去歲失稔, 斗粟貴騰, 民有困窮, 遂臻斯濫. ……『易』曰: 隨時之義大矣哉! 今眞形舍利, 複見於世, 逢稀有之事, 起難遭之想. …… 因時布德, 允協人靈, 凡天下罪無輕重, 皆赦除之."

59) 승우(僧祐) 「출삼장집(出三藏集)」 권8. 『대정장(大正藏)』 권55권 "機事未形, 六畫得其悔吝; 玄象既運,

이것은 역의易義로서 불교 반야경般若經의 궁구하기 어려운 심오한 뜻을 돋보이게 한다. 이를 통해 그가 유가와 불가에 대한 태도를 볼 수 있다. 양무제는 불교에 있어 특히 의학義學26을 중시하였으며 그의 학문의 종지는 『반야』, 『열반』 두 경이며, 이미 『의기義記』 수백 권을 지어 그 심오한 뜻을 드러냈다. 아울러 친히 연단에 올라 강설講說까지 하였으며 동시에 『노자』, 『장자』와 『주역』을 함께 이야기하였다. 비록 그의 역학 저작은 볼 수 없지만 상술한 내용에 따라 그가 『주역』을 다루고 있는 전체적인 경향을 추정하기는 어렵지 않다.

양무제의 적극적인 창도로 인해 조정의 신하들과 지방 관리들이 불법을 신앙하고 불학을 연구하는 분위기를 조성했다. 주홍정周弘正(원문에는 周宏正으로 되어있으나 周弘正의 오기로 보인다)은 무제의 근신近臣이며 관직은 상서좌복야尙書左僕射에 올랐으며 국자감좨주國子監祭酒를 맡았다. 그는 "현언玄言에 빼어났고 또한 불교의 경전을 밝혔으며[60]" 일찍이 무제武帝와 역학을 토론하였다.[61] 그가 소해疏解한 유서儒書는 왕왕 불가의 분석적 방법을 차용하였는데 저술한 『주역의소周易義疏』(일명 『강소講疏』), 『역설易說』이 바로 이러한 예이다. 『주역』의 「서괘전序卦傳」을 주석할 때 그는 육문六門으로 포섭했다.

九章測其盈虛. 斯則鬼神不能隱其情狀, 陰陽不能循其變通. 至如摩訶般若波羅密者, 洞達無底, 虛豁無邊, 心行處滅, 言語隔(道)斷, 不可以數術求, 不可以意識知."

60) 『진서(陳書)』「주홍정전(周弘正傳)」"持善玄言, 兼明釋典."

61) 『진서(陳書)』「주홍정전(周弘正傳)」 주홍정(周弘正)은 일찍이 양 무제 『주역의의(周易疑義)』 50조(條)를 열어보고 〈건〉, 〈곤〉 두 괘와 「계사」의 뜻을 해석하기를 청하였다. 양 무제가 답하기를, "괘를 진열해서 상을 보니 일(事)은 넓고 문(文)은 높다. 잇는 말(繫)을 지어 말을 나타내니 말(辭)은 깊고 이치(理)는 심오하다. 노나라의 (공자가) 위편삼절할 정도의 생각이 들어있고, 문왕이 우환속에서 (주역을) 지으니, 일(事)은 삼고(三古)를 지나고 사람은 일곱 성인이 나왔었다. 상구(商瞿)에서 품승(稟承)하여 자용(子庸)이 전수하고 편간(篇簡)이 엄몰(淹沒)된 세월이 요원(遼遠)하다. 전생(田生)이 치천(菑川)의 예(譽)를 드러냈고 양구(梁丘)가 랑야(琅耶)의 학을 천단(擅)했다. 대군(代郡)의 엄(范)씨, 산양(山陽)의 왕(王)씨, 사람들은 형산(荊山)의 보배를 품고 각자 현언(玄言)의 뜻을 다 드러냈다. 설(說)에는 거취(去取)가 있고 뜻에는 상략(詳略)이 있다."

제일 천도문天道門 : 건괘乾卦 다음은 곤괘坤卦, 태괘泰卦 다음은 비괘否卦 등이 천도운수문天道運數門이다.

제이 인사문人事門 : 송괘訟卦에는 반드시 사괘師卦가 있고, 사괘에는 반드시 비괘比卦가 있으며 이것이 인사문이다.

제삼 상인문相因門 : 소축小畜으로부터 이괘履卦가 생기고, 이괘 때문에 통한다는 것이 상인문이다.

제사 상반문相反門 : 돈괘遯卦가 극에 달하면 대장괘大壯卦로 돌아가고 움직임이 결국 그치는 것止으로 돌아간다는 것이 상반문이다.

제오 상수문相須門 : 대유괘大有卦는 겸괘謙卦를 필요로 하고 몽괘蒙卦의 어린 것稚은 양육養育을 기다린다는 것이 상수문이다.

제육 상병문相病門 : 비괘賁卦가 다해 박괘剝卦에 이르고 나아감이 극에 이르러 상처를 입는데 이르는 것이 상병문이다.[62]

한유漢儒들이 경전을 다루는 전통은 훈고와 고증을 중시하여 자구를 설명하고 풀이하기 때문에 경전 속의 의리를 언급하는 것은 드물었다. 그래서 문門을 나누고 유類를 구별하는 방법을 보지 못했다. 주석하고 과科를 나누고 유類를 구별하는 것은 불전의 논論을 짓고 법도를 조목하는 것에서 나온 것이다. 주홍정이 '육문六門'을 주로 「서괘전」에 포섭시킨 것은 분명히 불경의 주석 방법을 흡수한 것이며 '문門'자를 분류법으로 삼았는데, 이는 명백히 중국 고

62) 왕필, 한강백주, 공영달소 『주역주소(周易注疏)』 권23 「주역. 서괘소(序卦疏)」 인용.
第一天道門 如乾之次坤·泰之次否等, 是天道運數門也;
第二人事門 如訟必有師·師必有比等, 是人事門也;
第三相因門 如因小畜生履, 因履故通等, 是相因門也;
第四相反門 如遯極反壯, 動意歸止等, 是相反門也;
第五相須門 如大有須謙, 蒙稚待養等, 是相須門也;
第六相病門 如賁盡致剝, 進極致傷等, 是相病門也.

유의 것이 아니다. 그 중에서 가장 일찍이 수입된 것은 후한의 안세고安世高가 번역한 『대소십이문경大小十二門經』(일실됨. 승우僧祐 『출삼장기집出三藏記集』에 수록)으로 보아야 한다. 후에 도안道安은 『십이문경서十二門經序』를 지어 해설하였다.

십이문十二門이라는 것은 핵심을 규정한 항목이요, 여섯 쌍의 핵심 경로에 해당한다.[63]

이른바 '핵심을 규정한 항목'이라는 것은 바로 분류법을 가리켜 말한 것이다. '문門'은 분류방법을 말하는데 불전에는 대체로 두 가지 유類로 귀착된다. 하나는 구체적인 명상名相의 분류이다. 예를 들면, 유문有門, 공문空門, 정토문淨土門, 성도문聖道門 등과 같다. 다른 하나는 일부 경(혹은 율律, 논論)가운데 품品, 편篇의 유類이며 현재 본서의 장章, 절節 등에 해당된다. 예를 들면, 전진前秦의 구마라습鳩摩羅什이 번역한 인도 용수의 『십이문론十二門論』처럼 그 12 품목은 다음과 같다.

관인연문觀因緣門 제일第一
관유과무과문觀有果無果門 제이第二
관연문觀緣門 제삼第三
관상문觀相門 제사第四
관유상무상문觀有相無相門 제오第五
관일이문觀一異門 제육第六
관유무문觀有無門 제칠第七
관성문觀性門 세팔第八

63) 승우, 『출삼장기집(出三藏記集)』 권6, 『대정장』 제55권 "十二門者, 要定之目號, 六雙之關徑."

관인과문觀因果門 제구第九

관작문觀作門 제십第十

관삼시문觀三時門 제십일第十一

관생문觀生門 제십이第十二

상술한 2가지 분류법으로 말하면 주홍정은 육문六門으로 「서괘전序卦傳」을 주로 포섭하였는데, 후자의 분류(品, 篇)와 다소 비슷하다. 『주역의소』가 오래 전에 일실되었기 때문에 「서괘전」에 대한 상세한 해설은 이미 알 수 없다. 따라서 책 속의 실제 상황이 어떠한지 감히 단언할 수 없다. 다만 주홍정은 『주역』 해석 과정 중에서 불학을 끌어와 추가하였지만, 오해될만한 독단적인 말을 하는 단계에 이르지는 않으려고 하였다. 청대 마국한馬國翰은 주씨의 책을 평가하기를, "「서괘」를 육문으로 나누어 그것을 포섭하였는데 새로운 뜻을 많이 갖추고 있다"[64]는 것은 바로 이 점을 지적한 것이다.

중국 사대부의 기질은 스스로를 너무 높게 여겨 어떤 사상(특히 외래사상)이나 혹은 관점의 해석에 대해 항상 진술에 근거하지 않고 스스로의 이해를 섞어서 새롭게 만들기를 좋아한다. 불법의 운용에 대해서도 또한 예외가 아니다. 양조梁朝의 복만용伏曼容이 그 중 한 사람이다. 그는 어릴 때 독실하게 공부하여 『노자』와 『주역』에 뛰어났으며[65] 『주역』의 고괘蠱卦를 주해할 때 말하기를,

고蠱는 혹惑이다. 만물은 의혹에서 일어난다. "蠱, 惑也. 萬物從惑而起."[66]

이 말은 원래 복만용의 『주역집해周易集解』에서 나왔지만, 그 책은 일찍이 망실

64) 마국한(馬國翰) 『옥함산방집일서(玉函山房輯佚書)』. 『易類』. 「周易周氏義疏序」. 湘遠堂 重刊本. "『序卦』分六文以主攝之, 頗具新意."

65) 『양서(梁書)』. 「伏曼容傳(伏曼容傳)」

되었고 다만 당대唐代 이정조李鼎祚의 『주역집해』에 인용되어 있다.

그러나 '혹惑'자는 선진시대에는 뜻이 두 가지가 있는데, 하나는 일반적인 의미로 곤혹困惑을 가리킨다. 예를 들면, 『논어』 「안연顔淵」에서 "(누구를) 사랑할 때는 그 사람이 살기를 희망하며, 미워하게 되면 그 사람이 죽기를 바라는 것은 살기도 희망하며 죽기도 바라는 것이니 이것이 바로 미혹함이다.愛之欲其生, 惡之欲其死. 旣欲其生, 又欲其死, 是惑也."67 『순자荀子』 「비상非相」에서 "그러므로 설령 굽은邪曲 곳으로 향해도 헤매지 않고 잡물雜物을 보아도 미혹하지 않는다.故鄕(向)乎邪曲而不迷, 觀乎雜物而不惑."68라고 하였다. '혹'의 또 다른 하나의 의미는 남을 속이는 것이다. 예를 들면, 괴이한 말로 대중을 현혹하는 것이다. "만사가 혹에서 일어난다"는 구절은 의미가 여전히 불분명하지만, 일의 진상을 이해하지 못하기 때문에 정확한 판단을 내릴 방법이 없다는 것을 가리킨다.

'혹惑'을 일체 사물이 생기게 하는 근원으로 보는 사고방식은 오직 불교에만 있는 방식이다. 불교의 교의에는 '무명無明'이라는 개념이 있다. 무명은 사물의 진리를 통달할 수 없게 하는 것으로 일체 번뇌의 근본임을 가리킨다. 그 의미는 때때로 '혹'과 통용되며 '우혹愚惑'이라 칭해진다. 이것은 일체 세속 세계의 원인이며 이러한 무명 망심妄心이 있어야 비로소 세계의 일체 경계가 있게 된다. 때문에 복만용의 "만사가 혹에서 일어난다萬事從惑而起"는 것은 바로 "만사가 무명에서 일어난다"는 것의 또 다른 표현이다.

근대의 웅십력熊十力은 무명, 즉 '미혹되고 어두운 세력'을 만물생기의 주된 원인으로 보는 불법에 불만을 가졌다. 그리하여 『신유식론新唯識論』 제1장 「명종明宗」에서 복만용의 "만사가 혹에서 일어난다"는 설과 인도 수론사數論師가 말한 "만법은 어둠暗에서 생긴다"는 주장을 하나의 부류로 묶었으며 이는 '동일한 오류'에 빠졌다고 비판한다.

위에서 보다시피, 양조梁朝의 관료 사대부들이 불장佛藏과 역학 사이를 왔다 갔다 하는 것은 전대와 비교해 보면 훨씬 잦았으며, 그들이 불리佛理를 연구한 깊이 또한 그 시대의 승려들과 비교하여도 결코 뒤지지 않았다. 그러므로 그들은 마치 비구처럼 강단에 올라 경을 강의하면서 역리를 결합하여 자신의 깨달음을 드러내었고 빈주賓主 간에 서로 변론하며 함께 진성眞性의 요체에 대해 탐구했다. 이러한 상황은 진조陳朝까지 계속 이어져왔지만, 물론 전대의 영광을 회복할 수는 없었다.

마추馬樞는 『유마경』, 『주역』과 『노자』를 강설하였는데 승속僧俗을 포함하여 수천 명이나 되는 청중들이 성황을 이루었다. 또 학자들이 집단적으로 어려운 질문을 제기해도 마추는 상황에 따라 분석, 판단하여 "종지宗旨를 펼친 후에 지류支流를 분별하니 상황 대처가 탁월하여"[66] 청중들로 하여금 탄복을 자아내게 하였다. 다만 전체적으로 볼 때 점차적인 쇠퇴의 추이가 이미 대세였다.

앞에서 언급하였듯이 위진 남북조시대에 불학과 역학 간의 상호 소통이 상당히 흥한 것은 주로 불교 쪽에서 나온 자각적이고도 자발적인 요구였으며 불법을 널리 전파하는 과정에서 쌍방 이론상의 교차점을 찾으려는 곳에서 구체적으로 표현되었다. 이와 상응하여 이 당시 역학 또한 왕필이 의리로써 『주역』을 해설하는 입장이 출현하였기 때문에 발전 방향이 일변一變하여 불학과 부합된 방향으로 진행되었다. 게다가 관료 사대부의 적극적인 참여가 있어 불학과 역학의 만남은 중국사상사에서 피할 수 없는 일이 되었다. 그러므로 교섭의 사상적 내용은 자연히 이 시대의 불학사상의 일부분이 되었다. 공영달의 『주역정의』 서序에 의하면 그 시기 이러한 종류의 의소義疏를 지은 사람은 거의 십여 명에 달할 정도로 성행했음을 볼 수 있다.

그러나 불교는 외래사상으로서 이 시기에 전교가 결코 순조롭지만은 않았다. 설사 제왕의 후원이 있어도 사상계에 발을 들여놓기가 쉬운 일은 아니었다. '인과응보因果應報', '신불멸론神不滅論'으로부터 '사문沙門'과 왕자에 이르기까

66) 『진서(陳書)』 「마추전(馬樞傳)」 "開起宗旨, 然後枝分流別, 轉變無窮."

지 거의 모든 사상들의 보급은 중국과 오랑캐의 구분을 주장하는 자들로부터 제재와 비난을 받았다. 이에 내전內典과 외전外典의 개념을 비교하여 배치한 '격의'의 방법이 생겼고 불학과 역학이 서로 번갈아 널리 펼친 것이 바로 그 가운데 중요한 내용이다. 그 목적은 불교의 출현이 태극의 처음 시작보다 오래되었다는 것을 밝히는 데 있었고, 그 종지는 『주역』과 결코 같지 않으며, 불학이 늦게 도래한 것은 다른 원인이 아니라 인연이 아직 무르익지 않았기 때문이라고 하였다. 승순僧順의 『석삼파론析三破論』은 다음과 같이 말한다.

> 대저 태극이 나누어지던 시초에 이미 부처가 있었고 다만 그 당시 중생의 인연은 아직 발생하지 않았기 때문에 마땅히 어두웠다. … 『주역』은 건, 곤의 두 괘, 리履, 예豫의 두 효는 마땅히 천지와 함께 생하였다. 비록 함께 생하였다고 하지만 이름이 함께 나타나지 않은 것은 참으로 기감機感이 발생하지 않아 작용이 드러나지 않았으며, 그 이치는 항상 있으나 그 자취가 드러나지 않았을 뿐이다. 중국과 인도의 두 성인은 그 법도가 하나이다.[67]

불법의 출현을 태극의 초까지 거슬러 올라간 점은 지나치지만 견강부회한 비교는 초기 선교의 임기응변적인 수단이지 목적은 아니었으며 불교용어인 '방편'에 해당한다. 이러한 관점은 여러 논변에서 자주 볼 수 있고, 사실 지리支離하게 흘러 체계적인 서술을 결하고 있다. 『홍명집』, 『광홍명집』이 편집한 문장이 바로 그 예증例證이 된다. 관료 사대부들이 불학에 관심을 갖게 되자 당당하게 불전의 법과 명상 및 교의와 이론을 그들의 역학 저술 가운데 운용하여 말과 이치를 명확히 분석하였고, 풍류객들은 놀라운 이해력을 드러내기도

67) 『홍명집』 권8 "夫太極剖判之初也, 已自有佛, 但於時眾生因緣未動, 故宜且昧. …… 『易』則乾·坤兩卦, 履·豫二爻, 便當與天地俱生. 雖曰俱生而名不俱出者, 良由機感不發, 施用未形, 其理常存, 其跡不著耳. 中外二聖, 其揆一也."

했다. 그러나 당나라 초기에 이르러 『오경정의』를 편찬할 때, 『주역』은 왕필, 한강백 주를 채용하였고 공영달이 소疏를 지었다. 이에 왕필 역학은 당대에 널리 전습되어 거의 독존하다시피 하였다.

불법을 익혀 『주역』을 말하는 자에 대해 공영달은 모두 "말로는 현허玄虛를 높이나 허황된 뜻이 많다"[68]는 이유로 삭제하였다. 이에 대해 진풍陳澧의 『동점독서기東塾讀書記』 권4는 그를 비난하여 공영달의 『주역』 소疏는 "불교의 설을 쓸어버리고 노장 계열의 설을 끊을 줄 모르는 것이 그의 병통이다."[69] 또 이르기를, "경전의 본의가 아니다尤非經意"라고 하였다. 고승 도선道宣은 분노하여 비판하기를 "마음에 도를 보존한 자들은 날파리의 말에 빠져들었다"[70]라고 했다. 다행히 이정조李鼎祚의 『주역집해』는 한유漢儒에서 당대唐代에 이르는 35명의 주를 뽑았다.[71] '불교로 『주역』을 해석'한 나머지 단서는 이로 인해 조금 남아있다. 현재 진귀한 유물이지만 이것으로 심도 있는 평가를 내리기는 부족하다. 하지만 부인할 수 없는 것은 불학과 역학의 소통에 승속僧俗이 전력을 다한 것은 불교가 이 시기 교세를 확장하는데 중요한 역할을 했다는 것이다. 동시에 당대 불학과 역학에 진일보한 융합과 소통이 이루어졌으며, 아울러 자료를 축척하여 이론의 준비기간으로 삼았다는 점을 지적할 수 있다.

68) 『주역정의(周易正義)』 서(序) "辭尙玄虛, 義多浮誕."

69) "能掃棄釋氏說, 而不能屏絶老·莊·列之說, 是其病也."

70) 『속고승전』 권3 「혜정전(慧淨傳)」 "心存道黨, 潛扇蠅言."

71) 『주역집해(周易集解)』는 여러 학자의 주를 수록하고 있다. 자하(子夏), 맹희(孟喜), 초연수(焦延壽), 경방(京房), 마융(馬融), 정현(鄭玄), 순상(荀爽), 유표(劉表), 송충(宋衷), 왕숙(王肅), 왕필(王弼), 하안(何晏), 우번(虞翻), 육속(陸續), 요신(姚信), 적현(翟玄), 한강백(韓康伯), 향수(向秀), 왕이(王廙), 장번(張璠), 간보(干寶), 촉재(蜀才), 유환(劉瓛), 심인사(沈驎士), 복만용(伏曼容), 요규(姚規), 최근(崔覲), 노씨(盧氏), 하채(何采), 왕개충(王凱沖), 후과(侯果), 주앙지(朱仰之), 채경군(蔡景君), 공영달(孔穎達), 최경(崔憬) 등 35명. 또 『구가역(九家易)』을 인용.

역주

1 【역주】 당시의 호족(胡族) 군주들이 중국 내지(內地)에 정권을 세운 후 직면했던 가장 큰 문제는 호족이나 한족(漢族) 모두에게 널리 퍼져 있었던 "융족(戎族)으로 중국의 천자가 된 사람은 없었다"는 인식이었다. 이에 대해 호족 출신의 군주들은 융신(戎神)인 석가모니를 모실 수 있다면 호족 군주 자신들의 통치도 인정을 받을 수 있을 것이라는 생각에서 불교를 크게 장려하였다.

2 【역주】 16국 시대 후조(後趙)의 초대 황제(재위, 319-333). 자는 세룡(世龍)이고, 시호는 명제(明帝)며, 묘호는 고조(高祖)로, 상당(上黨) 무향(武鄕) 사람이다. 갈족(羯族)의 족장 아들로 태어났다. 20살 무렵 서진 병사에게 잡혀 산동(山東)에 노예로 팔렸다가 군도(群盜)의 수령이 되었다. 흉노의 유연(劉淵)이 한국(漢國)을 세우자 장군으로 임명되고, 영가(永嘉) 원년(307) 산동과 하남(河南)의 지역을 맡았다. 진(晉)나라의 장군 왕준(王浚)을 멸하고 왕위에 올라, 국호를 조(趙)라 하고 양국(襄國)을 도읍으로 삼았다. 광초(光初) 11년(328) 전조(前趙)의 유요(劉曜)를 낙양(洛陽)에서 무찌르고, 다음 해 전조를 멸한 뒤 세력이 화북(華北) 일대까지 미쳤다. 한 나라의 통치자로서도 유능했고, 귀순한 한인(漢人)들을 제어하는 데도 뛰어난 수완을 보였다. 학교도 세우고 학자도 중용했으며 관리 등용에도 능했다. 후에 불승 불도징(佛圖澄)에게 귀의했다. 『중국역대인명사전』 참조.

3 【역주】 동진(東晉)의 왕조가 강남에 세워지자 북방의 사족(士族)들이 강남으로 옮기는 상황을 비유한 '과강지즉(過江之鯽)'에서 나온 말이다. 여기에서 말하는 강좌(江左)는 양쯔강 하류의 남쪽 연안지대를 가리킨다. 동진(東晉) 및 남조(南朝)에 속하는 송(宋:420~479), 제(齊:479~502), 양(梁:502~557), 진(陳:557~589)의 근거지가 모두 강좌에 있었다.

4 【역주】 『고승전』 권4 「우법개전(于法開傳)」에서 말하는 전체 구절은 " 『주역』에서는 한백(翰白)을 찬양하고, 『시전(詩傳)』에서는 빈조(蘋藻)를 찬미하네. 희고 날쌘 얼룩말이 마당에 있듯이, 큰 비가 멈추자 향기가 나는 듯하구나. 법위(法威)의 밝은 깨우침은 겸고하여 멀리서도 검토하니 깨끗한 그 명예를 그리워함에 부끄러움이 없어라.(易曰翰白, 詩美蘋藻, 斑如在場, 芬若停潦, 于威明發, 介然遐討, 有潔其名 無愧懷抱.)"에서 나온 말이다. 저자는 이 말이 『주역』에서는 보이지 않는다고 하였으나, 비괘(賁卦) 육사(六四) 효사에서 나오는 "하얀 말이 날아갈 듯이 달려가니(白馬翰如)"라는 말과 관련이 있는 것으로 보인

다. 즉 비괘 육사의 효사는 "꾸몄다가 희게 하였다가 하얀 말이 날아갈 듯이 달려가니 도적이 아니라 청혼할 것이다.(賁如, 皤如, 白馬翰如, 匪寇, 婚媾.)"라고 하였다.

5【역주】승우(僧祐, 435-518)는 건업(建業 : 지금의 南京) 출생으로 어렸을 때 건초사(建初寺)의 승범(僧範)에게 출가하였다. 제(齊)나라 문선왕(文宣王)의 요구에 따라 율(律)을 강설하여 명성을 떨쳤는데, 양(梁)나라 문제(文帝)의 신임이 두터워 승사(僧事)에 관한 의문이 있으면 곧 그를 불렀다고 한다. 『십송률(十誦律)』에 정통한 율승(律僧)인 동시에 불교의 역사를 연구한 학자이기도 하였다. 대표적인 저서로는 불교와 중국사상과의 논쟁 자료를 모은 『홍명집(弘明集)』이 있다.

6【역주】강승회(康僧會, ?~280)는 원래 강거국(康居國: 지금의 현재 동투르키스탄) 사람이다. 247년 중국 건업(建業)에 들어와 『육도집경(六度集經)』 7부 20권을 번역하였으며, 오(吳)나라에 불법을 전파하였다. 저서로는 『법경경주해(法鏡經注解)』, 『도수경주해(道樹經注解)』, 『안반수의경(安般守意經)』 등이 있다.

7【역주】저자는 이 부분에서 "積善餘慶, 積惡餘殃"이라고 서술하고 있지만, 역자는 곤괘(坤卦) 「문언전(文言傳)」의 원문에 따라 "積善餘慶, 積不善餘殃"으로 수정하였다.

8【역주】신불멸(神不滅)을 주장한 종병(宗炳, 375-443)은 불학에 정통하였다. 그가 쓴 『명불론(明佛论)』은 대장경(大藏经)에 포함되어 있다.

9【역주】치초(郗超 336-377)는 동진(東晋)시대 사람이다. 담론(談論)을 잘해 관직에 발탁되었지만, 임금의 폐립을 사주하는 등 잘못을 저질렀다. 본래 천사도(天師道)를 신봉했으나 고승들과 교유하면서 점차 불교로 귀의하게 되었다. 저서에 『봉법요(奉法要)』, 『명혹론(明惑論)』, 『전생론(全生論)』등이 있다.

10【역주】혜원(慧遠, 334~416)은 여산(廬山)의 혜원으로 동진(東晋) 시대의 승려이다. 『아비담심론(阿毘曇心論)』과 『삼법도론(三法度論)』의 재번역과 『십송률(十誦律)』의 완역 등 중국 불교를 학문적으로 확립하는데 중요한 역할을 하였다. 또한 불자는 제왕을 예배할 필요가 없다는 『사문불경왕자론(沙門不敬王者論)』을 저술하여 국가의 권력에 종속되지 않는 불법의 독립성을 주장하였다.

11【역주】이 말은 『고승전』에 보임. 『세설신어(世說新語)』 「문학(文學)」에 "은중감은 형주(荊州)에서 일찍이 혜원에게 묻기를,"『주역』은 무엇을 바탕으로 합니까? 답하길, '『주역』은 감(感)을 바탕(體)으로 삼는다.'고 했다. 은중감이 동산(銅山)의 서편이 무너지면 영종(靈鍾)이 동편에서 따라 운다는 것이 바로 『주역』입니까? 라고 묻자 혜원은 웃으면서 대답하지 않았다.(殷荊州曾問遠公, 易以何為體? 答曰 '《易》以感為體。殷曰 : '銅山西崩, 靈鐘東應, 便是易耶? 遠公笑而不答.)'"

12【역주】관동명(管東溟)의 이름은 지도(志道)이고 자는 등지(登之)로 강소(江蘇) 태창(太倉) 사람이다. 사람들은 그를 동명(東溟) 선생으로 불렀다. 가정(嘉靖) 14년에 태어나 만력(萬歷) 35년에 사망하였다.

13【역주】우익(蕅益: 1599-1655)은 『주역선해(周易禪解)』의 저자로서 명대의 승려이고 학자였다. 본성은 종(鐘)이고 이름은 지욱(智旭), 호는 우익노인(蕅益老人)이다.

14【역주】담정(曇靖, ?~?)은 북위 때의 승려. 북위 태무제(太武帝)가 훼불(毁佛)하여 북지(北地)가 황폐해지자 남송 효무제(孝武帝) 때 거짓으로 『파리경(波利經)』 2권을 짓고 불상을 세워 당시에 불교를 중흥하려고 했다.

15【역주】정오가 지나면 식사를 하지 않는 것을 재(齋)라고 한다.

16【역주】징관(澄觀, 738~839)은 중국 당나라 때의 승려로 화엄종(華嚴宗) 4대조이다. 교종과 선종의 융화를 꾀하여 교선일치론(敎禪一致論)의 기초를 마련하였다. 저서에는 『화엄경소(華嚴經疏)』(60권), 『수소연의초(隨疏演義鈔)』(90권), 『오온관(五蘊觀)』, 『십이인연관(十二因緣觀)』등 400여 권이 있다.

17【역주】승예(僧叡, 378~444 ?)는 중국 동진(東晉)의 승려이다. 구마라습(鳩摩羅什)의 제자로서 불전 한역(漢譯)에 참가하였으며 『묘법연화경(妙法蓮華經)』, 『대지도론(大智度論)』, 『중론(中論)』, 『12문론(十二門論)』, 『대품경(大品經)』 『소품경(小品經)』 등 서문을 많이 지었다.

18【역주】지겸(支謙, ?~?)은 중국 삼국시대의 승려로 월지(月支) 사람이다. 헌제(獻帝)의 난을 피하여 동오(東吳)로 가서 손권(孫權)의 박사가 되었다. 223년에서 253년경까지 약 30년에 걸쳐서 번역한 불경이 『아미타경(阿彌陀經)』등 모두 49부에 이른다.

19【역주】선수학(禪數學)은 안세고(安世高)에서 시작되는 것으로 선학(禪學)에 수학(數學)을 더한 것을 말한다. 여기에서 말하는 수(數)는 또한 사수(事數), 명수(名數), 법수(法數) 또는 혜수(慧數)라고도 한다. '수(數)'는 주로 명사적 개념과 결합하여 분석과 기억을 용이하게 하기 위한 것이다. 예를 들면, 사제(四諦), 오음(五陰), 팔정도(八正道) 등이 있다.

20【역주】마일부(馬一浮. 1883~1967)는 유가와 불교의 조화를 강조한 학자로서 흔히 현대 신유학자로 분류하기도 한다. 절강대학(浙江大学) 교수를 역임하고 복성서원(復性書院) 원장을 역임하였다.

21【역주】일천제(一闡提)는 산스크리트 '이칸티카'의 번역어로서 영구히 깨달음을 얻을 수 없는 것으로 보이는 중생을 부르는 이름을 말한다. 산스크리트 '이칸티카'의 본뜻은 '욕망을 가진(世間的) 사람'이지만 교리적으로는 선근을 단절한 자(斷善根), 불교의 신심을 갖고 있지 않은 자(信不具足), 불교 교리 특히 대승의 법을 비방하는 자(謗法) 등의 뜻을 지니고 있으며 불성(佛性), 즉 부처가 될 가능성이 없다는 의미에서 무성(無性)이라고도 한다.

22【역주】배외(裴頠,267-300)는 서진(西晉)의 철학자로 산서(山西) 문희현(聞喜縣) 사람이다. 그의 집안은 대대로 고관대작을 지냈다. 주요 저서로는 유명한 『숭유론(崇有論)』이 있다.

23【역주】 중국 남북조 시기의 왕조. 왕조를 창건한 이는 유유(劉裕)로 바로 무제(武帝)이다.

24【역주】 "天地盈虛 與時消息"은 『주역』의 풍괘(豐卦) 단사(彖辭)에 나오는 말이다.

25【역주】 구장(九章)은 황제(黃帝)가 명(命)하여 만들었다는 구장산술(九章算術)의 산법(算法)을 수록한 최고(最古)의 수학책이다.

26【역주】 구사(俱舍)와 유식(唯識) 등에서 말하는 개념으로 인과(因果), 법상(法相) 등을 논하는 문자 간의 학문을 말한다.

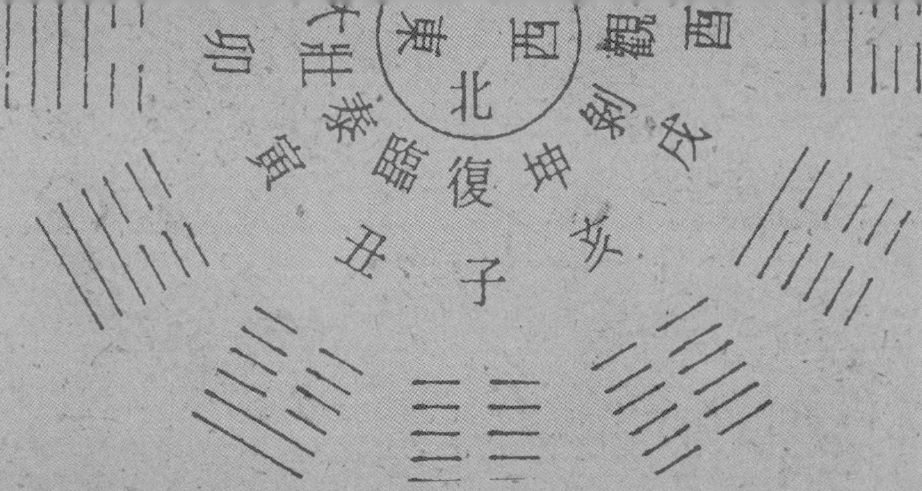

II

선학禪學과 역학易學

1. 희천希遷의 『참동계參同契』와 위백양魏伯陽의 『참동계』
2. 조동종曹洞宗의 형성과 『주역』 괘효卦爻의 인연因緣
3. '십육자게十六字偈' 비의秘義의 쟁론과 그 득실
4. '십육자게' 쟁론의 오류 분석과 조동종 역학이 후대 선종에 끼친 영향
5. 명말明末의 유불관계와 『주역선해周易禪解』
6. 선종禪宗의 도상圖象과 주돈이周敦頤의 『태극도太極圖』

이 장에서 다루는 내용은 매우 광범위하다. '선학과 역학'이란 제목을 붙였지만 주된 내용은 유儒, 불佛, 도道 삼가三家의 사상 학설을 다루고 있다. 도가 철학의 측면에서 볼 경우, 우선 위백양魏伯陽의 『참동계參同契』는 선종禪宗의 석두희천石頭希遷의 선학 저작에 영향을 주었을 뿐만 아니라 또한 이후 선사들이 역학사상에서 다양한 요소들을 도입하여 선학 문제를 다루는 데 있어서 매개적인 역할을 하였다. 나중에 나온 진단陳摶의 『무극도無極圖』는 선종의 도상圖象과 주돈이周敦頤의 『태극도太極圖』 사이를 연결하는 핵심 고리가 되었다.

유가의 입장에서 말하자면, 송유宋儒는 선사와의 교류는 물론이고 명말明末 유학자들이 선禪을 익힌 것은 모두 역학과 관련된 것이기 때문에 주의 깊게 살펴볼 필요가 있다. '선학과 역학'이라는 이 장은 전체 장의 내용을 관통하는 주제로 모두 이 문제와 관련해서 전개된다. 그러나 선학의 측면으로 말하면 또한 약간의 예외는 있다. 예컨대 『주역선해周易禪解』는 우익藕益의 매우 중요한 저작이다. 하지만 그 가운데 선학사상에 대한 인용은 그리 많지 않지만 『선해禪解』라고 명명하고 있기 때문에 본 장에 포함하여 다루려고 한다. '십육자게송十六字偈頌'의 쟁론은 본장에서 중요하게 취급할 것이다.

전체적으로 보아 선학과 역학의 교섭은 중국학술 사상의 여러 부분과 관련되어 있기 때문에 체계적으로 분류하여 연구해야 한다.

1. 희천希遷의 『참동계參同契』와 위백양魏伯陽의 『참동계』

위백양은 도교 단도丹道이론의 시조이며 석두희천石頭希遷은 저명한 선사이다. 위백양은 『참동계』라고 불리는 책을 썼고[1] 희천은 한 편의 오언五言 게송偈頌 『참동계』[2]를 지었다. 이 두 가지 『참동계』는 후세 도교와 불교의 발전에 큰 역할을 했다. 그렇다면 이 두 『참동계』 는 서로 어떠한 관계가 있는가?

시기적으로 보면 위백양의 『참동계』는 동한東漢 말년에 지어졌고 희천의 『참동계』는 성당盛唐시기에 출현했다. 사상적으로 보면 희천의 『참동계』는 분명히 위백양의 『참동계』에서 말하는 단도丹道 학설의 영향을 받았다고 할 수 있다. 이후 선가에서는 선 수양의 경지를 대개 '암어暗語'를 사용하여 나타내는

1) 위백양은 『참동계』의 서명(書名)에 관하여 책 속에서 다만 『참동계』 세 글자만을 말하고 있다. 수(隋) 이전의 문헌 기록에도 대체로 이와 같다. 다만 도홍경(陶弘景)의 『진고(眞誥)』의 자주(自註)에 『역참동계(易參同契)』라고 하였다. 수(隋)대에 『북당서초(北堂書鈔)』가 출판되자 처음으로 『주역참동계』라는 명칭이 나오게 되었으며 이것이 지금까지 내려오고 있다. 필자는 『참동계』라는 책명은 마땅히 위백양 자신의 말과 수 이전 문헌에 있는 것을 기준으로 삼기 때문에 본문에는 여전히 『참동계』 원명(原名)을 사용하여야 한다고 생각한다.

2) 『참동계』의 원문은 『영각원현선사광록(永覺元賢禪師廣錄)』 권27 『동상고철(洞上古轍)』 권을 참조하였다. 『만속장경(卍續藏經)』 제125책.

데 이런 영향과 어느 정도 관계가 있는 것으로 보인다. 아래에서는 이러한 영향의 원인과 결과 및 이와 관련된 문제들에 대해 검토하려고 한다. 그 영향에 관한 논의는 흥미롭지만 매우 민감한 문제들이다. 유가, 불가, 도가 삼가는 이 점에 대해 각기 다른 태도를 보이고 있다.

불교는 종교적 자존심 때문에 이 문제에 대해 논의를 기피하여 한 마디도 하지 않는다. 예를 들면, 『조당집祖堂集』에 희천이 쓴 『참동계』와의 관계를 논할 때 승조僧肇[1]의 『조론肇論』의 영향을 받았다고만 할 뿐 다른 것에 대해서는 일체 언급하지 않고 있다. 그 가운데 이런 말이 있다.

> 승조 『열반무명론』[3]을 읽고 그 중에 '만물을 회통하여 자신을 이루는 자가 오직 성인聖人이 아닌가!'라는 구절을 보고 탄식하여 말하길, 성인은 자기가 없으며 자기가 아닌 것이 없으며, 법신法身은 무상無相이니 누가 자타自他를 말하는가! 그 사이에서 원만하게 보고 허심하게 비추며, 만상萬象은 현玄을 본체로 삼아 저절로 드러나며, 주객은 진실로 하나일 뿐이니 누가 가고 오는가? 지극하도다. 이 말씀이여![4]

"만물을 회통하여 자기를 이루는 자는 오직 성인이 아닌가!會萬物以成己者, 其惟聖人乎"라는 이 구절은 천지만물을 회통할 수 있는 것은 오직 무아無我의 성인이어야 비로소 가능하다는 뜻이다. 희천은 이것이 바로 성인의 경지라고 보았다. 『조당집』은 희천이 바로 이러한 깨달음에 근거하여 『참동계』를 지은 것으로 보고 있다.

3) 『열반무명론(涅槃無名論)』은 『조론』 중의 한 편(篇)이다.

4) 『조당집』 권4 『석두화상전(石頭和尙傳)』 "讀僧肇 涅槃無名論, 見中云: 會萬物以[爲]己者, 其惟聖人乎! 乃嘆[拊几]曰: 聖人無己, 靡所不己, 法身無相[象], 誰云自他! 圓鑒虛[鑑靈]照於其間, 萬象體玄而自現, 境智真[非]一, 孰爲[云]去來? 至哉斯語也."

불교만 그런 것이 아니라 도교 또한 묵묵부답이다. 이런 언급 자체가 불교와 도교 사이에 새로운 논쟁을 일으킬 수 있는 부담을 안고 있다. 왜냐하면 도교가 흡수한 불교 자료는 불교가 이용한 도교의 것보다 훨씬 많기 때문이다. 이로 인해 논쟁이 일어나면 분명히 도교에 이로울 것이 없고 차라리 침묵하는 것이 나을 것이다. 유가 쪽에서는 여러 가지 억측을 통하여 그 자체를 부정한다. 예를 들면, 명청明清 교체기의 철학가로 청초 '삼대유三大儒' 중 한 사람으로 불리는 이옹李顒은 「답고영인서答顧寧人書」에서 다음과 같이 말하고 있다.

> 『참동계』는 도가가 신선이 되기 위해 수련하는 책으로 선가禪家가 반드시 열람할 필요는 없다.[5)]

사실 희천의 『참동계』와 위백양의 『참동계』의 관계를 알아보기 위해 양자를 서로 비교해보면 한두 가지 내용들을 확인할 수 있다. 우선 희천의 『참동계』의 편명과 위백양의 『참동계』의 서명書名은 완전히 같은데 이는 분명히 우연한 일치가 아니라 전자가 후자를 차용한 것이라고 볼 수 있다. 『참동계』라는 세 글자에서 참參은 사물이 뒤섞여 같지 않다는 것을 가리키며, 동同은 서로 같아 일치한다는 뜻이며, 계契는 바로 부계符契2이다. 서명의 뜻은 인간이 일체 사물을 관찰하여 잡란雜亂하고 뒤섞인 가운데서 서로의 일치점을 잘 드러낸 후에 취사선택하여 종합하는 경지에 이른다는 뜻이다. 후에 조동종曹洞宗이 자주 말하는 '편偏', '정正', '겸兼' 등은 모두 여기에서 생겨난 것이다.

저작 의도로 볼 때 또한 비슷한 점이 있다. 위백양의 『참동계』에는 서명書名에 대해 해서한 구절이 있다.

5) "參同契, 道家修仙之書, 禪家必不肯閱."

위대한 주역의 성정性情은 각각 절도가 있는 것 같다. 황로黃老는 그 도를 이용하여 궁구하고 비교하여 통치할 수 있고 연단爐火의 일은 진실로 근거하는 바가 있다. 삼도三道는 하나에서 비롯되어 각각의 길을 낸다.[6)]

그는 또 말한다.

삼조三條를 나열하여 가지와 줄기는 서로 연결되며 같은 곳에서 나와 이름만 다르니 모두 하나의 문에서 비롯된다.[7)]

위백양은 『주역』, 황로黃老, 연단煉丹의 삼가三家는 그 내부의 정신이 서로 회통된다고 생각하며 이른바 "삼도는 하나에서 비롯되어 각각의 길을 낸다, 三道由一, 俱出徑路."가 이것이다. 희천은 당시 선종이 처한 형세에 맞추어 자기의 깨달음을 결합시켜 『참동계』를 썼다. 그 의도는 위백양이 『주역』, 황로, 연단의 삼가 사상을 결합하여 일체로 삼은 것처럼 선종 내부의 남종南宗과 북종北宗 간에 서로 다른 선학 관점의 쟁론을 조화시켜 선종의 본원本源과 남, 북의 종지宗旨는 일맥상통하다는 것을 말하기 위한 것이다.

『육조단경』에서 말하길, "법에는 돈頓, 점漸이 없으나 사람에 따라서는 날카로움利, 둔함鈍이 있어法無頓漸, 人有利鈍" 서로 다른 대상에 따라 돈, 점의 가르침을 세우지만 조사가 대대로 전하는 도는 결코 남, 북조의 구분이 없다. 모두 선문禪門의 사람이며 이야기한 것은 모두 일가一家의 말이지 결코 이것이 옳고 저것이 그르다고 하면서 서로 다툴 필요가 없다.

둘째, 저술의 심리적 측면에서 양자는 상당히 근접하다. 『참동계』「화기

6) 『참동계』「대역성정장(大易性情章)」, 『주역참동계고주집성(周易參同契古注集成)』, 상해고적출판사 1990년 영인본 참조. "大易情性, 各如其度; 黃老用究, 较而可御; 爐火之事, 真有所據; 三道由一, 俱出徑路."
7) 『참동계』「무재순리장(務在順理章)」"羅列三條, 枝莖相連; 同出異名, 皆由一門."

육백편장火記六百篇章」에서 다음과 같이 말한다.

> 만약 혀를 묶어 큰 도를 말하지 않으면 도를 끊어 죄를 얻게 되고, 도의 내용을 그려 죽백竹帛에다 드러내면 또 천기를 누설할까 두렵다. 망설여 탄식을 하게 되고 위를 쳐다 보고 아래를 내려 보아 생각을 꿰맨다. 도야陶冶에는 법도가 있으나 다 펼 수가 없고 그 강기綱紀를 대략 기술해도 곁가지의 다양한 의견을 이해하는 데 도움이 된다.[8]

위백양은 말없는 침묵은 도를 끊어버리는 죄가 있고, 명확하게 드러내 말하면 '천기'를 누설할까 두려워서 두 번 세 번 재고하여 진의를 쉽게 드러내지 않는 '곡필曲筆'의 기술 방법을 채택하고 있다. 감추면서도 드러내려고 하고, 드러내면서도 또 감추려고 하니 행문行文에 '어렵고 말이 심오하여 사람들이 이해하기가 힘들고', 그 사이에 온갖 설을 숨겨두어 사람들에게 숙독케 하고 곁가지의 잘못된 해석 때문에 열심히 살펴보아야 비로소 알 수 있어서[9] 매우 고심한 흔적이 보인다. 희천은 천기누설의 걱정은 없었지만 오히려 깨달음悟境을 설파하는 것을 기피하였다. 왜냐하면 '도는 본래 공허道本虛空'[10]하여 말言로 통할 수 없고 생각으로 얻을 수도 없기 때문에 완전히 위백양처럼 주장을 펼 수도 없고 그만 둘 수도 없는 난처한 입장에 처하였기 때문이다. 그의 행문필법의 계시를 받아 희천 또한 하나의 특수한 방법을 채택하였다. 『참동계』의 출판은 바로 이러한 복잡한 종교 심리적인 내용들이 반영된 것이다.

8) "若遂結舌暗, 絶道獲罪誅; 寫情著竹帛, 又恐泄天機; 猶豫增嘆息, 俯仰綴思慮; 陶冶有法度, 未可悉陳敷; 略述其綱紀, 枝條見扶疏."

9) 『주자어류』 권125.

10) 우두법융(牛頭法融)의 『절관론(絶觀論)』에 언급되어 있다. 원문은 다음과 같다.
問曰, "云何爲道本, 云何爲法用?"
答曰, "虛空爲道本, 森羅爲法用也."

상술한 심리적 원인으로 말미암아 '거짓되고 상스러운' 표현방식을 탄생시켰으며 글자의 행간에 숨어있는 구절과 알듯 모를 듯한 말들이 연이어 나오고 있다. 예를 들면, 위백양의 『참동계』는 곧 "군신을 빌려와서 내외를 드러내고, 감리坎離괘를 말하면서 수은과 납을 직접 가리키고, 건곤을 배열하여 그릇과 솥을 설정하고, 부모를 밝힘은 시종始終으로서 얽어매고, 부부의 합合은 그 혼인交媾을 가리키며, 남녀를 비유하여 번식을 드러내며, 음양을 분석하여 반복을 이끌어 내고, 회삭晦朔을 나타내어 강등降騰을 통하게 하였다."[11] 이로써 후인들에게 많은 오해를 발생시켰다.[12]

희천의 『참동계』는 '명암明暗', '본말本末', '존비尊卑', '모자母子', '함개涵蓋' 등의 개념을 차용하여 이사理事, 주차主次, 심물心物 등의 관계를 나타내는데 비유하고 있다. 예를 들면, "신령스런 근원은 맑고 밝아 분명한데 가지는 갈라져 어둠으로 흐른다"[13] "그 근본과 지말도 궁극으로 돌아가야하므로 귀하고 천하다는 것은 그냥 하는 말 뿐이라네."[14] 또한 "비유하자면 현상적으로는 상자와 뚜껑이 들어맞고, 원리적으로는 창끝과 칼끝처럼 빈틈이 없다"[3] 등이 바로 이것이다. 그 중에 '명암'이라는 한 쌍의 개념을 사용한 곳이 가장 많으며 『참동계』의 내용 중 거의 절반이 된다. 이후 조동종에서 '한밤중 그대로가

11) 팽효(彭曉) 『주역참동계통진의서(周易參同契通眞義序)』, 『주역참동계고주집성(周易參同契古注集成)』 권수卷首 "假借君臣, 以彰內外; 敘其離坎, 直指汞鉛; 列以乾坤, 奠量鼎器; 明之父母, 保以始終; 合以夫妻, 拘其交媾; 譬如男女, 顯以茲生; 析以陰陽, 導以反複; 示之晦朔, 通以降騰; ……"

12) 위백양의 『참동계』는 말에 비유가 많고 본의는 숨겨져 있다. 고대의 해석자 중에 내단(內丹)을 위주로 하는 자도 있고, 외단(外丹)을 위주로 하는 자도 있고 내와 외를 모두 위주로 하는 자도 있고, 심지어 방중술을 주로 삼는 자도 있어 일치되지 않는다. 그 본의가 결국 무엇인지 지금까지 정설이 있는 것은 아니다.

13) "靈源明皎潔, 枝派暗流注."

14) "本末須歸宗, 尊卑用其語."

밝음이나 새벽이 드러나질 않았으니'[15], '까마귀는 눈 위를 난다(烏雞雪上行)'[16] 등은 모두 '명암' 개념과 관련이 있다.

문자 면에서 볼 때 희천의 『참동계』는 위백양의 『참동계』에 비해 난삽하지는 않지만 은유를 많이 사용하고 있기 때문에 제대로 이해하는 것은 결코 쉬운 일이 아니다. 이 둘은 우열을 논할 수 없다. 『법화경』 「방편품」에서 말하기를, 석가모니가 성불 후 일찍이 "가르침을 여러 가지 비유로 설명하였고 무수한 방편으로 중생을 인도하였다."[17] 법장의 『화엄경금사자장』에 이르기를, "법法은 비유를 통하지 않고는 드러낼 수 없고 비유는 법이 아니면 생겨나지 않는다."[18] 이런 점에서 보면 희천은 '명암' 개념을 빌려 선의禪意를 표현하였는데 이것은 불타의 가르침에 근거한다.

그 외에 희천 『참동계』는 도교화되는 경향이 매우 강하다. 불佛이라 하지 않고 '대선大仙'이라고 하였고 '보리菩提'라고 하지 않고 '도道'라고 말하는데 이것이 바로 분명한 증거이다. 이것은 선종 우두종牛頭宗 계열의 영향 이외에 위백양의 『참동계』에서 말하는 선仙이나 단丹을 닦는 이론과 분명히 관계가 있다.

당연히 희천이 지은 『참동계』가 위백양의 『참동계』를 직접 참고한 것인지의 여부는 사료가 부족하여 쉽게 단언할 수 없다. 다만 영향을 받은 것은(적어도 간접적으로) 분명하다. 이 점을 밝히려면 오히려 당唐 시기의 불교와 도교의 상황과 배경 속에서 답을 찾아야 한다.

당대는 도교가 가장 흥성한 시대이고 또한 수선修仙 연단술이 발달한

15) "夜半正明, 天曉不露." 운암담성 『보경삼매가』는 『동산양개선사어록』, 『만속장경』 제119책 457쪽에 있다.

16) 조산본적(曹山本寂) 『오상게(五相偈)』는 『산본적선사어록』, 『만속장경』 제119책, 444쪽에 보인다.

17) "種種譬喩, 廣演言教, 無數方便, 引導衆生."

18) "法非喩不顯, 喩非法不生."

'황금시대'였다. 제왕들이 도교를 숭상하기 때문에 대체로 금단金丹을 복용하여 불로장생할 수 있다는 것을 믿었다. 엄청난 인력과 재력을 쓰는 것을 아까워하지 않고 도사에게 금단 제작을 명하였는데 이것은 대대적으로 외단술外丹術의 발전을 자극하였다. 청대 조익趙翼은 『신구당서新舊唐書』의 관련된 통계에 근거하여 당나라의 태종太宗, 헌종憲宗, 목종穆宗, 경종敬宗, 무종武宗, 선종宣宗의 죽음은 모두 금단 복용과 관계가 있다고 보았다. 대신들의 경우는 더욱 많은데, 이도고李道古, 이포진李抱眞, 두복위杜伏威, 맹간孟簡 등 십여 명이 기재되어 있다.[19]

시인 이백, 백거이 등도 도사로부터 연단법을 익혔는데 이를 통해 당시의 영향력이 어떠하였는가를 알 수 있다. 이런 폐단은 심지어 국가 전체에 수선연단修仙煉丹의 풍조가 더욱 만연하도록 만들었다. 이러한 상황들은 위백양 『참동계』의 영향과 관련지어 보아야 한다.

『참동계』는 동한 말년에 이루어진 책이며 당시에는 거의 큰 반향이 없었으며 위진 남북조라는 상당히 긴 기간 중에도 도교 역시 그렇게 크게 중시하지 않았다. 갈홍葛洪의 『포박자抱朴子』[4]의 신선방약神仙方藥과 양생연년養生延年을 다루고 있는 일부 책조차도 의외로 『참동계』의 단도丹道 이론을 거의 채용하지 않았다. 그러나 당대唐代에 와서 갑자기 상황이 바뀌어 관심이 폭발적으로 치솟아 외단外丹 이론이 기형적으로 급속히 유행하였다. 수대隋代의 도사 소원랑蘇元朗이 『참동계』의 장생단약의 주장을 힘써 창도한 이래 많은 사람들이 유행처럼 이 책을 연구하여 주석을 내었다. 당대에 외단의 각도에서 주석한 『참동계』는 『음장생주陰長生注』, 『무명씨주無名氏注』 라는 이름을 빌린 두 권의 책으로 현존한다.[20]

단도 학설을 전문적으로 설명한 저작 또한 적지 않다. 이외에도 아주 많

19) 『이십이사찰기(二十二史札記)』 권19 중화서국 1963년판에 상세히 나타나 있다.

20) 『정통도장(正統道藏)』 영질(映帙), 용질(容帙) 참조.

은 연단 서적이 있다. 예를 들면, 『일월현추론日月玄樞論』, 『통유결通幽訣』, 『장진인금석영사론張眞人金石靈砂論』 등은 모두 『참동계』를 인용하여 자신들의 이론 근거로 삼고 있는데 이런 경향들이 『참동계』 연구의 최고조를 형성하였다. 이로 말미암아 자연환단설自然還丹說이나 약물 배합과 서로 비슷한 학설 및 연단을 제련할 때 불의 세기와 시간을 조정하는 직부直符 이론 등을 연역해 내었다. 당나라 시기에 나타난 위백양 『참동계』의 엄청난 반응은 희천의 주의를 끌지 않을 수 없었다.

당대에는 역사상 많은 불도佛道의 논쟁이 발생했으며 논쟁의 방식은 일반적으로 궁정宮庭 논변을 채용하였다. 변론의 승부는 장차 불교의 장래 운명과 직접 관계가 있다. 이와 같이 승려로 하여금 불전을 익히는 동시에 도교 서적과 도술道術을 연마하여 필요시에 대비하였다. 예컨대 유식종의 현장은 『노자』에 정통하였으며 그는 『노자』를 범문梵文으로 번역하라는 조서詔를 받들었다. 또 노자의 '도道'를 '말가末伽'로 번역하여 불교의 '보리'와 구별한 일 때문에 도사道士와의 한판 논쟁이 벌어졌다.[21] 어떤 승려는 도교의 책을 익히는 과정에서 의도적이든 아니든 그 속에 있는 사상을 흡수하여 자신의 이론을 풍부하게 하였다. 예를 들면, 천태종 담연湛然의 『무정유불성無情有佛性』설은 삼론종 길장吉藏의 『대승현론大乘玄論』에 근거하지만, 『도교의추道教義樞』의 '풀과 나무에도 도의 성질을 가지고 있다草木有道性'는 설의 시사示唆를 받았다고 할 수 있다.

대통大通, 유현惟賢 등의 승려들은 도사의 연단에 참여한 사람들이다.[22] 위백양의 『참동계』는 당시 도교의 인기 있는 서적으로 희천이 이것을 연구한 것은 지극히 자연스러운 것이다. 조용한 변화 속에서 그 영향을 받았으며 또

21) 도선 『집고금불도논형(集古今佛道論衡)』 권병(卷丙) 『제조영장법사번노자위범문사(帝詔令奘法師飜老子爲梵文事)』에 상세히 나타나 있다.

22) 『이십사사찰기(二十四史札記)』 권19 중화서국 1963년판에 상세히 나타나 있다.

사리에 맞게 그것을 자각적으로 이용하였다. 그러나 위백양의 『참동계』가 비록 연단 이론을 말하고 있지만, 오히려 『주역』, 황로, 연단煉丹 셋을 하나로 융합하여 말한 것은 '위서緯書의 항목을 모방'한 것이다. 전체 책의 내용은 『주역』의 학설과 깊은 관련이 있다. 희천 또한 위백양의 『참동계』 가운데 『주역』의 학설에 관련된 정신을 흡수하여 그의 '즉사이진卽事而眞'5이라는 선학 사상을 발휘하였다. 이른바 '즉사이진'이 말하는 것은 리理와 사事의 관계이며 객관사실을 중시하고 개별적인 사事에서 그 속에 있는 리理를 체득해 간다. 이사理事 관계는 선가의 공통된 인식이다.

선종 오가五家 중 이사理事를 말하지 않은 종파는 하나도 없지만 각각 말하는 방식은 다르다. 예를 들면, 임제종臨濟宗은 빈주賓主의 관계로 이사를 표현하여 주인을 리理로 손님을 사事로 본다. 위앙종潙仰宗은 방원方圓으로 이사를 대표하여 원圓을 리理로, 방方을 사事로 여기며, 운문종雲門宗은 함개[涵蓋:포함]를 리理로, 절류[截流:차단]를 사事로 보고 있다. 조동종曹洞宗은 편정偏正으로 이사를 대표하며 편偏을 사事로 정正을 리理로 삼고, 법안종法眼宗은 이사가 원융하여 일체가 현성[現成:이미 갖추어진] 됨을 말한다.

희천은 '명암明暗'을 사용하여 이사를 말하는데, 이것은 『참동계』 가운데 한 쌍의 중요한 개념이다. 그 기원을 문자라는 측면에서 볼 때 『단경壇經』 말미의 '36짝의 개념三十六對槪念'과 관계되지만 실제 내용은 오히려 『주역』의 '감괘坎卦'와 '리괘離卦'에서 비롯된 것으로 보아야 한다. 이러한 뜻 역시 위백양의 『참동계』의 사유에서 비롯된 것이다.

위백양은 감坎, 리離 두 괘의 작용을 중시하여 감, 리는 '건乾, 곤坤, 두 작용'으로 간주했다. 또 '효위爻位가 없기' 때문에 "육허六虛를 두루 유행하며, 왕래하여 정해지지 않고, 상하 또한 상도常道가 없다"[23]고 하였다. 그는 이러한

23) 『참동계』, 「천지설위장」 참조. "周流行六虛, 往來旣不定, 上下亦無常."

특징에 근거하여 '감', '리' 두 괘를 『주역』 64괘 변역變易의 근본으로 삼았다. 감, 리는 일日, 월月을 말한다. 일日은 태양太陽이고 월月은 태음太陰이다. 달의 형체는 본래 검은데 태양의 빛을 받아서 희다. 그러므로 양명음암陽明陰暗이라고 말한다. 동시에 서한西漢 경방京房의 『경씨역전京氏易傳』을 잡취雜取하여 달의 형상月象을 연단사상에다 견강부회하여[24] 달의 차는 것과 어그러짐을 인간 정신의 성쇠에, 일日의 출몰을 기혈氣血의 차고 비는 것盈虛에 비유하였다. 희천은 여기에서 출발하여 『주역』의 「설괘전」의 뜻을 결합하여 리離의 상象을 화火, 일日로, 감괘坎卦의 상을 수水, 월月로 삼았다. 월月은 바로 수水의 파생적인 의미이다.

공영달孔穎達의 『주역정의周易正義』에서 이르길, "월月됨, 즉 그 월을 취한 것은 물의 정精이기 때문이다(爲月, 取其月是水之精也.)"라고 하였다. 화火와 일日의 뜻은 '광명光明'이며, 수水, 월月과 화火, 일日은 상대적이며, '양명음암陽明陰暗'을 더하여 자연히 '암暗'의 의미를 추출할 수 있다. 도표를 사용하여 표시하면 아래와 같다.

坎象　水　月　陰　→　暗
　　　　　　　　　　　↑
離象　火　日　陽　→　明

[그림 2-1]

이것이 바로 희천이 말하는 '명암明暗' 개념의 유래이다. 그는 '명암'을 사용하여 이사理事를 설명한다. 명明은 리理를 대표하고 암暗은 사事를 대표한다. 동시에 위백양의 『참동계』를 참조하여 달의 변화로써 단도 사상을 설명하였

24) 황종희(黃宗羲)의 『역학상수론(易學象數論)』 권1, 호위(胡渭) 『역도명변(易道明辨)』 권3 참조.

고, 달의 차고 기움이 나타내는 명암 변화를 통하여 선학 사상을 표현하였다.

희천의 『참동계』에서 이르길, "밝음 가운데 어두움이 있어도, 어두움을 서로 만났다고 하지 않으며, 어두움 가운데 밝음이 있으나 밝음을 서로 만났다고 하지 않네. 밝음과 어두움은 각각 상대적이라 마치 앞뒤의 걸음걸이와 같네.當明中有暗, 勿以暗相遇; 當暗中有明, 勿以明相睹; 明暗各相對, 比如前後步."라고 하였다. 그 뜻은 참선 수련이 도달하는 경지는 마치 달의 모양이 둥글고 이지러지거나 흐리고 개이는 것과 같이, 이미 명암의 구분이 있고 또 명明 가운데 암暗이 있고 암暗 가운데 명明이 있다는 것이다.

참선하는 자는 각 단계의 서로 다른 의미의 경지에 근거하여 상응하는 공부 방식 혹은 공부의 진도를 신중히 선택해야 한다. 왜냐하면 의미의 경지가 발현되는 것은 달의 명암 변화와 서로 비슷하고 또 이러한 변화와 관련되기 때문이다. 현대과학이 이미 증명했듯이 달은 기타 별들과 마찬가지로 인류의 신체, 감정, 심리 정서 등에 대해 다양한 영향을 주고 있는데 그 가운데에서도 삭망일朔望日의 영향이 가장 크다.

참선하는 것은 심지의 조절과 생리의 운행의 두 가지 방법이 병행되는 잠재적 운동이기 때문에 자연히 달의 명암 변화와 관련이 있다. 명암의 변동은 상대적이기 때문에 정서의 파악에 있어서 명明에 치우칠 수도 암暗에 치우칠 수도 없다. 예를 들면, 사람이 걸어갈 때 앞의 걸음과 뒷걸음을 정해 놓을 수 없다는 것과 같다.

희천이 선 수행의 경지와 달의 명암 변화를 서로 연계시키는 사상은 중국 선학사가 가지고 있는 매우 독창적인 관점이다. 후에 조동종 계통에서 이것을 크게 발양하였는데, 특히 천동정각天童正覺선사가 이에 대한 공헌이 가장 크다.

인류의 조상들은 수천 년 전에 이미 천상天象의 변화를 관찰하기 시작하였으며 아울러 농작물에 대한 달의 영향을 파악했다. 달의 음청陰晴 원결圓缺의 모양에 따라 연간 기후 변화를 추산하여 미리 예보하고 농사에 대비하였다. 『예기禮記』「월령月令」에 이런 방면의 귀한 자료가 많이 수록되어 있다.

서한에 이르러 경방京房 등의 사람들이 달을 술수에 운용하여 음양재이陰陽災異, 천인감응을 말하였는데, 이것이 첫 번째 중요한 변화이다. 동한 위백양의 『참동계』는 납갑納甲을 연단煉丹에다 견강부회시켜 한 달에 육절六節(삼일三日, 팔일八日, 십오일十五日, 십육일十六日, 이십삼일二十三日과 삼십일三十日)의 차고 비는 영휴盈虧를 빌리고 음양괘획陰陽卦畫의 소장消長을 취상取象하여 단도丹道 화후(火候:불의 세기와 시간)의 진퇴를 확정하였는데, 이것이 두 번째의 새로운 변화이다.

당대唐代 희천의 『참동계』는 달의 원결圓缺, 회삭晦朔, 변역變易의 상을 취하여 선수행禪修行의 공부 수준을 반영하는 흔적으로 비유하였는데, 이것이 세 번째 변화이다. 이 세 차례의 변화를 통하여 달은 유가, 도교사상 발전에 있어서 중요한 작용을 했음을 알 수 있다. 또한 이를 통해 희천의 『참동계』 사상과 유, 도 양가와의 관계를 분명히 알 수 있다.

앞에서 위백양의 『참동계』가 희천의 『참동계』에 상당히 많은 영향을 끼쳤으며 후자는 표현 방법상에서 전자의 많은 영향을 받았다고 강조했으나, 관점과 사상은 오히려 자신의 실증에서 온 것이며 위백양에게 조금도 빌리지 않았다.

2. 조동종曹洞宗의 형성과 『주역』 괘효卦爻의 인연因緣

희천의 재전再傳 제자인 운암담성雲岩曇晟(782-840)은 학식이 깊고 넓으며 산에서 수련하여 득도한 선사이다. 그는 희천의 '즉사이진卽事而眞'의 선학 사상을 심화, 발전시켰을 뿐만 아니라 '보경삼매寶鏡三昧'라는 새로운 법문法門을 열었다. 그 의미는 사람이 관찰하는 만사만물은 마치 '거울'을 대하는 것과 같고 거울 속의 것은 그림자이며 거울 밖의 것은 용모인데, 이처럼 용모와 그림자가 서로 마주 보지만 너는 그림자가 아니지만 한편으론 그림자가 바로 너라는 것이다. 그래서 '개별事로부터 전체理의 일을 구현해내는 경지'를 설명하고 또 그가 취한 『주역』의 감괘坎卦와 리괘離卦 두 괘의 사상을 이어받아 내재된 함의와 선학과의 연결고리를 계속 발굴하여 『보경삼매가寶鏡三昧歌』[25]를 지었다.

네 구절의 게송에는 각종 신기한 비유로 가득 차 있다. 그 가운데 예를 들면, "리離 6효에 편정회호偏正回互이니 포개면 3이 되고, 변화가 다하면 5를 이

25) 『보경삼매가』의 원문은 『영각원현선사광록』 권27 『동상고철』 권상, 『만속장경』 제125책 참조.

룬다.如[一作重]離六爻, 偏正回互, 疊而爲三, 變盡成五." 라는 '십육자게十六字偈'는 직접적으로 『주역』의 리괘離卦에 근거를 두고 있다. 이 설명은 『주역』 괘효의 우의寓意[6]를 이용하여 선학 사상을 표현하고 상호 표리작용을 하는 측면을 설명하고 있다.

운암은 희천에 비해 진일보한 관점을 보여 주고 있다. 감괘와 리괘 두 괘 중에서 그는 리괘 한 괘만 취하였다. 이 괘는 선학의 깊은 뜻을 표현하는데 충분했으며 아주 독창적이다. 『주역』 64괘에서 오직 감坎, 리離 두 괘만이 '음 속에 양이 있고 양 속에 음'이 있는 조건을 갖추고 있어 희천의 『참동계』에서 말하는 '밝음 속에 어둠이 있고 어둠 속에 밝음'이 있는 뜻과 서로 부합한다. 그러나 그가 리괘만을 취했기 때문에, 다시 감과 리 두 괘에서 나온 '명암' 개념으로 이사 관계를 표현하는 것이 마땅치 않으므로 명암을 '편정偏正'으로 대체하고 중리重離 6효 중에 있는 편정의 회호관계를 이용하여 이사의 변화를 표현하였다. 이른바 회호回互는 바로 상호 융합이며 비록 각 사물 간의 한계와 맥락이 분명하더라도, 이것 속에 저것이 있고 저것 속에 이것이 있으며 상호 교섭하여 피차 간에 서로 관통하는 것을 말한다. 이처럼 그는 이미 희천의 이사관계의 표현 방식을 발전시켰으며 또 『주역』 일괘一卦의 6효의 주종관계는 '기우奇偶 상여相與'로 결정되는 원칙과 서로 조화시켜 결점을 드러내지는 않았다. 이것이 일차적인 의미이다.

그 다음, 중리重離의 본의는 '거듭 밝음重明'이란 뜻을 가지고 있다. 이른바 중명重明은 이 괘의 상하가 모두 리離라는 것을 가리킨다. 리離는 화火이며 일日이며 '광명'의 뜻을 나타내는데 앞에서 말한 바와 같다. 운암雲岩은 '중명'을 정도正道에다 덧붙여 천하를 교화시키고 세상의 수많은 중생을 제도한다고 보았다. 리괘 「단전」의 "거듭된 밝음이 바른데 걸려 이에 교화하여 천하를 완성한다"는 말은 공영달의 『주역정의』의 주석과 서로 합치한다. "중명重明은 상하가 모두 리離이고, 정正에 걸려 있다는 것은 두 음이 안에 있어 이미 중명의 덕을 가지고 있음을 말하며 또 정도에 부착되어 천하를 교화하여 완성시킨다."[26] 이것은 그 목적이 운암과 달라서 동일한 것으로는 볼 수 없다. 이것이 두 번째 의미이다.

세 번째의 의미는 '십육자게'가 함의하는 유래를 통해서 볼 수 있다. 운암은『주역』에 대해 잘 알고 있을 뿐만 아니라 상수象數에 통달하고 또 경방京房의 '오행육위五行六位'의 내용에도 정통했다. 이른바 '오행육위'는 납갑納甲, 납지納支의 기초 위에 오행으로 재배치하였기 때문에 '육위배오행六位配五行'이라 칭하게 되었다. 이것은 건괘乾卦를 예로 들면 도식은 다음과 같다.

효위爻位		건乾
상효上爻	-----	임술토壬戌土
오효五爻	-----	임신금壬申金
사효四爻	-----	임오화壬午火
삼효三爻	-----	갑진토甲辰土
이효二爻	-----	갑인목甲寅木
초효初爻	-----	갑자수甲子水

[그림 2-2]

그는 여기에서 영감을 얻어 이것을 약간 바꿔서 '십육자게'를 창안했다. 의미는 리괘離卦의 여섯 효 중에서 '편정회호'의 종지宗旨를 하나하나 드러냈다. 후에 제자 동산양개洞山良价가 이런 기초위에서 세운 '편정오위偏正五位'는 그가 말하려고 한 의미를 진일보 확장한 것이라고 할 수 있다. 만약 희천이 역리易理를 사용하여 선의禪意를 밝히려고 위백양의『참동계』와『주역』사이에서 왔다

26) "重明, 謂上下俱離, 麗乎正也者, 謂兩陰在內, 既有重明之德, 又附於正道, 所以化成天下."

갔다 하였다고 말한다면, '십육자게'의 출현은 운암雲岩이 이미 『참동계』의 매개체라는 차원을 넘어 선학과 역학의 관계를 하나의 새로운 단계로 발전시킨 것으로 볼 수 있다.

선학 사상의 발전 순서라는 측면에서 볼 때, 희천이 '명암' 개념을 통하여 이사 관계를 표현한 것으로부터 운암이 '편정' 개념으로 바꾸어 표현한 것에 이르기까지 그 사이에 하나의 과도기가 반드시 있고 그 과도기의 인물이 바로 희천의 직계 제자인 약산유엄藥山惟儼이다.

약산(745-818)은 17세에 출가하여 형악衡岳에게 구족계를 받았다. 후에 희천을 배알하고 심법心法을 인증하니 희천은 그에게 법을 전수해주었다. 일반 승전僧傳 사료에도 모두 이렇게 기록되어 있다. 하지만 다른 의견도 있다. 예를 들면, 당나라 시기 당신唐伸의 〈풍주약산유엄대사비명澧州藥山惟儼大師碑銘〉에 의하면, 약산은 홍주洪州 마조도일馬祖道一(709-788)의 제자이며 희천과는 아무런 관계가 없다고 기록되어 있다.[27] 그러나 비문을 자세히 살펴보면 이해할 수 없는 점들이 많이 보인다.

첫째, 작자 당신唐伸은 역사의 기록에 보이지 않는다. 비문 중에서 언급되는 '충허沖虛'·'숭경대덕崇敬大德'·'흥선관경興善寬敬'·'중악홍中岳洪' 등은 모두 상고할 수 없는 인물들이며, 더욱이 '중악홍'은 '남악천南岳遷(희천을 지칭)', '강서적江西寂(마조를 지칭)'과 함께 언급되는 큰 인물인데도 불구하고 오히려 다른 기록에 보이지 않는 것은 이해하기 어렵다.

둘째, 비문에는 약산이 마조를 20년간 모셨다고 기술되어 있는데, 사실史實과 부합하지 않는다. 약산이 마조를 모신 것은 그가 구족계를 받은 후이다. 그가 계를 받을 때는 당唐 대력大歷 8년(773)이며 다시 20년 경과하면 793년인데 마조는 788년에 이미 입적했다.

27) 『전당문(全唐文)』 권536.

셋째, 약산이 마조를 20년간 모셨다고 하면서 또 그가 정원貞元 초년(785-789) 약산에 머물러 '숲을 헤치고 암자를 지어披榛結庵' 그곳에서 '가부좌'를 틀었다고 되어있다. 이는 서술한 연대가 앞뒤 서로 모순된다.

분명히 『풍주약산유엄대사비명』은 이름을 가탁한 위작僞作이며 홍주 문하에서 나왔을 가능성이 크다. 홍주 문하의 임제종의 대혜종고大慧宗杲(1085-1163)는 약산은 일찍이 희천에게 배웠으나 개오開悟하지 못해 후에 마조를 참례參禮하여 비로소 득도한 것으로 보고 있다.[28] 이 관점은 당신唐伸이 말한 약산이 마조를 20년 동안 모셨으며 희천과는 무관하다는 설과 차이가 있다. 『조당집』, 『송고승전』, 『전등록』 등에 약산은 희천의 제자라는 말이 있고 또 희천과의 문답이 전해지고 있기 때문이다. 종고宗杲는 이것이 이미 선문禪門의 공인된 사실史實임을 더 이상 무시할 수 없어서 부득불 한발 물러서지만 그의 관점은 당신唐伸의 비문과 조금도 다른 점이 없다.

다시 말해서 선법禪法의 전승이라는 관례에서 볼 때 약산 또한 마조의 제자로 보이지는 않는다. 선법은 계기契機에 맞아야 하며 멋대로 주어서는 곤란하다. 선사들은 본인의 성격, 성장한 지역 환경과 오도悟道 인연의 차이에 따라 후학을 이끌 때[7] 각기 다른 방법을 쓰고 있다. 이때문에 서로 다른 근기, 서로 다른 환경에서 나온 후학은 사도師徒지간에 서로 맞거나 서로 맞지 않는 부분이 있는데 이것이 종문宗門에서 말하는 '계기契機'이다. 대만의 인순印順법사가 『중국선종사』라는 책에서 이러한 상황을 남북지역의 차이성 때문이라고 정리한 것은 매우 일리가 있다.

약산과 운암 간의 대화의 기봉機鋒[8]에서 남방 선학의 분명한 특징을 볼 수 있다. 이것은 또한 약산은 남방 계통에서 성장한 선사이며 전형적인 북방 풍격(예를 들면, 갈喝, 타打, 척踢, 답踏 등)의 마조도일과는 접인接引방식에서 크게 다르다는

28) 대혜종고, 『시중증거사(示中證居士)』, 『시영영군부인서(示永寧郡夫人書)』. 『대정장』 제47권 904, 904쪽.

것을 보여주고 있다. 『조당집』 권4 「약산화상전藥山和尙傳」에서 약산이 후학을 접인하는 방식은 기본적으로 온화한 선禪의 기풍을 보여주고 있다. 물론 한 번 때린 적이 있고, 또한 약산이 일찍이 마조를 참례한 적도 있었다(승전僧傳에는 이것에 대한 명확한 기록이 있다.). 대체로 희천의 강남 선풍을 이어받은 것으로 볼 수 있다. 제자를 쟁탈하기 위해서 사실史實을 날조하고 비문을 위찬僞撰한 점에 대해서는 홍주 문하도 마찬가지인데[29] 결코 본받을 만한 것이 못된다.

희천이 약산에게 법을 전한 사실에 대해서는 분명한 기록이 있다. 약산은 스승의 명암 개념을 발전시켜 이사理事 관계를 표현하였는데 이것은 운암으로 이어가는 과도기 단계에 속한다. 사료는 이런 방면의 증거를 명확히 제공하지 않는다. 이 때문에 송대의 혜홍각범慧洪覺範은 『선림승보전禪林僧寶傳』이란 책에서 '보경삼매寶鏡三昧'를 약산의 저작으로 추측하고 있다.

약산은 운암담성에게 전하고 운암은 동산양개에게 전하였다. 그러나 이것은 추측일 뿐 어떠한 근거도 없다. 비록 『보경삼매가』가 동산에게 와서야 문자로 쓰여졌다고 할지라도 결코 약산에 의해 창작되었다는 이유는 되지 못한다. 왜냐하면 동산이 자신의 제자에게 '보경삼매'의 전승 문제에 대해 회답할 때 운암이 그에게 전한 것이라고만 말하였지 약산을 (명확하게) 언급하지 않았기 때문이다.

객관적으로 판단하면 『보경삼매가』는 확실히 운암이 지은 것이지만 그 속에 약산의 사상을 담고 있다고 볼 수 있다. 가장 분명한 증거가 '군신'과 '부자' 개념이다. 이것은 약산 문하가 두 파로 갈라져 내려온 맥락에서 보면 증명된다. 하나는 도오종지道吾宗智 이하 석상경제石霜慶諸, 구봉도건九逢道虔에 이르기

29) 임제종의 달관담영(達觀曇穎)과 임제종(臨濟宗)의 혜홍각범(慧洪覺範)은 각각 『오가종파(五家宗派)』와 『임간록(林間錄)』을 지었으나 모두 위작인 구현소(丘玄素)의 『천왕사도오비(天王寺道悟碑)』를 인용하였으며 무리하게 희천 문하의 천황도오를 마조 문하로 보고 있다. 따라서 천황도오를 용담숭신 아래에서 나온 운문, 법안 양종 또한 홍주 하나의 계열에서 나온 것으로 보려는 목적을 이루었다. 구현소의 『천왕사도오비』는 위작에서 나왔다는 것은 학계가 일반적으로 인정하고 있다.

까지 군신과 부자 개념을 많이 사용하였고, 또 다른 하나는 운암담성 이하 동산양개, 조산본적曹山本寂은 '편정偏正'을 많이 사용하고 '군부君父'도 사용하였다.

만약 약산에게 '정편회호正偏回互', '삼오三五(포개어 삼三이 되고 변하여 五를 이룬다)'의 설이 있었다면 어째서 도오道吾에게는 전해지지 않고 운암에게만 전하였겠는가? 이 주장은 성립될 수 없다. 하지만 약산은 분명히 희천의 선학사상에 대해 발전시킨 측면이 있고 적어도 군신, 부자개념은 선종의 이사 관계의 표현방식을 풍부하게 했으며 또 운암의 편정 개념에 대한 기초를 놓았다.

운암의 뛰어난 제자인 동산양개(807-869)는 처음에 마조의 문인인 영묵靈默에게 머리를 깎고 그다음 남천보원南泉普願을 찾아뵈었으며 이어 위산영우潙山靈佑를 방문하였고 최후에 운암담성雲岩曇晟을 참방參訪하여 '무정설법無情說法' 공안을 물었다. 후에 강을 건널 때 물 속 자신의 그림자를 보고 갑자기 '그것影이 지금 바로 너形'라는 도리를 깨달았다. 이것은 '보경삼매'에서 말하는 바와 일치하는 것이며 바로 구체적인 것에서 전체의 이치를 드러내 주고 있는 것이다. 여러 조사를 참방한 사실에서 알 수 있듯이 동산양개는 당시 각 선가의 사상을 집대성한 인물이다. 동산洞山에 머문 후 종문宗門의 심요心要를 크게 넓혔고 뛰어난 안목을 열어 보이니 명성이 사방으로 펴져 조동종의 개조로 추존되었다.

동산은 스승의 의발을 이어받고 '보경삼매'를 마음 속에 깊이 새겼으며 또 〈십육자게〉의 진의를 철저히 깨달았다. 이에 그는 '편정회호'의 뜻에 근거하여 '편정오위'를 세워 이사理事관계를 리괘 6효 중의 시위時位 변화에서 선수행의 경지를 설명하였고 아울러 '오위송五位頌'을 지었다.

정중편正中偏: 정중편이여! 삼경초야 달이 뜨기 전에, 서로 만나도 알지 못함을 괴이하게 여기지 말라. 어렴풋이 여전히 지난날의 미움을 품는구나.[30)]

30) "正中偏, 三更初夜月明前, 莫怪相逢不相識, 隱隱猶懷舊日嫌."

편중정偏中正: 편중정이여! 눈 어둔 노파가 낡은 거울을 마주하여, 얼굴을 비춰보니 다른 사람이 아니로다. 다시는 머리를 미혹하여 그림자로 오인하지 말라[31)].[32)]

정중래正中來: 정중래여! '무' 속에 티끌세상 벗어날 길이 있으니 지금 성주聖主의 휘諱를 저촉하지 않기만 하면 그래도 옛날 웅변의 천재9보다도 뛰어나구나. [33)]

겸중지兼中至: 겸중지여! 두 칼날이 부딪치면 피하지 말라. 좋은 솜씨는 마치 불 속의 연꽃같아 완연히 스스로 하늘 찌르는 뜻 있구나.[34)]

겸중도兼中到: 겸중도여! 유무有無에 떨어지지 않는데 뉘라서 조화를 시킬 것인가! 사람마다 일상의 흐름에서 벗어나고자 하여 끊고 합하나 오히려 되돌아가 숯 더미 속에 앉았네.[35)]

'오위송'의 대의는 다음과 같다.

'정중편'은 정正 속에 편偏이 있음을 가리킨다. 참선을 하는 자가 처음 이

31) "미두인영(迷頭認影)"은 『능엄경』에 있는 하나의 전고(典故)이다. 설(說)하는 자의 이름은 영약달다(伶若達多)이며 거울 속의 머리가 아주 아름답기 때문에 자기의 머리가 없다고 의심하여 정신병(瘋)을 일으켜 머리를 찾는다. 후에 사람들이 어깨 위에 있는 것을 가리켜 당신 머리가 아니냐고 묻는다. 그러자 그 병이 진정되었다. 동산(洞山)은 이것에 의거하여 '祇這是', '別無眞'의 도리를 설명하였다.

32) "偏中正, 失曉老婆逢古鏡, 分明覿面別無真, 休更迷頭猶認影."

33) "正中來, 無中有路隔塵埃, 但能不觸當今諱, 也勝前朝斷舌才."

34) "兼中至, 兩刃交鋒不須避, 好手猶如火裏蓮, 宛然自有沖天志."

35) "兼中到, 不落有無誰敢和, 人人盡欲出常流, 折合歸來炭裏坐."

치를 깨달았을 때 세워진 것이다. 이치는 반드시 깨달음에서 드러나는데 마치 '삼경초야三更初夜'처럼 아직 어두워 밝지 않으나 어둠이 반드시 밝음으로 말미암아 드러나는 것과 같다. 이것은 희천『참동계』의 '명암상대明暗相對'의 설과 서로 통한다. 처음 깨달음을 얻었을 때는 사상적으로는 여전히 '옛날'의 구습이 남아 있기 때문에 청정한 경지가 바로 앞에 드러나도 마치 [기다리던 사람을] '만나도相逢' '알지 못하는不相識' 것과 같다.

득도한 후에는 본래 '머무는 바 없이 행하는無住行' 극과極果[10]를 구증求證하지만 반드시 머뭇거려서는 안 된다. 노파가 밤에 마치 거울을 비추어 보아 거울 속의 영상이 바로 진상眞像이며, 그것影이 바로 너形인데 미혹하여 그림자라고 여겨서는 안 된다. 이것을 '편중정偏中正'이라고 한다.

'정중래正中來'는 '정중묘협正中妙挾'[11]에 처하며 반드시 잘 회호回互하여 기휘忌諱를 범할 수 없다. 이른바 회호는 바로 정편正偏 교호交互를 가리키는데 명암이 서로 연루되어 마치 '양 칼날이 교차'하여도 아무런 상처가 없는 것과 같다. 이것이 종문宗門의 '대기대용大機大用'이며 '겸중지兼中至'를 가리킨다. '겸중도兼中到'는 위가 극에 처하여도 '유무 양단에 떨어지지 않는' '중도中道'인데, 마지막 구절 '끊고 합하나 오히려 돌아와 숯 더미 속에 앉아있네折合還歸炭裏坐'는 불타가 설한 구경열반究竟涅槃을 비유한 것이다.

동산은 이렇게 말하는 것은 여전히 투철하지 못하다고 생각하여 또 '공훈오위功勳五位'를 세워 수행의 증과[證果: 佛果를 증득] 과정을 '향向[佛道를 향해 달려감]', '봉奉[수지受持를 신봉함]', '공功[수련修煉을 함]', '공공共功[겹겹의 난관을 돌파]', '공공功功[성공하여 성경聖境에 도달]' 다섯 단계로 나누어 동종洞宗의 수행 취지를 보충적으로 설명하였다.

동산의 '편정오위偏正五位'는 '십육자게'에서 발전해 나왔지만 그 의도는 희천『참동계』에 근거하고 있으며 그의 '명중유암明中有暗, 암중유명暗中有明, 명암호역明暗互易'의 설은 '정중유편正中有偏, 편중유정偏中有正, 정편회호正偏回互'의 정신적 원천이라고 할 수 있다.

조동종이 최종적으로 형성되고 세간에서 크게 유행한 것은 조산본적曹山本寂에 의해 이루어졌다. 조산曹山(840-901)은 어려서 유교 경전에 통달하였고 후에 불교에 귀의하였으며 역학의 기초가 아주 탄탄했다. 깨달은 후 그는 선사들의 이사회통理事會通의 정신을 진일보 발휘하여 '즉상이진卽相而眞'이라는 선학사상을 제시하였는데 사상事象이 각각 상호 교섭하는 관계에서 이러한 정신을 구현하였다. 이것은 희천의 '즉사이진卽事而眞' 사상의 또 다른 발전이다.

조산은 약산의 '군신' 개념을 이어받고 아울러 경방의 '오위군신' 사상을 약간 바꾸어 놓았는데, 마치 위백양의 『참동계』에서 말하는 '군신을 빌려 내외를 드러내는假借君臣, 以彰內外' 것처럼 '군신'에 의거하여 오위를 나타내는 '군신오위'설을 말하였으며 동시에 동산의 '편정오위'를 또 그 가운데 융합시켰다.

경방의 '오위군신'은 그의 '세응世應'의 해석 방식에서 발전해 온 것이다. 세응을 역학易學에 운용하는 목적은 한 괘의 여섯 효 중의 '주종배합主從配合' 관계를 드러내어 강조하는 데 있다. 괘변卦變은 효변爻變의 지배를 받기 때문에 변효變爻의 진퇴가 괘중에서 가장 핵심적인 작용을 하고 전체에 대해서 중요한 영향을 미치므로 이 변효를 괘의 주主로 삼아 '거세居世', '임세臨世' 혹은 '치세治世'라고 칭한다. 주主가 있으면 반드시 종從이 있고 주主는 세상을 다스리고 종從은 따르는데 이러한 주종관계는 '기우상여奇偶相與[음양의 상응설]'의 원칙에 근거한 것이다.

한 괘의 6효에서 초, 삼, 오는 홀수奇이며, 이, 사, 상은 짝수偶이다. 만약 초효가 세世라면 4효는 응應이 되고 2효가 세라면 5효가 응이며 삼효가 세라면 상효는 응이 되며 반대도 또한 그러하다. 또 6효 가운데 주종관계는 이미 엄격한 귀천 등급의 구분이 있으며 또 서로 밀접하게 배합한다. 경방은 이것을 인간사에 비유하여 초효를 원사元士, 이효를 대부大夫, 삼효를 삼공三公, 사효를 제후, 오효를 천자, 상효를 종묘宗廟로 삼아 괘효 구조와 사회 구조를 동등한 것으로 유비하고 있다. 만약 존자尊者가 거세居世하면 비자卑者는 존자를 따라 그와 배합한다. 만약 비자가 거세하면 존자는 비자에 의지하여 그와 배합하는데, 사회 구조의 기능은 괘효 구조의 기능과 서로 같다고 본 것이다.

『역위건착도易緯乾鑿度』는 경방의 이러한 사상을 해석할 때, "무릇 이 6효는 음양이 진퇴하는 것이고, 군신君臣은 승강升降하는 것이며 만인萬人이 본받는 법칙이 되는 것이다.凡此六者, 陰陽所以進退, 君臣所以昇降, 萬人所以爲象則也."라고 말한다. 이 때문에 세응世應의 체體는 상수의 법칙을 드러내는 데 그치는 것이 아니라 근본 의도는 이것을 통하여 왕도를 밝히고 인륜을 바로잡으며 사회정치 질서의 준칙을 조정하는 데 있다.

조산曹山은 바로 경방이 창조한 이러한 사상적 기능을 정확하게 간파하고 이것을 개조하여 원사, 대부, 삼공과 제후를 '신臣'으로 통칭하고 천자를 '군君'으로 칭하였으며 경방의 다섯 가지 등급을 군, 신 두 개의 등급으로 줄였다. 동시에 군신君臣의 사이를 '군은 신을 보살피고君視臣, 신은 군을 받들고臣向君, 군신이 합하는君臣合' 세 가지 관계로 변화시켜 '편정오위'에 서로 배치하였다. 이후에 당대唐代 말엽의 규봉종밀圭峰宗密의 '원상도圓相圖'[36]를 부분적으로 채택하여 '군신오위도君臣五位圖'를 만들었다. 다음 [그림 2-3]에서 보는 바와 같다.

◓ 正中偏　君視臣　向
◒ 偏中正　臣向君　奉
⊙ 正中來　君　位　功
○ 兼中至　臣　位　共功
● 兼中到　君臣合　功功

[그림 2-3]

36) 본장 제6절 참조.

동종洞宗의 형성 과정에서 알 수 있듯이 그 선학 사상은 시간이 지남에 따라 갈수록 더욱 풍부해지고 그 가운데 역학 성분은 갈수록 더욱 짙어진다. 이것은 동종이 기타 선학 종파와 구별되는 중요한 특징 중의 하나이다.

희천의 선학은 처음부터 격조가 높고 가볍지 않는 경향을 보여 입문하기 쉽지 않았다. 그러므로 그와 동시대인 마조도일馬祖道一은 제자들에게 '석두의 길은 미끄럽다石頭路滑'[37]고 하였는데, 이것은 정확한 지적이다. 운암雲岩 이후 『주역』 리괘離卦로 이해하기 어려운 함의를 세워 '오위五位' 사상을 연결시켜서 편정偏正, 군신君臣, 공훈功勳을 말하고 다시 회호回互를 강조하여 '정체滯'의 상태에 빠지게 되는데, 이것은 바로 동종이 가지고 있는 단점을 보여준 것이다.[38] '오위五位'의 회호는 또한 『주역』 괘효로 표현하는 것과 분리하여 말할 수 없고, 동종洞宗사상의 깊은 발전과 역학 이론의 부단한 참여에 따라 조동의 가풍이 고고하고 가볍지 않은 기초 위에서 한층 더 정밀하게 변화되었다. 정치하지만 여전히 지나치게 복잡하고 현묘하여 '참선자'들에게 "모기가 쇠 덩어리 소를 쏘려고 하나 침을 찌를 곳이 없네蚊子叮鐵牛, 無下嘴處"라는 느낌을 주어, 보통의 초 근기初機들을 황당하게 만든다. 이것은 동종의 향후 발전에 상당한 영향을 미쳤다. '굴곡은 심하고 평이함은 적은曲高和寡' 탓으로 간명하고 통쾌한 임제종에 뒤쳐져 (조동종은) '고종孤宗'이 되었다.

어쩌면 동종 조사들이 이미 이러한 위험을 감지하였을지도 모른다. 운암雲岩은 '십육자게'를 창작할 때, 함의의 난해함을 염려하여 『보경삼매가』 가운데 리괘의 효사를 이용하여 "교착하여 뒤엉켜도(신중하게 삼가면) 길하니 함부로 범하거나 거스를 수 없다.錯然則吉, 不可犯忤'라고 하였다. 아울러 '오미자 맛

37) 『오등회원(五燈會元)』 권5 「단하천연선사(丹霞天然禪師)」.

38) 문익(文益)의 『종문십규론(宗門十規論)』에 "편정(偏正)은 회호(回互)에 막혀 있다."고 하였다. 이 의미는 조동종이 '편정'을 지나치게 말하는데, 즉 '회호' 속에서 빙빙 돌려서 말한다는 것이다. 『만속장경(卍續藏經)』 110책에 상세히 보인다.

과 같고如莖草味, 금강저金剛杵12와 같으며' '아이의 깨우침嬰兒喩'이라는 세 가지 비유를 덧붙여 보충 설명하였다.

동산洞山은 또한 다시 한 번 경계하여 '오늘날의 위배되는 일當今諱'을 범하지 않을 수 있어야 한다13고 하였다. 그러나 동종의 전체적으로 난해한 특징은 결코 고쳐지지 않았다. 그래서 후에 많은 '상상'과 억측을 초래하였으며 더욱이 '십육자게'의 진의眞義 문제에서 '의미를 멋대로 파악하여 각자 근기에 따라 이해하는濫芳此意, 各生根解' 상황으로 발전하여[39] 저마다 옳다고 주장하니 쟁론이 그치지 않았다.

39) 회연(晦然), 『보협론(寶篋論)』, 『중편조동오위현결(重編曹洞五位顯訣)』 권중(卷中). 『만속장경』 제111책.원문에는 자연(自然)으로 되어 있으나 회연(晦然)으로 수정하였다.

3. '십육자게十六字偈' 비의秘義의 쟁론과 그 득실

조산曹山 이후 동하洞下 조사는 성인과의 거리가 날로 멀어지고 있음을 알았다. 동종洞宗의 종지가 매우 어려워 널리 유포될 수 없게 되어 후학을 그릇되게 이끌 것을 염려하였다. 따라서 엄격한 선별과 기량에 맞게 전하는 방법을 채택하게 되었다. 또 "방안에서 비밀리 전하는 데 있어서는 종지를 정하여 새나가는 것을 방지했다."[40] 개개의 삼매三昧는 외인外人들로 하여금 쉽게 깨닫게 하는 것이 아니었다.

북종北宗에 이르러 동종의 신비성은 날이 갈수록 사람들의 주목을 끌었고 사람들은 그 참된 내용을 알고 싶어하였다. 그 사이 주세영朱世英이라는 관료가 선학의 공부에 열중하고 온갖 방법으로 탐구하여 마침내 어떤 노승에게서 동종의 비밀스런 자료를 얻게 되었다. 주세영은 당시 이름난 선사인 혜홍각범慧洪覺範(1071-1128)과 왕래가 잦았다.[41] 이에 주세영은 이러한 자료를 그에게

40) 행책(行策), 『보경삼매본의(寶鏡三昧本義)』, 『만속장경』 제111책 "於室中密授, 以定宗旨, 以防滲漏."

41) 혜홍(慧洪), 『석문문자선(石門文字禪)』 권15에 주세영(朱世英)에게 보낸 시 세 수(首)를 증거로 삼을 수 있다.

주어 주석을 부탁했으며 그것을 널리 유통시켜 동종의 비지秘旨가 세상에 드러나기를 바랐다. 주세영이 부탁한 인물이 설마 그처럼 적절치 못한 사람이라는 것을 어찌 생각이나 하였겠는가? 그 주석은 정확하게 해석되지 않았을 뿐만 아니라 '십육자게' 비의秘義에 관한 큰 논쟁만을 불러일으켰다. 논쟁은 끊어졌다 이어졌다 하면서 청대에 이르러 종결되었다. 참여자도 동종 계열에만 국한되지 않았으며 논쟁의 내용은 이미 선종의 공통된 공안이 되었다.

혜홍각범은 임제종 황용黃龍 계열의 사람이다. 승려 중에 유일무이할 정도로 뛰어났으나 거친 성격으로 종종 이론을 펴는데 지나치게 경솔한 측면이 있다고 사적에 기록되어 있다.[42] '십육자게'는 『보경삼매가』 중의 핵심 내용이고 그 속에 동종의 비의秘義가 감추어져 있지만 명확하게 이해하기는 어렵다. 혜홍은 도리어 아주 쉽다고 여겼다. 그가 말하길, 그 중의 '겹쳐 삼이 된다疊而爲三'라는 뜻은 『주역』의 리괘離卦를 '중첩시켜 삼괘를 이룬다重疊成三卦'를, 즉 리괘의 육이효, 구삼효와 구사효를 합하여 손괘巽卦(☴)를 이루고, 구삼효, 구사효와 육오효를 합하여 태괘兌卦(☱)를 만든다고 보았다.

혜홍이 채택한 방법은 한유漢儒가 『주역』 해석에 자주 사용한, 이른바 '호체법互體法'이다. 그것은 '상수'에 속한다. '호체의 상'은 비록 고인들이 『주역』 해석에 자주 사용한 취상取象의 방법이지만, '호체'의 설이 처음 등장한 것은 한대의 『경씨역전京氏易傳』이다. 게다가 이 방법은 고대에 일반적으로 점서占筮나 『주역』 괘효사의 뜻을 주석하는데 사용되었다. 예를 들면, 『좌전左傳』 장공莊公 22년 서례筮例에 다음과 같이 말한다.

> 진후陳候가 점을 쳤는데, 관觀䷓ 지之 비否䷋를 얻었으니, 이르기를 이것은 '나라의 빛을 봄이니 왕에게 손님 대접을 받는 것이 이로우니라.' …… 풍風(☴)

42) 혜홍의 생애는 『석문문자선』24 「적음자서(寂音自序)」와 조수(祖琇), 『승보정속전(僧寶正續傳)』 권3 참조.

이 토土(☷) 위에서 천天(☰)으로 되니 산山(☶)이다.[43]

후대의 두예杜預 주注에서 이르기를, “이二에서 사四까지에는 간상艮象이 있으며 간위산艮爲山이 이것이다”[44]의 뜻은 비괘否卦 중에 육이효六二爻, 육삼효六三爻와 구사효九四爻를 호괘互卦로 보면, 간괘艮卦☶를 얻게 된다. 이것은 혜홍慧洪이 사용한 방법과 완전히 일치한다. 「설괘전」에 의하면 “간艮은 산山이 되므로[45]” 라고 말하였다. 동한東漢의 정현鄭玄, 우번虞翻 등의 역학 대가들 또한 ‘호체’를 이용하여 경문經文을 해석한다. 혜홍 역시 선학禪學을 주해하는데 호체를 이용했다. 이것은 일종의 새로운 해석이며 방법적인 측면에서도 충분히 적용할만한 것이다.

그 다음, 혜홍은 ‘십육자게’ 가운데 ‘변진성오變盡成五’는 중첩한 삼괘에서 ‘회호하여 오괘를 이룬다’는 것으로 보았다. 원래 호괘에서 얻은 손(☴), 태(☱) 두 괘가 회호하여 하손상태下巽上兌의 대과괘大過卦(䷛)가 되고, 거꾸로 하면 하태상손下兌上巽으로 중부괘中孚卦(䷼)가 된다. 여기에서 사용된 방법은 여전히 ‘호체’임을 알 수 있는데, 차이점은 전자는 두 개의 괘를 합성한 것이고 후자는 오히려 두 개의 개별적인 괘가 된다. 이와 같이 대과, 중부 두 괘에서 손巽, 태兌와 본괘 리괘離卦를 더하여 합할 경우 바로 다섯 괘가 된다. 그 가운데 리괘가 본괘이며 다른 4괘는 모두 리괘에서 나온 것이다. 계속하여 혜홍은 이 5괘와 동산洞山의 ‘편정오위’를 서로 배합하여 ‘편정오위’의 변화와 리괘 변화의 이치를 같은 것으로 보는데, 도표로 그려 보면 다음과 같다.

43) “陳候使筮之, 遇觀之否曰是謂觀國之光, 利用賓於王 …… 風爲天於土上, 山也.”

44) “自二至四有艮象, 艮爲山是也.”

45) “風爲天於土上, 山也.”

卦象五位

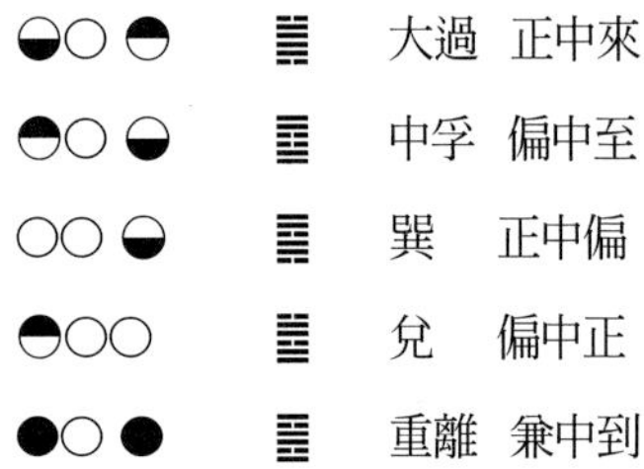

[그림 2-4]

위에 인용된 것은 혜홍의 『지증전智證傳』에 보이는 운암의 『보경삼매가』 중의 "리離 6효에 편정회호偏正回互이니 포개면 3이 되고, 변화가 다하면 5를 이루니" 라는 '십육자게'의 해석과 관련된다. 역학의 각도에서 고찰하면 혜홍의 오괘의 변變이 사용한 '호체互體'법은 일련의 상수 규칙과 부합된다. 그러나 오괘의 순서와 오괘를 오위와 배치하려는 것을 상세히 검토하고 『보경삼매가』에서 말하는 정신을 대조하면 적어도 세 가지 점에서 분명한 착오를 범하고 있다는 점이 발견된다.

첫째, 『주역』 괘효가 가지고 있는 뜻과 아래에서 위로 순서에 따라 번갈아 나아가는 법칙에 근거하면, 상응하는 사물은 서로 다른 발전 단계의 특징을 드러낼 수 있다. 리괘離卦에서 변한 다섯 괘는 마땅히 선후 순서에 따라 배열되는데, 바로 리괘, 손괘巽卦, 태괘兌卦, 대과괘大過卦와 중부괘中孚卦이며, 배치된 '편정오위' 또한 정중편正中偏으로부터 편중정偏中正, 정중래正中來, 겸중지兼中至, 겸중도兼中到까지 상응한다. 아래에서 위로 하나하나 오괘五卦와 서로 짝한다. 그러나 혜홍의 배치는 '순서에 맞지 않는데' 분명히 위에서 말한 규칙과 서로 어긋난다.

둘째, '편정오위'의 본의本意로 보면, 혜홍은 '겸중지'를 '편중지'로 바꾸어 '정중래'와 상대하는 자리로 보았으며 또 '겸중도'만을 그 뒤에 두어 존위尊位로 삼았다. 더욱 심한 것은 조산曹山의 '오위군신도'를 제멋대로 바꾸어 말하고 있는데 매우 큰 오류를 범했다. 대개 '정중래正中來'는 그 나머지 네 자리의 중추이자 존尊의 자리로서 상대가 있을 수 없기 때문에 운암雲岩은 특별히 삼가 공경하여야지 그렇지 않으면 어긋나는 것임을 일깨워주었다. 동산은 이 자리를 해석할 때 또한 "지금 성주聖主의 휘諱를 저촉하지 않기만 하면 그래도 옛날 웅변의 천재보다도 뛰어나다"라고 했는데 모두 이러한 뜻이다.

조산曹山의 '오위군신도'에서도 이러한 점을 볼 수 있다. '정중래'의 도상은 원 안에 검은 모양◉이며 '겸중지兼中至'(혜홍은 '편중지偏中至'라고 바꿈)의 순백의 상과는 결코 상대적이지 않다. 순백 ○은 순흑 ●과 상대적이며, 정중편正中偏 ◓은 편중정偏中正 ◒과 상대적이다. 정중래는 홀로 정중正中에 자리하며 묘하게 앞뒤로 끼여 있어 마치 '금강저金剛杵'의 허리腰처럼 머리와 꼬리는 나누어져 별도의 정, 편과 겸지, 겸도가 되며 허리를 들면 머리와 꼬리가 모두 따라온다. 짝 없는 '정중'의 자리는 '띠 양쪽, 길 양쪽'을 뜻한다. 혜홍은 편정으로 하여금 자리를 잃게 하고 흑백의 도상을 뒤섞어 놓아 동종의 취지가 더욱 흐려지게 되었다.

셋째, 리괘離卦에서 변한 오괘五卦야말로 혜홍의 가장 근본적인 잘못이다. 『보경삼매가』는 26구句를 지어 대법大法을 나타내며 공안案으로 삼았다. 그 중에 오직 리괘 한 괘만을 취하였고 다른 괘와는 관계가 없음을 매우 분명하게 말했다. 이른바 '삼첩三疊', '오변五變'은 불교의 법교法教를 가리키는 것이지 결코 『주역』의 괘수卦數를 말하는 것은 아니다. 목적은 괘卦의 음양 두 효를 차용하여 '편정회호'의 뜻을 밝히는데 있었다. 이것은 『보경삼매가』 중의 '영아의 비유'에서 영아는 한 사람에게 갖추어진 오상五相이고, '오미자 맛의 비유荎草味喩'에서 오미자는 비록 한 가지一支이지만 여기에 다섯가지 오미五味를 모두 갖추고 있다는 뜻과 완전히 일치한다. 혜홍의 오해는 '삼오三五'의 구절을 잘못 보았고 『보경삼매가』 전체의 내용을 고려하지 않았기 때문이다.

그럼에도 불구하고 혜홍은 어쨌든 '십육자게'를 공식적으로 해석한 최초의 사람이다. 근본적으로 문제가 있는 것은 사실이지만 문자 상에서 볼 때 이치에 맞는 말임에는 틀림이 없다. 게다가 선가禪門 중에 명성과 덕망이 높아서 이것은 널리 전파되었다.

혜홍 입적 60년 후, 남송 지소智昭가 『인천안목人天眼目』을 편찬할 때, 혜홍이 '겸중지兼中至'를 '편중지偏中至'로 고쳐 '오위의 잘못을 바로잡은' 성과가 「조동종」 일장一章에 실려 있다.[46] 여기에서 혜홍의 잘못을 바로잡기 위해 후대 사람들은 새로운 견해를 분분하게 제기하였다. 원대元代 운외운수雲外雲岫(1241-1324)가 바로 그 중 대표적인 인물 중의 한 명이다.

운외운수는 청원青原 계열의 제18대 전인傳人이며 조동종의 조사이다. 일찍이 직옹덕거直翁德擧를 참방하여 동상종洞上宗**14**의 종지를 밝혀냈다. 처음에는 자계석문慈溪石門에 머물렀으나 후에 천녕天寧으로 옮겼다. 얼마 안 되어 또 천동사天童寺 주지를 맡았다. 승전僧傳에는 그가 중생들에게 성실한 태도로 일관한 것을 칭찬하고 있으며 설법이 세상에 알려지자 사방에서 사람들이 몰려들었다. 제자가 수천 명에 달했으며 심지어 일본, 한국의 승려들도 바다를 건너 모여들었다.

천동天童에 주지로 있는 동안 운수雲岫는 이설異說이 불어나고 동종을 잘못 해석하는 것을 염려하여 『보경삼매현의寶鏡三昧玄義』를 지어 잘못된 것을 바로잡으려 하였다. 그는 '십육자게'의 진의는 리離라는 한 괘 속에 감추어져 있다고 생각했기 때문에 결코 다섯 괘五卦로 변하는 것이 아니라고 여겼다. 그는 '첩이위삼疊而爲三' 중의 '삼三'은 '편정오위' 중의 앞의 삼위三位를 가리키는 것으

46) 『인천안목(人天眼目)』 권3 참조. 『대정장(大正藏)』 권48권, 314쪽.

로 보아, 즉 정중편正中偏, 편중정偏中正과 정중래正中來를 말하며, '변진성오變盡成五'는 겸중지兼中至, 겸중도兼中到를 가리킨다. 이와 같이 앞의 상위를 통하여 오위五位가 된다.

한 걸음 더 나아가 정중편 등의 앞의 삼위三位는 '점漸에서 돈頓으로 들어가는' 것으로 이것이 말하려는 것은 바로 자아 수행의 깨달음의 과정이다. 겸중지兼中至, 겸중도兼中到는 '돈에서 점으로 들어가는由頓入漸' 것으로 그 목적은 '중생을 제도하고 함께 열반으로 들어가는 것'[47]이다. 이러한 선종의 점수漸修 돈오頓悟의 사상을 오위五位에 융합하여 '널리 중생을 제도하는 과정'을 '돈에서 점으로 들어가는由頓入漸', 점차적인 인도化導의 곡절 과정의 관점으로 보는 것은 새로운 의미를 가진다. 이것은 '편정오위'가 말하는 것과 서로 대조되며 결코 원형을 잃어 버리지도 않았을 뿐만 아니라 오히려 그 중의 선학 사상을 더욱 풍부하게 만들었다.

그러나 여기에서 분명히 지적해야 할 것은 운수가 혜홍의 근본적인 착오를 바로잡아 '십육자게'가 가지고 있는 비밀스런 함의를 리離 괘에 있다는 주장을 제기했지만, 오히려 오위와 리괘의 관계에 대해 진일보한 설명을 하지 못했다는 것이다. 이 때문에 그 영향의 범위는 그렇게 크지 않았다. 이런 점에서 '십육자게'와 관련된 의혹은 철저히 벗겨지지 않았다.

명청 시기에 동종洞宗의 깊이 있는 화제話題들은 선문에서 크게 유행하기 시작하였다. 영각원현永覺元賢은 느끼는 바가 있어 『동상고철洞上古轍』 상·하권을 지어 조동의 종지를 밝혔다. 그 중의 『참동계주參同契注』와 『보경삼매주』 두 글은 그의 '십육자게'에 대한 문제점을 상세하게 말하고 있다.

영각원현[永覺元賢: 1578-1657]은 송대의 대유大儒 채서산蔡西山[15]의 14대 손孫이다. 처음에는 정주程朱 이학理學을 공부하여 크게 영향을 받았다. 40세에 출

47) 『보경삼매현의(寶鏡三昧玄義)』, 『중편조동오위현결(重編曹洞五位顯訣)』 권하, 『만속장경』 제111책 참조. "化導衆生, 同歸涅槃."

가하여 유가에서 불가로 들어갔으며 먼저 임제臨濟에게 배웠고 후에 조동曹洞을 종주宗主로 삼았으며 만년에는 조동종의 중요한 조사祖師가 되었다.

'십육자게' 문제에서 원현은 혜홍각범과 견해를 달리 했으며 또 운외운수의 주장에도 찬성하지 않았다. 그는 '변진성오變盡成五' 라는 구절은 확실히 리괘로부터 다섯 괘로 변하는 것을 말하는데 다만 변하는 방법을 혜홍과 다르게 보았다. 원현은 이른바 '편정회호'는 '음양의 변역'을 말하고 '첩이위삼疊而爲三'은 '겹쳐서 세 효가 변하면 다섯 괘가 된다'라고 주장한다. 더 상세하게 말하자면, 리괘 중에서 상괘上卦의 세 효의 음양이 변하여 수화水火 기제괘旣濟卦䷾가 되고 괘상卦象은 정중편이다. 같은 원리로 리괘의 하괘下卦 세 효가 변역하여 화수미제火水未濟䷿가 되고 괘상은 편중정이다.

여기에서 원현元賢은 역학易學의 괘변설 중의 '왕래往來'법을 운용한 것 같지만 완전히 같은 것은 아니다. '왕래'는 하나의 괘체卦體가 두 효가 서로 바뀜으로 인해 다른 한 괘를 만들어 내는 것을 가리킨다. 리괘離卦를 예로 들어보면, 초구효와 육이효가 서로 바뀌어 정괘鼎卦 ䷱가 되며 육오효, 상구효가 서로 바뀌어 혁괘革卦 ䷰가 된다.

원현과 같이 같은 세 효가 서로 바뀌는 설은 이전 기록에는 보이지 않는다. 그러나 고인古人들의 점괘占卦는 대개 괘변에 의거하여 움직이는 효를 보고 길흉을 정하기 때문에 본괘本卦와 지괘之卦가 생기게 되는데, 『좌전』과 『국어』의 점친 예에서 많이 나타난다.

서한西漢의 『초씨역림焦氏易林』은 놀랍게도 하나의 괘가 모두 64괘로 변할 수 있도록 되어 있다. 이와 같이 할 경우 『주역』의 64괘는 4096괘로 변할 수 있는데 괘변의 발전이 극에 달했다고 말할 수 있다. 그 밖에 송대 주진朱震의 『한상역전漢上易傳』의 괘도卦圖편이나 주희朱熹의 『주역본의周易本義』 또한 대량의 '괘변도卦變圖'를 나열하고 있다. 이와 같이 매우 융통성 있고 신축성을 가진 괘변卦變에서 볼 때 원현의 '삼효호역三爻互易' 법은 위에서 말한 괘변 이론과 분명히 어느 정도 차이를 보이고 있다. 하지만 여전히 그 범위를 크게 벗어나지는 않아서 문제가 된다고 비난할 만한 것은 아니다.

'편정오위'의 뒷면 중에서 두 개의 위位인 겸중지와 겸중도에 대해 원현은 중간의 '호체互體'를 채용하여 리괘離卦 구삼, 구사, 육오 효를 호역互易하여 풍뢰익괘風雷益卦䷩를 만들었는데 괘상은 겸중지이다. 리괘의 육이, 구삼, 구사 효를 호역하여 산택손괘山澤損卦䷨를 만들었으며 괘상은 겸중도이다. 비록 기제괘既濟卦와 미제괘未濟卦, 익괘益卦와 손괘損卦가 괘변에서 나온 것이지만 자세히 고찰하면 래지덕來知德의 '괘종卦綜'의 관점과 비슷한 점이 있다.48)

계속하여 원현은 기제괘와 미제괘 두 괘의 '수水'를 정正에, '화火'를 편偏에 배치하였으며, 다시 호괘互卦로부터 얻은 손괘와 익괘 두 괘를 겸兼을 가리키는데 사용했다. 이와 같이 풍뢰風雷는 모두 동動하며 겸중지는 용用에서 나왔으며, 산택山澤은 모두 정靜하며 겸중도는 체體로 돌아간다. 리괘는 상象을 정중래에 배치하여 이것을 심상心象이라고 보는데, 중에 거함居中은 희천希遷의 『참동계』 '축토대선심竺土大仙心(천축 땅 부처님의 마음)'을 상징한다. 공정하게 논하면 이와 같이 다섯 괘를 오위五位에 배치한 것이 주장하는 핵심적 요지가 모두 혜홍慧洪보다 여러 가지로 우수할 뿐만 아니라 기제괘와 미제괘, 손괘와 익괘의 두 괘가 모두 각각 상대적이며 끊임없이 긴밀한 관계를 유지한다.

48) 래지덕(來知德)의 자는 의선(矣鮮)이며 명대(明代)의 유명한 역학가이다. 저서는 『주역집주(周易集注)』가 있고 그 책에 보이는 '괘종(卦綜)', '괘착(卦錯)'의 여러 설은 독창적이다. 이른바 괘종은 '반역(反易)'이라고도 칭해지며, 두 괘의 괘획이 상호 전도(顚倒)되어 이루어진 것이다. 예를 들면 수괘(隨卦, ䷐)의 '종(綜)'은 고괘(蠱卦, ䷑)가 되며 기제괘(既濟卦)와 미제괘(未濟卦), 손괘(損卦)와 익괘(益卦) 또한 이와 같다.

◓ ䷾ 旣濟 正中偏
◒ ䷿ 未濟 偏中正
⦿ ䷝ 離 正中來
○ ䷩ 益 兼中至
● ䷨ 損 兼中到

[그림 2-5]

위 도상(그림 2-5)에서 보듯이 기제괘는 상감하리上坎下離이고, 미제괘는 상리하감上離下坎이며, 리괘는 상하 모두 리離이고 '오위五位' 중에서 세 위가 감坎, 이離 두 괘와 긴밀한 관계를 가지고 있다. 분명히 원현元賢은 감괘坎卦, 리괘離卦 두 괘의 중요성을 인식하였는데 희천希遷, 운암雲岩의 초지初志와 거의 일치한다. 하지만 희천, 운암은 모두 위백양의 『참동계』의 방법을 있는 그대로 모방하는 데 머무르지 않고 그 속에 포함하고 있는 사상적 뉘앙스를 끄집어내어 취하였다. 특히 운암이 리괘 한 괘만을 취하여 '편정오위'를 드러내고 그 나머지 괘와는 관계가 없음을 보여준 것은 앞에서 서술한 바와 같다.

원현은 오히려 네괘四卦를 착종錯綜시켜 겸지兼至, 겸도兼到 두 위位를 아래에 놓고 정正, 편偏 두 위를 위에 놓아 괘로서 위를 정하였다. 이 때문에 처음과 끝이 전도顚倒되어 비록 각 위의 배치가 합당하고 합리적인 것으로 보이지만 전체적으로 보면 옳은 것 같으나 사실은 그렇지 않다. 비록 원현이 '십육자게'를 해석함에 착오가 있지만, 그의 '오위총도五位總圖'는 여전히 취할 만한 것이 있어 후대 사람들에게 '십육자게'의 비의秘義를 정확히 파악하는데 새로운 사고 방향을 제공하고 있다. 도표는 다음과 같다.

五 位 總 圖

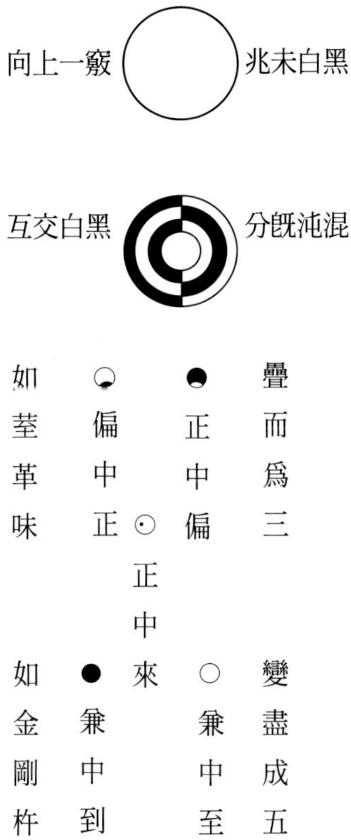

[그림 2-6]

동시에 원현은 또 '오위도설五位圖說'을 저술하여 다음과 같이 말한다.

가장 위에 있는 하나의 상最上一相은 흑백이 드러나기 이전을 나타내며 이른바 향상종승사向上宗乘事16이다. ……그 다음 하나의 상一相은 흑백이 이미 나누어진 이후를 표시하는 것으로 이른바 정正 가운데 편偏이 있고 편 가운데 정이 있어 편정이 교호하고 있는 뜻이 여기에서 다 드러나고 있다. 중간에 하나의 빈 원이 있는 것은 향상사向上事를 나타내며 지금은 또한 흑백 사이에 숨어있다. 또 이러한 편정의 교호의 뜻을 넓히면 오위五位를 이루며, 일로서 오가 되고 오를 합하면 일이 된다.[49]

'오위총도五位總圖'에 관한 내력은 매우 복잡하다. 아래에서 추측하여 분석해 보기로 하자.

전체적인 도형을 통해서 보면, '오위총도'는 북송 주돈이周敦頤의 '태극도'[50]와 비슷하다. 그 중 가장 위에 있는 두 개의 도형은 (주돈이와) 기본적으로 서로 같으나 의도는 서로 다르다. 아래쪽의 '오위도五位圖'도 '태극도'의 중간 부분과 서로 비슷한 점이 있다. 원현元賢은 유학자 집안에서 출생하여 초년기에는 성리학을 깊이 연구하였기 때문에 '태극도'의 영향을 받았을 것이라는 것은 상상하기가 어렵지 않다.

그 다음, 개별 도상에서 '흑백미조도黑白未兆圖'의 기원은 당대唐代 남양南陽 혜충국사慧忠國師의 '원상圓相'에서 나왔다는 것을 추측해 볼 수 있다.[51] '혼돈기분도混沌既分圖'는 두 가지 출처의 가능성이 있는데, 하나는 만당晩唐 규봉종밀의 '아뢰야식도阿賴耶識圖'(그림 2--7)에서 나온 것이다.

49) 『영각원현선사광록(永覺元賢禪師廣錄)』 권27 『동상고철(洞上古轍)』 권상. 『만속장경』 제125책 "最上一相, 表示黑白未兆之前, 即所謂向上宗乘事. …… 次一相, 表示黑白既分之後, 即所謂正中有偏, 偏中有正, 偏正交互之義, 中間仍有一虛圈者, 表示向上事, 今亦隱於黑白之間也. 又以[引申]此偏正交互之義廣之, 則成五位, 即一成五, 合五成一. 即一成五, 合五成一."

50) 도형은 본장 제6절 참조.

51) 본장 제6절 참조.

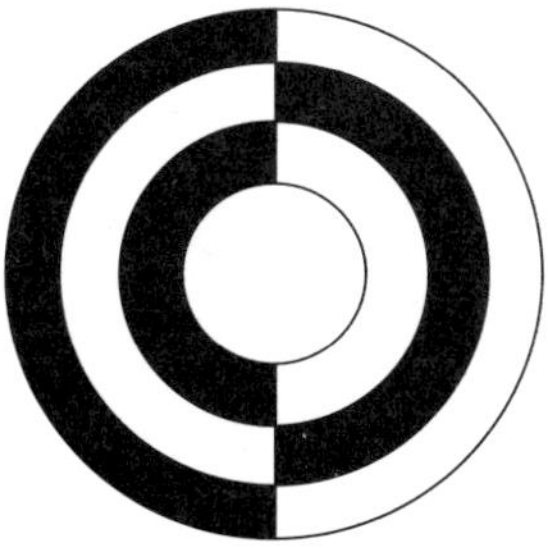

[그림 2-7]

원현元賢은 선사禪師이며 종밀宗密은 화엄종 승려이다. 종밀은 또한 선종 남종 하택신회荷澤神會의 계열이다. 종밀은 '선교일치禪敎一致'를 주장하였으며 원현과 같은 남종 문하에 속한다. 원현은 '아뢰야식도'의 도상을 이용하여 선문禪門의 공안을 해석하였는데 이치상 타당하다. 두 번째는 원현이 오괘五卦를 오위五位에 배당할 때 매우 중시한 감괘와 리괘 두 괘의 사유 방향에서 볼 때, '혼돈기분도' 또한 위백양의 『참동계』와 관련이 있을 수 있다. 오대五代 팽효彭曉가 『참동계』 원본을 주석할 때 '수화광곽도水火匡廓圖'를 싣고 있는데 바로 그것이 근본이 된다. '수화광곽도'는 『참동계』 가운데 '감리는 테두리이고 수레통을 움직이게 하고 굴대를 바로 잡는다坎離匡廓運轂正軸'라는 구절에 대한 그림이다.

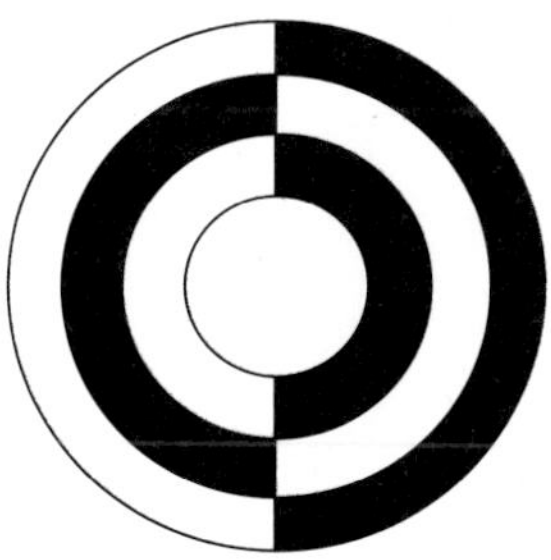

[그림 2-8]

이 도상(그림 2-8)의 좌측 반원은 리괘離卦,☲의 백흑백白黑白을 나타내고, 우측 반원은 감괘坎卦☵ 흑백흑黑白黑을 나타낸다. 백白은 양효를 흑黑은 음효를 나타낸다. 좌우가 서로 합쳐져 하나의 수레바퀴 모양을 이루며 수화水火가 서로 교차하는 것을 표시하고 감坎 속의 양이 리離 속의 음을 보충하여 순양純陽이 된다. 결국 이것이 '성스러운 태聖胎'가 되는데 도형 속에 가장 작은 원으로 표시된다. 원현은 이 도형을 방향을 바꾸어 리(☲)를 오른쪽에, 감(☵)을 왼쪽에다 놓아 감괘와 리괘를 서로 교차시켜 '편정회호偏正回互'의 뜻을 표현하였는데, 내용이 매우 적합하다.

원현의 '오위도'의 구상은 『참동계주參同契注』 가운데 '삼오지정도三五至精圖'[52]와 또한 관계가 있다. 그가 말하는 "정중래正中來는 상대가 없고 전후 사위四位 사이에 묘하게 끼여 있어 마치 오방五方 중간인 오행의 토土와 같다"[53]는 것이 바로 이러한 뜻이다.

위에서 알 수 있듯이 '오위총도'의 유래는 결코 하나의 기원을 가지고 있는 것이 아니라 원현이 이전 사람들의 사상을 종합한 성과로서 심사숙고하여 얻은 결과물이며, 후인들의 입장에서 말하면 '십육자게'의 원의를 탐색한 귀중한 경험이라고 할 수 있다.

청대 절류행책截流行策(? - 1682)은 혜안을 가진 승려였다. 전인前人들의 사상을 잘 수용하면서도 옛 것에 얽매이지 않았다. 그는 당시 정토종의 중요한 인물이었고 '깊고 통철한 지혜로 교의를 궁구宿慧淹通, 窮究教義'[54]하였다. 동시에 '보경삼매'의 핵심적인 요지에 온 힘을 쏟아 수년간 골몰했다. 어느 날 행책行策은 참선자가 '보경삼매'의 본질적인 뜻이 무엇인지를 풀이해 달라는 청을 받

52) 도형은 본장 제6절 참조.

53) 『영각원현선사광록(永覺元賢禪師廣錄)』 권27『동상고철』 권상.『만속장경』 제125책 "正中來一位無對, 是妙挾前後四位, 如五方之中·五常之信,·五行之土."

54) 『신속고승전(新續高僧傳)』 권45『행책전(行策傳)』

는다. 마침내 두문불출하여 향 피우기를 세 번 하다가 갑자기 대오大悟하여 '리괘의 한 괘 속에 연이어 나타나는 것에서 삼매의 정밀한 뜻'을 크게 깨달았다. 이에 '그 실마리를 찾아내어 『육종도설六種圖說』을 짓고 그 뜻을 밝혀냈는데,'[55] 내용은 광범위하지만 상세히 기술되어 있고 견해가 핵심을 찔렀다. 이에 다음과 같이 나누어서 논하고자 한다.

1. 행책은 먼저 원현의 '오위총도' 중의 '흑백미조도黑白未兆圖'를 활용하여 그것을 '보경삼매도寶鏡三昧圖'로 바꾸어 놓았는데, 선종의 역대 조사들이 이것을 깨닫고 전하였던 최상의 비밀 종지宗旨로 그 의미는 원현이 세운 뜻과 다르지 않음을 표현하고 있다. 그런 후에 행책은 또 '혼돈기분混沌旣分'을 개조시켜 '편정회호도'를 만들었다. 도형은 다음과 같다.

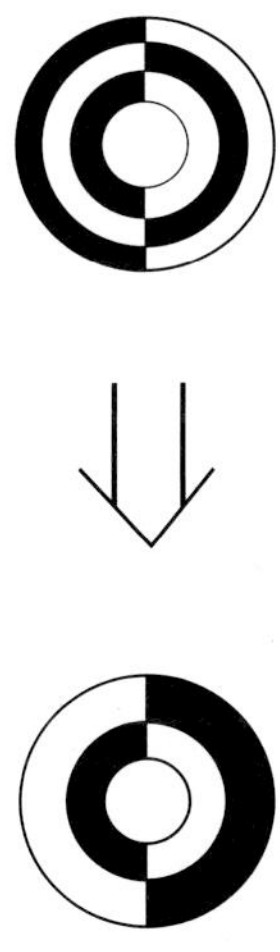

[그림 2-9]

55) 행책 『보경삼매본의』, 『만속장경』 제111책

'편정회호도'는 흑黑으로 정正을, 백白으로 편偏을 나타내고 정正 가운데 편偏, 편 가운데 정이 있는 정편회호正偏回互의 뜻을 갖추고 있다. 이렇게 흑백으로 편정회호를 표시하여 '혼돈기분도'가 감, 리 교호交互를 사용한 표현과 비교하면 의미가 더욱 명확하고 간결하여 훨씬 더 발전된 것이라고 할 수 있다.

2. '십육자게' 중의 '삼첩三疊', '오변五變'에 대해 행책은 운외운수의 사유 노선을 계승하여 '리괘'라는 한 괘 속에서 그 뜻을 충분히 드러낼 수 있다고 생각했다. 이러한 뜻을 더욱 분명히 나타내기 위해 그는 '삼첩분괘도三疊分卦圖'와 '오변성위도五變成位圖'를 이용하여 각각 설명한다.

행책은 먼저 '리괘'의 여섯 효를 '삼첩三疊'으로 나누어 불교의 반야般若, 법신法身, 해탈 '삼덕三德'을 상징하고 있다. 이것은 앞에서 언급한 '불교법수佛教法數'인데, '첩이위삼疊而爲三'의 구절을 해석하기 위한 것이다.

왜 '삼덕'을 말해야 하는가? 왜냐하면 수행이 도달하는 궁극적 목표는 열반의 경지이고 이러한 경지는 생사生死, 거주去住에 얽매이지 않은 자유로운 것이기 때문이다. 그래서 반드시 '삼덕'을 갖추어야 하는데, 관조하고 현현할 수 있는 것은 반야인 바른 지혜正智이고 관조되고 현현되는 것은 법신法身이며 능[반야], 소[법신]의 상호교섭으로 얻게 되는 결과가 바로 해탈이다. 선가禪家의 어려운 점은 어떻게 일상사에서 수시로 이러한 경지를 구현해내는가에 달려 있다. 체득 방법의 차이는 나중에 점차 발전하여 각 종파의 문풍門風(즉 선풍禪風)이 된다.

조동종曹洞宗의 '즉사이진卽事而眞'은 개별적인 사상事象으로부터 전체의 이치를 드러내는 것으로 일상에서 어떤 경지를 구현해내는 방법 중의 하나이다. 그러나 이것은 추상적인 이론을 통해 이해한 것이다. 이러한 사상을 직관적 도상에 근거하려는 시도를 운암雲岩은 이미 『보경삼매가』에서 명확하게 설명하였는데, 행책은 '리괘' 육효를 통해 매우 잘 드러내었다고 보았다.

동산洞山의 '편정오위'는 '십육자게' 요지를 전개하고 보충한 것이기 때문에 한꺼번에 '삼첩' 안에 융합시키고 있다고 행책은 생각하였다. 편정 개념이 가진 가치는 회호에 있기 때문에, '초첩初疊(初爻와 二爻)'은 순상順象이 정중편正中偏이 되고 호상互象은 편중정偏中正이 된다. 같은 원리로 '삼첩(五爻, 上爻)'의 순상은 겸중지兼中至이고 호상은 겸중도兼中到가 된다. 삼효, 사효는 '삼첩'이 되어 회호로써 보면 정중래正中來가 되는데, 앞뒤의 네 효 위에 묘하게 끼어 있다. 도표는 다음과 같다.

兼解　　一　　三兼
中　　　　　　　　中
到脫　　--　　疊至

法　　一　　二
　　正中來
身　　一　　疊

偏般　　--　　初正
中　　　　　　　　中
正若　　一　　疊偏

[그림 2-10]

'변진성오變盡成五'에서 가장 중요한 관건은 '변變'이라는 말을 밝히는데 있다고 그는 생각했다. '변'이라는 것은 역易이다. '리괘離卦'의 원칙은 효를 바꾸는 것이지 괘를 바꾸는 것이 아니다. 이것이야말로 운암雲岩 '십육자게'의 원의에 부합된다.

혜홍, 원현의 실수는 이러한 원칙을 잘못 이해한 것과 관련이 있다. '변變' 자를 '역효易爻' 또는 '역괘易卦'라고 이해하였기 때문에 '첩변오괘疊變五卦'의 잘못을 저지르게 되는 것이다. 행책은 구습을 답습하는 것을 피하여 홀로 6효를 다 바꾸어 오위가 그대로 되는 '역진육효易盡六爻, 흡성오위恰成五位'의 정신을 얻고 있다. 이것이 바로 '오변성위도五變成位圖'이다.

一 五
兼中到
四 -- 變
兼中至
變 一 三
正中來
二 一 變
偏中正
變 -- 初
正中偏
一 變

[그림 2-11]

이 그림의 '리괘' 초효인 정중편正中偏은 정正 가운데 편偏이 있고, 편은 서로 볼 수 없으며 초하루朔日의 달처럼 어두움 중에 밝음이 있는 것과 같다. 또 희천이 『참동계』에서 말하는 "마땅히 어두움 중에 밝음이 있으나 밝음을 서로 볼 수는 없다(當暗中有明, 勿以明相睹.)"는 것과 같다. 이사 관계에서 보면 이것은 바로 '이가 곧 사理卽事'라는 말이다.

두 번째 음효는 편중정偏中正이 되며 편 가운데 정이 있다는 것을 나타내지만, 정은 서로 볼 수 없으며 마치 보름달처럼 밝음明 중에 암상暗相이 있다는 것과 같다. 그러므로 『참동계』에서 이르기를 "마땅히 밝음 가운데 어두움이 있으나 어두움을 만날 수 없다"는 것이다. 그 이사 관계는 정중편과 상반되어 사事가 바로 리理(事卽理)가 된다. 괘중의 삼효, 사효는 정중래正中來가 되며 이 자리는 존귀하여 중中에 자리하고 또 아래 위의 네 효에 묘하게 끼여 있기 때문에 반드시 두 효가 서로 취하여 '이사일여理事一如'가 된다. 그 오효와 상효는 별개의 겸중지兼中至와 겸중도兼中到가 되며 그것들의 상相은 순백純白○, 순흑純黑●이 된다. 순백은 이사 둘 다 드러내고 순흑은 이사 둘 다 소멸함을 나타낸다. 그 중의 이와 사 둘 다 소멸하는 '이사쌍민理事雙泯'은 수련의 최고경지인 '진공묘유眞空妙有'의 경지가 된다.

만약 명대明代 보명普明의 〈목우도송牧牛圖頌〉을 사용하여 묘사한다면 이것은 "사람과 소는 보이지 않고 아득히 자취조차 없는데 밝은 달빛은 차고 만상은 텅 비어있네. 그 속의 진실한 뜻을 들꽃과 향기로운 풀이 스스로 총총히 돋아나네."[56]라고 할 수 있다. 근대의 태허太虛는 '겸중도兼中到'라는 위位는 그 상象이 완전히 검으며 건괘乾卦 용구用九의 '군룡무수群龍無首'를 사용하여 표현하였다고 한다. 왜냐하면 이 자리는 사리事理가 완전히 사라져 시비是非를 세울 수 없기 때문이다. 여래법성신如來法性身[57]이며 자체 수용신受用身**17**이다. 이것은 독창적인 견해이다.

전체적으로 '삼첩분괘三疊分卦', '오변성위五變成位'의 두 도상은 『주역』 음양의 상응相應 논리와 '승승비응承乘比應'**18**의 효위爻位 관계를 통해 동종의 편정회호偏正回互의 뜻을 표현하였다. 자리마다 모두 적절하게 맞아 서로 부합하니 운암의 '십육자게'의 오묘한 뜻을 깊이 깨달았다고 말할 수 있다.

56) "人牛不見杳無蹤, 明月光寒萬象空. 若問其中端的意, 野花芳草自叢叢."

57) 태허(太虛) 『논주역(論周易)』, 『각사총서(覺社叢書)』 제1기, 『태허대사전서(太虛大師全書), 론장(論藏), 종용론(宗用論)』 376-377쪽.

청대 동종洞宗의 문인인 정눌淨訥(생애의 사적事跡이 상세하지 않다.) 또한 『보경삼매원종변류설寶鏡三昧原宗辨謬說』을 지었는데, 그의 관점도 행책의 『보경삼매본의寶鏡三昧本義』에서 서술한 것과 기본적으로 일치한다.[58] 이로부터 천고千古의 진리는 본래 서로 의도하지 않았는데도 이들 두 가지 논論이 완전히 같음을 볼 수 있다.

3. '리괘離卦'가 보여주는 '편정오위偏正五位'의 요지를 정확하게 나타내기 위해 행책은 또 『보경삼매가』 중의 '오미자가 다섯 가지 맛을 가진 것처럼如莖草味', '금강저가 양 끝이 불룩한 것처럼如金剛杵'이라는 두 가지 비유방식을 본떠 '이유현법도二喩顯法圖'를 그려 다음과 같이 밝혔다.

如莖草酸味　　　　　　　　如莖草鹹味
== 兼中至 ○　　　　　　　== 正中偏 ◓
　　　　　　如莖草甘味
如杵形尾闊 ═　　正中來 ○　　如杵形頭闊
　　　　　　如杵形腰狹
== 兼中到 ●　　　　　　　== 偏中正 ◒
如莖草辛味　　　　　　　　如莖草苦味

[그림 2-12]

'여치초미如莖草味', '여금강저如金剛杵' 두 개의 비유는 운암이 '십육자게'의 진의를 보충 설명하기 위하여 말하는 것과 관련된다. 이른바 치초莖草는 바로 약초인 오미자五味子이다. 하나의 식물에 신 맛酸·매운 맛辛·쓴 맛苦·단 맛

58) 『만속장경』 제111책에 상세히 나타나 있다.

甘·짠 맛鹹 다섯 가지 맛을 갖추고 있어 리괘離卦가 포괄하는 '편정오위偏正五位'의 비의秘義에 비유한다.

한 괘를 열면 오위가 되고 오위를 합하면 한 괘가 되는데, 마치 오미자를 끓이면 다섯 가지 맛을 내고 있다는 의미와 같다. 금강저金剛杵[59]는 불교역사佛教力士가 손에 쥐고 있는 법기法器인데, 그 모양은 양 끝이 넓고 가운데 허리는 가늘고 좁다. 머리, 꼬리는 각각 정, 편과 겸지, 겸도 사위四位에 비유되고 가운데 허리는 정중래에 비유되어 존위尊位를 나타낸다. 허리를 들면 머리, 꼬리가 함께 따라 온다. 이 '이유현법도二喩顯法圖'는 원현의 '오위총도' 중의 '오위도'와 기본적으로 일치한다. 그 의미는 금강저를 일괘 삼첩에 비유하여 삼이 곧 일을 증명하고, 오미자 맛을 하나의 괘 오위一卦五位에 비유하여 오가 곧 일五卽一임을 증명하는데, 자연스럽게 맞아 떨어져서 매우 적절한 비유에 해당한다.

이외에 행책行策은 그림에 '육효섭의도六爻攝義圖(圖가 복잡해서 수록하지 않음)'가 있는데 "바로 이 리괘離卦 가운데 세간, 출세간 일체법을 두루 갖추고 있으며 만약 의미의 유형들을 널리 통섭해 보면, 제불의 가르침의 벼리와 핵심 요지가 모두 다하지 않음이 없다"[60]라고 말하고 있다. 이 때문에 이 도형은 '리

59) 불교 특히 밀교에서 사용한 법기(法器) 중의 하나로, 파수(把手, 손잡이)의 양쪽 끝에 날카로운 고(鈷)를 달아서 저(杵, 절구 공이)의 모양을 한 것이다.

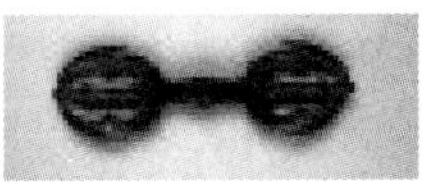 

인도의 무기였던 금강(金剛, vajra)이 밀교(密教)에 도입되어, 번뇌를 깨고 본래의 불법을 현현(顯現)하기 위한 지덕을 표시하는 법구(法具)로 되었다. 공이(鋒)의 수에 의해서 독고저(獨鈷杵), 삼고저, 오고저, 구고저 등이 있고 자루의 모양에 의해서는 귀면저(鬼面杵), 귀목저(鬼木杵)가 있다. 형태가 특수한 것으로는 탑저(塔杵), 보주(寶珠)저, 구두룡(九頭龍)저, 인형(人形)저 등이 있다. 한 개의 봉(鋒)을 붙인 것으로 봉(鋒)의 단면은 사각형이 보통이나 가끔 육각형인 것도 있다.

60) 행책 『보경삼매본의』, 『만속장경』 第111冊. "卽此重離一卦中圓具世·出世間一切法, 若廣攝義類則諸佛教綱, 列祖綱宗, 罄無不盡."

괘'의 여섯 효로써 나열하며 내용은 극히 복잡하다. 주로 편정오위偏正五位, 공훈오위功勳五位, 왕자오위王子五位, 이사체용관계理事體用關係, 수심성불역정修心成佛歷程, 천태지관교의天台止觀教義, 불타일생佛陀一生, 선재동자善財童子 오십삼참五十三參[19] 등을 다루고 있다.

『주역』의 '리괘' 내에서 이와 같이 다양한 내용을 융합하고 있으나 결점과 장점이 동시에 존재하는 것을 피하기 어렵고 잘못된 천착으로 인해 전체적으로 치우쳐버린 문제점을 안고 있다. 예컨대 공훈오위, 왕자오위를 편정오위와 같은 순서로 '리괘'의 여섯 효 안에 배치한 것은 타당하지 않다. 왜냐하면 정, 편에서 말하면 공훈功勳, 왕자王子는 모두 편위에 속하는 일이고 정위正位와는 상관이 없기 때문이다. 또한 내용적으로 보더라도 공훈오위는 다만 수선修禪 공부의 심도의 단계를 말할 뿐이고 편정오위가 논하는 후학을 이끄는 방법과는 상당한 차이가 있다. 또 왕자오위王子五位 중 내소內紹, 외소外紹[20]는 편정오위와는 그 틀이 다르다. 이러한 부류는 강제로 서로 배치할 수 없다.

'리괘'는 역학에서의 내함內涵과 외연外延이 일정한 영역의 한계를 지니고 있기 때문에 선학의 영역에서 인용할 때 또한 그 한계가 있다. 만약 적당히 선택하고 적절히 응용한다면, 마치 '리괘' 육효가 '삼첩', '오변'의 뜻을 드러내는 것처럼 그러하다면, 서로 유익하고 분명한 효과를 거둘 수 있다. 반대로 단순히 억지로 비교하거나 심지어 그것을 만상萬象의 법보法寶를 포괄하는 것으로 여긴다면, 양자의 상호소통, 상호 설명이라는 원의를 잃게 될 뿐만 아니라 문자에 구애되어 본래의 뜻을 왜곡하게 되는 결과를 만들어내게 될 것이다.

행책의 '육효섭의도六爻攝義圖'는 앞에서 논한 다섯 개의 도(본문에서 인용한 네 개의 圖)와 비교해서 보면 사족으로 보일 수 있다. 행책의 고지식함 때문에 결국 이러한 잘못이 있으니 매우 아쉽다.

4. '십육자게' 쟁론의 오류 분석과 조동종 역학이 후대 선종에 끼친 영향

혜홍慧洪, 원현元賢이 '십육자게'의 진의에 대해 오류를 범한 것에 대해서는 앞 절에서 이미 문자적으로 분석했지만, 여전히 미진하기 때문에 여기에서는 희천希遷에서 시작하여 조산曹山이 접촉한 전체 역학적 배경과 의도라는 두 가지 문제에 대해 좀 더 구체적으로 고찰해 보려고 한다.

희천, 약산과 운암, 동산과 조산의 활동 연대는 모두 당唐에서 오대五代에 이른다. 이 시기 유가의 역학은 결코 어떠한 발전도 없었다. 당나라 초기 조정은 공영달을 『오경정의五經正義』를 편찬하는 수장首長으로 삼아 『주역정의周易正義』를 편찬할 때 왕필의 '의리역義理易'을 표준으로 채택했다. 곧 『주역정의』는 조정의 명의로 세상에 반포되어 마침내 정해진 표준 양식이 되었다. 이후 제유諸儒들의 『주역』 연구는 "먼저 왕필주를 종주로 삼고 그 다음 공소孔疏를 따라가는 것을 당연한 것으로 보았다."[61] 하지만 이에 대해 새로운 설을 연구하고 제기하는 자는 없었다.

61) 사징(史徵) 『주역구결의서(周易口訣義序)』. 엄령봉(嚴靈峰) 『역경집성(易經集成)』 제13책. 대만 성문(成文)출판사 1976년 판. "先以王汪爲宗, 後約孔疏爲理."

사실 『오경정의』는 기본적으로 이전의 경학經學에 대한 성과의 총결에 지나지 않는다. 이러한 의미에서 보면, 당대唐代가 경술經術을 중시하지 않은 것은 당시 상황에 따른 것으로 볼 수 있다. 게다가 고종高宗, 무측천武則天 이후 문학에 편중되었으며 시부詩賦가 유행되어 진사進士 과거의 중요한 과목이었다. 따라서 천하 인사들로 하여금 그 재주와 힘을 모두 시문詩文에 쏟도록 만들었다. '명경과明經科'는 경학(당연히 역학을 포함)으로 사람을 뽑았지만 얼마 지나지 않아 곧바로 사람들에게 경시되었는데,[62] 이 또한 어느 정도 역학의 발전을 저애하였다. 이 때문에 당나라 시기에는 역학분야에서 어떠한 대가도 출현하지 않았다.

지금까지 비교적 가치 있는 유가의 역학 저작은 이정조李鼎祚의 『주역집해周易集解』 외에 사징史徵의 『주역구결의周易口訣義』, 곽경郭京의 『주역거정周易擧正』과 육덕명陸德明의 『주역음의周易音義』(육陸씨의 『경전석문經典釋文』 권2에서 수록) 등이 전해질 뿐이다. 이러한 상황은 대국大國인 당조唐朝의 수백 년의 역사 문화와 어울리지 않을 뿐만 아니라, 찬란한 '한역漢易'과 정밀한 '송역宋易'에 비해 초라함이 여실히 드러난다.

이에 비해 이 시기에 불가와 도가 양가는 훌륭한 인물들을 많이 배출하였다. 불교 쪽에는 삼론종三論宗의 길장吉藏, 천태종天台宗의 지의智顗, 율종律宗의 도선道宣, 유식종唯識宗의 현장玄藏과 규기窺基, 화엄종華嚴宗의 지엄智儼·법장法藏·징관澄觀, 정토종淨土宗의 도작道綽·선도善導가 있었고 선종禪宗의 혜능慧能·신

62) 명경과는 사실 중재(中材)이하의 선비가 진출하는 길이다. 명경고시(明經考試) ["첩경(帖經)"]는 사실 장구(章句)를 외워 쓰는데 국한되었지, 결코 뜻을 밝혀내지는 않았다. 이 때문에 명경과는 한유(韓愈) 시대에 이미 완전히 정치사회적 지위를 상실했다. 당시 사회에서 유행한 행로는 "오십에 젊은 진사(五十小進士), 삼십에 늙은 명경(三十老明經)"이란 말에서 나타난다. 『태평광기』 권265 기록에 근거하면 원전(元稹)이 명경과에 급제하여 이하(李賀)와 사귀려고 생각하였는데, 이하가 말하기를, "겨우 명경에 급제하여 무슨 일로 나를 보려 왔는가?"하니 원전이 부끄러워 돌아갔다. 이런 예로부터 명경과가 사람들에게 얼마나 경시되었는가 하는 정도를 알 수 있다.

수神秀 이래로 다시 '오가칠종五家七宗'의 거대한 종파가 형성되어 유명한 선사禪師들이 셀 수 없을 정도로 많다.

도가 쪽에도 사마승정司馬承禎, 오균吳均, 두광정杜光庭, 진단陳摶 등이 있었다. 더욱 중요한 것은 불, 도 양가 모두 역학 연구를 아주 중시하였다는 점이다. 도교는 말할 것도 없고 불교에서도 승려들의 역학 연구가 매우 유행하였다. 그들은 유가가 세운 틀에 매이지 않고 분명한 그들만의 연구 목적을 가지고 있었다.

또 어떤 사람들은 『주역』을 유학의 대표로 간주하여 역학을 융통하고 불교 전파를 더욱 유리하게끔 하였다. "상을 완미하여 뜻을 얻고, 뜻을 얻으면 계戒를 알고, 리理를 보존하면 정情을 끊게 되고 정이 끊어지면 리가 차고 리가 차면 날마다 무아의 경지로 나아간다."[63] 예를 들면, 화엄종의 징관, 종밀과 화엄학자인 이통현 등은 모두 이러한 방면에 많은 노력을 기울였다. 그들은 『화엄경華嚴經』의 뜻을 기술할 때 역학易學을 배치시켜 상호 간의 유사함을 나타내기도 하고, 역리易理를 『열반경涅槃經』, 『승만경勝鬘經』, 『원각경圓覺經』 등과 서로 대비시켜 같은 점과 다른 점을 구별하기도 하고, 음양, 팔괘, 오행의 여러 가지 원리를 가지고 화엄 성해性海의 사상을 설명하기도 하였다.[64]

밀교 승려인 일행一行은 상수 이론을 가지고 점서占筮에 사용하였다.[65] 조동종 계열에 있어 희천에서 조산까지 역학과의 소통과 융합은 더욱 그들만의 특색을 가지고 있었다. 그들은 위백양의 『참동계』를 기점으로 삼아 위로는 서한西漢 역학까지 거슬러 올라갔다. 특히 경방의 상수적인 해역解易의 방식은 선사들의 마음을 사로잡았다.

63) 『자백존자전집』 권21에 보인다. 『만속장경』 제127책 "玩象而得義, 得意而知戒, 持理而折情, 情折而理充, 理充而日造乎無我之域."

64) 본서 제3장 각 절에 상세히 나타나 있다.

65) 본서 제4장 제2절 참조.

그들은 교묘하게 한대漢代 상수를 운용하고 아울러 『주역』의 리괘離卦와 긴밀하게 하나로 결합하여 자기의 독특한 선학사상을 표현하였다. 이러한 종합은 운암雲岩 이후 더욱 뚜렷해졌다. 예를 들면, '십육자게'의 사유는 이미 리괘와는 분리할 수 없었고 또 『주역』 괘효가 가진 음양의 상호 관련성의 원칙과 상응한다. '편정오위'의 상호 회호回互관계는 리괘에서 구현되었으며 그 구상도 '오행육위五行六位'의 체계에서 힌트를 얻어 배태되었다. '군신오위君臣五位'설 또한 어느 정도 '세응世應'의 설과 관계가 있다. 이렇게 말할 수 있는 것은 리괘 안에 동종洞宗사상을 포함한 창의적인 의미가 '한역漢易'의 영향과 분리할 수 없고, 더욱이 상수의 양식과 뗄 수 없는 밀접한 관련을 가지고 있기 때문이다.

그러나 '한역'은 위진시기 '왕필의 의리적 학설이 일단 왕성하자' 곧 쇠퇴하였다. 당대 이정조李鼎祚의 『주역집해』만이 어느 정도 체계를 유지하고 있었을 뿐이고 이를 연구하는 사람도 소수에 불과했다. 이 경향마저도 송대에 이르러 완전히 끊어졌다.

혜홍慧洪은 북송에서 주로 활동하였으며 '북송오자北宋五子 - 주돈이周敦頤, 소옹邵雍, 정이程頤, 정호程顥와 장재張載'보다 후대의 사람이다. 그의 역학적 기초는 깊지 않았으며 역학 사상의 측면에서 정이천程伊川의 『역전易傳』, 장재의 『횡거역설橫渠易說』이 『주역』을 빌려 '리理', '심心', '천도天道'를 말하는 여러 학설의 영향을 많이 받았다.

명청明淸 시기의 원현은[66] 더욱이 『오경대전五經大全』(그 중의 『주역대전周易大全』은 정이, 주희의 책만을 취하였음) 하에서 훈도되어온 '세유(世儒: 대대로 가학을 전하는 유자)'이며 그의 역학사상은 자연히 한 쪽으로 기울었다. 이 두 사람의 '십육자게' 비의에 대한 탐구는 '송역宋易' 사상의 영향 하에서 진행된 것이다.

66) 『오경대전(五經大全)』은 명대에 반포된 관서(官書)이다. 호광(胡廣) 등은 성조(成祖)의 명을 받들어 편찬하였으며 모두 154권이다. 『주역대전』, 『서전대전』, 『시경대전』, 『춘추대전』으로 나누어져 있다. 그 사상은 정주를 답습하고 이학을 드러내며 당시 과거를 보려는 선비들의 표준이 되는 책이었다.

역학사에서 한송漢宋은 물과 불처럼 조화될 수 없었다. 이러한 점에서 보면 혜홍, 원현의 문제점은 불가피한 것이며, 동종洞宗의 종지와 한유漢儒 상수학이 내재한 정신과 '송역宋易'의 영향을 이해하지 않고서는 그들 주해註解가 가지고 있는 문제점에 대한 심층적인 원인을 파악할 방법은 없을 것이다.

그 다음에 또 다른 과오를 범한 원인은 동종洞宗 조사들의 초지初志가 초래한 결과에서 나온 것이다. 원래 대승불교는 비지쌍운(悲智雙運: 자비와 지혜를 함께 운용), 자도도인(自度度人: 자신을 제도하는 동시에 다른 사람을 제도함)을 일관되게 주장한다. 그러나 선종오가禪宗五家 이후 오히려 지혜를 중시하고 자비를 경시하는 경향이 있었고 생을 마치고 죽음을 벗어나는데 최고의 근기를 집중하는 경향이 있었다. 왜 이러한 현상이 생겼는가? 선사禪師의 '말법末法'사상과 관계가 있기 때문이다.

선종 초기에 북주北周 무제(武帝:560-578년 재위)의 멸법滅法이 매우 강렬하여 불교 세력은 엄청난 타격을 입었다. 선종의 이조二祖 혜가慧可와 삼조三祖 승찬僧璨은 부득이 북방에서 도망가서 서주舒州에 머물렀고 그들 사상은 은연중 불교가 '말법' 시대에 처했다는 느낌을 주고 있다.

이후『마하마야摩訶摩耶』,『대집월장大集月藏』등 경전이 번역되어 불교계의 말법末法의식을 더욱 심화시켰다. 그러므로 수대隋代의 승려 정완靜琬은 유주幽州 방산房山에서 발심發心하여 경經을 돌에다 새기고 동굴에다 감추어 법난法難을 피했다. 같은 시기의 정토교, 삼계교三階教[21] 또한 이 시기가 '오탁악세五濁惡世'[22]라고 여길 정도로 혼란한 시대여서 극락정토極樂淨土를 향해 가기를 바라는데, 바로 이러한 것들이 말법사상을 반영한다. 이에 선사들은 도시에서 멀리 떨어진 산중에 은거하여 조용히 수도하였고 이것이 점차 선종의 전통이 되었다.

선사들이 산림에 은둔하여 현실을 회피한 것에는 피해를 당할까 하는 남모르는 근심이 그 배후에 있었을 것이다. 선종 오가五家 모두 당唐 무종(武宗:

840-846 재위)의 '회창법난會昌法難'[67] 이후 조사들의 '말법'에 대한 감수성은 더욱 강렬해질 수밖에 없었다. 이러한 분위기는 승전僧傳과 조사어록 여기저기에 표현되어 있으나 다만 분명하게 언급되어 있지 않았을 뿐이다.

'말법' 개념은 '삼시三時'[68]의 하나이며, 의미는 불교의 멸절이 임박하여 '교教'는 있으되 수행은 없고 또 증어證語도 없다는 말이다. 그래서 조사의 급선무는 어떻게 부처의 가르침을 계승하고 여래종如來種을 보존하는가에 있었다.

승도僧徒는 날로 많아지고 좋은 사람과 나쁜 사람들이 구분없이 함께 섞여있는 마당에 근기根器를 고르기 위해 부득이 법당法幢**23**을 세워야 했다. 취지는 법문法門을 수용하여 근기에 따르고 인연을 만나는 것이다. 이것이 바로 선문禪門의 법류法流**24**로서 역대 조사들과 의견이 완전히 일치해야 하는데, 그렇지 않으면 그들의 권속이 될 수 없다. 이 때문에 선사가 세운 뜻은 모두 비밀스럽고 심오하여 상상지上上智 대혜근大慧根의 사람이 아니면 그와 같은 경지에 도달할 수 없는 것이다. 오직 이러한 경지에 올라야만 비로소 인물을 뽑아 그에게 근본을 전하고 또 정법正法을 혼란시키는 이도사설異道邪說을 막을 수 있다. 조동종 계열은 이러한 면에서 두드러진다.

희천 이후 여러 선사들이 말하는 동상洞上의 종지는 시종 리괘와 연결되어있다. 그러나 리괘의 도식을 그린 적은 없다. 운암이 세운 '십육자게' 요지는 여러 차례 반복적으로 비유하여 "공경하고 삼가면 길하니 함부로 거스를 수 없다錯然則吉, 不可犯忤"고 하지만, 결국 도상을 분명히 나타내지는 못했다. 이것

67) 회창법난은 당나라 무종(武宗) 때, 재상 이덕유(李德裕) 등이 불교를 배척하여 회창 5년[845년]에 무종이 칙령을 내려 소수의 사찰과 승려 30명만 남겨두고 나머지는 모두 폐기시켰다. 또 승려들을 환속시키고 불상(佛像), 종(鐘), 반(磐)을 녹여 화폐(錢幣)나 농기구 등으로 다시 주조하였는데, 이것을 '회창법난'이라 칭한다. 여기에서 불교는 큰 타격을 입었다. 다음 해 무종이 죽자, 선종(宣宗)이 즉위하여 다시 불법을 일으켰다.

68) 석가불 열반 후 불법이 정법(正法), 상법(像法), 말법(末法) 세 가지 시기로 나누어진다. 설이 아주 많다. 정법시기에는 언교(言教), 수행(修行), 증오(證悟) 세 가지 방면, 상법 시기에는 교(教)와 행(行), 말법 시기에는 유교무행(有教無行) 또는 무증(無證)이라는 설이 대체로 통용된다.

은 그가 동산洞山에게 법을 전할 때, 모호하게 '다만 이것은…'이라고 말하여 동산에게 스스로 깨닫도록 한 것과 같다.

동산이 '편정오위'를 해석할 때도 마치 난제를 내리는 것처럼, '어두움暗' 이라고 말하지 않고 '밝음을 잃어버림失曉'으로 말했으며, "어두움 속에 밝음이 있는暗中有明" 것으로 말하지 않고 "삼경초야 달이 밝기 전에三更初夜明月前"라고 강설했다.

조산曹山은 '편정오위偏正五位'의 뜻에 근거하여 먼저 '오위군신도五位君臣圖'를 내어 그것과 짝을 맞추었는데 매우 근접했으나, 그도 리괘의 도상을 말하지는 않았다. 이러한 점들은 모두 조동종洞宗의 택기전법(擇器傳法:근기를 재어 법을 전하는)의 초지와 긴밀하게 관계된다.

그 다음, 조동종 조사들은 배우는 자들을 맞이할 때 명확하게 핵심을 제시하지 않고 순전히 기봉機鋒에 맡겨 깨닫도록 했다. 예를 들면, 어떤 승려가 동산에게 부처가 무엇인가 묻자, 그는 '삼서근麻三斤'이라 대답했다. 당연히 이와 같은 대답은 질문자가 이 대답을 통해 힘을 쏟게 하는 것이 아니라 사유를 끊고 스스로 마음을 반관反觀하도록 이끄는 것이다. 만약 의심의 원두처에서 힘을 쏟을 수 있으면 그것이 바로 성불의 본원이다.

참선오도參禪悟道는 외부인이 보기에는 일종의 신비한 정신 체험에 가깝게 느껴지고 시간과 사람과 장소에 따라 다르기 때문에 참고할 만한 정해진 법칙은 없다. 참구參究에서 개오開悟에 이르기까지 모두 이러한 과정을 겪는데 먼저 '의문'을 가지고 참선 수도하여 일심으로 전념해야 한다. 공부가 오래 쌓이면 최후에 '증오證悟'에 도달하게 된다. 그래서 의문은 깨달음으로 들어가는 초석이며 의문이 없으면 개오할 수 없다는 것이다.

임제의현이 그의 스승 황벽희운에게 무엇이 불법의 대의大義인지를 묻자 황벽은 몽둥이를 들어 제자를 두들겨 팼다. 임제가 세 번씩이나 물었지만 세 번 모두 두들겨 맞았다. 황벽의 의도는 바로 임제를 의심덩어리疑團 안으로 밀어 넣어 그를 깨치도록 하기 위한 것이다. "크게 의심하면 크게 깨닫고, 적게 의심하면 적게 깨닫고, 의심하지 않으면 깨닫지 못한다大疑大悟, 小疑小悟, 不疑不悟"라고 말한 것은 바로 이러한 이치이다.

깨달음의 깊이는 사람마다 달라서 일률적이지 않다. 그러나 의심에서 깨달음까지 마음 상태의 변화가 있음은 확실하다. 지견知見[25] 사상의 비량比量[26] 심태心態에서 곧 깨닫고 느끼는直覺直感 현량現量[27] 심태心態로 바뀌게 된다. 바꾸어 말하면, 이지적인 논리적 사유(혹은 理性思辯)에서 활연히 열리고 곧바로 영각靈覺이 담당하는 경지로 바뀐다. 이러한 경지는 『주역』에서 말하는 "역은 생각하는 일이 없고 작위하는 일이 없어서 고요히 움직이지 않는 것無思, 無爲, 寂然不動"[28]과 같다. 서양철학의 용어로 설명하면 인간의 주체적 인식능력을 제거하는 것이 아니라 일체의 선입견과 개념을 버리고 맑고 투명한 상태에 도달하게 되는 것을 말한다. 마치 먼지 하나 없는 맑은 거울처럼 만물을 비추고 객관적 사실을 뚜렷이 볼 수 있는 것과 같다. 이것은 일종의 주체성, 인식적 개체성과 차이성을 소멸시키는 것인데, '감感'의 경험을 출발점으로 삼고 있지만 도달점은 무사無私한 객관적 체득이다. 이러한 객관적 체득은 이미 일반적인 감각 경험과 직각 방법의 얕은 개체성을 초월하고 귀납, 연역 문제의 이원적 대립을 제거한다.

경험을 통하여 똑같이 객관적으로 사물의 진眞을 재현한다하더라도 이러한 재현은 오직 '순화純化'를 통한 인식 주체가 있어야만 가능하다. '재현'된 '사물의 진眞'이 바로 청원행사가 말한 제3단계의 "산은 산이고 물은 물이다見山是山, 見水是水"의 경지이다. 구체적으로 논하면, '마삼근麻三斤'과 같은 선문답을 제시하여 깨달은 마음 상태에 이르게 하는 전환은 일반 근기의 사람에게는 적합한 방법이 아니다. 이것은 선가禪家가 지혜를 중시하고 자비悲를 경시하며 상근기를 인도하는 경향에 치우쳐서 생긴 현상이다. 조동종 여러 선사의 의도는 상술한 원인 외에도 앞글에서 제시한 '말할 수 없음不能言說'의 문제들과 관련되며, 이것은 운암의 '다만 이것이다祇這是'를 사용하여 설명할 수 있다.

동산洞山의 오도悟道 과정은 많은 우여곡절을 겪었다. 그는 '눈으로 소리를 듣는 것처럼' 묘리妙理를 깨달은 후 이 경지를 당연히 보임保任[29]하고 '수행과 이해가 상응'[30]하여 곧바로 심원心源을 뚫었다. 하지만 동산이 운암雲岩과 헤어질 때 운암은 '바로 이렇다祇這是'만을 말하였고 또한 동산에게 계속 의심을 심어주어 깨달으려는 흐름에서 물러나게 하는 것 같았다. 그래서 운암은 '일을 맡으면 반드시 신중해라'[69]라고 정중하게 경고했다.

만약 운암이 종사宗師의 법안法眼을 가지지 못하였다면 의문을 풀기 위해 '다만 이렇다'의 숨겨진 의미를 한 마디로 잘라 동산洞山의 이성 사유의 마음가짐을 일깨웠을 것이고 그렇게 되면 의심덩어리가 풀리겠지만 깨달음의 경지를 잃어 보충할 방법이 없었을 것이다. 동산은 이러한 방식에 대해 "깨진 거울은 다시 비출 수 없고 떨어진 꽃잎은 가지 위로 다시 돌아가기 어렵네破鏡不重照, 落花難上枝"라고 하였다.

마찬가지로 만약 황벽黃檗이 불법의 대의를 한 마디라도 설파說破했더라면 임제臨濟 또한 개오開悟하지 못했을 것이다. 이 때문에 운암은 시종 멋대로 동산에게 의심덩어리 속에 머물도록 빙빙 돌려 말하고 그에게 설파해주지 않았다. 이러한 방법은 언어로 통할 수 없기 때문에 다만 심득心得하지 않을 수도 없다. 최종 관문은 전적으로 자력에 의해 돌파해야 비로소 '몸과 마음이 온갖 번뇌와 망상에서 벗어나 자유자재한 무심의 경지에 들어가는身心脫落' 상태가 되어 구름이 걷히고 달이 드러나게 된다.

조사祖師의 고심이 바로 여기에 있다. '십육자게'를 세운 뜻 또한 이것과 비슷하여 그 수수께끼의 답은 마땅히 행책行策의 마음 속에 남겨두어야 했다. 그러나 그가 요지를 묻자 도형에 드러낸 것은 비량比量의 의미가 그 속에 있지

69) 『지월록(指月錄)』 권16 "承當個事, 大須審細."

만, 선종 조사가 후학을 지도하여 높은 근기를 배양하고 여래의 가업을 담당해야 하는 입장에서는 결코 어떠한 실질적 이점이 없었다. 이 게偈에 대한 철저한 이해가 '진공묘유眞空妙有'의 경지에 도달하는 것과는 다르며 이러한 경지로 가는 하나의 교량 역할에 그쳤다고 할 수 있다.

동상洞上 조사의 이러한 의도는 부득이하다고 할지라도 그 폐단 역시 매우 분명하다. 혜홍각범慧洪覺範, 대혜종고大慧宗杲와 같은 당시 유명한 선사들 역시 모두 그 뜻을 오해하였을 뿐만 아니라,[70] 영각원현永覺元賢과 같은 동종의 조사마저도 그 속에 담긴 깊은 뜻을 이해하지 못하였다. 그러므로 보통의 근기를 가진 사람은 쉽게 미루어 짐작할 수 있다. 이것은 조동종이 전승하고 발전하는 데 있어서도 불리하다. 스승에게 '십육자게'의 진의 문제에 대한 잘못된 지도를 직접 받았을 뿐만 아니라, 이후 동종은 고종孤宗이 되어 명맥이 끊어질 듯 이어질 듯 어려운 상황이 발생되는 요인이 되었다.

여기에서 '십육자게'의 숨은 의미에 근거하여 원현이 이 게偈를 분석하려는 구상에 대해 살펴보도록 하자. 아울러 행책의 여섯 가지 도설圖說의 정신을 찾아내고 리괘離卦를 완전하게 재현하여 하나의 도형 안에서 명료하게 조동종의 근본적인 선학 사상을 드러낼 수 있기를 바란다. 또한 수백 년간 내려온 '십육자게' 진의의 논쟁과 득실에 관하여 간결하게 결론을 짓고자 한다.

70) 대혜(大慧)는 『정법안장(正法眼藏)』에서 동산의 '오위송'을 해석할 때 '삼경초야명월전(三更初夜明月前)'은 '향백설흑(向白說黑)', '향백설흑(回互黑字)' 또 '실효노파봉고경(失曉老婆逢古鏡)'은 '향흑설백(向黑說白)', '회호백자(回互白字)'라고 잘못 해석했다고 주장하는데, 양자 모두 그렇게 어긋난 것은 아니다. 사실 동산은 이 구절의 원의가 '明中有暗, 暗中有明'이라고 하는데 희천 『참동계』가 말한 것과 서로 호응된다.

[그림 2-13]

넓게 보면 『주역』이 조동曹洞으로 유입된 것은 비단 동종사洞宗史의 대업大業일 뿐만 아니라 선종 가문門庭의 중대한 일이다. 그것은 이후 선종의 여러 측면에 영향을 끼쳤다. 여기에서는 두 가지 단서만 들어보기로 하자.

첫째는 선사들의 정신을 변화시켰다. 송대宋代 이후 선사는 인생 문제를 토론하다가 불교 교의를 역리易理에 융합시켜 자신들의 관점을 만들고 일상생활 속에서 내면적으로 깊이 성찰하여 근원을 연구하였다. 예를 들면 임제종 황룡파黃龍派 창시자인 황룡혜남黃龍慧南은 '인정人情'을 언급할 때 다음과 같이 말했다.

> 인정人情이라는 것은 세상의 복전福田이고 이理와 도道가 생기는 곳이다. 그러므로 시時의 막히고 통함否泰, 일의 손익은 반드시 인정에서 기인한다. 정情에 통함과 막힘이 있으니 비태否泰가 생기고 일에 두텁고 얇음이 있으면 손익이 생긴다. 오직 성인만이 천하의 실정을 통할 수 있다. 그러므로 『주역』의 64괘別卦는 건하곤상乾下坤上은 태泰라 하고 건상곤하乾上坤下는 비否라 한다. 그 취한 상이 손상익하損上益下면 익益이고 손하익상損下益上이면 손損이라고 한다. 대저 건은 천, 곤은 지가 되며 천이 아래 있고 곤이 위에 있으면 사실 자리가 어그러지는 것 같으나 도리어 태泰라고 말하는 것은 상하가 교류하기 때문이다. 주인이 위에 있고 손님이 아래에 처하면 의미가 순조로운 것 같

으나 오히려 비否라고 말하는 것은 상하가 교류하지 못하기 때문이다. 이로써 천지가 교류하지 못하면 만물이 자라지 못하고 인정이 교류하지 못하면 만사가 조화롭지 못하며 손익의 뜻 또한 이로부터 말미암는다. 대저 남을 위에 두는 것은 자기를 낮추어 아래에 두는 것이니 아래 사람들은 반드시 기뻐하여 위로 받들게 되니 어찌 익益이라고 말하지 않겠는가! 위에 처한 자가 아래를 멸시하여 자기 마음대로 하면 아래 사람들은 반드시 원망하여 위를 배반하게 되니 어찌 손損이라고 말하지 않겠는가! 그러므로 상하가 교류하면 태泰이고 교류하지 못하면 비否이니, 스스로 덜면 남이 불어나고 스스로 더하는 것은 남이 덜게 된다. 정情의 득실이 어찌 쉽겠는가!」[71]

이것은 상수역학으로 인정득실人情得失, 비태상생否泰相生, 손익후박損益厚薄, 흥폐상승興廢相乘의 이치를 진술하고 있는데 포함하고 있는 의미가 분명하고 시사하는 측면이 많다. 태괘泰卦䷊ 괘상卦象에 의하면 건괘乾卦의 2효가 곤괘의 5효로 올라가고, 곤괘의 5효가 건괘의 2효 밑으로 내려오기 때문에 천지가 교통交通하고 2효와 5효가 상응相應하는 것은 상하 교류의 형상이다. 그래서 안은 양陽이고 밖은 음陰이며, 안은 강건健하고 밖은 유순順하며, 안은 군자君子이고 밖은 소인小人이다. 양이 자라나 3효에 이르기 때문에 군자의 도는 늘어나고, 5효에 이르러 쾌괘夬卦䷪가 된다.

『역위건착도易緯乾鑿度』의 뜻에 따르면 쾌괘의 5효는 성인이 되기 때문에

71) 『황용혜남선사어록』, 『만속장경』 제120책 "人情者, 爲世之福田, 蓋理道所由生也. 故時之否泰, 事之損益, 必因人情. 情有通塞, 則否泰生; 事有厚薄, 則損益至, 惟聖人能通天下之情惰. 故易之別卦, 乾下坤上則日泰, 乾上坤下則日否; 其取像象損上益下則日益, 損下益上則日損. 夫乾爲天, 坤爲地, 天在下而地在上, 位固乖矣, 而反返謂之泰者, 上下交故也; 主在上而賓實處下, 義固順矣, 而反返謂之否者, 上下不交故也. 是以天地不交, 庶物不育, 人情不交, 萬事不和, 損益之義, 亦由是矣. 夫在人上者, 能約已以裕下, 下必悅而奉上矣, 豈不謂之益乎; 在上者蔑下而肆諸己, 下必怨而犯叛上矣, 豈不謂之損乎. 故上下交則泰, 不交則否, 自損者人益, 自益者人損. 情之得失, 豈容易乎!"

소인小人의 도는 줄어들어 소통通泰하는 데 걱정이 없다. 반대로 비괘否卦䷋ 괘상은 세 음이 양을 쇠하게 하므로 군자에게 불리하다. 건은 상승하고 곤은 하강하여 천지가 교류하지 않고 만물이 소통하지 않게 된다. 이로써 안은 음이며 밖은 양이고, 안은 유순하며 밖은 강직하고, 안은 소인이고 밖은 군자이다. 『역위건착도』는 비괘의 3효를 소인으로 본다. 음이 줄어들어 3효에 이르기 때문에 소인의 도는 늘어나며 5효에 이르러 박괘剝卦䷖가 된다. 그래서 군자의 도는 줄고 만사는 조화롭지 않게 된다.

이외에도 여수암일如水庵一 화상은 『주역』의 "군자는 우환을 생각하여 미리 예방한다君子思患而預防之"의 사상을 통하여 당시 불교 총림의 '결국 쓸데없는 겉치레에 길들여져 말단을 다툰다竟習浮華, 計較毫末'의 폐단을 지적하여 인생대환人生大患의 방비야말로 공을 세우고 이익을 취하는 것보다 훨씬 더 중요하다는 주장을 강조하였다. 이러한 주장들은 의미가 깊고 사람들로 하여금 진정으로 반성하여 뒤돌아보게 하려는 의도에서 나온 것이다.

둘째, 『주역』이 조동종으로 유입되면서 선학과 역학 두 영역이 서로 진일보한 발전을 하도록 촉진시켰다. 이런 관점은 당송에서 명明에 이르면 그 내용이 더욱 풍부해지고 범위 또한 날로 확대되었다. 명대 말년에 이르면 당시 사대부도 적극적으로 이런 경향에 참여하기 시작한다. 그들은 선禪에 입각하여 『주역』과 비교하였고 이 둘을 융합하는 각종 저작이 출현하였다. 고승 지욱우익智旭蕅益은 선과 『주역』에 관한 여러 학설을 수집하고 자신의 관점을 융합하여 『주역선해』를 지었다. 이것은 선학과 역학의 만남에 대한 종합적인 개론이다. 이후 『주역』에 해박한 선사가 많았지만, 이미 조사의 깨침 후의 점차적인 수행悟後漸修처럼 일상적인 것으로 변하여 서로 검증하고 대조하여 뜻을 밝히는 저술은 적었다.

5. 명말明末의 유불관계와 『주역선해周易禪解』

1. 명말의 유불관계와 『주역선해』의 성립

우익(藕益: 1599-1655)은 명말의 저명한 4대 고승 중의 한 사람이다. 그는 일생동안 불법의 연구, 실천과 전파에 주력하였으며 "여러 종파를 융합하여 정토淨土로 귀일시켰다."[72] 그렇다면 그는 무엇 때문에 역학과 관계있는 『주역선해』라는 책을 썼는가? 이것은 명말 유불 상호관계의 변화라는 측면에서 접근해야만 한다.

명조 중엽 이후 왕양명의 '심학' 유파는 이미 전성기에서 쇠퇴기로 접어들고 있었는데 이후 분위기는 드디어 선학으로 돌아왔다. 다시 한 대를 더 내려가 왕기王畿에 이르러서 그는 강설할 때마다 모두 선기禪機를 섞어서 말했다. 황종희黃宗羲는 '그가 양지良知를 곧바로 불성으로 간주한 것은 정확한 것'[73]이라고 했다.

72) 유풍(裕豐)의 『영봉종론(靈峰宗論)』 권14附 「발(跋)」 "融會諸宗, 歸極淨土."

73) 『명유학안(明儒學案)』 「사설(師說)」 「왕용계기(王龍溪畿)」 "直把良知作佛性看."

동문 제자인 왕간王艮도 그 이론이 고원高遠하여 불교와 도가에 출입한 것을 인정했다. 다시 주여등周汝登, 도망령陶望齡에게 재전再傳되었다. 도陶씨 또한 고승 주굉袾宏에게 귀의하여 제자가 되었으니 그의 사상 또한 미루어 짐작할 수 있다.[74] 이 후 도석령陶奭齡에게 삼전三傳되었는데 그 또한 선禪을 결합하였다.[75]

양명의 '심학'은 본래 선학의 영향을 받아들인 것이 적지 않았기 때문에 그 말류末流가 선으로 빠져든 것은 학설의 발전상 필연적인 결과였다. 유종주劉宗周가 임종을 맞이하여 "양지의 설은 선으로 흐르지 않는 자가 드물다"[76]라고 말한 바와 같다.

극좌파極左派인 안산농顏山農, 하심은何心隱, 등할거鄧豁渠 등을 거쳐 독자적인 일파를 우뚝하게 세운 이지李贄로 발전하였다. 무슨 일이든 과감하며 제멋대로 하여 일종의 '광선狂禪' 학풍을 형성하였으며 전통의 강상명교綱常名敎에 속박되지 않았다. 심지어 사회 하층민에게도 크게 유행하여 그 영향은 결코 과소평가할 수 없다.

이런 분위기에 호응하여 명대의 많은 봉건 사대부들이 속세를 떠나 선禪에 드나들고 유가와 불가 사이를 출입하며 더욱 선종을 좋아하게 되었다. 예컨대 초횡焦竑, 원굉도袁宏道, 도융屠隆, 확여직矍汝稷, 엄눌嚴訥, 장원張元, 육광조陸光祖 등 그들의 선공부 방식 또한 각양각색이어서 어떤 사람은 고승에 귀의하고, 또 어떤 이들은 존경받는 사람에게서 진리를 구하거나 혹은 선학에 몰두하거나 불학 전문서적을 저술하기도 했다. 어느 정도는 명대 말기의 불교를 부흥시키는 데 중요한 작용을 했다.

불교 쪽의 상황도 대개 이와 비슷하였다. 조정에서도 유가와 불가를 합

74) 팽소승(彭紹升)『거사전(居士傳)』권44,『만속장경』제149책.

75)『명사(明史)』권255「유종주전(劉宗周傳)」.

76)『명사(明史)』권255「유종주전(劉宗周傳)」"良知之說, 鮮有不流於禪者."

류하는 방향으로 흘러갔다. 명明 세종世宗 폐불 이후 옛날 서울에 승僧으로 넘치던 성세[77]는 다시 볼 수 없지만 불교가 처음으로 조정의 영향에서 벗어나 독립적인 발전의 길로 나아갔다.

명대 말년에 이르러 마침내 고승들이 배출되어 단기적인 불교 부흥 현상이 나타났다. 이때의 불교는 오랫동안의 곡절과 변천을 거쳐 법상法相의 차별을 타파하고 유불儒佛 합일의 불교로 나아갈 것을 결의했다. 이것은 당나라 말엽에 이미 맹아가 있었으며 중간에 송대 이학과 불학의 상당한 기간의 교섭, 격동과 숙성 과정을 거쳐 이 시기에 이르러서야 비로소 진정한 체계를 가진 사상과 환경적 기초를 다지게 되었다. 이에 몇몇 고승들은 앞다투어 책을 쓰고 설說을 세워 유, 불 합류를 크게 고취시켰고 이 당시 사대부들이 선禪을 벗어나려는 분위기와 서로 뒤섞여 명말 사상계 특유의 역사적 현상이 되었다. 그 대표적인 인물 중에 주굉袾宏, 덕청德淸과 우익蕅益이 있다.

유, 불 융합을 선양한 표시 중의 하나는 불교의 철학적 관점을 통하여 유가의 경전 혹은 교의를 해설하는 경우이다. 예를 들면 주굉의 『죽창이필竹窓二筆』에는 유가와 불교가 반드시 공존해야 한다는 관점을 곳곳에서 드러내고 있다. 그는 유가는 치세治世를 주로 삼고 생전에 선善을 향하도록 요구하는 것으로 바로 정면正面의 도道이고, 불교는 출세出世를 위주로 하여 사후死後에 선으로 돌아간다. 이것은 반면反面의 도라고 보았다. 이런 유가와 불교의 합일은 서로 큰 이점을 가질 수 있다고 보았다. 진정한 유학자眞儒는 불교를 믿을 뿐만 아니라 마땅히 몸으로 실천해야 한다는 점을 강조한다.

덕청德淸은 『논어해論語解』, 『대학결의大學決疑』, 『중용직지中庸直指』 등의 책을 저술하여 불교의 교의를 통해 유가 학설을 평가하였는데 입론立論이 온건하며 상당히 정밀할 뿐만 아니라 타당하다. 우익蕅益은 명대 최후의 고승으

77) 진원(陳垣) 『명계전검불교고(明季滇黔佛教考)』 권3 「사대부지선열급출가제십(士大夫之禪悅及出家第十)·왕원한(王元翰)」.

로 유, 불을 합류合流시키려고 쏟은 노력에서 자신의 특징이 크게 드러난다. 그는 '선禪을 통해 유儒에 들어가는' 방법을 채택하여 '유가를 끌어다가 선을 알려고 하는'[78] 목적을 이루었다. 그는 '오직 불교를 배운 후에 유학을 알고 또 오직 진유眞儒라야 불교를 배울 수 있다'[79]고 생각했다. 이러한 사상적 지도指導 하에 그는 각각 남명南明에서 복왕福王 홍광원년(弘光元年, 清 順治 2年, 公元1645년), 계왕桂王 영력永歷 8년(清 順治 11년, 1654년)에 『사서우익해四書蕅益解』, 『유석종전절의儒釋宗傳竊議』 두 권을 지었으며 당시의 유가와 불교의 교류에 대해 중요한 영향을 끼쳤으며 동시에 주목할만한 저작인 『주역선해』를 썼다. 지금 파악한 자료에 근거해 볼 때, 이 책은 중국불교사 속에서 모든 고승이 쓴 역학 전문 서적 중에 유일하게 완전한 형태로 현존하는 책이다.

주지하는 바와 같이 명조明朝 말년은 뇌풍상박雷風相薄**31**의 시대이며 이자성李自成, 장헌충張獻忠과 각지의 농민들이 폭동을 일으키니 명 왕조는 완전히 풍전등화의 상태에 놓여 있었다. 우익蕅益에 의하면 '삼성(三聖:유불도)과 백성이 다함께 겪는 고난의 시기'[80]라고 말했다. 사대부들은 대개 우환憂患의 길을 밟았기 때문에 역학을 연구하는 풍토가 널리 퍼져 진퇴존망의 도道를 탐구했다. 불학과 역학은 다 같이 우환의 학문에 속하고,[81] 자연히 사대부의 호신부護身符가 되었다. 따라서 많은 역학 저술 중에 선禪을 통해 『주역』을 해석하는 저작이 유달리 사람들의 이목을 끌었던 것으로 보인다. 청대清代의 『사고전서총목四庫全書總目』에 "명말 심학心學이 횡류橫流하니 대저 광선狂禪으로 『주역』을 해석하였다"[82]는 것은 정확히 사실에 부합되는 말이다.

78) 우익 『주역선해(周易禪解)』 권수(卷首) 「자서(自序)」.

79) 우익 『영봉종론(靈峰宗論)』 권칠지사(卷七之四).

80) 『주역선해』 권9 「역해발(易解跋)」.

81) 전기박(錢基博) 『주역위우환지학(周易爲憂患之學)』, 『주역연구논문집(周易研究論文集)』 제3집, 북경사범대학출판사 1990년판.

82) 『사고전서총목(四庫全書總目)』 권8 「경부(經部). 역류존목이(易類存目二)」.

사대부가 선으로 『주역』을 해석하는 연원은 남송시대의 왕종전王宗傳과 양간楊簡까지 거슬러 올라갈 수 있다. 본래 송대 유가의 『주역』 해석은 이전의 해석 방법을 완전히 버리고 왕필을 조종祖宗으로 삼았으나 북송 시기의 호원胡瑗, 정이程頤는 의리義理를 존숭하여 인사人事로 돌아가니 얕고 비근하나 매우 순수하고 진실하다.

왕종전이 지은 『동계역전童溪易傳』은 왕필을 숭상하지만, "그 책은 오직 마음의 깨달음에 근거하여 상수의 폐단을 힘써 배척하고其書惟憑心悟, 力斥象數之弊", 또 "성性과 천天을 탐색하여 높고 깊은 것 같으나 공허하고 요원한 측면이 있다"[83]고 하였다. 그것에는 선학禪學의 영향이 있어서 호원, 정이 두 사람과는 또 다른 길이다. 이러한 사상의 유래는, 『사고전서총목』에 의거하여 판단해보면, 실제 심작철沈作喆의 영향을 받은 것과 관련이 있다. 심작철은 남송 소흥 5년(1135) 진사에 올랐으며 왕종전보다 약간 빠르며 일찍이 불학을 종지로 삼고 준비하여 『우간寓簡』이란 책을 써서 역리易理를 드러내었지만 애석하게도 그 책은 아직 편집되지 못하였다.

양간楊簡은 왕종전과 마찬가지로 송 효종孝宗 때 사람이며 관직은 보모각학사寶謨閣學士, 대중대부大中大夫까지 올랐다. 그의 학문은 육구연陸九淵에서 출발하였기 때문에 그의 『주역』 해석은 '인심人心을 주로 삼았으며 상수사물象數事物은 모두 소략했다.'[84] 그의 저작 『양씨역전楊氏易傳』의 취지 또한 대체로 왕종전의 관점과 유사하다. 왕종전은 지위가 낮고 그가 한 말도 다른 사람들의 주목을 크게 끌지 못했기 때문에 그의 책은 널리 유행하지 못하였다. 그러므로 당연히 그 영향 역시 제한적이다.

양간은 상산象山 계열의 제자로 분류되었고 지방에서 관직을 역임하였지만 공적이 쌓여 남송의 명신名臣으로 인정되어 명성이 명말까지 미쳤다. 심성心

83) 『사고전서총목(四庫全書總目)』 권3 「경부(經部). 역류삼(易類三)」 "索諸性天, 故似高深而幻窅."

84) 『사고전서총목』 권3 「경부(經部). 역류삼(易類三)」 "以人心爲主, 而象數事物皆在所略."

性으로 『주역』을 해석하는 그의 사상은 유행되어 사대부들이 앞다투어 모방하는 하나의 전형이 되었다.

만력萬曆 시기의 진사이자 광서廣西의 포정사참정布政司參政인 소준蘇濬이 먼저 『주역명명편周易冥冥篇』 4권을 지어 호응했다. 이 책은 다만 『주역』 64괘 및 「계사전」과 「설괘전」만을 해석하고 「서괘전」과 「잡괘전」은 빼버렸다. 그 "요지는 왕필의 허무虛無의 설을 주로 하여 모두 심학으로 돌아간다."[85] 예를 들면, 〈건괘乾卦〉 효사 '잠겨 있는 용은 쓰지 말라潛龍勿用'를 '심心의 적연부동寂然不動'으로 해석하고 또 '끝과 시작을 크게 밝힘大明終始'을 '마음의 영명불매靈明不昧'로 이해하며, 「계사전」 말미에서 '망언忘言을 목표로 한다'32라고 주장하고 있다. 그 속에 내포되어 있는 선종의 냄새는 왕종전이나 양간 두 사람에 비해 훨씬 더 짙다.

이후 초횡焦竑은 『역전易筌』 6권, 『부론附論』 1권을 지어 소준을 이었다. 초횡은 재주가 뛰어나 만력 기묘년 진사시에서 장원에 올라 한림원翰林院 수찬修撰에 제수되었으며 얼마 안 되어 동궁강독관東宮講讀官에 임명되었다. 그 책들에는 불교와 도가사상이 『주역』으로 깊이 스며들어 있다. 당시 사람들이 선학으로 서로 비판하였는데, 이를 보면 그 사상 경향이 무엇인지를 대강 볼 수 있다.

이 당시 선학으로 『주역』을 해석하는 데 가장 힘을 쓴 사람은 만력萬曆 시기의 거인擧人33인 방시화方時化를 들 수 있다. 그는 모두 여섯 권의 역학易學 전문서적을 썼으며 그 가운데 『역인易引』 9권, 『주역송周易頌』 2권, 『역학술담學易述談』 4권, 『역통易通』은 체계가 각각 다르다. 어떤 것은 전후로 역리를 폭넓게 논하고 중간에 각 괘마다 한 편씩 「계사전」 각 장을 넣어 다룬 것도 있다. 또 어떤 것은 맨 앞과 끝에 상수象數를 대략 논하고 중간에 각 괘마다 하나의 송頌을 붙였다. 그 형식은 『초씨역림焦氏易林』을 모방한 것 같고, 주돈이의 『통

85) 『사고전서총목』 권8 「경부(經部). 역류존목이(易類存目二)」 "大旨主王弼虛無之說, 一切歸之於心學."

서通書』(원명은 『역통易通』)와 장재張載의 『정몽正蒙』의 설을 취하여 역리易理를 밝혔다. 그 요지는 불경佛經으로 『주역』을 해석하였고 모두 선기禪機를 주로 삼았다.[86]

서세순徐世淳의 『역취易就』 6권은 표면적으로는 유가의 어록으로 보이지만, 실제로는 선가의 기봉機鋒과 매우 비슷하며 또한 선종의 이치와 『주역』의 의리를 융합하여 새로운 뜻을 드러낸 저작이다. 명말의 심학이 선으로 흘러가고 국가의 내우외환이 가중되면서 사대부들이 대부분 선학으로 『주역』을 해석하는 것은 이 시대의 산물이며 결코 이상한 것은 아니었다.

봉건 사대부들이 역학을 탐구하는 풍조가 일어나는 가운데 불교의 승려들도 이러한 측면에 노력을 기울이기 시작했다. 하지만 대다수는 논의가 평범하여 별 성과가 없었다. 고승 자백紫柏은 『해역解易』이란 글을 지어 불교의 '무상無常'의 뜻으로 『주역』의 '이사理事', '성정性情', '괘효'를 자유롭게 논한 후에 또 『주역』의 대유괘大有卦, 서합괘噬嗑卦, 정괘井卦, 함괘咸卦, 간괘艮卦, 태괘泰卦, 점괘漸卦 등의 여러 괘와 「계사전」의 뜻을 주석하였다. 사상이 날카롭고 명쾌하여 논의된 내용들이 『주역』의 이치에 잘 부합하고 있다.

그 중에 점괘漸卦의 괘의卦意로써 설두지감雪竇智鑒의 "분별심을 일으키지 않으면, 만법은 허물이 없는 본래상태로 돌아갈 수 있다心不生, 萬法無咎"를 해석하였고 점괘漸卦 괘의卦義를 가지고 여산혜원廬山慧遠의 '(기초가 없으면) 일단 동정 속에 약간이라도 발을 디디면 산이 허물어지는 상태가 되어버린다'[87]의 뜻을 비유하였는데, 매우 주도면밀하였다. 이러한 관점은 큰 편제篇製는 아니지만 앞에서 말한 사대부가 선으로 『주역』을 해석하는 것과 마찬가지로 우익蕅益이 『주역선해』를 쓰는 데 중요한 조건이 되었다.

숭정崇禎 14년(1641) 우익은 떠돌다가 복건성福建省 온령溫嶺에 와서 겨울을

86) 『사고전서총목』 권8 「경부(經部). 역류존목이(易類存目二)」 "總以禪機爲主."

87) 『자백존자전집』 권21. 『만속장경』 제127책 "一微涉動靜, 成此頹山勢."

보내려고 준비했다. 그는 『주역』에 대한 깊은 연구가 있었기 때문에 역도易道에 정통한 대부분의 사람들은 모두 그를 존경했다. 어느 날 곽郭씨 성을 가진 사람이 와서 역학과 관련된 문제를 물었다. 면담 후 그는 출가한 사람들도 유학을 알고 『주역』을 이해할 수 있다면 능히 유자儒者들에게 기쁨을 주니[88] 불교를 전파하는 데 유리하다고 생각했다. 이 때문에 그는 전인前人들의 사상 성과를 종합하고 자신의 생각을 결합시켜 열심히 연구하기로 결심했다.

우익은 먼저 「계사전」 등 오전五傳, 즉 「단전彖傳」 「상전象傳」을 제외한 십익과 상경上經을 먼저 저술했다. 하경下經은 아직 해석이 안 된 부분이 절반이 되었고 다른 곳의 초청에 응하다 보니 중단되어 한번 손을 놓자 이내 삼년이 훌쩍 지나가 버렸다. 그간 나라의 형세가 크게 바뀌어 만청滿淸 통치자들은 이미 명明 왕조를 대신하여 천하를 통치했다. 우익이 말한 "복건에서 오吳에 이르러 땅은 삼천리에 불과하고 신기辛己년 겨울에서 지금 여름까지 일천이백여 일에 불과한데, 세상사는 천차만별한 몽환과 같다"[89]는 언급은 바로 이것을 암시적으로 가리키는 것이다. 그러나 전쟁은 여전히 계속되었다.

청淸 순치順治 2년(1645) 봄, 우익은 병사들에 의해 석성石城에 잡혀서 빠져나올 힘이 없었다. 그는 명나라의 멸망이라는 슬픔을 당하였고 세상사가 천변만화하여 기미를 예측할 수는 없지만 변하지 않는 것은 '옛날과 똑같다'는 것을 깊이 깨달았다. 이 해의 여름은 엄청나게 더웠으나 그는 여전히 하루 종일 사람들과 함께 천태지관天台止觀의 법문을 토론할 수 있었다. 동시에 삼년 전 못다 한 일을 쉬지 않고 부지런히 진행했다.

88) 우익 『주역선해』 권수 「자서(自序)」.

89) 『주역선해』 권9 「역해발」 "從閩至吳, 地不過三千里餘里, 從辛巳冬至今夏, 時不過一千百餘日, 乃世事夢幻, 蓋著不啻萬別千差."

2. 우익蕅益의 역학사상

우익의 역학 사상은 『주역선해』 속에 집약적으로 반영되어 있다. 그 책은 모두 10권으로 되어 있으며 1권에서 4권까지는 상경上經을 해석하였고 5권에서 7권까지는 하경下經을, 8권은 「계사상전繫辭上傳」을, 9권은 「계사하전繫辭下傳」, 「설괘전」, 「서괘전」, 「잡괘전」을 해석하고 10권은 도설圖說에 해당된다. 그 내용의 가장 두드러진 특징은 불교를 끌어다 『주역』을 해석했고 유가와 불교를 융합하여 역리를 밝혀낸 것이었다. '유학을 끌어다 선을 이해하는誘儒知禪' 목적은 불교를 널리 알리는 하나의 수단이었다.

역학의 원류에 대해 그는 "사람들에게는 세 성인이 바뀌었고人更三聖, 세상은 삼고 시대가 지났다世歷三古"는 전통적 관점을 돈독히 믿었다. 또한 「설괘전」은 공자의 관점이 아니라 '고루하고 완고한 유자의 견해'[90]라고 주장한 구양수歐陽修를 통렬히 비판했다. 그는 공자가 지은 「단전」의 의도에 대해 "이것은 '문왕文王의 단사彖辭'를 해석한 것이며 '문왕의 말 가운데 심오한 뜻을 밝혔거나 문왕의 언외言外의 뜻을 일일이 드러낸 것이다. 문왕의 어구語句를 빌려 스스로 별도의 오묘한 의미를 드러낸 것이니 일률적이지 않다"[91]고 보았다.

그는 『주역』을 해석할 때 의리를 절묘하게 이용하는 것을 매우 중시하여 괘효사卦爻辭 본의의 탐구를 비교적 적게 하였다(때로는 심지어 괘효사를 탐구하지도 않았다). 유가의 이론과 불교의 교의敎義를 융합한 해석을 발휘하여 모두 빼어난 의미들을 풀어내었다. 만약 『주역』 원리에 대한 깊은 수양이 없었다면 이와 같은 원융무애圓融無礙한 경지에 도달할 수는 없었을 것이다. 이런 문제들을 아래에서 몇 가지로 나누어 살펴보기로 하자.

90) 『주역선해』 권9 "腐儒之見."

91) 『주역선해』 권1 "或闡明文王言中之奧, 或點示文王言外之旨, 或借文言句而自出手眼, 別申妙義, 事非一概."

역리설易理說

우익은 어릴 때 이학理學을 높이는 것을 천고千古의 임무로 삼았으며,[92] 송명 이학에 깊이 감화되었다. 이 점은 역리설易理說에서 비교적 명확히 드러나고 있다. 예를 들면, 그는 천지만물의 본원은 역리이기 때문에 역리가 첫 번째에 위치하며 심지어 태극太極보다 선재先在한다고 생각한다. 그는 다음과 같이 말하고 있다.

> 역리易理로 인해 건곤乾坤이 있다.[93]

> 역리로 인해 비로소 천지만물이 있다.[94]

> 역에는 태극이 있고 역리는 본래 태극보다 선재先在한다.[95]

이러한 주장은 분명히 주돈이의 '무극이태극無極而太極'설의 영향을 받아 탄생한 것으로 보인다. '역리' 개념의 명명命名은 정이천의 『역전』 가운데 "리가 있은 후에 상이 있다有理而後有象", "리理는 천지의 도를 포함할 수 있다"는 등의 여러 설과 관계가 있다. 역리가 태극, 양의, 사상, 팔괘와 만사만물보다 선재한다고 해석할 때, 그는 태극 안에 이미 양의의 '상대적인 기미'를 함유하고, 양의 안에 이미 사상의 동정動靜을 포함하고, 사상 안에 팔괘의 '완전한 체용體

92) 『영봉종론』 권육지이(卷六之二) "幼崇理學, 千古爲任."

93) 『주역선해』 권8 "因易理而有乾坤."

94) 『주역선해』 권8 "因易理方有天地萬物."

95) 『영봉종론』 권삼지이(卷三之二) 「답문이(答問二). 성학개몽답문(性學開蒙答問)」"易有太極, 易理固在太極之先矣."

用'[96]을 구비하고 있다고 보았다.

이러한 태극 안에 양의를, 양의 안에 사상을, 사상 안에 팔괘를 함유한다는 사상 또한 주돈이의『태극도설』에서 말하는 "무극이면서 태극이니, 태극이 움직여 양을 생하고, 움직이는 것이 지극해서 고요하며, 고요함이 음을 낳고, 고요함이 지극하면 다시 움직이나니, 한번 움직이고 한번 고요한 것이, 서로 그 뿌리가 되고, 음으로 나뉘고 양으로 나뉘어, 양의가 생겨난다.太極動而生陽, 動極而靜., 靜極生陰, 靜極復動. 一動一靜, 互爲其根. 分陰分陽, 兩儀生焉."의 관점을 직접 계승하여 발전시켜 온 것이다. 우익의 이러한 논의는 청대 왕부지의 "태극이 바로 양의이고, 양의가 바로 사상이고, 사상이 바로 팔괘이다"[97]라는 관점에서 말하는 태극, 양의, 사상, 팔괘를 합해 하나로 삼는 사상이 출연하게 되는 중요한 계기를 제공했다.

우익은 유가와 불교 모두에 정통하였으며, 그가 이학의 명칭과 사상을 운용하는 최종 목적은 하나 같이 불교를 전파하기 위한 것이었다. 역리의 두 번째 특징을 말할 때 그는 역리易理에 농후한 불교적 색채를 부여했다. 그는 역리는 우주 천지의 본체일 뿐만 아니라 어느 곳에도 있으며, '천지 이전에 이미 있었으며 또한 천지 만물의 처음과 끝에 이르기까지 관통한다'[98]고 생각하였다. 더 나아가 본체론의 관점에서 말하면, 역리는 인연에 따르지만 그 성性은 변함없이 맑고 항상 고요하다.

현상론現象論의 입장에서 말하면, 역리는 그 본성이 변하지 않고 천지만물을 파생시킨다. 천天이 그것을 얻어서 천의 도道를 세우고 지地가 그것을 얻어서 지의 도를 세우고 사람은 그것을 얻어서 사람의 도를 세운다. 이것이 천, 지, 인 '삼극三極의 도'이며 곧 일一이면서 삼三이며, 삼三이면서 일一인 것은 모두

96)『주역선해』 권8 "全體全用."

97)『주역비소(周易椑疏)』 권3 "太極卽兩儀, 兩儀卽四象, 四象卽八卦."

98)『주역선해』 권8 "在天地之先, 亦實徹於天地萬物之終始."

『주역』의 지극한 이치이다. 불교의 명언名言을 사용하여 말하면, "인연에 따르면서도 변하지 않고 변하지 않으면서도 인연을 따르는 것隨緣不變, 不變隨緣"이라 한다. 이 말은 『대승기신론』에 근거하나 후에 화엄종을 주장하는 사람들이 이어받아 '진여연기眞如緣起(혹은 '법계연기法界緣起'로도 칭함)'의 이론을 설명하는 데 사용되었다.

우익은 이러한 '역리'의 명칭을 차용하여 "진여는 인연에 따라 만법을 낳는다眞如隨緣生萬法"의 내용을 선양하고 적절히 바꾼 것 같다. 동시에 그는 또한 진여와 같은 뜻의 '불성佛性'이란 말을 '역리'의 대명사로 사용한다. 예를 들면, "시험 삼아 세간의 만물을 살펴보면 어느 것 하나라도 진실상주하는眞常 불성에 따라 서지 않는 것이 있는가? 만약 불성이 없다면 이미 삼천성상三千性相**34**도 백계천여百界千如**35**도 없다." "불성이 상주하는 이치는 두루 백계천여百界千如의 법을 출생하고 성취할 수 있지만 실제 능생能生, 소생所生, 능리能利, 소리所利가 없다. 간단명료하게 말해, 변하지 않으면서 인연에 따르는 것이며, 인연에 따르지만 변하지는 않는다"[99]는 것이 바로 분명한 예이다.

그가 역리를 진여眞如, 불성佛性 등의 개념과 동일시하는 목적은 불교 '만법유심萬法唯心'의 교의를 밝히고 역학을 불학 안으로 융합하여 최종적으로 역학을 동화시켜 불교 이론을 널리 보급하는 도구로 삼기 위한 것이다. 진여, 불성, 진심眞心, 자성自性, 심자성心自性 등의 불교 개념은 모두 뜻은 같고 이름만 다르다. 즉 대상에 따라 이름이 다르게 사용된 것이다. 그래서 만사만물은 "모두 심心의 망동망정妄動妄靜에서 벗어나지 않는다."[100] "일사일물一事一物이라도 곧 심자성心自性으로 돌아가지 않음이 없다."[101] 이렇게 말하는 것은 여전히

99) 『주역선해』 권1 "佛性常住之理遍能出生·成就百界千如之法, 而實無能生·所生·能利·所利. 以要言之, 卽不變而隨緣, 卽隨緣而不變."

100) 『주역선해』 권8 "皆不出自心之妄動妄靜."

101) 『주역선해』 권1 "無有一事一物而不會歸於卽心自性也."

동일한 의미를 가진다. 이것은 『주역선해』에 '역리易理' 외에도 여전히 '성性', '불성', '심성', '진심'과 '심내心內', '성외性外' 등 여러 개념들이 있다는 것을 말해 주는 것이다. 그것들은 모두 '역리'와 같기 때문에 "만물에 즉卽하지 않고 또 만물에서 떨어지지도 않는다."[102]

역리의 세 번째 특징은 역리易理가 역서易書가 됨은 '일용의 미미함微을 관통할 수 있기'[103] 때문이라는 것이다. 우익은 역리가 결코 하나의 불변의 법을 이루는 것이 아니라 "변동은 구속되지 않고 육허六虛를 두루 유행한다. 계계界界마다 서로 갖추고 법법法法마다 서로 융합한다"[104]는 것이다. 마치 화엄의 경지가 일반적으로 원융무애한 것과 같다. 그래서 그 덕용德用 또한 인자仁者는 그것을 인仁이라고 하고 지자智者는 그것을 지知라고 하고 백성은 날마다 써도 알지 못한다.

성인이 『주역』을 지은 이유는 사람들에게 길흉회린吉凶悔吝의 상象을 보여 '내외內外를 밝히는 기틀'을 마련하고 동시에 '우환의 길을 명시하고 또 우환의 원인을 감당하여'[105] 사람들로 하여금 변화를 만나도 놀라지 않고 흉을 만나면 길로 바꾸는 것에 있다. 인간은 『주역』의 괘효사가 제공한 방법에 따라 자세하게 헤아려, 움직이지 않을 때는 상象을 관찰하고 움직이면 변화를 관찰하며 아울러 몸소 실천하면 곧 일용간의 역리의 묘용을 깨달아 얻는 바가 끝이 없게 된다. 그 가운데 진퇴응변의 도道야말로 이러한 점을 대표할 수 있다.

우익은 세간의 일반인은 나아갈 줄은 아나 물러설 줄 모르며, 또는 물러설 줄은 알지만 나아갈 줄 모르는데, 이것은 그들이 진퇴응변進退應變의 도리를 알지 못한 것이라고 생각하였다. 자벌레尺蠖가 굽히는屈 목적은 '펴는 데申'

102) 『주역선해』 권9 "不卽萬物, 亦不離萬物."
103) 『주역선해』 권8 "貫乎日用之微."
104) 『주역선해』 권9 "變動不拘, 周流六虛. 界界互具, 法法互融."
105) 『주역선해』 권8 "明示憂患之道, 及所以當擋憂患之故."

있고 용과 뱀龍蛇이 칩거하는 뜻은 떨치는 데 있다. "세간의 삼도三道는 오래되면 반드시 변한 후에야 통하고 나아가려면 반드시 물러난 후에야 오래갈 수 있다."[106] 만약 난세에서 생존하려면 반드시 변화에 대응하여 진퇴를 자유롭게 하여 난관을 돌파하여 걱정을 없앤다.

우익은 사람들에게 이렇게 말했다. '재주와 지위가 낮고', '유약한 이가 아래에 거하는' 때에는 결코 경거망동할 수 없고, 응당 '굳게 지키는 것이 타당하다.' 또 덕에 나아가 업을 닦고 부단히 역량을 쌓고 '도를 배양하고養道' '때를 기다려야 하며待時' '조용히 지내면서 뜻을 구하고 의를 행하여 도를 이룬다는 것'을 반드시 알아야하니, 군자는 이것을 마음에 새기지 않을 수 없다.

오직 물러나 수양하는 공부가 정밀해야만 마음에 강중剛中의 덕德이 보존된다. 또 자리에 처하면 천시天時, 지리地利 여러 요소들이 다 갖추어진 후에야 비로소 크게 한번 도모할 수 있다. 당연히 충직하고 곧고 바름을 지키고, '안으로 성실하여 밖으로 드러내는誠內形外' 것도 여전히 없어서는 안 되는데, 이와 같이 일은 단번에 얻을 수는 없지만 허물과 해가 끝까지 없다면 성공은 머지않아 실현된다고 하였다.

이외에도 그는 '멀리 피하는遠遯' 방법을 특별히 언급했다. 그는 "나아갈 줄만 알고 물러설 줄 모르면 반드시 피해를 입는다"[107]고 하였다. 이 때문에 '위험은 곧 멈추라는 것을 가리키며', '기미는 범하지 말라는 것을 가리킨다'는 교훈은 아주 중요하다. 필요하다면 오히려 '밝음이 땅속으로 들어가' 깊이 숨어 드러나지 않아야 한다. 상조商朝의 태공太公, 백이伯夷가 주왕紂王의 해를 피하기 위해 마치 나는 새처럼 '먼저 날개를 펴서' 그 나는 모습을 드러내지 않고 외유내강하며 빛을 감추고 어둠에 숨어 기회를 기다렸다. 일단 "신속히 행

106) 『주역선해』 권5 "夫世間之道, 久則必變而後通, 進則必退而後久."

107) 『주역선해』 권5 "知進而不知退, 則必有傷."

동하여 삼 일 동안 밥 먹을 겨를이 없었다."[108] 그는 이것은 『주역』이 곤경에 빠진 사람에게 제공하는 몸을 온전히 하고 해를 멀리하는 유효한 방법이라고 보았다.

관리의 도에 대해서도 우익은 자신의 견해를 가지고 있다. 관리는 위로는 임금을 받들고 아래로는 백성을 다스리는데, 부지런하고 성실하며兢兢業業 "수고로우나 원망하지 않고 바라지만 탐하지 않는다면, 족히 백성에게 믿음을 얻을 수 있다"고 말한다. 그는 또 시자侍는 상사上司를 받드는데, 마치 천지귀신에게 제사지내듯이 정성을 다해야 한다. "제사는 그 정성이지 제물이 아니다.享以其誠, 不以其物"라고 하여 마음의 정성이 중요하지 제수의 많고 적음에 있지 않다고 말한다. 이 때문에 백성을 괴롭혀서 봉사 받고 백성을 수고롭게 하고 재물을 축내는 일은 세상에 손해를 끼친다. 공公에게는 손해되고 사私를 살찌우는 일은 결코 해서는 안 된다. 관리의 만연한 부정부패는 명明 왕조 멸망의 중요한 원인 중의 하나이다. 우익은 이 점을 강하게 지적하였는데 논의가 매우 훈계적이다. 이 점은 오늘 날에도 참고할만한 가치가 있다. 하지만 당시의 시대적 조건에서는 이러한 경고가 무력했다는 것은 사실이다.

대략적으로 정리하면, 역리는 광대하고 "원근에 통하며 사리를 갖추고 범성凡聖을 통괄한다."[109] 그의 이러한 전체적 결론 또한 평범하지 않은 특징을 가지고 있다.

유儒, 불佛, 『주역』의 사덕설四德說

유, 불의 조화론造化論은 위진 남북조 시기에 이미 그 단서가 드러나고 있다. 그 표현방식 중의 하나는 유가와 불교가 윤리 방면에서 일치하고 있다

108) 『주역선해』 권5 "及行之速, 則三日而不遑食."

109) 『주역선해』 권8 "徹乎遠邇, 該乎事理, 統乎凡聖."

는 점을 선전하는 것에 있다. 본서 1장 2절에서 기술한 담정曇靖이 지은 『제위파리경』에서 불교의 오계五戒 및 오방五方을 유가의 오상五常과 서로 배합시킨 것이 하나의 좋은 예이다. 북제北齊의 안지추顔之推는 오계를 오상에다 직접 갖다 붙였다. 그는 다음과 같이 말했다.

> 내외(內外: 佛,儒) 두 교는 본래 하나이다. 점차 서로 차이가 생겨 깊고 얕은 것이 다르게 되었다. 내전內典은 처음에 다섯 가지 계율을 세웠는데 외전外典의 인, 의, 예, 지, 신은 그것과 부합된다. 인仁은 불살不殺의 금기요, 의義는 불도不盜의 금기요, 예禮는 불사不邪의 금기요, 지智는 불주不酒의 금기요, 신信은 불망不妄의 금기이다.[110]

내전內典은 불교 경전을 가리키고, 외전外典은 유가의 경전을 말한다. 인의예지신의 오상五常을 불살생, 불투도, 불사음, 불음주, 불망어 오계五戒에다 배치시킨 것은 합당하다고 할 수 있다. 이후 수대隋代의 천태지자天台智者, 만당晩唐 시기의 규봉종밀圭峰宗密과 북송의 설숭契嵩 등은 모두 이러한 설을 자주 인용하였다. 특히 종밀은 『열반경』, 『승만경』, 『원각경』 등의 경전을 주해할 때도 역시 『주역』의 원리를 이용하여 설명하였다. 그 가운데 건괘의 원형이정 사덕四德을 불교의 상락아정常樂我淨의 사덕과 대응시켜 이 둘의 의미가 대체로 같으며 서로 표리 관계를 이룬다고 주장했다.[111]

우익은 상술한 여러 설을 소화, 흡수하고 개조하여 유가, 불교, 『주역』의 사덕설을 제시했다. 『주역』 건괘乾卦의 종지宗旨를 전체적으로 논할 때 그는

110) 『안씨가훈(顔氏家訓)』 권5 「귀심편(歸心篇)」 "內外兩教, 本爲一體, 漸積爲異, 深淺不同, 內典初門, 設五種禁, 外典仁·義·禮·智·信, 皆與之符, 仁者, 不殺之禁也; 義者, 不盜之禁也; 禮者, 不邪之禁也; 智者, 不酒之禁也; 信者, 不妄之禁也."

111) 이 책의 제3장 제3절 참조 바람.

다음과 같이 풀어내고 있다.

> 건乾을 통해 용맹하고 무너질 수 없는 불성을 나타내고, 원형이정으로써 불성이 본래 갖춘 상락아정의 사덕을 나타내며 불성은 반드시 상常이며 상은 반드시 사덕을 갖추고 있다.[112)]

이것은 건괘의 사덕과 불성의 사덕이 서로 비슷함을 말한다. 이어서 그는 또 건괘의 사덕을 유가의 인의예지 사덕에 배치시킨다. 그런 후에 다시 유가의 사덕과 불성의 사덕을 해석하고 확인하는 작업을 했다.

> 원형이정 사덕을 만약 유가의 이치로 말한다면 인의예지가 된다. 대충 대조하면 인仁은 상덕常德인데 체體가 변하지 않기 때문이며, 예禮는 낙덕樂德인데 장엄함을 갖추고 있기 때문이며, 의義는 아덕我德인데 재제함이 자재自在이기 때문이며, 지智는 정덕淨德인데 흐리고 막힘이 없기 때문이다.[113)]

위에서 보듯이 건괘의 사덕과 불성佛性의 사덕의 배치를 유가의 사덕과 불성의 사덕의 배합이라는 것과 비교해보면 약간의 차이가 있다. 전자의 배치는 건괘를 불성과 동일시하는데 두 사덕을 두 개의 전체라는 전제 하에서 대비한 것으로 볼 수 있다. 이것은 우익이 종밀의 사상을 받아들인 것과 관련된다. 예를 들면, 건괘와 원형이정의 사덕의 관계에 대한 이해라고 볼 수 있다. 그는 "사덕은 하나로 관통하고 있으며 통괄하여 건도에 속하는 것으로 네 가

112) 『주역선해』 권1 "以乾表雄猛不可沮壞之佛性, 以元亨利貞表佛性本具常樂我淨之四德, 佛性必常, 常必備乎四德."

113) 『주역선해』 권1 "元亨利貞四德也, 今以儒理言之, 則爲仁義禮智. 若一往對釋者, 仁是常德, 體無遷故; 禮是樂德, 具莊嚴故; 義是我德, 裁制自在故; 智是淨德, 無昏翳故."

지로 분립되어 있는 것은 아니다.四德一以貫之, 統惟屬乾, 而非判然四物也." "원元자 한 자를 들어 사덕을 통괄한다."114)라고 하였다. 불성의 사덕 또한 이와 같고 "불성은 반드시 상常이며 상은 반드시 사덕을 갖추고 있다.佛性必常, 常必備乎四德." 이것은 종밀이 말한 건의 덕은 무량무변無量無邊하지만, 그 실체는 원형이정 사덕 안에 포함되며, 부처의 덕은 무량무변하지만 그 실체는 상락아정 사덕 안에 포함된다는 것과 조금도 다르지 않다. 이 때문에 건괘의 사덕과 불성 사덕의 전체 배치는 다음과 같다.

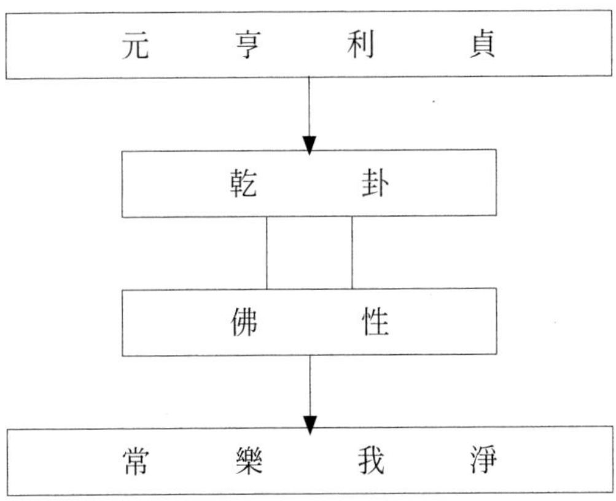

[그림 2-14]

그러나 유가의 사덕과 불성 사덕의 배치는 이와 같지 않다. 우선 유가와 불성을 완전하게 동일시할 수는 없다. 그 다음 이 둘 사이의 중점은 사덕 개체 간의 비부比附, 융관融貫에 있다. 우익은 이렇게 한 이유를 설명하는데, 예를 들면, 인仁과 상常, 예禮와 악樂, 의義와 아我, 지智와 정淨을 서로 배치하고 있다. 구

114) 『주역선해』 권1 "擧一元字, 必統四德."

체적으로 말하면 다음과 같다. 인은 (삶에 대한 존재적 집착에 대한 미련을) 버리지 않아서 상常과 부합한다. 예는 (자신의 욕망을) 엄숙하고 장엄하게 표현하여 악과 부합한다. 의는 사사로운 자신을 넘어서는 것으로 이는 불교에서 중생들이 아我가 있는 것으로 생각하는 관점과 부합한다. 어리석지 않고 지혜로운 사람은 자성이 청정한 사람으로 불교에서 말하는 정淨과 부합한다. 이로부터 유가와 불성은 전체 이론상으로 완전히 일치하지 않지만 어떤 개별적인 의미상에서는 분명히 소통되고 동일성을 가지고 있다는 점에서는 문제가 없는 것으로 보인다.

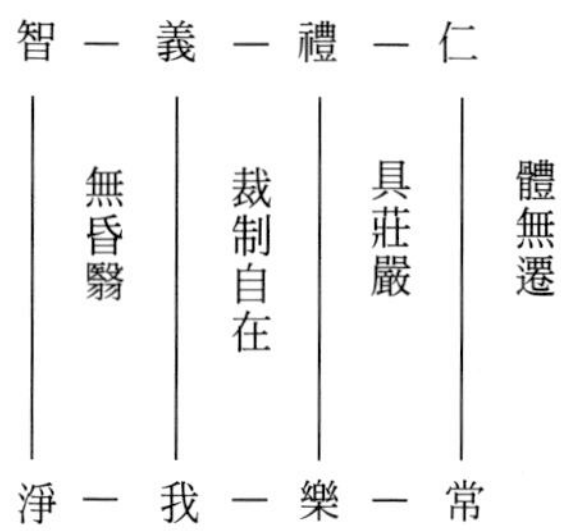

[그림 2-15]

유가의 사덕과 불성의 사덕四德의 또 하나의 특징은 개별적 의미가 서로 융통될 수 있을 뿐만 아니라 또한 인의예지의 각 개체와 불성 사덕 전체, 인의예지 전체와 불성 사덕 개체 간에 상호 포함하고 서로 융합하는 관계가 존재한다고 보았다. 우익은 "인의예지의 성性은 항상적이기에 상常이며, 인의예지는 쓰임이 있기 때문에 락樂이며, 인의예지는 자유롭고自在 만족하기에 아我이며 인의예지는 깨끗하고 때가 없기에 정淨이다. 또 사덕은 순수하기에 인仁이 되며, 사덕은 두루 갖추기에 예禮이며, 사덕은 서로 포섭하기에 의義이며, 사덕이 일체법의 근본이기에 지智가 된다”[115]라고 했다. 도형으로 나누어 표시하면 다음과 같다.

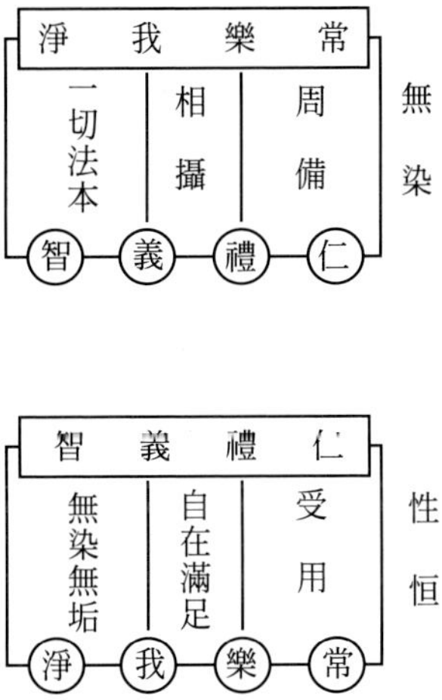

[그림 2-16]

상술한 두 그림 중에서 윗쪽의 그림은 불성 사덕 전체와 인의예지의 개체가 서로 포섭하고 있음을 나타내며, 아래쪽의 그림은 유가 사덕 전체와 상락아정 사덕 개체의 상호 포섭을 나타내고 있다. 위의 그림들은 우익의 유가, 불성,『주역』사덕에 대한 종합적 융통融通은 명말明末 사상계의 삼교三教가 합류하는 사조가 불교계에 객관적으로 반영된 것이며 또한 시대적 요구였다는 것을 표현하고 있다. 유불도의 삼교를 서로 회통하는 것이 약간의 억지스런 점 또한 분명히 있다. 예를 들면, 건괘乾卦의 사덕과 불성 사덕의 배합은 억지로 합친 흔적이 있고 설득력이 부족한 것은 부정하기가 어렵다. 그러나 명말

115)『주역선해』권1 “仁禮義智性恆, 故常; 仁禮義智以爲受用, 故樂; 仁禮義智自在滿足, 故我; 仁禮義智無雜無垢, 故淨. 又, 四德無雜, 故爲仁; 四德周備, 故爲禮; 四德相攝, 故爲義; 四德爲一切法本, 故爲智也.”

유학과 불학이 합류하는 데 적극적인 추진력으로 작용했다는 것은 의심할 수 없다.

수행 실천의 핵심

『주역선해』는 불교를 통해 『주역』을 해석한 책이다. 우익은 괘효사의 상징 의미와 한 괘의 6효의 시위時位 관계를 빌려와 불교 수행 판도辦道[36]의 중요성을 표현하여 불도를 널리 전파시키는 문제에 대해 진심으로 열중하였다.

그는 인간의 길흉화복은 모두 "무시이래로 성명性命에 미혹迷되어 생사에 따르는" 것 때문에 생긴 것이라고 생각한다. 이러한 '미혹'은 바로 '무명無明'이 일으킨 것이다. 심신을 편안하게 해야만 무병하고 걱정이 없으며, 오직 발심수련發心修煉해야만 비로소 무명번뇌를 제거하여 점차적으로 '진성眞性'을 드러내고 곧 바로 불지견佛知見[37]을 열어 끝없는 생사고해를 벗어나게 된다. 도道를 구함에 간절한 마음과 교敎에 의한 수양은 매우 중요한 것이며 그 단계는 다음의 세 가지 절차를 빼놓을 수 없다.

우선 정혜定慧를 닦는 첫 번째 단계는 보리심을 내는 것이다. 보리심을 내는 기초는 길흉회린이 모두 일념에서 일어난다[116)]는 이치를 알아야 한다. 이러한 일념이 움직이면 바로 "무명이 처음 일어난다. 일어나면 반드시 명明으로 인해 소所를 세우고 망능妄能을 낳아 이동異同을 이루는 데 이르니, 어지럽게 일어나므로 둔屯이라 한다."[117)][38] 둔괘屯卦는 시작하는 초기를 말한다. 말하자면 먼저 생각이 있고난 후에 행위가 발생되는데 능能, 소所가 나란히 생기면 길흉회린이 자연히 따라온다. 이러한 인간의 행위와 결과에 대해 발생하는 분석은 정확한 것이다.

116) 『주역선해』 권9 "皆由一念動而生."

117) 『주역선해』 권2 "無明初動. 動則必至因明立所而生妄能, 成異立同, 紛然難起, 故名爲屯."

그래서 우익은 군자는 마땅히 '행동을 삼가야'하며 아울러 『역전』의 "선을 쌓은 집에는 경사가 남아돌고, 불선을 쌓은 집에는 재앙이 남아돈다積善餘慶, 積惡餘殃"라는 이치를 단단히 기억하여 선을 행하고 덕을 쌓아 수행을 돕는 바탕으로 삼아야 한다고 훈계했다. 이러한 기초를 다진 후 보리심을 일으키는 작용이 일어나는데, 예를 들면 진괘震卦의 "끝없는 생사의 대해大海를 움직일 수 있다"[118]와 같다. 발심發心한 후는 곧 수행의 첫 관문에 이미 진입했지만, '만법은 오직 마음萬法唯心'이지 '마음 밖에 법法이 있다고 잘못 생각'해서는 안 되며 '차별의 상相에 집착'해서는 안 된다는 것을 명심해야 한다. 그렇지 않으면, "돌에 끼어서 곤궁을 당하고 있으며困於石"[39] 아주 쉬운 듯 하나 스스로 벗어나기는 어렵다.

이어서 선정禪定을 닦으려면 반드시 지혜를 빌려야한다. 만약 바른 지혜正智가 없거나 좋은 스승과 도반(明師[40]良友])이 없이 맹목적으로 수련하면 마치 둔괘屯卦 육삼 효사가 말한 '사슴을 쫓으나 몰이꾼이 없는卽鹿無虞' 것처럼 아주 위험하다. 우익은 "군자는 차라리 부들방석蒲團[좌선도구, 여기서는 좌선을 가리킴]의 공부를 버리고 '지식'[선지식善知識, 바로 덕행이 있고 불법에 정통하고 학식이 넓은 사람을 가리킴]을 구하는 것이 좋다"고 생각한다.

또 한 편으로는 좋은 사우師友로서 잊지 않고 후학을 이끄려는 생각을 품지만, 오히려 '자신을 구하기求我'를 바래야 기감機感[41]할 수 있는데, 불문佛門은 넓고 크지만 믿음이 없는 사람을 구원하지는 못한다. 오직 후학이 발원하고 구도해야만 비로소 교화를 베풀 수 있으며 인연이 갖추어지게 되면 이러한 이치가 저절로 드러난다. 이것이 그 중 하나이다.

직접 좋은 사우師友가 되어 병에 따라 처방하는 이치를 깊이 알아야 한다. 마치 오랫동안 전장을 경험한 장군처럼 전술에 능하고 또 통함과 막힘을

118) 『주역선해』 권2 "能動無邊生死大海."

훤하게 꿰뚫어야 비로소 길하고 허물咎이 없게 된다. 이것이 두 번째이다.

처음 물으면筮, 답하여 불법에 대한 존중을 드러낸다. 알려준 내용은 위로는 불교의 이치에 맞아야만 하고 아래로는 중생의 근기에 맞아야 계몽의 효과를 거둘 수 있다. 그렇지 않으면 아무리 애써도 효과는 없을 것이다. 이것이 세 번째이다. 여기에서 우익은 몽괘蒙卦와 둔괘屯卦의 부분적인 괘효사의 상징적 의미를 운용하여 수행자가 참선하는 중요성과 스승이 사람들을 가르치는 데 반드시 주의해야 할 문제를 천명하여 올바른 것을 취사선택하여 이치에 맞고 절도가 있는 것을 충분히 표현하려 하였다. 이것은 『주역선해』 가운데 비교적 성공한 편장篇章 중의 하나이다.

마지막으로 그는 수행자에게 중단하지 않고 계속적으로 고난의 단련을 거쳐서 도달할 수 있는 이상적 목표를 제시했다. 우익은 역학에 대해 깊이 공부한 사람으로 보아도 전혀 손색이 없는데, 심지어 이런 (수행의) 이상적 목표가 포함하고 있는 세 가지의 빼어난 내용 중에서조차도 농후한 역학적 성분을 보여주고 있다.

① 안으로 양강陽剛의 덕을 갖추고 밖으로 음유陰柔의 인내를 드러낸다.

② 안으로 강건하고 그치지 않는 힘을 갖추고 밖으로는 세간의 방편에 따른다.

③ 안으로는 불교의 군자에 합하고 밖으로는 구계九界**42**의 소인과 함께 한다.[119)]

그는 오직 이와 같아야만 '구계를 변화시켜 모두 불계를 이룬다'고 생각한다. 이로부터 이것이 우익의 마음 속에 들어 있는 중국적 특색을 지닌 유불

119) 『주역선해』 권3 "內具陽剛之德, 而外示陰柔之忍; 內具健行不息之力, 而外有隨順世間方便; 內合佛道之君子, 而外同流於九界之小人."

儒佛 합일의 불교적 이상인격이라는 것을 어렵지 않게 파악할 수 있을 것이다.

수행 단계와 6효의 시위時位의 관계에 대해 그가 주석한 소축괘小畜卦를 택하여 예로 삼아보면(그 중 괘사의 본의 부분의 주석과 여기에서 논술한 내용과 관계가 크지 않은 번쇄한 자구들은 모두 생략하여 제시하지 않음) 그의 생각의 일부를 볼 수 있다.

소축小畜

초구初九: 강剛이 정위를 얻으니 바른 지혜와 힘 있는 강剛으로 장애가 해가 되지 않는다.[43]

구이九二: 강이 중이며 초구와 다시 같고 정혜定慧가 중을 얻으니 장애를 변화시켜 도리어 나에게 도움이 되며 스스로 잃지 않는다.[44]

구삼九三: 강이 지나쳐 중이 아니며 건의 지혜를 믿으니 비로소 장애에 막혀 정혜定慧 둘 다 다치게 된다.[45]

육사六四: 유柔로써 정을 얻으니 바른 정定이 빼어난 혜慧를 발생시킨다.[46]

구오九五: 양강이 중정한 상태이고 묘혜가 중정이면 장애가 덕德이라는 것을 이해하니 그 이웃과 부유하게 된다.[47]

상구上九: 강이 지나치지 않으니 정혜가 평등하고, 장애가 풀어져 해탈하니 반드시 편안한 경지가 현전하게 된다.[48]

그 나머지 예를 들면, 건괘乾卦, 곤괘坤卦, 태괘泰卦, 비괘否卦, 동인괘同人卦 등의 여러 괘들이 모두 정도의 차이는 있지만 유사한 해석을 하고 있다. 『주역』 64괘 각 괘의 6효의 시위는 여러 가지 함의를 담고 있다.

우익은 독자적인 안목으로 사물의 발전 과정을 명확히 드러내는 몇 개의 괘(그 중 건괘가 가장 전형적임)를 가지고 6효의 시위와 불교의 수행 단계를 교묘하게 배합시켜 서로 증명하여 그 가운데 깊이 숨어있는 뜻을 드러내었다. 한 괘의 육효가 나타내는 나선식 상승 발전과정을 구현하였고 또 수행자가 '마음 공부'의 과정 중에 나타나는 실패와 좌절의 상황을 잘 드러내 보이고 있다. 괘효의 선택과 문자의 표현이 합당하며 높이 평가할만한 가치가 있다. 현재 남아있는 자료에 근거하여 보면, 우익은 이러한 측면에서 전무후무하다고 말할 수 있다. 이것은 역학사뿐만 아니라 불교사에서도 중요한 의미를 지니고 있다.

전체적으로 말해서 우익의 '불교를 통한 『주역』 해석'은 성공적이다. 그는 이학 사상의 영향 하에서 화엄종의 '법계연기法界緣起'의 이론을 결합하여 '역리가 천지에 앞선다.易理先天地', '역리는 없는 곳이 없다'는 편재성遍在性과 역리는 일상생활에서 절실하다는 관점을 말하고 있다. 이 관점은 화엄종의 본체론이 역학 이론과 융합한 중요한 시도였다.

또한 『역전』의 간략한 우주론 사상을 비교적 전체적이고 풍부하게 전개시켜 놓았는데, 이것은 역학 우주론 사상의 발전을 한 단계 더 끌어 올려놓은 것이다. 동시에 그는 역리설易理說을 불교사상 이론의 궤도에 대입시켜 『주역』의 일상생활과 잘 들어맞는 내용과 유기적으로 관통되도록 하였다. 역리를 심성의 문제로 옮겨놓은 측면은 난점을 가지고 있지만, 그의 역리 작용의 전체적 표현에 대해서는 크게 영향을 미치고 있지 않다.

이외에 역리가 없는 곳이 없다고 하는 편재성에 관한 논의는 장자莊子 '도道'의 편재성 사상의 흔적에서 발견할 수 있다. 이것은 우익이 유, 불, 도 삼가사상을 융합했다는 주장과 일치한다. 이것에 기초하여 유, 불, 『주역』의 사덕설을 이야기할 때, 그는 줄곧 이러한 사상으로 일관했다.

세 가지가 원의原意 상에서는 상당히 차이가 있지만 명대 말엽이라는 특정한 역사 조건 하에서는 결코 불가능한 것도 아니었다. 이전의 유가의 오상과 불가 오계의 상호 배합처럼 사상, 내용과 요구하는 대상이 모두 완전히 똑같지는 않지만 점차 서로 답습하여 사람들 사이에 유행하기 시작했다. 이와 같은 예는 중국사상사에서 보기 드문 일은 아니다. 이러한 의미에서 말하자면, 우익의 유, 불, 『주역』의 사덕설은 취할 만한 것이 있고 더구나 유, 불 양가의 조화와 융통에 아주 도움이 된다.

수행의 단계와 『주역』 효의 시위時位 관계에 대한 논의에서 우익의 관점은 빼어난 독창성을 보여주고 있다. 그 의의는 이미 앞에서 말한 바와 같이 유, 불 합일의 불교적인 이상적 인격을 제기한 것 또한 명말의 삼교 회통 사상의 산물인 것이다. 이것은 모두 『주역선해』의 가치를 높이고 있으며 '불교를 통하여 『주역』을 해석하는' 유파 중에서 가장 권위있는 지위를 획득했다.

이외에도 『주역선해』는 선학 사상으로 『주역』 괘효의 응용적 의미를 주석했을 뿐만 아니라 화엄종 등 기타 대승 이론을 가지고 참고하였지만, 오히려 '선해禪解'라는 명칭을 이용하여 그 심층 원인을 분석하고 탐구하고 있다. 중국불교의 각 종파는 당 무종武宗시기의 회창법난會昌法難, 후주後周 세종世宗 시기의 현덕폐불(顯德廢佛, 1117)과 북방의 여진족이 남하하는 큰 동란을 통해 엄청난 타격을 받아 대부분 더 이상 흥성하지 못하고 쇠락해 갔다. 오직 선종만이 남방의 모퉁이에 치우쳐 있었고 산 속에 멀리 숨어서 자기 힘으로 생활하며 '불립문자不立文字, 견성성불見性成佛'의 종지를 주장했기 때문에, 원기를 보존할 수 있었다.

일단 정치적 상황이 호전되자 곧바로 신속히 회복하고 발전하였다. 시간이 지남에 따라 기회와 인연이 성숙하자 선이 곧바로 불교라는 상황이 출현하면서 명말에 이르면 불교계는 거의 선종 일색이 되어버린다. 따라서 유가는 도사道士를 막고 선종을 공격하였는데 선으로 『주역』을 해석하는 것은 자연히 불교로써 『주역』을 해석하는 것과 같은 의미가 되었다.

만명晩明은 경학經學의 '쇠퇴기'이며 오히려 역학사에서 불교로써 『주역』을 해석하는 유파가 발전한 시기였다. 고승과 사대부들이 공동으로 참여하고 힘을 다해 진작하면서 이런 성격의 저작들이 대량으로 쏟아져 나왔고 절정에 달했다. 하지만 성함이 극단에 이르면 반드시 쇠퇴하는 법이니 이후 영향력이 줄어들어 그를 아는 사람이 드물게 되었다. 이런 현상이 생기게 되는 이유는 여러 가지 원인들이 있겠지만 유가 옹호자들의 혐오 등에 그 탓을 돌리지 않을 수 없다. 청대 『사고전서四庫全書』의 편찬은 '불교로써 『주역』을 해석하는' 유파에 대한 제2차적인 관방官方의 대소탕 작전이라고 할 수 있는데 그로인한 손실은 막대했다. 『주역선해』는 불가가 평소 문자 사료를 잘 보존한 덕택으로 다행히 보존될 수 있었다. 앞으로 참고할 만한 귀중한 가치가 있기 때문에 이에 대한 진지한 연구와 발굴이 더욱 요청된다.

6. 선종禪宗의 도상圖象과 주돈이周敦頤의 『태극도太極圖』

선종은 심성心性이란 본래 청정하며, 불성은 본래 있는 것佛性本有이라고 일관되게 주장하였으며, 깨달음은 그 마음에 달려있는 것이지 밖에서 구하는 것이 아니라는 점을 강조하고 있다. 그러므로 불립문자不立文字나 명심견성明心見性 등을 주장한다. 석가모니불이 천축天竺의 영산靈山 법회에서 설법 할 때 꽃을 들고 제자들에게 뜻을 전했다. 대중들은 모두 어리둥절하여 이해하지 못했는데 오직 상수上首 제자인 가섭大迦葉만이 마음으로 깨달아 만면에 미소를 띠었다. 불타는 곧바로 대중에게 "나에게 정법안장正法眼藏 열반묘심涅槃妙心이 있는데, 실상은 무상實相無相이며 미묘한 법문微妙法門이라 문자를 세울 수 없는 교외의 별전敎外別傳이니 마하가섭摩訶迦葉에게 부탁하여 맡기노라"[120)] **49**라고 선포했다. 이것은 곧 송대 이후 중국 선종이 자체 인정한 종파 탄생의 근원이다.

이러한 설법에 많은 의문점이 있으나 학계는 거듭 선종은 중국 불교의 특산품이라고 주장한다. 하지만 선종의 기원은 인도 불교와 관련이 있는 것은

120) 『연등회요(聯燈會要)』 권1, 『만속장경』 제136책 "吾有正法眼藏, 涅槃妙心, 實相無相, 微妙法門, 不立文字, 教外別傳, 付囑摩訶迦葉."

부인하기 어려운 사실이다. 꽃을 들어 대중에게 보인 것은 불교 오도상계悟道相契[50]의 최고 경지이다. 여기에서 일체의 언어문자는 쓸데없는 것이고 오직 마음과 마음으로 인증해야만 틈이 없이 긴밀할 수 있다.

『유마힐경』 가운데 문수사리 보살은 병세를 살피는 것으로 유명한데 유마힐維摩詰 거사에게 "어째서 불이법문不二法門인가?"를 물었다. 유마힐은 평소와는 달리 묵묵부답이었다. 이러한 행위는 상술한 '염화미소拈花微笑'와 경우는 달라도 실질적인 내용은 같다. 대승불교 시기 용수, 제바提婆의 '국물에 바늘을 빠뜨리기鉢水投針' 또한 사도師徒 간에 서로 알고 인가認可하는 범례라고 볼 수 있다.

후에 선종조사가 불법 대의에 대해 묻는 제자를 대면할 때 제시한 대답은 대부분 물음에 대한 직접적인 대답이 아니다. 예를 들면, 운문문언雲門文偃의 '마른 똥 막대기乾屎橛', 동산양개洞山良价의 '삼서근麻三斤'은 이와같은 대표적인 선문답에 해당된다. 심지어 입만 열면 곧장 호통을 치는 '임제할臨濟喝', 물으면 바로 두들겨 패는 '덕산봉德山棒' 등이 상술한 불교 전통이 새로운 상황에서 발전되어온 조치들이다. 그 기본 목적은 제자의 집착을 깨기 위한 것이다. 그로 하여금 급박한 순간에도 사색의 여지를 주지 않고 즉각 견성見性하게 하며 동시에 깨달음의 경지를 설파하는 것과 설명할 수 없는 자성自性을 침범하는 것을 피하게 만든다.

하지만 불법의 근본은 하나의 회답回答 방식만이 있는 것은 아니다. 수많은 중생衆生들은 차이가 있을 수밖에 없고, 사람마다 다르다는 점을 감안하여 조사祖師들은 사람들이 쉽게 이해하여 받아들이도록 한다. 또 선기禪機를 직접 설명하는 단계에까지는 이르지 않게 하여 제자들이 스스로 깨닫도록 하는 방법을 채택하였다. 이것이 후대 선종 각 종파의 문풍門風을 형성했다.

선종의 도상圖象은 이러한 상황에서 출현한 산물이다. 당대唐代 남양南陽의 혜충慧忠 국사는 선종 도상의 첫 번째 창작자이다. 『경덕전등록景德傳燈錄』

권5, 『송고승전宋高僧傳』 권7의 기록에 의하면 혜충은 '훈고에 통달하고 경율經律을 폭넓게 탐구'했으며 일찍이 육조六祖 혜능慧能의 심인心印을 받았다. 남양南陽 백애산白崖山 당자곡黨子谷에 40여 년 동안 머물면서 산을 내려오지 않았다. 숙종肅宗이 그의 도력道行을 듣고서 상원上元 2년(761) 중사中使 손진조孫進朝를 시켜 그를 서울로 불러 스승으로 대우하였고 천불사千佛寺의 서선원西禪院에 거주하게 하였기에 '국사國師'라는 칭호가 붙어졌다. 숙종은 자주 도에 관해 물었다. 대종조代宗朝에 이르러 광택사光宅寺의 영접을 받아 16여 년 머물면서 근기機에 따라 설법을 하였다.

혜충은 도상을 창작한 후 시자侍者인 탐원耽源에게 주었다. 탐원은 처음 마조馬祖 문하에 들어갔으나 혜충이 서울로 온 후 그의 시자가 되었다. 탐원은 도상을 앙산仰山에게 주었다. 앙산(840-916)은 법명이 혜적慧寂이며 17세에 출가했다. 그는 탐원을 수년간 참례參禮하고 선종 도상의 진수를 전해 받았다. 후에 위산潙山을 참례하여 십사오 년이 지나자 비로소 그의 심인心印을 받고 위앙종潙仰宗 일파를 세웠다.

앙산은 사람들과 불법을 토론할 때 늘 '원상圓相'을 보여주었고 또 그 상으로 학인들을 가르쳤다. 홍주洪洲 관음사觀音寺에 있을 때 어떤 승려가 조용히 앞으로 다가와 앙산의 견식見地을 한번 시험하고 싶었다. 그에게 "화상께서는 글자를 아십니까?你識字否"라고 물으니 앙산은 고개를 끄덕였다. 그 승은 드디어 오른쪽으로 한 바퀴 돌고서 이것이 무슨 글자냐고 물으니 앙산은 땅에다 '십十'자를 그렸다. 그 승은 또 왼쪽으로 한 바퀴 돌며 무슨 글자인지를 묻자 그는 앞의 십十자를 '만卍'자로 고쳤다. 그 승은 마음에 차지 않아 또다시 '○'상을 그리고 두 손으로 아수라阿修羅가 일월日月을 손에 쥔 형상을 하고 [무슨 글자인지] 물으니 앙산은 만卍을 그리자 승이 루시樓至[51]의 모양을 지었다. 앙산은 "그렇고 그러하니 이것은 제불이 호념護念[52]하는 바이며 그대가 이미 이러하니 나 또한 이와 같이 스스로 잘 호위하노라"하였다. "옳습니다. 옳

아요!"하며 승은 공경히 예를 갖추고 물러났다고 전해진다.

전하는 말에 의하면, 당시 탐원耽源은 선종 도상을 앙산에게 전하기 전에 이미 일단의 말없는 대화가 오갔다. 어느 날 탐원이 법당堂에 오르니 앙산이 대중을 내보내고 이 '○'상을 그려서 손으로 형세를 짓고 깍지를 끼고 서있자 탐원이 두 손으로 주먹을 지어보였다. 앙산이 세 걸음 앞으로 나아가 여인들이 절하는 것처럼 하려고 하자 탐원이 고개를 끄덕였다. 이에 앙산이 바로 절을 하였다. 이에 탐원은 도상을 그에게 건네주었다. 뜻밖에도 앙산은 이것을 받아서 보고는 바로 불태워버렸다. 후에 탐원이 요구하자 앙산은 다시 새로 한 본本을 그려서 그에게 주었고 원본과 조금의 차이도 없었다. 이것이 바로 유명한 선문禪門의 '96가지 원상도圓相圖'이다.

이후 '원상'을 운용하는 것이 위앙종의 전통이 되었다. 북송 시기 선경善卿의 『조정사원祖庭事苑』, 남송 시기 지소智昭의 『인천안목人天眼目』, 청대 시기 성통性統의 『오가종지찬요五家宗旨纂要』 등에 모두 기재되어 있다. 앙산 이후 '원상圓相'의 운용 방면에서 또한 발전이 있었다. 위앙종의 법통을 이은 오관순지五冠順之[53] 선사는 '원상'을 진일보 확대하여 새로운 내용을 부여하였다. 예를 들면, '○'상을 열반상 또는 이불성상理佛性相이라 칭하고, '(牛)'상을 소가 인초를 뜯는 상牛食忍草相[54](또는 見性成佛相), '○犇'상을 삼구공상三求空相, '牛○'상을 계과수인상契果修因相, '(卍)'상을 인원과만상因圓果滿相, '○牛'를 구공정행상求空精行相, '(△)'상을 조여색속상釣如索續相 등으로 칭했는데, 모두 새롭게 표현된 것들이다.

송대[55]에 이르러 오관료오五冠了悟 또한 ○,○,○,○,○ 다섯 개 도형으로 초발보리심初發菩提心이 점차 성불成佛에 이르는 경지를 나타냈다. 이를 통해 도상이 변천해가는 속도를 볼 수 있다. 만당晩唐에 이르러 규봉종밀의 '십상도十相圖'와 '아뢰야식도阿賴耶識圖'와 조동종 조사인 조산본적曹山本寂의 '군신오위도君臣五位圖' 등은 모두 '96종 원상'과 관련이 있거나 그 영향을 받았다. 선종 도상은 송대 선종 가문에 유행했을 뿐만 아니라 또한 당시의 저명한 이학가理學

家들에게도 영향을 미쳤다. 주돈이가 바로 그중 대표적인 인물이다.

주돈이周敦頤와 선사禪師의 인연

송대 이학은 기본적으로 하나의 공통적인 특징이 있었다. 표면적으로 불교를 반대하지만 심층적으로는 오히려 불교와 여러 가지로 관계를 맺고 있었으며 선사와 교류가 많았다. 이 때문에 황관黃綰의 『명도편明道篇』 권1에서 말한, "송유의 학은 시작부터 모두 선에서 비롯된다"는 말은 결코 헛된 말이 아니다. 유학자인 주돈이도 예외가 아니었다. 그러나 그의 불교에 대한 태도는 일반적인 이학자들과는 다르다. 공개적으로 불교 비판과 '삼교합일三教合一'을 선양宣揚하지 않았다. 공맹孔孟 사상을 핵심으로 삼고 은밀히 불교, 도교의 자료를 취하여 자신의 철학 체계를 풍부하게 만들었다.

주돈이는 평생 관직을 떠난 적이 없었으나 정신적으로는 속세를 초탈한 삶을 추구했다. 여도呂陶는 「주무숙전승서周茂叔殿丞序」에서 그는 항상 "우러러 굽어보아 부끄럼이 없고 출세나 처세에 오직 도를 따르고 산림에 은거하여 도를 행하니 마음을 온전히 한다.俯仰不怍, 用捨唯道, 行道遁去山林, 以全吾思라는 말을 하였다"고 한다. 황정견黃庭堅 또한 "무숙茂叔은 비록 30년간 관직에 있었지만 마음은 평생 산수에 있었다"[121]라고 기술했다.

주돈이는 관료이자 학자로서 산림에 은거하는 것을 '평생의 뜻'으로 삼았는데 이러한 취향은 불교에 출입한 것을 전제하고 있었음을 보여준다. 이 때문에 그와 선사 수애壽涯와의 깊은 교류가 사적史籍에 실려 있고 함께 참선한 것도 확실한 것으로 보인다. 그와 친한 친구인 호숙胡宿, 조변趙忭등이 모두 심학心學에 심취했다는 사실에서 볼 때, 그가 불교를 받아들인 정황을 쉽게 추

121) 『주자전서(周子全書)』 권19 「염계사병서(濂溪詞並序)」 "茂叔雖仕宦三十年, 而平生之志, 終在邱壑."

측할 수 있다. 『학림사지鶴林寺志』에 다음과 같이 기록하고 있다.

> 송의 수애壽涯 선사는 호무평胡武平, 주무숙周茂叔과 교류가 잦았다. 무숙은 특히 수애선사에 의해 사찰에서 독서하고 선사를 잘 모셔 그 전함을 다 얻었다. 그 후 이정二程의 학은 무숙을 바탕으로 삼는데 모두 수애에 근원한다.[122)]

이러한 주장은 불교의 일방적인 과장이 아니며 『송원학안』 가운데 관련된 기술이 있어 바로 대조할 수 있다.

> 선생[胡叔]은 일찍이 윤주潤州에 이르러 주염계와 교류하였다. 혹자는 염계와 선생은 윤주 학림사鶴林寺 승려 수애를 다 같이 스승으로 삼았다고 하고, 혹자는 소강절의 부친이 선생을 여산廬山에서 만났는데 은자가 노승과 교류하다 드디어 역서易書를 받았다고 한다.[123)]

또한 조씨[晁景迂]는 원공元公[주돈이]이 학림사 승 수애를 스승으로 섬겨 "천지보다 앞선 것이 있는데 무형하고 적료寂廖하여 만상萬象의 주가 될 수 있으며 사시를 따라 시들지 않는다"는 게송을 얻었다고 말했다. 『성학지요性學指要』에 이르기를, 원공은 처음에 동림총東林總과 교류하였는데 오래 동안 심득한 바가 없었다. 동림총이 그에게 정좌靜坐를 가르치자 달포쯤에 갑자기 얻은 바가 있어 시로 표현하였다. "서당書堂에 오롯이 앉았더니 만기萬機가 그치고 햇빛 따사롭고 바람 온화하니 초목 더욱 푸르네. 누가 이천 년 전의 일

122) 『학림사지(鶴林寺志·高僧)』, 『중국불사지(中國佛寺志)』 제43책. 대만 명문서국 1980년 판. "宋壽涯禪師, 與胡武平[宿]·周茂叔交善. 茂叔尤依壽涯, 讀書寺中, 每師事之, 盡得其傳焉. 其後二程之學本於茂叔, 皆淵源於壽涯云."

123) 『송유학안』 권12 「염계학안(濂溪學案)」下 "先生[胡宿]嘗之潤州, 與濂溪[敦頤]游, 或謂濂溪與先生同師潤州鶴林寺僧壽涯, 或謂邵康節之父邂逅先生于廬山, 從隱者老浮屠遊, 遂同受易書."

이라 말하는가! 지금 바로 눈앞에 있는 것을!" 동림총은 인정하여 바로 함께 '청송사靑松社'를 결성했다. 유정부遊定夫에게 '주무숙은 대단한 선객禪客이다' 라는 말을 하였다.[124]

조경우晁景迂와 유정부는 모두 북송 시기의 사람으로 주돈이와 활동 연대가 비슷하며 그들의 말은 의심할 여지없이 믿을 만한 자료이다. 이것으로 볼 때 주돈이는 불교와 확실히 깊은 인연이 있으며 학림사에서 독서할 때, 사찰 옆 연못 속에 연꽃은 '진흙에서 나왔지만 더럽지 않은' 고결한 품행에 비유하여 사람들이 계속적으로 음미하게 만드는 『애련설愛蓮說』도 바로 이를 위해 지었다.

이외에도 청대 주이존朱彝尊의 고증에 의하면 주돈이는 명승名僧 황룡혜남黃龍慧南, 운거불인雲居佛印 등의 선사와 교류하였다고 한다.[125] 그는 선사와의 폭넓은 교류를 통해 불학의 영양분을 깊이 흡수하여 자신의 유학이론을 풍부하게 하였다. 그 중에 『태극도』로 표현한 것이 가장 돋보인다.

『태극도』와 선종 도상圖象과의 관계

『태극도』는 주돈이의 주요 사상 내용 중의 하나이며 또한 그것은 '송대 이학의 종조宗祖로 추존되는데(청대 이광지李光地의 『어찬성리정의御纂性理精義』에 보임),

124) 『송유학안』 권12 「염계학안(濂溪學案)」下 "晁氏[晁景迂]謂元公[敦頤]師事鶴林寺僧壽涯, 而得'有物先天地, 無形本寂寥, 能爲萬象主, 不逐四時彫'之偈. 性學指要謂: '元公初與東林總遊, 久之無所入, 總教之靜坐, 月餘忽有得, 以詩呈曰: 書堂兀坐萬機休, 日暖風和草自幽. 誰道二千年遠事, 而今只在眼睛頭. 總肯之, 卽與結青松社.' 游定夫[酢]有周茂叔窮禪客之語."

125) 『曝書亭集』. 「太極圖授受考」.

'천성千聖 이래 전하지 않은 비법을 얻은'[126] 것이 그렇게 받들어지는 원인 중의 하나이다. 따라서 『태극도설』의 유래에 관해서 항상 쟁론이 끊이지 않았다.

송대 이후 봉건 통치자와 이학자들은 『태극도』의 사상이 바로 일천여 년 전 공맹과 서로 연결되며 후한에서 수당까지 발전되어온 불교나 도교와는 전혀 관계가 없다고 말한다. 이러한 관점은 사실과 부합되지 않는 점이 많다. 사실 그가 철학체계를 구축할 때 '석도釋道를 출입하고 다시 육경에서 구하는 이른바 삼교 융합의 절차를 따랐다. 목적은 불교를 끌어와 유가로 들어가고 신유학 건립을 위한 이론적 근거를 찾는 것에 있었다.

『태극도』는 진단陳摶의 도교道敎 계통에 근원하고 있다. 이것은 이미 남송 이래 대부분의 철학가들이 인정하는 입장이다. 남송시기의 주진朱震은 주돈이의 『태극도』는 진단의 역학 계통에서 나온 것으로 보고 있다. 육구연陸九淵은 주희朱熹와의 논쟁에서 또한 이러한 설을 견지했다. 그는 "주진은 주돈이가 『태극도』를 목백장穆伯長에게서 구했으며, 백장伯長이 전한 것은 진단에게서 나왔는데, 그것은 반드시 고증할 필요가 있다"[127]라고 했다. 마땅히 근거한 것이 있어야 한다. 주희는 주돈이의 학문이 노자老子에게서 나왔다고 인정하지는 않았지만 그의 『태극도』는 진단의 도교 계통에서 연원한다고 생각한 것이나 다름없다.

이후 명청 학자들 또한 모두 이러한 설을 주장했다. 현대 학자들은 전해지는 자료의 고증에 의거하여 기본적으로 『태극도』는 주로 도교에서 나왔지만 불교와 또한 관련이 있는 것으로 생각하고 있다. 다만 불교와의 관련이란 문제에 대해서 현대 학자들은 청대 모기령毛奇齡의 『태극도설유의太極圖說遺議』의 글 속에서 말한 관점을 넘어서지 못하고 있으며 가치 있는 새로운 증거

126) 주희 「답육자칭서(答毓子稱書)」, 『주자대전』 권3 "得千聖以來不傳之秘."

127) 『육구연집(陸九淵集)』 권2 「여주원회(與朱元晦)」 "朱子發[震]謂濂溪得太極圖於穆伯長, 伯長之傳, 出於陳希夷[摶], 其必有攷."

를 제시하지도 못하고 있다.

주돈이의 『태극도』와 불교의 관련은 아래에서 기술하는 두 가지 단서에서 답을 찾을 수 있다.

첫째, 진단의 『무극도無極圖』에서 시작한다. 『무극도』는 『태극도』의 원천이라는 이 주장은 이미 학계가 대부분 인정하는 사실이다. 다만 『무극도』의 유래는 지금까지 여전히 풀기 어려운 학계의 난제이다. 이러한 난제는 만당晩唐 시기에 형성된 선종의 도상에 대한 연구를 통하여 해결할 수 있다. 그 맥락을 명확히 이해하려면 방향을 바꾸어 도교 위백양의 『참동계』로부터 이야기를 시작해야 할 것이다.

본장 제1절에서 위백양의 『참동계』와 선종의 관계에 대해 이미 논했지만 그것은 사상적 이론이라는 측면에만 국한시켰고, 도상에 관해서는 언급하지 않았다. 위백양의 『참동계』 원본에는 도상이 없다. 현존하는 최초의 『참동계』 주석본에는 당대에 이름을 가탁한 음장생陰長生과 무명씨無名氏 두 권의 책에도 도상은 없다. 도상은 처음 오대五代 팽효彭曉의 『주역참동계주周易參同契注』에서 시작되었다. 명청 학자들에 의해 주돈이의 『태극도』와 직접 관계가 있는 것으로 인정되는 『도장道藏. 동현부洞玄部, 영도류상방대동진원묘경품靈圖類上方大洞眞元妙經品』에 부착된 『상방대동진원묘경도上方大洞眞元妙經圖』(『태극도』와 아주 비슷함)는 현재 학자들의 정밀한 고증을 거쳐 북송 이후의 작품이라고 추정한다. 당대 명제明帝의 왕명으로 제작된 「서序」 또한 위작僞作에 속한다.[128] 이러한 단서를 가지고 다시 팽효의 『참동계』 주석본 가운데 도형이 어떤 것인지 살펴보기로 하자.

팽효의 『주역참동계주周易參同契注』에는 몇 개의 도상이 있었다. 『무극도』 혹은 『태극도』와 관계있는 것은 다만 '수화광곽도水火匡廓圖'와 '삼오지정도三五

128) 이신(李申) 「태극도연원변(太極圖淵源辨)」, 『주역연구』 1991년 제1기

至精圖' 두 개였다. '수화광곽도'는 그 함의가 어떠하든 간에 도상 자체는 종밀의 '아뢰야식도'를 몰래 취하였다는 점에 의문의 여지가 없다. 도상은 다음과 같다.

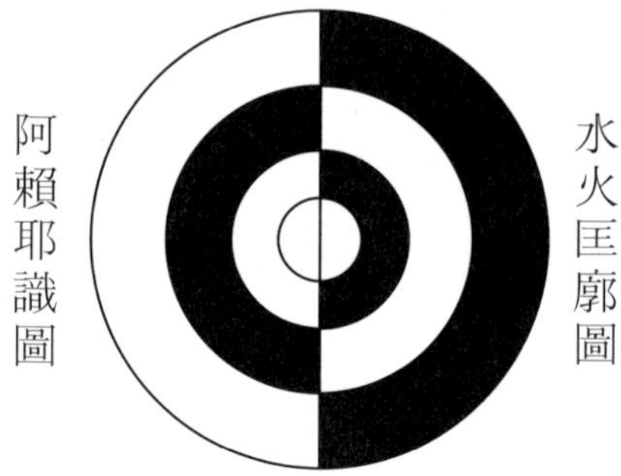

[그림 2-17]

동시에 팽효는 선종 '구십육종도상九十六種圖象' 중의 수, 토, 산 등의 도상을 개발하였고 전통적인 오행五行의 개념에 활용하여 만당晩唐 이후 유행한 '삼오지정三五至精' 사상과 결합시켜[129] '삼오지정도三五至精圖'를 만들었다.

129) 진자(陳子)의 시에 "太極生天地, 三元更廢興, 至精諒斯在, 三五誰能徵"이라는 증거가 있다.

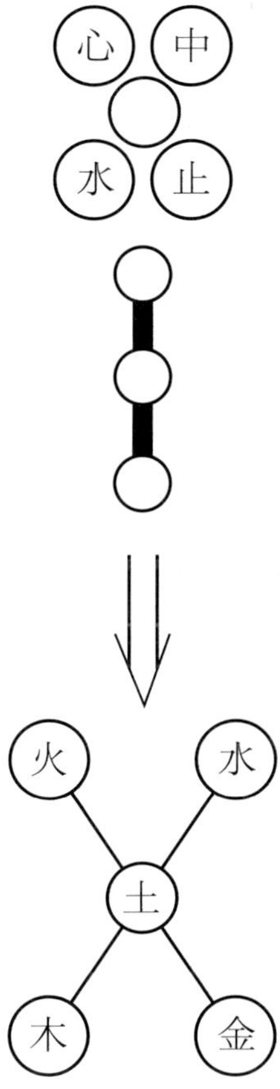

[그림 2-18]

위 그림(2-18)에서 보는 것처럼 '수화광곽도'와 '삼오지정도'는 진단의『무극도』의 내용을 핵심으로 하여 구성되었다. 하지만 당송 사이에 또 다른 신비한 인물인 마의도자麻衣道者를 언급할 필요가 있다. 마의도자는 불가이기도 하고 도가道家이기도 하며 역리易理에 정통한 것으로 유명하다. 송대의 장병문章炳文이 편찬한『수신비람搜神秘覽』 가운데「마의도자전麻衣道者傳」이 실려 있으며,

명대의 석명하釋明河의 『보속고승전補續高僧傳』은 그를 '마의화상麻衣和尙'이라고 칭하고 있다. 『정역심법正易心法』은 마의麻衣가 찬술한 작품이라고 전해지고 있다.

송대 석지반釋志磐의 『불조통기佛祖統記』는 진단이 마의에게서 『주역』을 배운 것으로 보고 있다. 마의가 찬술한 『정역심법』은 '천인天人을 다루면서 선유先儒의 실수를 하나하나 비판하고 있으며 진단이 처음으로 주注를 지었다'고 말한다. 또 '하도', '낙서' 또한 마의로 말미암아 전해진 것으로 주장한다. 이것에 의거하면 마의는 역학사에서 매우 중요한 위치를 차지한다고 볼 수 있다.

앞에서는 확실한 사료史料의 증거도 없이 마의의 『태극도』에 대한 공헌을 증명했지만, 분명한 것은 팽효의 '수화광곽도', '삼오지정도'와 진단의 '무극도' 사이에 이루어진 사상적 발전의 맥락을 고찰해보면 분명히 과도기적 도상이라고 할 수 있을 것이다. 이 과도기적 도형의 창조자가 마의도자일 가능성이 매우 높다. 하지만 애석하게도 오대五代에 전란이 빈발하여 자료가 산실散失되어진 탓에 이 문제는 지금까지도 진상을 가리기가 어렵게 되었다.

이어서 진단의 『무극도』(그림 2-19)의 내용에 대해 분석해 보기로 하자. 『무극도』의 전체 도형은 모두 '원상圓相'으로부터 조합되었으며 선종 '구십육종원상九十六種圓相'의 결정적인 영향을 보여주고 있다. 상하 3개의 원상은 말할 필요가 없고 '취감전리取坎塡離'[56]는 '수화광곽도'에 근원을 두고 있고, '오기조원五氣朝元' '삼오지정도三五至精圖'와 같으나 새로운 의미를 부여했을 뿐이다. 이러한 연상에서 모기령은 주돈이의 『태극도』는 불교와 도교의 관점에서 근원한 것으로 본 것은 확실히 선견지명이 있다. 다만 그는 '구십육종원상'에 포함한 여러 가지 선종 도상을 보지 않았기 때문에 『태극도』 도상에서 불교와 깊은 관련성을 지적하지는 않았다.

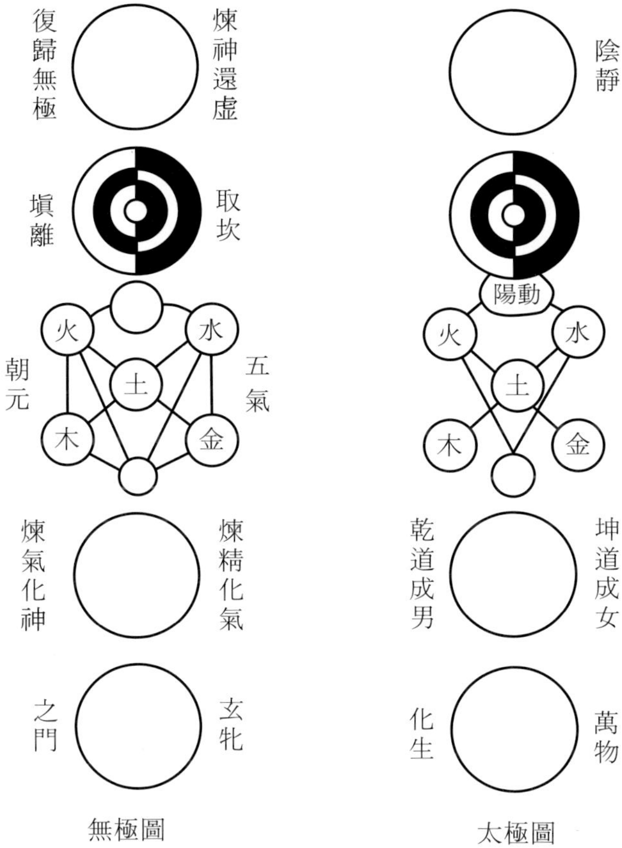

[그림 2-19]

두 번째는 한 걸음 물러나서 설령 『태극도』가 주돈이 자신의 창작이라고 할지라도 선종 도상의 영향 속에서 제작된 것이라는 관점이다. 이런 관점은 두 도형의 대비와 주돈이와 북송의 저명한 선사가 동일하지 않은 관계라는 측면에서 증명한 것이다. 왜냐하면 도교나 유가를 막론하고 그들 도형의 출현은 모두 선종의 도상 출현 이후에 간행되었기 때문이다. 이러한 주장은 시간적으로 검증된 것이다.

물론 주돈이 『태극도』의 그 도형이 불교와 도교에서 유래되었지만 『태극도』에 내재된 함의에서 볼 때, 역학의 사유 노선 가운데 추론하여 융합하고 창조한 특징을 갖추고 있음을 부인할 수 없다. 『태극도설』에서도 이와 같은 점을 느낄 수 있다. 원문은 다음과 같다.

> 무극에서 태극이 된다. 태극이 동하여 양을 낳고 동이 극에 이르면 정하여지고 정하여지면 음을 낳는다. 정의 상태가 지극하면 다시 동하게 된다. 한 번 동하고 한 번 정하여 서로 그 바탕이 되어, 음양으로 나눠어 양의兩儀가 세워진다. 양이 변하고 음이 합하여 수, 화, 목, 금, 토를 낳는데, 이 다섯 가지 기가 순차로 펴져 사시가 운행한다. 오행은 하나의 음양이고 음양은 하나의 태극이며 태극은 본래 무극이다. 오행이 생성할 때 각 그 성을 하나씩 가져서 무극의 진眞과 이오二五의 정精이 묘하게 합하여 응결되면 건도는 남男이 되고 곤도는 여女가 된다. 두 기가 교감하여 만물을 화생시키며 만물이 생생하여 변화가 무궁하게 된다. 오직 사람만이 그 빼어남을 얻어 가장 영특하다. 형체가 생기자 정신이 지혜를 발생시키고 오성五性이 감동하여 선악이 나누어지고 만사가 나오게 된다. 성인이 중정中正, 인의仁義로서 이것을 정하고 정靜을 주로하여 무욕하기에 인극人極을 세웠다. 그러므로 성인은 천지와 그 덕을 합치하고 일월은 그 밝음을 합치하고 사시는 그 질서를 합치하고 귀신은 그 길흉을 합치한다. 군자는 닦으므로 길하게 되고 소인은 어겨 흉하게 된다. 그러므로 이르기를, 하늘의 도를 세우는 것을 음과 양이라 하고, 땅의 도를 세우는 것을 유와 강이라 하며 사람의 도를 세우는 것을 인과 의라 한다. 또 이르기를, 근본을 추구하고 끝을 돌이키면 사생死生의 설을 안다고 하니 위대하도다! 역易이여! 이것이야말로 지극한 것이로다![130]

130) "自無極而爲太極, 太極動而生陽, 動極而靜; 靜而生陰, 靜極復動. 一動一靜, 互爲其根, 分陰分陽, 兩儀立焉, 陽變陰合, 而生水火木金土. 五氣順布, 四時行焉. 五行, 一陰陽也; 陰陽, 一太極也; 太極, 本無極

위에서 인용한 『태극도설』은 주돈이가 『태극도』를 해석한 글이다. 유가 전통의 천지天地 연역설演繹說에 대한 총결과 정리이며 이전의 비교적 혼란한 관점을 무극에서 태극, 음양, 오행, 인물로 규범화시켰다. 동시에 분화分化의 기제機制와 인성의 유래를 제시하였고 또 인의仁義 등과 같은 사회도덕 규범의 유래를 설명하여 사람의 정신적 수양과 사회적 행위의 규범을 위한 이론적 근거를 모색하였다. 이로 인해 후에 지극한 추앙을 받는다. 그러나 『태극도』 자체에 대해 그의 제자 정이程頤, 정호程顥 '두 사람은 평생 한 마디도 언급하지 않았는데, 이단이라는 것을 분명히 알았기에 입을 다물었다.'[131] 이것은 바로 이정二程이 『태극도』의 진정한 근원 소재를 깊이 알고 있었다는 것을 잘 설명해 주고 있다.

이것에 겸하여 분명히 지적해야 할 것은 주돈이의 『태극도설』은 당대唐代의 화엄학설과 관련이 있다는 것이다. 예컨대 『태극도설』 말미의 두 단락은 순전히 『역전』 중의 「문언전」, 「계사전」과 「설괘전」을 뽑아 조합한 글이며 이에 그 역학 사상의 방법을 설명하였는데, 당대의 화엄종의 조사 징관澄觀이 『역전』의 문자를 취해 화엄학설을 말하는 것은 마치 같은 손에서 나온 것 같다. 특히 마지막 한 구절은 거의 같다.[132] 이것은 우연의 일치일 수 없으며 분명히 전자는 후자를 표절한 결과라고 볼 수 있다.

也. 五行之生也, 各一其性. 無極之眞, 二五之精, 妙合而凝, 乾道成男, 坤道成女, 二氣交感, 化生萬物, 萬物生生而變化無窮焉. 惟人也, 得其秀而最靈. 形旣生矣, 神發知矣, 五性感動而善惡分, 萬事出矣. 聖人定之以中正仁義而主靜無欲故靜, 立人極焉. 故聖人與天地合其德, 日月合其明, 四時合其序, 鬼神合其吉凶, 君子修之吉, 小人悖之凶. 故曰: 立天之道, 曰陰與陽; 立地之道, 曰柔與剛; 立人之道, 曰仁與義. 又曰: 原始反終, 故知死生之說. 大哉易也, 斯其至矣."

131) 『송원학안』 권 12 「염계학안」에서 풍도생(豐道生)의 "兩人生平倶未嘗一言道及, 蓋明知爲異端, 莫之齒也."말을 인용함.

132) 『화엄경』 「수소연의초」 권16, 124쪽 中, 下. 『대정장』 제36권.

역주

1 【역주】 어린 시절 궁핍하여 서사가(書寫家)로 고용되어 생계를 꾸려나가는 동안에 유교와 역사의 고전에 통할 수 있게 되었는데, 특히 노장사상(老莊思想)을 좋아하였지만 노자의 『도덕경』도 흡족하지 못하다는 생각을 하였다. 『유마경(維摩經)』을 읽고서 환희가 넘쳐나 불문에 귀의하여, 20세 무렵에는 벌써 장안(長安)에 그 이름이 알려지게 되었다. 구마라습(鳩摩羅什)을 찾아가 인도 용수계(龍樹系)의 대승불교를 공부했다. 401년 구마라습이 장안에서 후진 왕의 명을 받고 국가사업으로 불전의 대번역과 강술을 시작하자 그의 가장 훌륭한 제자로서 활약하여 구마라습 문하 사철(四哲)로 일컬어진다.『물불천론(物不遷論)』, 『부진공론(不眞空論)』, 『반야무지론(般若無知論)』과 『열반무명론(涅槃無名論)』 등을 담은 『조론(肇論)』은 대승의 공(空)사상에 대한 깊은 이해를 보여준 것으로서 후대 중국불교에 큰 영향을 끼쳤다.

2 【역주】 나무 조각이나 두꺼운 종이조각에 글자를 새기거나 쓰고 증인(證印)를 찍은 뒤에 두 조각으로 쪼개어 한 조각은 상대에게 주고 다른 조각은 자기가 보관하여 서로 맞추어 증거로 삼는 물건을 말한다.

3 【역주】 전봉상주(箭鋒相拄)는 전(箭)과 봉(鋒)이 맞부딪치는 것과 같은 것을 말한다. 법안(法眼)의 종풍에 대한 전통적인 평어(評語)이다. 전봉이란 화살촉이다. 스승과 제자가 서로 의기(意氣)가 딱 맞아 조금도 틈이 없는 것 또는 질문과 대답이 딱 들어맞는 것을 말함. 『벽암록(碧巖錄)』 『불교대사전』 참조.

4 【역주】 『포박자(抱朴子)』라는 말은 갈홍(葛洪)처럼 장생(長生)의 선술(仙術)을 닦는 사람을 말한다. 원래 『노자(老子)』의 "소박함을 지니고 사욕을 줄인다(見素抱朴 少私寡欲)"라는 말에서 나왔다.

5 【역주】 '즉사이진(卽事而眞)'은 사(事)와 리(理)가 본래 둘이 아니므로 천근한 사상(事相)에도 스스로 신묘한 진리를 갖추고 있음을 말한다.

6 【역주】 우의(寓意)는 어떤 사물에 가탁(假託)하여서 은연중에 나타내는 말.

7【역주】스승(師家)이 수행승(修行僧)을 인도(引導)하는 것.

8【역주】기(機)는 수행(修行)에 따라 얻은 심기(心機), 봉(鋒)은 심기의 활용이 날카로운 모양. 선객(禪客)이 다른 이를 대할 때의 예민한 활용을 말함.

9【역주】단설재(斷舌才)는 수대(隋代) 유명한 변사(辯士)인 이지장(李知章)을 가리킨다. 변론에서 이 씨가 입을 열면 대중들은 모두 혀를 묶어 말을 할 수 없었기에 사람들은 그를 '단설재'라고 칭하였다.

10【역주】극과(極果)는 구극(究極)의 증과(證果)란 뜻이다. 대승의 불과(佛果) 소승의 무학과(無學果)와 같이 지극구경(至極究竟)의 과(果)를 가리킴.

11【역주】평등한 본체 속에 천차만별의 묘용을 갖추고 있다는 뜻으로 모든 존재의 실태를 나타낸다.

12【역주】금강저(金剛杵)는 승려들이 참법(慘法)할 때 쓰는 법구(法具)의 하나이다.

13【역주】동산의 오위송에서 말하는 "지금 성주(聖主)의 휘(諱)를 저촉하지 않기만 하면"이라는 말에서 나왔다.

14【역주】동산양개는 당나라 대중 말년부터 신풍산에서 후학을 지도하였기 때문에 신풍노인이라 불렸다. 동산에서 가르침을 크게 펼쳤다. 이후 동산양개라는 명칭이 붙었다. 그 가운데서 조산본적(840~901)과 운거도응(?~902) 등 훌륭한 제자를 배출하였다. 이로부터 동산양개의 현묘한 가풍이 천하에 퍼졌으므로 그 선풍을 가리켜 동상종(洞上宗), 동산종(洞山宗), 조동종(曹洞宗)이라 불렀다.

15【역주】채원정(蔡元定, 1135-1198)을 말한다.

16【역주】종승(宗乘)은 종의(宗義)와 교전(教典)을 말한다.

17【역주】수용신(受用身)은 사법신(四法身)중 하나를 말한다.

18【역주】일반적인 의미의 상응(相應)은 각각 내괘(內卦)와 외괘(外卦)에서, 즉 초효와 사효, 이효와 오효, 삼효와 상효 사이에 각각 음양의 효가 다른 것을 일러 응(應) 혹은 여(與)라고 한다. 만약 음양의 효가 같은 경우에는 무응(无應) 혹은 무여(无與)라고 말한다. 또 음효가 양효의 위에 있는 것을 승강(乘剛)이라 하여 길보다는 흉이 많은 것으로 보고, 음효가 양효의 아래에 있는 것을 승강(承剛)이라고 하여 길하다고 말한다. 음양의 효가 가까이에 붙어 있는 것을 일러 비(比), 접(接) 혹은 제(際)라고 한다. 예를 들면, 초효와 이효가 비(比)하고, 삼효와 사효가 비하고 사효와 오효가 비하는 것 등을 들 수 있다. 두 효가 서로 비하는 가운데 승(承)과 승(乘)의 현상이 나타난다.

19【역주】 선재동자[善財童子, Sudhana]는 『화엄경(華嚴經)』 중 「입법계품(入法界品)」에 나오는 모범적인 구도자를 말한다. 일체의 진상을 알고자 하여 천하를 돌아다니며 선지식을 두루 만나다 마지막으로 십대원(十大願)을 들은 뒤 입법계(入法界)의 큰 뜻을 이루었다고 전한다. 500명의 동자와 500명의 동녀 가운데 대표적인 인물이다. 선재동자는 복성장자(福城長者)의 아들로, 일체의 진상을 모두 알고자 하여 문수보살(文殊菩薩)의 안내를 받아 선지식(善知識)을 찾아 천하를 유행(遊行)하며 53명의 선지식을 두루 만났다.

20【역주】 오위공훈도(五位功勳圖)의 정중편(誕生內紹)과 편중정(朝生外紹)에서 나온 말.

21【역주】 삼계교(三階教)는 삼계불법(三階佛法)으로 신행선사(信行禪師)가 교승(教乘)에서 이계(二階)를 세우고 근기(根機)에 삼계(三階)를 세운 것을 말한다. 교승(教乘)의 이계(二階)는 곧 일교승(一乘教)과 삼교승(三乘教)이다. 오교장상(五教章上)에 후대의 신행선사가 이 종(宗)에 의하여 이교(二教)를 세워서 일승(一乘) 삼승(三乘)이라 한다. 삼승(三乘)은 곧 별해(別解)와 별행(別行)과 삼승(三乘)의 차별이며 모두 소승(小乘)을 먼저 배운 뒤에 대승(大乘)에 나아가는 것이다. 일승은 보해(普解)와 보행(普行)이며 오직 이 일승은 또한 화엄법문(華嚴法門)과 직진(直進)등이다.

22【역주】 오탁(五濁)의 모양이 나타나 악한 일이 많은 세상을 말한다.

23【역주】 묘법(妙法)이 높이 솟은 것이 깃발(幢)이 우뚝 솟은 것과 같으므로 법당(法幢)이라 한다.

24【역주】 법류(法流)는 법수라고 하며 불교의 정법(正法)을 유포(流布)하여 이어져가는 것을 냇물이 흘러가는 것에 비유한 말이다.

25【역주】 지견(知見)은 정지견(正知見) 혹은 지견(智見)이라고 한다. 의식에 따라는 것을 지(智)라 하고, 안식(眼識)에 따르거나 추구(推求)하는 것을 견(見)이라 하는데, 모두 혜(慧)의 작용이다.

26【역주】 비량(比量)은 인명(因明) 삼량(三量)의 하나이다. 비(比)는 비류(比類)이다. 이는 분명의 마음으로써 자기가 알고 있는 일과 비교하여 미지(未知)하는 일을 양지(量知)하는 것이다. 예를 들면, 연기를 보고 저곳에 불이 있음을 비지(比知)하는 것을 말한다.

27【역주】 현량(現量)은 인명(因明) 삼량(三量)의 하나이다. 현실(現實)을 양지(量知)하는 것, 색(色)등 제법(諸法)을 향하여 현실로 그 자상(自相)을 아는 것, 털끝만큼도 분별(分別)과 추구(推求)의 염(念)이 없는 것을 말한다.

28【역주】 「계사상전」 제10장, "易无思也, 无爲也, 寂然不動"에서 나온 말이다.

29【역주】 보호임지(保護任持)의 준말. 힘을 다해서 책임을 지고 귀중하게 보호하는 뜻.

30【역주】 행(行)은 수행, 해(解)는 이해(理解)를 말한다. 수행과 이해가 떨어지지 않고 일체가 됨을 말한다.

31【역주】 뇌(雷)는 진(震), 풍(風)은 손(巽)으로써 서로 치고, 수(水)는 감(坎), 화(火)는 이(离)로써, 수(水)와 화(火)가 충돌하지 않는다. 팔괘(八卦)가 상착(相錯)해서 지난 일을 헤아리는 것은 순리적이고, 앞으로 일어날 것을 아는 것은 역(逆)이므로 역(易)이란 역수(逆數)를 말한다. 『주역본의(朱易本義)』「설괘전(說卦傳)」 제2장.

32【역주】 "得象忘言."

33【역주】 옛날 중국에서 향시(鄉試)에 합격한 사람에게 수여되었던 자격.

34【역주】 삼천실상(三千實相)으로 삼천은 천태종에서 일체제법(一切諸法)을 모두 말한 것으로 제법실상(諸法實相)과 같음.

35【역주】 천태종에서 십계(十界)에 십계를 곱하여 백계(百界)라 하고 백계에 각각 열 가지의 사리(事理), 곧 십여(十如)가 갖추었으므로, 또 십여를 곱하여 천여(千如)라 함. (一念三千)

36【역주】 도업(道業)을 성판(成辦)한다는 뜻. 좌선 등의 수행에 의하여 마음이 열림.

37【역주】 제법(諸法) 실상의 이치를 깨달아 비추어 보는 부처님의 지혜. 모든 부처가 세간에 출현하는 까닭은 중생으로 하여금 이 부처님의 지견(知見)을 얻게 하기 위한 것이라고 말한다.

38【역주】 "… ignorance goes into action; when ignorance is activated, inevitably one reaches the point where objects are posited based on awareness, thus producing random subjectivity, defining variety and sameness, until difficulties arise in confusion. Therefore it is called Difficulty." *The Buddhist I Ching* Translated by Thomas Cleary. Shambhala Publications, Inc. 1987.

39【역주】 곤괘(困卦) 육삼의 "돌에 걸려 곤궁을 당하고 있으며 가시에 앉아 있다. 그 집으로 들어간다 하더라도 처를 만나 볼 수도 없으니 흉할 것이다."(困于石, 據于蒺藜, 入于其宮, 不見其妻, 凶)라는 구절에서 나온 말이다.

40【역주】 사리(事理)를 밝히는 스승.

41【역주】 기(機)는 중생의 선근(善根)의 기(機), 감(感)은 부처님의 감응(感應). 중생에게 있는 선근기(善根機)에 부처님이 감응하는 것.

42【역주】 십계(十界) 가운데서 불계(佛界)를 제외한 보살계로부터 지옥계까지를 말한다.

43【역주】“剛而得正. 正智力剛, 事障不能爲害.”

44【역주】“剛中, 與初復同. 定慧得中, 能化彼事障, 反爲我助而不自失.”

45【역주】“過剛不中. 恃其乾慧, 始爲事障所礙, 而定慧兩傷.”

46【역주】“柔而得正. 正定發巧慧.”

47【역주】“陽剛中正. 妙慧中正, 體障卽德, 富以其鄰.”

48【역주】“剛而不過. 定慧平等, 事障釋然解脫, 必有一番輕安境界現前.”

49【역주】지금의 선문(禪門)의 뜻으로 해석한다면, 이것은 바로 불심의 덕명(德名)이며 이 마음이 정법을 철견(徹見)했기 때문에 정법안(正法眼)이라 하며, 깊고 광대해서 만덕을 함장했기 때문에 장(藏)이라 한다. 열반의 묘심(妙心)은 불심의 본체로 체(體)가 적멸하기 때문에 열반이라 하며 사량분별을 할 수 없기 때문에 묘(妙)라 한다.

50【역주】오도상계(悟道相契)는 깨달음의 상호 계합을 말한다.

51【역주】루지(樓至)는 여지(廬至)라고도 하는데, 불(佛)의 이름으로 현겁천불(賢劫千佛) 가운데 최후의 불을 말한다.

52【역주】보호하는 억념(憶念)을 말한다.

53【역주】순지(順之)는 신라 승려이다. 속성은 박(朴), 패강(浿江)사람. 20세경에 오관산(五冠山)에 가서 중이 되고 속리산에서 구족계를 받았다. 헌안왕(憲安王) 3년(859)에 당나라에 가서 앙산혜적에게 법을 받아왔다.

54【역주】인초(忍草)는 설산에 자생하는 풀로서 인욕초(忍辱草)라 하며 치욕을 참는 풀.

55【역주】‘당대’의 오타로 보인다.

56【역주】취감전리(取坎填离)는 감괘 중의 양을 빼내어 리괘 중의 음에 채운다는 말이다. 감괘와 리괘는 건곤 두 괘 중간의 한 효의 위치를 바꾸어 이루어진 것이다.

III

화엄학華嚴學과 역학易學

1. 이통현李通玄의 『신화엄경론』의 역학사상
2. 징관澄觀과 『화엄경수소연의초華嚴經隨疏演義鈔』
3. 종밀宗密의 『주역』을 통한 불교 해석 사상의 경위

화엄종은 『화엄경』 사상을 주요 이론 근거로 삼고 있는 불교 종파이다. 화엄종의 형성 역시 이 경의 연구를 그 바탕으로 삼는다. 화엄종과 유가 역학 이론의 교섭은 똑같이 『화엄경』 혹은 화엄 학설의 적극적인 참여로써 실현된 것이다.

『화엄경』의 원명原名은 『대방광불화엄경大方廣佛華嚴經』이며 대승불교의 중요한 경전 중의 하나이다. 그 중심 사상은 부처가 도道를 이룬 후 보리장菩提場[1] 등의 곳에서 보현普賢[2], 문수文殊[3] 등의 여러 보살 등을 등장시켜 불타의 장엄한 인행과덕因行果德을 나타내고 있다. 마치 장엄한 잡화雜花와 같이 광대원만廣大圓滿하고 무진무애無盡無礙한 뜻을 기술하고 있다.

범어본梵本에는 10만 게송偈頌이 있는 것으로 전해지고 있다. 중국에는 세 개의 번역본이 있다. 하나는 속칭俗稱 『육십화엄六十華嚴』으로 동진東晋 불타발다라佛馱跋陀羅[4]가 번역한 60권은 구역舊譯이다. 또 하나는 속칭 『팔십화엄八十華嚴』으로 당唐 무주武周 때 실차난타實叉難陀[5]가 번역한 80권은 신역新譯이다. 세 번째 번역본은 당나라 정원貞元 계빈삼장반야罽賓三藏般若가 번역한 40권으로 구성되어 있는 간칭簡稱 『보현행원품普賢行願品』으로 『사십화엄四十華嚴』이라 불린다.

이 셋 중에서 당나라 때 번역된 『팔십화엄』의 문의文意가 가장 빼어나고 항목도 비교적 잘 갖추어져 있어 중국에서 가장 널리 유행되었다. 이외에도 경전 가운데 특정 부분이나 특정 판본만을 번역한 것도 적지 않다. 당대의 법장法藏[6]이 지은 『화엄경전기華嚴經傳記』 권1의 통계에 따르면, 번역본이 35부나 수록되어 있어 당시 역경譯經 사업이 얼마나 융성했는가를 보여준다.

『육십화엄』 번역이 나온 후, 동진東晋의 법업法業이 지은 『화엄지귀華嚴旨歸』 2권은 중국 화엄학 연구의 시초라고 할 수 있다. 이로부터 『금강경金剛經』에 대한 전송傳誦, 강습講習과 소석疏釋이 점차 유행하기 시작했다. 유송劉宋[7]때 구나발다라求那跋陀羅[8]가 여러 차례 강해하였고, 북제北齊 현창玄暢[9]이 다시 장구

章句를 중심으로 소강疏講을 더하였고, 북위北魏 유겸지劉謙之 또한 정밀하게 연구하여 『화엄론華嚴論』 600권을 지었다. 이 때 『금강경』 중의 『십지품十地品』을 해석한 『십지경론十地經論』이 널리 유통됨에 따라 『화엄경』은 다시 한 번 널리 퍼지게 되었다. 예를 들면, 지론사地論師인 혜광慧光, 승범僧范, 담준曇遵, 담연曇衍, 영변靈辯, 지거智炬, 영유靈裕, 담천曇遷, 혜장慧藏, 홍준洪遵, 혜원慧遠, 길장吉藏, 혜각慧覺, 법민法敏, 지정智正 등이 경쟁적으로 주소注疏를 내고 강송講誦하여 화엄학 연구가 각 지역에서 크게 유행하였다.

수당시대는 화엄학이 매우 발전함에 따라 오로지 화엄종의 교관敎觀을 넓히려고 하는 분위기가 점차 적으로 형성되었다. 먼저 수隋의 두순(杜順 또은 法順)10은 종남산終南山에서 화엄을 공부하여 『화엄오교지관華嚴五敎止觀』과 『화엄법계관문華嚴法界觀門』 각각 한 권씩을 저술했다. 그는 『화엄경』을 심도있게 연구하여 화엄종의 초석을 다진 초조初祖로 추대되었다. 두순에게는 『주역』으로 『화엄경』을 회통하려는 생각은 아직 없었다.[1]

두순의 제자인 지상사至相寺 지엄智儼11은 스승의 취지를 더욱 발전시키는 동시에 여러 논사들의 학설을 참조하여 『화엄경수현기華嚴經搜玄記』 9권을 저술하였다. 이 책은 『화엄경』을 주석한 60권 구역본 가운데 가장 오래된 명저이다. 지엄은 여전히 『화엄경』의 본의에 기초하여 『화엄경 공목장華嚴經孔目章』 4권, 『화엄오십요문답華嚴五十要問答』 2권, 『화엄일승십현문華嚴一乘十玄門』 1권, 『육상장六相章』 1권(소실됨)을 저술하여 『화엄경』의 심오한 의미를 드러내었다. 이들 저술에서도 『주역』을 인용한 흔적은 여전히 보이지 않는다.

1) 청대 모기령(毛奇齡) 『태허도설유의(太極圖說遺議)』에서 주장하기를, 두순(杜順)이 "대저 '일음일양지위도(一陰一陽之謂道)'에서 '도(道)'라는 것은 무엇인가? '무(無)'라 칭한다. 그러나 적연(寂然)히 체(體)가 없어 나타낼 수 없다. 반드시 '유有'의 작용이 지극하여야 '무'의 공용(功用)이 드러난다."는 말을 했다. 사실 두순은 결코 이러한 말을 하지 않았다. 이 말의 출처는 두 군데에 확실히 있다. 하나는 징관 『화엄경소초』 제14권이며 또 하나는 종밀 『원각경대소초』 제7권이다. 모두 공영달 『주역정의』의 말을 인용하고 있다.

그 후 화엄종을 완성한 법장賢首은 『화엄경』의 진의를 광범위하게 파악하여 『화엄경탐현기華嚴經探玄記』 20권을 저술하였다. 이 또한 화엄종의 중요한 명저로 꼽힌다. 그는 그 밖에도 『화엄오교장華嚴五教章』 1권, 『화엄경지귀華嚴經旨歸』 1권 등 다양한 저작을 남겼다. 법장은 만년에 『팔십화엄』의 번역에 참여하였고 또 신역新譯 저서 『화엄경략소華嚴經略疏』 12권, 『개맥의기開脈義記』 등을 토대로 『화엄경』을 새롭게 해석하였다.

법장은 특히 화엄학설 중에 『역전』의 구성 원리를 암암리에 도입하여 불학 사상을 해설한 흔적이 보인다. 예를 들면, 그 '진여연기眞如緣起'(즉 '법계연기') 를 논할 때, 『역전』의 사유방식을 채용하여 '일생이一生二, 이생사二生四, 사생팔四生八'의 '생멸문生滅門' 구조를 세웠으며, 후에 또 이러한 구조를 '팔합사八合四, 사합이四合二, 이합일二合一'의 방식에 따라 아뢰야식 '종합발생도綜合發生圖' 속에 차례대로 짜 맞춰 넣었다.

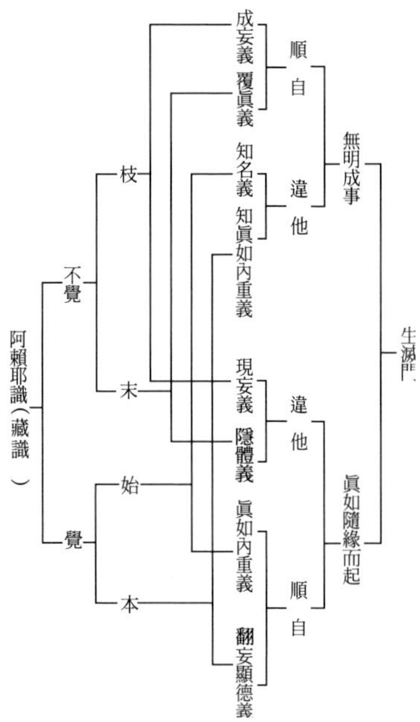

[그림 3-1]

이 도식(그림 3-1)은 '진여연기'의 이론적 구상을 보여주고 있다. 『주역』「계사전」이 말한 "『역』에 태극이 있으니 양의를 낳고 양의는 사상을 낳고 사상은 팔괘를 낳는다."에서 단서를 얻어 다음과 같은 배열방식의 도형을 그렸다.[2]

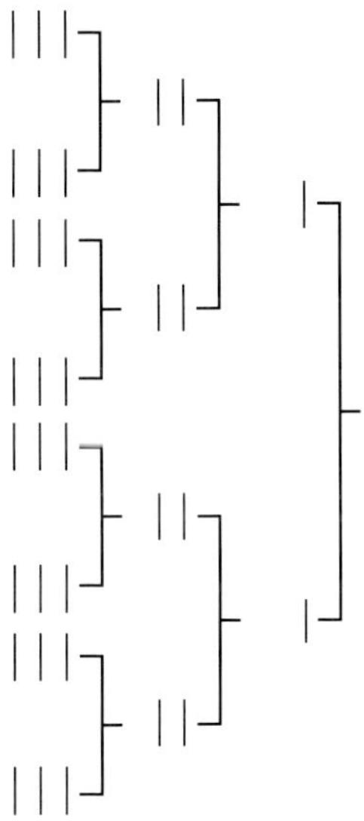

[그림 3-2]

「계사전」에 이미 이러한 진화進化사상이 포함되어 있지만, 법장法藏 이전에는 이런 식의 표현 방식이 없었다. 법장 사후 300년이 지난 송대에 이르러서야 비로소 소옹邵雍[12]에 의해 이와 유사한 도형(그림 3-2)이 만들어졌다. 이 점은 주목할 만하다. 법장은 진여眞如는 '인연에 따르나 불변하고 (불법은) 불변하나 (환경의) 인연에 따르는 것隨緣不變, 不變隨緣'이라고 주장했다. 이러한 사상은 『주역』의 '불역不易'과 '변역變易' 관점의 영향을 받은 것으로 보인다. 그러나 법장

2) 진여연기도와 태극팔괘도는 모두 미국의 화륜래(華倫萊) 『역경여화엄종학설적형성(易經與華嚴宗學說的形成)』을 인용하고 있다. 『중국철학사연구』 1984년 제2기 참조.

자신은 이러한 도식이 『주역』에서 직접 계시 받은 것이 아니라 다소 간접적인 영향을 받은 것이라고 주장한다. 직접적으로 『주역』을 인용하여 『화엄경』을 해석한 사람은 이통현李通玄으로부터 시작된다.

이통현은 법장과 동시대 사람이며 은사隱士이다. 그는 화엄종 조사는 아니지만 화엄사華嚴史에서 차지하는 위치는 매우 중요했다. 그는 『화엄경』을 연구하여 다양한 논서論書를 내었으며 특히 40권의 『신화엄경론新華嚴經論』을 통해 유명해졌다. 이것을 법장 등의 논서와 서로 비교해보면 적지 않은 차이점을 발견할 수 있다. 예를 들면, 법장이 『화엄경』에 대해 강설한 곳과 강설한 횟수 그리고 품수品數를 '칠처구회삼십구품七處九會三十九品'이라고 보는데 비해 이 책은 '십처십회사십품十處十會四十品'이라고 주장하고 있다.

법장 논서의 주된 취지는 사사무애事事無礙[13]를 성취하는 데 있다. 그러나 이 논서의 취지는 범부凡夫가 일생 동안 마음속의 이지불이理智不二의 불佛을 깨우치도록 하는 데 있고, 『팔십화엄』의 새로운 뜻을 발휘하였으며, 특히 역학의 음양, 팔괘, 오행 등의 원리를 취해 경經 속의 심오한 뜻을 해석한 것은 법장이 미치지 못했다. 법장의 제자 혜원慧苑[14]은 『속화엄경소간정기續華嚴經疏刊定記』 30권을 지어 스승의 설과는 다른 자신의 독자적인 견해를 폈다. 이통현 이후 당대의 적지 않은 화엄종 조사들이 『주역』과 인연을 맺었다.

징관澄觀[15]은 화엄종의 기풍을 크게 떨쳤고 혜원의 독자적 견해를 바로 잡아 법장의 정통 학설을 다시 높여서 많은 『화엄경』의 주소를 지었다. 그 중 『화엄경소華嚴經疏』 60권과 『화엄경 수소연의초華嚴經隨疏演義鈔』 90권이 유명하다. 40권의 『화엄경』 번역본이 나온 이후 징관은 또다시 『보현행원품별행소普賢行願品別行疏』 6권, 정원貞元 『화엄경소』 10권을 지어 『사십화엄四十華嚴』의 깊은 뜻을 서술했다. 그의 『수소연의초隨疏演義鈔』 또한 역학의 이론으로 『화엄경』의 뜻을 풀어내어 하나의 틀을 이루었다.

징관의 제자 종밀[16]은 당대 말엽 화엄종의 마지막 대사였다. 그는 『보현행원품별행소초普賢行願品別行疏鈔』 6권, 『행원품소과行願品疏科』 1권을 저술하여 징관의 심법心法을 밝혔다. 또한 『주역』의 관점을 차용하여 화엄 계열의 경전을 해석하였으며 손익損益을 감안하여 화엄과 『주역』이 상호 회통하는 밀접한 관계를 드러냈다. 이러한 여러 가지 시도는 화엄종 사람들의 역학에 대한 중시 정도와 『주역』을 통해서 불교를 해석하는 진지한 노력을 잘 입증해주고 있다. 역학과 화엄 학설 간의 상관적인 연구를 전개하고, 이들 사상의 발전 맥락과 영향을 밝혀서 그 발전 법칙을 분명히 탐구하는 것은 중국 전통사상에서 여러 관점 간의 상호 소통 문제를 전면적으로 인식하는데 특별한 의미를 지니고 있는 것이다.

1. 이통현李通玄 『신화엄경론』의 역학사상

『화엄경』에 담겨 있는 의미는 매우 복잡하고 심오하다. 예로부터 이 책은 중국 고승들의 사랑을 받아왔기에 주석 또한 다양하고 풍부하다. 이통현의 『신화엄경론』이 많은 주석 중에서 독자적인 영역을 확보한 가장 큰 이유는 역학의 음양·팔괘·오행 등의 원리를 직접 운용하여 『화엄경』을 해석한 것에 있다. 법장의 사사무애事事無碍 이론과는 다른 새로운 해석을 전개하였고 화엄성해華嚴性海 사상에다 역리易理를 반영시켜 그 가치를 더욱 높였다.

이통현은 『화엄경』 사상을 논술할 때 여러 가지 역학이론을 수집했다. 그는 특히 구체적인 세 가지 방법인 거방우표법擧方隅表法, 취상표법取象表法, 탁사표법託事表法을 채택하여 운용하였다.[3] 그가 이런 방식을 채택한 이유는 불법은 '성性 자체가 무형無形'이기에 반드시 연緣을 기다려 드러나기 때문이라고 말한다. 이러한 연은 기다릴 수도 있고 또한 창조해낼 수도 있다.

3) 『신화엄경론』 권34. 『대정장』 제36권, 1739쪽.

> 성인이 세상에 가르침을 펴서 속연俗緣 중의 사물로 돌아가서 법을 밝혔다. 다만 말을 없애고 상象의 이치를 끊는 것으로는 몽매한 이들을 인도할 수 없고 상을 끊고 근원을 참되게 밝히는 것은 세속을 유익하게 하지 못한다.[4)]

불타가 큰 인연으로 세상에 출현한 것은 '속세를 이롭게 하고 미몽迷夢을 열어주어' 함께 깨달음의 도를 증득證得하는데 있다. '세간법世間法'을 빌려 심오한 '말로 표현할 수 없는 이치亡言之理'를 드러내 각기 다른 단계의 중생을 이해시켜 다 같이 피안에 이르도록 하기 위한 것이다. 불교 '세간법'이 함의하고 있는 범위는 아주 넓다. 만약 '출세간법'(혹은 곧 불법佛法)과 상대적으로 말하면, 이것을 제외한 세간의 일체 유위법有爲法[17]을 포함한다. 그 중에는 자연히 전통적인 역학의 범위를 포함한다. 이통현이 『주역』을 통하여 화엄을 나타내려는 것은 부처가 세상을 구제하고 사람들을 제도하는 본마음과 부합하는 동시에 불교 사상의 근거도 가지고 있다.

그러나 여기에서 설명을 필요로 하는 것은 이러한 방법들이 표현하려는 사상 내용이 서로 분리되어 있는 것이 아니라 상호 융합하고 호응하는 관계라는 점이다. 요점을 분명히 하고 이해를 돕기 위해 각각의 방법들을 나누어 서술할 필요가 있다.

거방우표법擧方隅表法

이통현은 어려서 역도易道를 깊이 연구하였다. 그는 "음양의 오묘한 상·오성의 행도行度·바람이 일어나는 때를 측정하는 것·시간·사계절과 ·사

4) 『신화엄경론』 권37 "聖人垂訓於俗纏, 還以俗緣中事物而表法. 只如亡言絶象之理, 不可以引蒙, 絕像真原, 不可以益俗."

물의 현상과 본질에 대해 모두 정미하게 잘 알고 있었다.”[5)] **18** 한마디로 말해 천문지리에 밝고 참위讖緯 방술方術에 능통했다. 따라서 역학사상을 인용하여 『화엄경』의 교의를 강론할 때 자유자재하며 막힘이 없었다. 예를 들면, 문수文殊, 보현普賢, 관음觀音 세 보살의 ‘보살행菩薩行’을 설명할 때, 팔괘의 방위와 그 괘의卦義에 딱 맞는 비유를 들어 설명의 효과를 자연스럽게 높였다.

문수보살은 불교에서는 지혜의 화신이며 『화엄경』에서도 중요한 보살 중 하나이다. 중국 불교의 설명에 따르면, 그의 도량은 산서山西 오태산五台山(일명 청량산淸涼山)에 있다. 『화엄경』의 「보살주처품菩薩住處品」은 다음과 같이 말한다.

> 동북방東北方에 보살이 거주하는 곳이 있는데 이름이 청량산이고, 과거에는 보살이 항상 그 속에 거주하였으며 지금은 문수사리文殊師利 보살이 있다. 일만 보살 권속이 있어 늘 설법을 한다.[6)]

이 산의 방위는 『주역』 「설괘전」의 “제출호진帝出乎震” 절이 서술한 방위를 가지고 말하는 것으로 위치는 동북 방향이며 ‘팔괘 방위 중의 간괘艮卦의 위치’에 해당한다. 간艮은 소남小男에 비유되어 ‘동몽童蒙’이며 아직 불법에 밝지 못하고 선악을 알지 못하는 자이다. 그래서 문수가 늘 여기에 머물면서 중생을 교화하고 지혜로서 지도하여 그들로 하여금 ‘몽매함을 깨우쳐 불성을 보도록啓蒙見性’ 도와준다.[7)]

이통현은 ‘소남少男’을 ‘소남小男’으로 칭했지만 고대에 ‘소少’와 ‘소小’는 통용되었기 때문에 그 뜻은 서로 같다. 원행願行**19**이 깊은 곳에 이르면 경經 속에 또 다른 보살인 보현普賢보살로 나타난다. 그는 동방東方에 거처하는데 동

5) 『신화엄경론』 권37 “陰陽玄象, 五星行度, 數風起時, 晷漏, 四時, 延促, 皆悉知之.”

6) “東北方有菩薩住處, 名淸涼山, 過去有菩薩常於中住, 彼現有菩薩名文殊師利, 有一萬菩薩, 常爲說法.

7) 『신화엄경론』 권4.

방은 진괘震卦가 된다. 동방은 일출日出, 즉 시작을 상징한다. "춘양春陽이 일어나면 만물은 생하지 않는 것이 없고, 비춰지지 않는 사물이 없다.春陽發明, 無物不生, 無物不照." 이통현은 이런 식으로 불교의 '이치와 지혜가 서로 통하고 체용은 둘이 아니라는'[8] 관점을 표현하고 있다.

보현은 큰 '진동震動'으로 많은 중생들이 먼저 신심信心을 일으켜 원만히 수행하도록 이끈다. 관음보살은 대자대비大慈大悲 보살로서 초기에 이미 사람들에게 익히 알려져 있으며『화엄경』에도 그 이름이 자주 등장하고 있다. 그는 "서방西方에 거처하며 금강산金剛山의 서아西阿에 머물며『자비경慈悲經』을 강설한다." 팔괘의 뜻에 의하면 서방은 태괘兌卦가 된다. 태兌는 금金이고 백호白虎이며, 흉위凶危를 주관하고 추살秋殺이 된다. 그러므로 자비慈悲의 관음보살이 와서 주관한다. 그 목적은 '불선不善의 곳에서 선善을 행하고'[9], '지혜로서 자비를 내어 고통에 처해 있는 중생을 구제하여'[10], 자비의 배를 타고 피안을 향해 가는 데 있다.

『화엄경』은 문수, 보현, 관음 세 보살의 '행行'을 빌려 시방(십방十方) 제불諸佛의 공행共行의 방법으로 삼는다. 각각의 특징에 따라 다양한 방식으로 중생이 고해에서 벗어나도록 제도한다. 동시에 부처, 문수, 보현을 삼덕三德으로 보아 서로 주반主伴20되어 중생을 교화한다. 문수는 소남小男이 되고, 보현은 장자長子가 되니 두 보살이 합체合體되면 부처라고 이통현은 보았다.[11] 문수는 '법신묘혜法身妙慧'를, 보현은 '만행위덕萬行威德'을 갖추고 있다. 지智는 체體가 되고 행行은 용用이 되며 지행智行이 합일되고 체용體用이 자재自在하니 당연히 부처와 다름이 없다.

8)『신화엄경론』권4 "理智雙徹, 體用不二."

9)『신화엄경론』권3 "於不善(惡)處行善."

10)『신화엄경론』권21 "以智入悲, 處苦流濟益衆生."

11)『신화엄경론』권4 "文殊爲小男, 普賢爲長子, 二聖合體, 名之爲佛."

『화엄경』의 법은 방대하기가 바다와 같아서 "한 글자 속에 만법이 들어 있듯이 일체를 두루 포함한다."[12] 문수, 보현, 관음 세 보살뿐만 아니라 시방 삼세 제불諸佛, 보살, 천신天神, 인간 등을 두루 말하고 있는데, 그 수가 마치 겐지스 강의 모래만큼 많다. 이통현은 『화엄경』「여래명호품如來名號品」과 「수미정상게찬품須彌頂上偈贊品」 등을 소해疏解할 때, 『주역』「설괘전」의 한 구절에서부터 시작한다.

> 제帝가 진震에서 나와, 손巽에서 가지런히 하고, 리離에서 서로 보고, 곤坤에서 수고로운 일을 다하게 되고, 태兌에서 기뻐하고, 건乾에서 싸우고, 감坎에서 위로 받고, 간艮에서 이룬다. 만물이 진震에서 나오니 진은 동방이다. 손巽에서 가지런히 하니 손은 동남東南이니, 리라는 것은 밝음이니, 만물이 모두 서로 보기 때문이니 남방의 괘이니… 곤이란 땅이니… 태는 바로 가을이니, 만물이 기뻐하는 바이므로 태에서 기뻐한다고 하였다. 건에서 싸운다는 것은 건은 서북방의 괘이니 음양이 서로 부딪치는 것을 말한다. 감은 물이므로 정북방의 괘이니 수고로움을 위로받는 괘이며 만물이 돌아가는 바이므로 감에서 위로 받는다고 한 것이다. 간은 동북방의 괘이니 만물이 끝을 이루고 처음을 이루는 것이므로 간에서 이룬다고 했다.[13]

또 양한兩漢 말기에 지어진 것으로 추정되는 『역위건착도易緯乾鑿度』에서는 다음과 같이 말한다.

12) 장상영(張商英) 『화엄경결의론후기(華嚴經決疑論後記)』. 「대정장」제36권 1741쪽 "一字含萬法, 而普遍一切."

13) "帝出乎震, 齊乎巽, 相見乎離, 致役乎坤, 說言乎兌, 戰乎乾, 勞乎坎, 成言乎艮. 萬物出乎震, 震東方也; 齊乎巽, 巽東南也; …… 離也者, 明也, 萬物皆相見, 南方之卦也; …… 坤也者, 地也; …… 兌, 正秋也, 萬物之所說也, 故曰說言乎兌; 戰乎乾, 乾西北之卦也, 言陰陽相薄也; 坎者, 水也, 正北方之卦也, 勞卦也, 萬物之所歸也, 故曰勞乎坎; 艮, 東北之卦也, 萬物之所成終而成始也, 故曰成言乎艮."

진震은 동방에서 물物을 낳고 이월이며, 손巽은 동남방에서 흩어지고 사월의 자리이며, 리離는 남방에서 자라게 하고 오월의 자리이며, 곤坤은 서남방에서 기르고 방위는 유월이며., 태兌는 서방에서 거두고 팔월의 자리이며, 건乾은 서북방에서 제재하며 시월의 자리이며., 감坎은 북방에서 갈무리하며 십일월의 자리이며, 간艮은 동북방에서 마침과 시작이니 십이월의 자리이다. 팔괘의 기가 다하면 사정사유四正四維21로 나누어진다.[14)]

이외에 또 초기 도교의 경전인 『태평경太平經』 중에 「무참지간상배법無讖支干相配法」, 「팔괘환경념문八卦還經念文」, 「경문부수소응결經文部數所應訣」 등의 장절에서 말한 팔괘, 사방, 오행, 간지干支의 상호 배열 등과 관련된 내용을 종합하여 그 중에서 팔괘 방위의 기본 틀을 뽑아내고 기타 성분을 제거한 후에 불교의 동서남북, 동북東北·서북西北·서남西南·동남東南, 상하 시방세계의 제불보살을 차례대로 각각 상응하는 위치에다 분포시켰는데, 진震, 손巽, 이離, 곤坤, 태兌, 건乾, 감坎, 간艮의 상하 시방 제불보살이 된다. 「화엄경여래명호품華嚴經如來名號品」을 이통현의 말에 따라 도해圖解하면 다음과 같다.

14) "震, 生物於東方, 位在二月; 巽, 散之於東南, 位在四月; 離, 長之於南方, 位在五月, 坤, 養之於西南方, 位在六月; 兌, 收之於西方, 位在八月; 乾, 制之於西北方, 位在十月; 坎, 藏之於北方, 位在十一月; 艮, 終始之於東北方, 位在十二月. 八卦之氣終, 則四正四維之分."

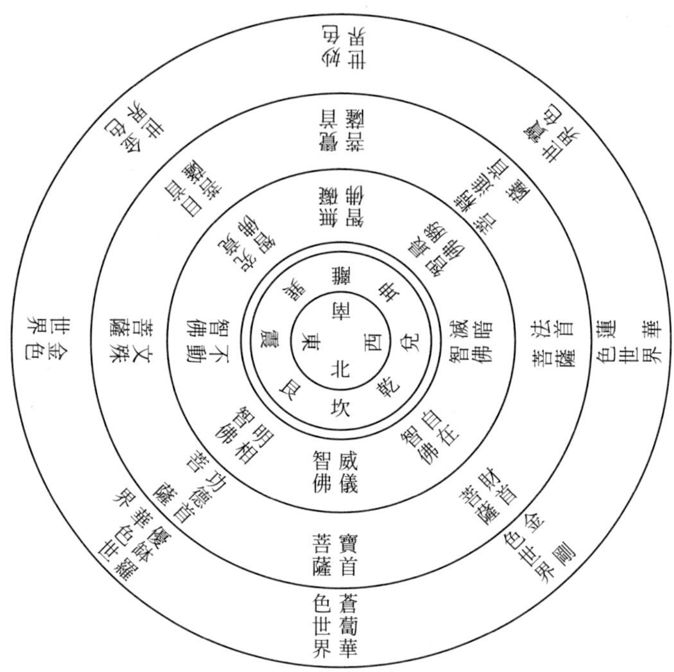

[그림 3-3]

앞의 원도圓圖에서 가장 안쪽에 있는 권역圈域이 동서남북의 네 정방四正이며 다음 권역이 팔괘 방위이고 세 번째 권역이 팔방八方 불佛이며, 네 번째가 보살이며 가장 바깥쪽 권역이 불교가 구획하여 나눈 각각의 세계이다. 이외에도 상하 두 개의 세계가 있는데 명칭은 파리색玻璃色과 평등색平等色으로, 불의 칭호佛號는 범지梵智와 관찰지觀察智이며 보살은 지수智首와 현수賢首로 구분된다. 이와 같이 이것은 모두 시방보살과 시방제불 그리고 시방세계를 이루고 있다.[15]

15) 『신화엄경론』 권14-18

이 원도를 우리는 '시방제불보살팔괘방위도十方諸佛菩薩八卦方位圖'라고 부른다. 이것은 한대의 유가들이 「설괘전」의 "제출호진帝出乎震" 구절에서 '제출호진도帝出乎震圖'를 만든 것을 또 한 번 응용한 것이다. 차이점은 한유들이 다룬 것은 유가 역학의 범위에 국한되는데 비해, 이통현은 팔괘 방위를 불교 화엄의 교의와 연계시킨다. 이것은 매우 독특한 방법이라고 할 수 있다. 만약 위의 도상을 소옹의 '후천팔괘방위後天八卦方位(즉 '문왕팔괘방위'를 말함)'와 대비시켜 보면 그 방위와 완전히 일치한다는 것을 발견할 수 있다. 이것을 통해 '후천팔괘방위'가 발생한 대체적인 맥락을 다음과 같이 추정할 수 있다.

「설괘전」 ⇒ 한漢 『역위건착도』, '제출호진도' ⇒ 당唐 이통현 '시방제불보살팔괘방위도' ⇒ 송宋 소옹 '후천팔괘방위'

이통현의 '시방제불보살팔괘방위도'를 통해 '후천팔괘방위'의 발생 과정을 쉽게 추론할 수 있다. 이것은 소옹의 '후천팔괘' 방위가 결코 문왕文王으로부터 만들어진 것이 아니라, 이통현의 『신화엄경론』에 근거하여 기존의 방위를 독자적으로 추출하여 설명했을 뿐이다. 소옹은 다른 송대 유가와 마찬가지로 『신화엄론경』을 매우 중요하게 보고 좋아하였는데 이런 사실로 미루어보아 그 영향을 받은 것을 쉽게 짐작할 수 있다.

그렇다면 "이통현은 '팔괘방위'를 가지고 불교 경의經義를 어떻게 해석하고 있는가?" 그 『역위건착도』가 진震, 이離, 태兌, 감坎이라는 사정四正과 중앙을 이용하여 유가의 인仁, 의義, 예禮, 지智, 신信의 오상五常에 배치한 시사를 받았기 때문이다. 유가는 팔괘의 뜻을 사용하여 유학의 중심 사상을 설명하였고, 이통현은 팔괘 방위를 가지고 불교사상을 해석하는 데 배치하였다. 그 배열한 구도가 매우 조리가 있고, 일관성이 있는 것으로 보인다.

청대淸代의 항신재杭辛齋는 『역학필담易學筆談』 권4 "불교와 도교의 상수는 『주역』에 갖추어져 있다.佛教道教之象數備於周易."라는 글에서 '후천팔괘'에 대해 서술한 것이 상당히 많은데, 그 중에서 이통현이 말하는 것과 서로 같은 것이 매우 많다. 그는 『주역』의 상경上經이 건곤乾坤으로 시작하여 감리坎離로 끝나는 것은 '선천괘위先天卦位'를 밝히는 것이고, 하경下經이 함항咸恒으로 시작하는 것은 '후천괘위後天卦位'를 밝히는 것이라는 독자적인 관점을 내놓았다. 마땅히 참고할 만하다. 그는 또한 '후천괘위'의 서북西北 건상乾象을 불佛의 탄생 및 '금강불괴金剛不壞'의 글에 비유하고 있다. 아마 이통현이 『주역』의 팔괘 방위를 불교사상에다 배치한 방법과 관계가 있는 것으로 보인다.

『신화엄경론』의 해석을 통해 이통현이 역학사상으로 『화엄경』을 해석한 것은 위에서 말한 것에만 그치는 것이 아니라 한漢대 '이십사방위도二十四方位圖'까지도 언급하고 있다. '이십사방위도'에 관해서는 이도평李道平의 『주역집해찬소周易集解纂疏』에 기재되어 있으며 다음과 같은 해설을 붙이고 있다.

> 이십사방위는 음양가 24산二十四山22이다. 사실 한대 사람들이 『주역』을 말할 때 이 방법을 많이 사용하였다. 그 뜻이 가장 오래되었기 때문에 기록하여 참고하려고 한다. 팔괘가 오직 네 모서리를 사용하고 사정四正을 사용하지 않는 것은 사정괘四正卦가 바로 지지地支 자子, 오午, 묘卯, 유酉의 방위에 해당되기 때문이다. 따라서 괘를 사용하지 않고 지支를 사용한다. 지를 사용하는 것이 곧 다름 아닌 괘를 사용하는 것이다. 팔괘가 이미 사정四正을 정하면, 팔간八干으로 보충하는데, 갑을甲乙을 진震, 병정丙丁을 리離, 경신庚辛을 태兌, 임계壬癸를 감坎에 배치시킨다. 사우四隅의 경우, 팔지八支로써 보충하는데, 술해戌亥를 건乾, 축인丑寅을 간艮, 진사辰巳를 손巽, 미신未申을 곤坤에 맞춘다. 사유四維, 팔간八干, 십이지를 합하면 모두 24가 된다. 천간이 무기戊己를 사용하지 않는 것은 무기는 중앙토가 되어 정해진 방위가 없기 때문이다.[16]

16) "二十四方位, 卽陰陽家二十四山也, 其實漢人言易多用此法. 其義最古, 故錄之以備參考. 八卦惟用四隅,

이통현은 '이십사방위' 사상을 전부 흡수한 것 외에도 양한兩漢 간의 음양오행설을 끌어들여 그 내용을 풍부하게 했는데, 지금 말한 것을 근거하여 아래 도표로 표시할 수 있다.

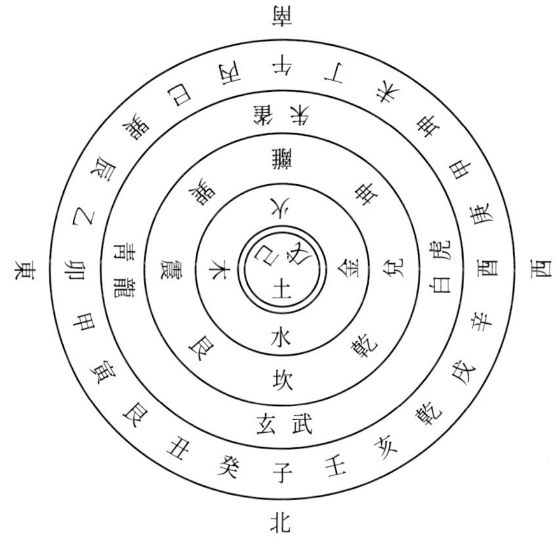

[그림 3-4]

그는 말하기를, 동방東方의 묘위卯位는 진震이다. 진은 목木이고 청룡靑龍이다. 불교의 입장에서 말하면 지智이며 모든 선善의 으뜸首이다. 서방西方의 유위酉位는 태兌이다. 태는 금金이며 백호白虎이며 흉위凶危이다. 불교의 입장에서 말하면 비悲인데 자비로서 관음觀音이 주관한다. 남방南方 오위午位는 리離이다.

而不用四正者, 以四正卦正當地支子·午·卯·酉之位, 故不用卦而用支, 用支卽用卦也. 八卦旣定四正, 則以八干輔之, 甲乙夾震, 丙丁夾離, 庚辛夾兌, 壬癸夾坎; 四隅則以八支輔之, 戌亥夾乾, 丑寅夾艮, 辰巳夾巽, 未申夾坤. 合四維·八干·十二支, 共二十四. 天干不用戊己者, 戊己爲中央土, 無定位也."

리離는 일日이고 화火이며 주작朱雀이 된다. 불교는 이것을 성명盛明, 허무虛無, 심법心法이라고 말한다.

북방의 자위子位는 감坎이다. 감은 수水이며 현무玄武이다. 불교는 이것을 명암明暗이 처음 나누어질 때 암暗은 가고 명明이 오며 명암이 서로 등진다[相背]고 한다.[17] 이통현은 사우四隅의 괘에 대해 또한 언급한 바 있다. 그는 동방東方 축인丑寅 사이의 간괘艮卦에 두 가지 뜻이 있다고 보았다.

하나는 앞에서 말한 '소남이고 동몽爲小男, 爲童蒙'인 중생이 몽매함을 벗어나 도道를 향해 발심하는 것을 나타낸다. 이것을 '초명初明'이라 한다. 둘째, '위지爲止'의 뜻이다. 공영달은 『주역정의』에서 이르기를, "간艮이 동북 방위의 괘이기 때문에 동북은 인축寅丑 사이에 있고 축丑은 전세前歲의 말末이며 인寅은 후세後歲의 초初이니 만물이 마침과 시작을 이루는 바이다."고 하였다. 공영달의 "마침과 시작을 이루는 바이다.成終成始."라는 설은 바로 '이십사방위'를 취하여 말한 것이다.

이통현은 이러한 뜻을 바꾸어 불교 수행을 설명한다. 그는 "(이로써 선정의 체가) 두루 모든 지위와 모든 행을 수행해 나가는 계몽과 더불어 청량淸涼하게 닦아 나아가는 시종始終의 본말을 발명發明케 함을 밝힌 것이므로 간艮이고, 한 해의 시작과 끝의 본말이 되기 때문에 초명初明이 되고 지止가 되는 것이다."[18]라고 말한다. 그 의도는 매우 명확하다.

서북방 술해戌亥 사이에 위치한 건괘乾卦는 '건은 굳고 강하며 이것에 해당되는 불佛의 호칭은 자재지自在智'이기 때문에 '능히 정법의 자리이타自利利他로서 오로지 그 구함에 게으름이 없고', 중생을 미혹한 긴 어둠에서 구해 그들로

17) 『신화엄경론』 권2, 3, 14, 15, 37

18) 『신화엄경론』 권17 "遍與諸位諸行, 修進啟蒙, 發明清涼惑熱進修始終之本末, 故爲艮. 爲歲始年終之本末, 故爲初明, 爲止."

하여금 '부지런히 관조하여 이치를 깨닫고 악업이 없게 한다.'[19] 이른바 '이치를 깨달고 악업이 없게 한다.達理業亡.'는 것은 불교의 고苦, 집集, 멸滅, 도道 사성제四聖諦의 근본원리를 통달하여 자신이 지은 악업이 그것을 통해 소멸됨을 말한다.

서남방의 신미申未 사이가 곤위坤位이다. 곤은 믿고 따르며 만물을 싣고 있고 원만한 것이다. '그 곤위坤位를 빌려 모母가 된다托其坤位爲母'는 것은 불보살이 자비심으로 중생을 교화함이 모친母親과 마찬가지로 '법보法寶로서 사람들을 이롭게 한다.'[20]는 것이다. "진사辰巳 사이는 손위巽位이며… 언설이며 교령敎令이다.辰巳之間, 巽位也, …… 爲言說, 爲敎令." 이른바 "군자가 가르침을 세우니 중생들이 따라 본받는다."'[21]는 것이 바로 불타가 근기에 따라 설법하고 (즉 중생의 다양한 근기에 따라 설법 자체에 차별이 있다) 중생이 종류에 따라 이해하며 가르침에 따라 받들어 행한다는 뜻이다.

위에서 상술한 의미를 자세히 살펴보면 주목할 만한 세 가지 관점이 있다. 첫째, 팔괘의 괘의卦義와 불교 교의가 서로 소통되는데, 이런 류의 의미들은 거의 모든 괘가 다 가지고 있다. 둘째, '오행설'을 가지고 불학과 역학의 관계를 논술하는 데 도움이 되는 것으로 보고 있다. 예를 들면, 동방의 목木, 남방의 화火 등이다. 셋째, 동서남북 네 방위인 '사상四象(청룡, 백호, 주작, 현무)'의 성질을 불교의 입장에서 배합하여 설명하고 있다. 백호를 흉위凶危로 여겨 '자비로서 관음觀音이 주관하는 등의 내용을 배합하고 있다. 그러나 어떠한 의미를 설명한다 하더라도 모두 '이십사방위도'를 벗어나지 않는데 매우 독창적인 관점이라고 할 수 있다.

대승불교의 가장 큰 특징은 자비와 지혜가 함께 운행되는 것이다. 곧 스

19) 『신화엄경론』 권16 "精勤觀照, 達理業亡."

20) 『신화엄경론』 권15 "以法寶利人."

21) 『신화엄경론』 권16 "君子設敎, 而衆生從而法之."

스로 해탈을 얻었을 뿐만 아니라 자비심으로 남을 제도하고 세상을 구제한다. 통속적인 말을 통하여 이야기하면 바로 '자기를 위해 안락을 구하는 것이 아니라 중생이 고苦에서 벗어나기를 바라는 것이다.' 만약 지혜와 자비의 이론이 위의 글에서 불충분하게 논증되었다면 여기에서는 비교적 완전하게 해명될 수 있을 것이다. 『신화엄경론』 권37에서 말한다.

> 북방은 감坎이고 흑黑이며, 자子를 음극陰極, 축丑을 음종陰終, 흑黑을 등지고 명明을 따르고, 사邪를 등지고 정正을 따르니, 이것이 처음 계몽의 자리이다. 그러므로 남방으로 간다. 지금 제팔 진여상眞如相에 이르는 회향回向은 바로 동방을 밝히는 지智이고 진震이고 뇌雷이고 음성이고 청룡이고 춘생春生이고 복덕福德이고 길경吉慶임을 밝힌다. 일日은 인寅에서 시작하여 묘卯에서 나오며 시비는 진사辰巳에서 정해진다. 오午가 이미 동東에 이르면 모두 양위에 속한다. 오午는 양극陽極이지 아직 양종陽終은 아니다. 미未에서 축丑까지는 음위陰位이며 이 때문에 제팔 지명智明 진여상의 회향은 바로 동방을 취하여 지智가 되는데 모든 사악함을 밝게 비추기 때문이다. 생사에 들어 만유를 진동시키고 생을 밝히기 때문에 중생을 교화하여 진여에 이른다.[22]

여기에서 시간 설정에 대한 문제를 먼저 언급하여 간략히 설명하고자 한다. 고대 사람들은 십이지지를 사용하여 주야를 12개의 시진時辰[일시진一時辰은 현재 2시간에 해당]의 시간으로 표시하였다. 야간은 11시에서 시작하는데, 밤 11시에서 1시가 자시子時이며 1시에서 3시가 축시丑時이고 나머지를 추산推算하는 것은 같다. 여기에서 이통현은 백주白晝를 양위陽位에, 흑야黑夜를 음위陰位

22) "以北方爲坎, 爲黑, 以子爲陰極, 丑爲陰終, 以背黑而從明, 背邪而從正, 是初啟蒙之位, 故往南方. 今至第八真如相迴向, 卽明東方爲智, 爲震, 爲雷, 爲音聲, 爲青龍, 爲春生, 爲福德, 爲吉慶. 日生於寅, 出於卯, 定是非於辰巳也. 至午巳東, 總屬陽位. 午爲陽極, 未爲陽終. 自未至丑, 是陰位, 以此第八智明真如相迴向, 卽取東方爲智, 明照萬邪故. 入於生死, 震動萬有, 令明生故, 教化眾生達真如故."

에 비유하였다. 그가 기술한 일출일몰에 근거하여 음양 12시진의 관계를 표시하면 아래의 도형과 같다.

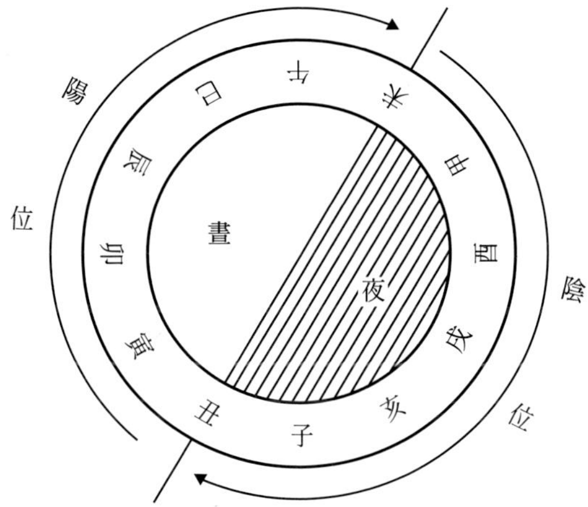

[그림 3-5]

여기에서 우리들은 '주야음양도晝夜陰陽圖'에 근거하여 앞 쪽에 인용한 내용들에 대해 논의하고자 한다. 먼저, '자子는 음극陰極이고 축丑은 음종陰終이며' 음이 끝나면 양이 생겨난다. '오午는 양극陽極이고 미未는 양종陽終이며' 양이 끝나면 음이 생겨 다시 한번 순환하여 시작된다. 이통현은 남방은 리離가 되고 명明이 되기 때문에, 이것과 상대적인 북방을 감坎, 흑黑으로 추정하였다. 음위陰位와 상응하여 '무명'의 뜻을 표시하는 것은 '어둠을 등지고背 밝음을 따르고 삿됨을 등지고 바름正을 따르는 것'으로 보기 때문에 축丑에서 시작하여 불법을 닦는 '계몽啓蒙'의 단계로 진입하는 것을 나타낸다.

다음은 '그러므로 남방으로 간다故往南方'의 '남방'에는 두 가지 뜻이 포함되어 있다. 하나는 남방은 리離가 되며, '허무가 되며, 심법心法이 되고', '심心

을 밝혀 허무에 이르는 것'[23]을 목적으로 삼기에 '그러므로 남방으로 간다故往南方'라고 말하는 것이다. 다른 하나는 『화엄경』 속의 선재동자善財童子가 문수보살의 가르침을 받아 온갖 어려움을 무릅쓰고 수 백리 남南으로 법法을 찾아 '오십 세 번의 참방五十三參'[24]을 거친 후, 마침내 득도한다는 고사故事에 근거하여 '그러므로 남방으로 간다故往南方'라고 말한다.

셋째, 이통현이 말한 것을 고찰하면 대략 위에서 말한 두 가지 뜻을 모두 가지고 있다. 왜냐하면 '계몽'에서 오위午位에 이르는, 즉 '심법을 밝혀 허무를 통달'하는 과정에서 선지식에게 가르침을 구하는 것을 피할 수 없기 때문이다.

종합하면 축丑에서 오午까지 모두 양위陽位에 속하며 어둠黑을 등지고 밝음明을 따르고 삿됨邪을 등지고 바름正을 따르는, 즉 '무명無明'에서 보리를 증득하는 과정이다. 미未에서 축丑까지는 모두 음위陰位에 속하며 도道를 이룬 후의 불佛이 중생을 교화시켜 모두 불토佛土로 나아가게 한다. 불佛이 동방의 진괘震卦를 지智로 취하는데, 이 지혜는 불佛의 십지十智 중 제 8지에 해당되며 일체 중생지衆生智[25]를 알아서 '생사生死에 들어갈' 수 있다. 진여상眞如相은 음위의 일체 중생에게 회향하는데(『화엄경』가운데 '십회향' 중 하나) 마치 초생初生의 태양이 '만사萬邪를 밝게 비추어 사邪를 정正으로 돌리고 모두가 진여의 경지에 도달하는 것과 같다.

그는 『화엄경』 가운데 스스로 수련하여 성불하고 중생을 교화하는 과정을 직접 '십이지지'[26]와 서로 짝지었는데 예를 들면 다음과 같다.

23) 『화염경결의론』 권3. 「대정장」 제36권 1741쪽 "以明心達虛無."

24) '오십 세 번의 참방(五十三參)'은 『화엄경』 「입법계품(入法界品)」에서 선재동자가 문수보살의 지시를 받아 남쪽으로 가서 법을 묻고 순서대로 53명의 선지식을 참례했다는 고사를 말한다.

25) 이것은 대승십지(大乘十智)를 가리킨다. 대승십지는 바로 "三世智, 佛法智, 法界無礙智, 法界無邊智, 充滿一切世界智, 普照一切世界智, 住持一切世界智, 知一切衆生智, 知一切法智, 知無邊諸佛智"이다. 『화엄경』 권16

26) 『신화엄경론』 권4, 14

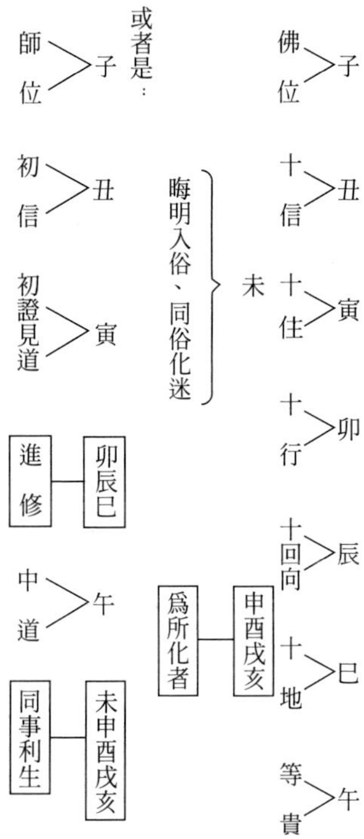

[그림 3-6]

이런 식으로 정리하면 더욱 간결하고 일목요연하다.

[그림 3-6]을 통해 볼 수 있듯이 이통현은 주야晝夜 음양陰陽 십이시진十二時辰의 관계를 이용하여 대승불교의 '자비와 지혜를 동시에 연마하는' 비지쌍수悲智雙修, 말하자면 성불하여 중생을 제도하는 근본 사상을 교묘하게 나타내고 있다. 그가 폭넓은 불교 수양을 닦았다하더라도 속세의 다양한 지식을 보태지 않았다면 이와 같이 복잡한 이론 방법을 만들어내는 일은 아마 불가능한 일이었을 것이다.

'이십팔수二十八宿'[23]의 방위를 사용하여 『화엄경』의 비지悲智관념을 표현하는 것은 또 하나의 창의적인 구상이다. '이십팔수'의 기원은 전국 초기(기원전 5세기)까지 거슬러 올라간다. 그 당시 성상학가星相學家들은 천상天象과 일日, 월月, 오성五星의 하늘에서의 운행을 관측하였고 황도대黃道帶와 적도대赤道帶 양측에서 하늘을 한 바퀴 돌 때, 이십팔 개의 성관星官을 선택하여 관측 시의 표준으로 삼았다. 이것이 바로 '이십팔수'가 된다. 그것들은 똑같이 네 조組로 나누어 동서남북 4방위와 청룡, 백호, 주작, 현무 네 가지 동물 형상과 서로 짝하여 '사상四象'이라 칭해졌다.

한대에 이르러 '오행설'과 서로 결합되고 또 천간지지가 섞였다. 이통현은 천문天文 음양의 원리를 훤히 꿰뚫고 있어 상황에 따라 그 원리를 원용하여 '표법表法'을 삼았다. 그의 설명에 의하면 "이십팔수와 십이시 간지 및 일월오성 여러 성수星宿 등은 모두 자체 법칙을 가지고 있다. 세상의 왕들은 그것을 본받아 법령을 시행하며 불佛은 중생을 교화하는데 그것을 이용하여 법法을 말했다."[27]고 하였다.

그러나 '이십팔수' 동서남북 사방위 중에서 그는 동서 방위만 취하여 '동방을 지혜, 서방을 자비'라고 명명하였다. "동방 각수角宿, 방房星, 심心星 등 칠성七星은 모두 선위善位를 지니고 있어서 지혜의 문智門을 나타내기에東方角宿及房·心等七星, 皆有衆善位, 以表智門", 보현普賢이 주관하며, "서방 칠수七宿인 앙昴, 필畢, 삼參등은 주로 백호白虎, 추살秋殺의 뜻을 나타낸다. 앙성昴星은 형옥刑獄으로 주로 악행을 벌주는데 관세음이 주관한다."[28] 이러한 뜻을 도표로 나타내면 다음과 같다.

27) 『신화엄경론』 권36 "二十八宿及二十時支干及日月五星諸列宿等, 皆有法則, 其世人王法之以施法令, 佛以取之, 用表說法."

28) 『신화엄경론』 권36 "西方七宿昴·畢·參等, 主白虎, 秋殺義. 昴爲刑獄, 多主罰惡, 以觀世音主之."

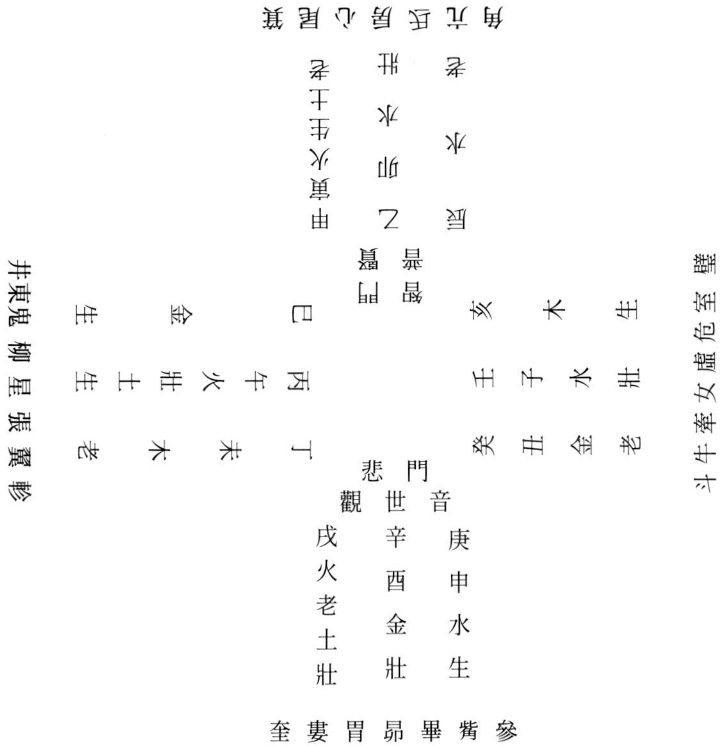

[그림 3-7]

그 외에 이통현은 동남서북 사방위로서 고집멸도苦集滅道 사제四諦를 설명한 것도 그의 '방우표법方隅表法'의 일종이다. 그의 눈에는 동서남북의 시방세계 안에 있는 불보살과 불교 교의는 『화엄경』에서 말한 것과 마찬가지로 어느 곳이든 편재되어 있다고 본다. 불교의 입장에서 보면 그가 이렇게 말하는 것은 의심할 여지없이 정확한 것이다. 전체 방우표법을 가지고 말하면 이와 같은 평가는 합당하다.

그러나 세속의 사물에 관한 표법表法은 일정한 한계가 있으며 정상적인 상황에서 다만 그 이웃하거나 그 원의와 상관되는 개념으로서만 표시할 수 있는데 지나치게 임의로 방위를 취해서 불법을 해석하고 있다. 예컨대 동서남북 사정四正으로 '사성제'를 나타내는 방식들은 불법의 엄숙성을 위배하고 있어 토론할 여지가 있고 구별하여 다룰 필요가 있다.

취상표법取象表法

이통현의 '취상표법取象表法'은 '거방우표법擧方隅表法'을 이은 또 하나의 시도이다. 이른바 취상표법은 팔괘의 상象만을 취하는 것이 아니라 64괘 괘사卦辭의 관련 자료를 또한 적절히 선택하여 배열하였다. 그러한 태도는 오로지 괘상卦象을 말하기 위해 괘상을 말하는 것이 아니라 "상을 보고 뜻을 취하고 뜻을 얻으면 상을 잊는다.觀象取義, 得意象亡.""[29]는 왕필 『주역』 해석의 취지와 거의 같다.

불교 수행의 순서는 모든 신도들이 관심을 갖는 내용이고 또한 『화엄경』의 중요한 사상 중 하나이다. 이것에 대해 이통현의 생각은 모호하지 않지만, 사상의 노선은 독특하다. 뜻밖에도 『화엄경』에서 언급되고 있는 '묘봉妙峰이라 불리는 산은 『주역』 간괘艮卦의 괘상을 연상시킨다. '간艮이 산이기' 때문이다. 이어 『신화엄경결의론新華嚴經決疑論』 권2는 다음과 같이 논하고 있다.

> 대개 정위正位에 들어가려고 하면 선정이 아니면 열지 못하고., 승혜勝慧에 들어가려면, 정지正止를 시작으로 삼는다⋯ 다만 헛된 마음을 그치게 하여 움직이지 않는 것이 산과 같고24 심경에 자연히 견見이 없어진다. 심이 없으면 상相도 없어져 곧 정혜가 생겨난다. 상이 없어지는 것은 정으로부터 비롯되고

29) 『화염경결의론』 권3. 「대정장」제36권.

혜는 정으로 인해 일어난다.[30)]

이 문단은 "간은 산이고 그친다는 말이다艮爲山, 爲止"의 뜻을 불교 '계戒, 정定, 혜慧' 삼학三學[25]의 노선에 도입시켰다. 또 이들 간의 상호 관계, 즉 계로부터 정이 생겨나고 정으로부터 혜가 발생한다고 말하고 있다. 사실 '지止'의 뜻과 '계戒'의 뜻은 서로 비슷하다. 지止는 망념妄念, 망행妄行을 그치게 하는데, 바로 계율의 목적이다. 지와 계는 서로 회통한다고 볼 수 있다. 위에서 말한 '상진相盡'과 '지현知現'은 여전히 수행의 종결이 아니다. 겨우 '묘봉산'이란 이름만을 아는 정도로는 부족하며 산 정상에 올라간 후에야 상황이 어떠한지 알 수 있다. 그는 계속해서 말한다.

공무상空無相의 이치에서 보면 공혜空慧[26]는 항상 밝다. 시작도 없이 이어진 업진業塵은 한 순간에 소멸된다. 신심身心이 없어지면 내외內外도 모두 사라진다. 신견身見, 견취見取, 계취戒取, 사견邪見등 오견五見이 사라지니 견도見道라 이름한다.[31)]

집착된 '상相'이 소실된 후에야 비로소 공혜空慧가 밝아지는데, 즉 지혜가 현현된다는 뜻이다. 이것은 선정禪定에 들어간 이후에 얻을 수 있는 효과이다. 여기에 이르러 무시無始 이래의 무명의 여러 업業은 형체도 없이 사라지게 된다. 뒤이어 집착하는 '견見'을 제거하는데 이것은 '심心'의 부분에 속한다. 이와 같은 '내외가 모두 없어져야' 비로소 진정한 '견도見道'이며, 또 『화엄경』에서 말하

30) "夫欲入正位, 且非定不啟; 欲入勝慧, 以正止爲初. …… 但止心不動如山, 心境自然見盡. 心亡相盡, 卽正慧便生. 相盡由定, 慧由定發."

31) 『화염경결의론』 권3. 「대정장」 제36권 "於空無相之理, 空慧恆(恒)明. 無始業塵, 一念便盡; 身心都盡, 內外總亡; 身見·見取·戒取·邪見等五見旣盡, 名爲見道."

는 초지보살初地菩薩이 된다.

견도 이후에도 여전히 두 가지 해야 할 일이 있다. 하나는 습기習氣27를 다스려야 한다. "습기를 수행28하여 도로서 다스리고 습기를 다스려 점차 줄일수록 지혜는 더욱 밝아진다."[32] 수행자가 다스리기 가장 어려운 것이 습기이다. 불전佛典 가운데, 나한羅漢29도 여전히 습기를 벗어나지 못하고 오직 불佛이어야 습기를 영원히 끊을 수 있다고 말한다. 습기가 끊어진 만큼 지혜가 늘어나는데, 이와 같이 한 걸음 한 걸음 나아가서 성불에 이른다. 만약 약간의 습기라도 끊으면 약간의 지혜가 늘어나고 이와 같이 조금씩 진취하여 성불에 이를 수 있다.

두 번째는 중생을 제도하는 것이다. "지혜가 불어나 넓어지면 자비를 행하여 중생이 도탈度脫30하기를 바라는데 당연히 나의 원행願行이 다해야 끝이 난다. 중생이 (해탈을) 다하지 않으면 나의 원행은 끝나지 않는다."[33] 이것은 이통현이 『화엄경』의 보현원행普賢願行을 주석한 내용이다. 위에서 말한 것을 정리하면, '지혜를 구해 중생을 제도한다求智慧, 度衆生'라는 여섯 글자로 요약 가능하다. 이것은 앞에서 말한 '비지쌍운悲智雙運'의 관점과도 일치한다. 여기에서는 특별히 강조하였을 뿐이다.

다음에 논할 문제 또한 수행의 순서와 관계가 있다. 『화엄경』에서 많이 언급되는 십신十信, 십주十住, 십회향十回向, 십지十地 등은 수행 순서일 뿐만 아니라 수련 후에 얻는 경지이기도 하다. 다만 이러한 경지를 얻는 것은 반드시 '信'이라는 글자에서 시작된다. 믿음은 바로 입도入道의 요처要이다. 믿음이 없으면 일체법一切法이 성립할 수 없다. 『화엄경』「현수보살품賢首菩薩品」에 "믿음은 도道의 근원이며 공덕功德의 어머니며 일체 모든 선근善根을 증장增長시키며

32) 『화엄경결의론』 권3. 「대정장」 제36권 "隨行習氣, 以道治之; 治習漸薄, 智慧增明."

33) 『화엄경결의론』 권3. 「대정장」제36권 "智慧既增廣, 行悲願度脫衆生, 當盡我願乃亡. 衆生不盡, 我行不止."

…무상보리수를 출생시키며 가장 수승殊勝한 지혜심을 길러낸다"고 말하고 있다. 이통현은 이른바 신심信心은 곧 '믿을 수 있는 마음能信之心'이라고 생각한다. 만약 중생이 불법에 대해 신심을 일으킨다면 '승해勝解'[31]가 출현할 수 있다.

『주역』의 점괘漸卦에서 말한 '기러기가 물가에 점차 나아감이니鴻漸於干'라는 것이 '처음 입도하여 신심이 오른다初入道, 信心升進'는 뜻에 해당된다. 기러기와 학의 깃털은 모두 흰색이다. 그는 이것이 '처음의 믿음을 밝게 한다以明初信'는 뜻으로 본다. 왜냐하면 "흰 색은 순수한 바탕이기 때문에 기러기를 말한다".[34] 백白은 순수한 흰색으로서 첫 믿음을 표현하며 앞 글의 '동몽童蒙'의 함의와 같은 경우이다.

후에 명말의 자백존자紫柏尊者는 이통현이 점괘 육효로서 십신十信의 승진升進의 뜻을 나타낸 것'에 대해 보충적인 설명을 하고 있다. 그는 십신十信에서 십지十地까지 모두 "생멸심生滅心[32]으로 법을 듣고 깨닫지만 해解로 인해 잡염染되기 시작하니 여전히 생멸에 속한다.以生滅心, 聞法悟解, 以解始染, 尙屬生滅." 이것은 구경究竟이 아니며 오직 '초주初住'[33]에 들어가는 단계에 이르는 것이고 '비로소 생멸이 없는 자리에 들어가서' 극과極果를 증입證入한다.[35] 이렇게 해야 이통현이 아직 분명하게 말하지 못한 우의寓意를 완전하고도 구체적으로 표현해낼 수 있다.

신심이 있어도 여전히 훌륭한 스승의 교화가 있어야 성취할 수 있다. 『주역』의 감괘坎卦 「상전」에 "군자는 덕행을 떳떳하게 하며 가르치는 일을 익힌다君子以常德行, 習敎事"는 것이 바로 이러한 뜻이다. 이통현은 여기에서 '군자가 되고, 스승이 되는爲君, 爲師' 뜻을 끌어내고 아울러 "군자君子가 스승이 될 수 있는 것은 덕을 가지고 항상 겸손한 행위를 하여서 중생들로 하여금 도움이 되

34) 『화엄경결의론』 권1 "白色純素, 故言鴻."

35) 『자백존자전집』 권21. 「만속장경」 제127책.

기 때문이다."[34]라고 하여 교화의 중요성을 강조하고 있다. 그러나 그는 이러한 설명이 부족하다고 생각하여 또 태괘泰卦 초구初九에 "띠 뿌리를 뽑으니 뿌리 채 딸려 올라온다拔茅連茹"에서 '띠茅'를 인용하여 비유하기도 하였다. 그는 "띠茅는 결백潔白 유약하고 그 뿌리가 달아서 마치 유덕한 군자와 같다. 마치 띠가 부드럽고 결백한 것처럼 (군자는) 따뜻하고 부드러운 성격을 가져야만 (중생을) 끌어들여 참여시킬 수 있다"[36]고 말한다. 그 의미는 군자는 그 품덕이 결백하고 하자가 없어야 할 뿐 아니라 중생을 대하는 태도 또한 따뜻하고 부드러워야만 가능하다는 뜻이다. 이와 같은 요구가 충족되어야 스승으로서 훌륭한 자격을 가졌다고 볼 수 있다.

다음에 이어지는 문제는 어떻게 교화教化하느냐에 관한 것이다. 이통현은 손괘巽卦를 예로 들고 있다. "손巽은 바람이며 교화教이고 일에 있어 바름方이 되고 사람에 있어서는 기쁨이 되니 마치 군자가 사람들을 가르쳐 이롭게 하는 것과 같다." 바로 앞의 의미에 연결하여 말하고 있다. 그는 "군자는 가르침을 베풀어 미몽을 열어준다"고 여겼다. 군자는 선지식에 비유되고 동몽童蒙은 중생에 비유된다. 군자는 바르게 교화하고 중생은 순종하여 따르니, 마치 풀 위에 바람이 불면 한쪽으로 눕는 것과 같다.[35]

관괘觀卦 「상전」에 바람이 땅위를 부는 것이 관觀이다 라는 말이 있다. "군자는 덕이 있어 올바른 가르침을 펴니 대중들이 믿고 따른다"[37]는 것 또한 이러한 뜻이다. 곤坤이 '신순信順'이 되는 뜻과 마찬가지이다. 바람은 '더러움을 버리고 깨끗함을 택할 수 있어' 어리석은 사람들을 가르쳐 함께 정도正道로 향할 수 있다. 이와 같은 숨은 뜻이 그렇게 특별하지는 않지만 기본적으로 확실한 것이며 서로의 장점을 잘 나타내 주는 효과가 있다. 그러나 "사대四大 가운데 바람의 힘이 가장 세어서, 천지는 그것에 의지하여 지탱하고 사람들은 그것

36) 『신화엄경론』 권15 "茅潔白柔弱, 其根甘甜, 像君子有德, 如茅柔弱潔白, 甘和可以引而接之與仕也."

37) 『신화엄경론』 권15 "君子有德, 設正教衆人信順."

에 의지하여 살아가며 일월日月은 그것에 의지하여 운행한다"[38]라는 구절은 인도철학의 '지地, 수水, 화火, 풍風'을 가지고 말하는 것으로 이는 지나친 과장으로 보인다.

탁사표법託事表法

탁사표법託事表法은 실제 어떤 일을 빌려 자기의 입장을 표명하는 것으로 다른 의도가 숨어있다. 차이점은 더 이상 팔괘구궁八卦九宮,[39] 방우괘의方隅卦義를 이용하여 비유하는 것이 아니라 거의 음양의 숫자를 사용하여 이론을 만드는 수완을 발휘하여 『화엄경』의 교의와 융합시키고 있다.

『주역』에서 숫자 1·3·5·7·9는 양이고, 2·4·6·8·10은 음이다. 양이 움직이면 음은 따르는 것으로 '동정動靜이 서로 따르고', '서로 주객主伴이 되니' 자기 밖에 없다고 여겨서는 안된다. 이것은 모순적인 쌍방으로 자신의 존재는 상대방의 존재를 전제로 한다. 그렇지 않으면 "둘 다 양이거나, 둘 다 음이면 이지러져 곧바로 떨어지게 되어 온전히 이루어지지 못한다."[40]

이통현이 얘기한 이러한 관계의 존재 방식은 『화엄경』에서 말하고 있는 '일다원융一多圓融', '호체상성互體相成' '제석보망帝釋寶網', '호위연기互爲緣起'의 사유방식에서 말하는 것과 동일한 이치이다. 일위一位가 없다면 제위諸位는 이루어질 수 없으며 제위가 없다면 연기법은 성립되지 않는다. 오직 일다一多가 서로 통해야 연기가 무궁무진할 수 있다. 이것이 하나의 의미이다.

38) 『신화엄경론』 권15 "四大之中, 風力爲最, 天地賴之而持, 人賴之而生, 日月賴之運行."

39) 구궁(九宮)은 바로 양한(兩漢) 시기 역위(易緯)의 관점이다. 이, 간, 태, 건, 감, 진, 손, 곤 등 8괘의 궁(宮)에다 중앙을 더해 합해 구궁이다. 『후한서』 권59 「장형전(張衡傳)」의 「청금절도참소(請禁絶圖讖疏)」와 '重之以卜筮, 雜之以九宮' 주(注) 참조.

40) 『신화엄경론』 권13 "兩剛旣缺, 兩柔卽離, 爲不成濟."

또 다른 의미는 모순적인 쌍방이 존재한다는 기초에서 한 걸음 더 나아가 '서로 주객이 되는' 관계를 확립한다는 것이다. 『주역』의 음양으로 말하면, 모든 괘의 육효는 음과 양 중에 적은 것이 주主가 된다. 예를 들면, 오음일양五陰一陽에서 양이 주가 되고, 오양일음에서 음이 주가 되며 음양이 상호 주객이 된다. 이것은 일다 간의 관계에서도 적용된다. '일一과 만법萬法을 하나로 보기 때문에 만법은 자체가 많지 않고' 일一은 다多이며 적지 않으며 합하여 연기법이 된다. '일다자재一多自在'[41]는 한 가지 방법에만 구애되지 않는다.

음양의 함의는 다방면적이라는 것을 볼 수 있다. 만약 이것으로 부처와 중생을 비유하면 부처는 양이고 중생은 음이며 음양이 화합하여 교화가 더욱 더 크게 드러난다. '여래가 세상에 나온 이유는 중생을 이롭게 하는 데 있다. 세속에 얽매이지 않기 때문에 인위적으로 행한 것이 없기 때문이다.' 만약 부처는 부처이고 중생은 중생으로 서로 관계가 없다면 부처는 제도할 대상이 없고 중생은 의지할 바가 없어 자연히 교화를 베풀어 중생을 유익하게 하는 효과가 없게 된다.[42]

선정禪定은 '삼매三昧'**36**라고 칭해지며 불경 중에서 폭넓게 다루어지는 중요한 개념으로 『화엄경』에서도 비중 있게 다루어지고 있다. 선정은 또 정정正定이라고도 하며 삼三을 정正으로 매昧를 정定으로 여긴다. '삼을 정定'으로 보지 않고 어째서 정正으로 보고 있는가? 이것은 음양 개념과 관련이 있다. 이통현은 "삼三을 정正으로 본다. 그러므로 정正이다."라고 해설하였다. 이것은 『주역』에서 홀수를 정正으로 삼는 것에 근거할 뿐만 아니라 한대의 '십이벽괘十二辟卦' 이론을 끌어와서 설명한 것으로 보인다.

41) 『신화엄경론』 권13.

42) 『신화엄경론』 권13.

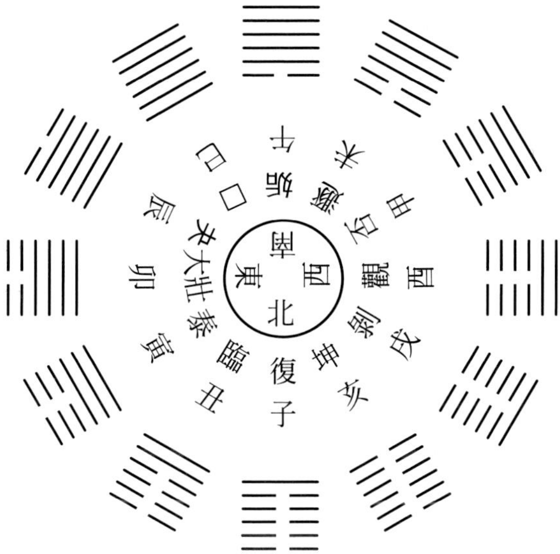

[그림 3-8]

이통현은 위 그림(3-8)에서 보듯이 "'11월은 하나의 양陽이 생겨나니' 복괘復卦이며, '12월은 두 개의 양이 생겨나므로' 임괘臨卦이며, '1월은 세 개의 양이 생기므로 정월正月이 되니', 곧 태괘泰卦라고 하는 것과 같다. 또 태괘는 인寅에 자리하며, '인寅은 목木이고 (일日이고 일日은 인寅에서 생긴다), 화火이다. 화火는 인寅에서 생긴다. 또 일日을 지智로 보기도 한다.'"[43]고 하였다.

수행의 중요한 부분인 선정禪定을 더하여 이통현은 계·정·혜 삼학 중에 정과 혜를 나타내는데, 망념妄念이 그치고 선정에 들어간 후 곧 지혜가 열린다고 설명한다. 선정 공부가 깊으면 깊을수록 드러나는 지혜 또한 더욱 밝아진다. 이것이 바로 앞에서 말한 '정에서 혜가 생긴다由定生慧'는 뜻이며 '견도見道'의 첫 단계이다. 오직 완벽한 지혜를 갖추어 부족한 점이 없어야 불덕佛德과 상

43) 『신화엄경론』 권26 "如十一月一陽生卽復卦, 十二月二陽生卽臨卦, 一月三陽生爲正月卽泰卦. 又泰卦位於寅, 以寅爲木, 爲日(日生於寅)·爲火也, 以火生於寅. 又以日爲智."

응한다. 이렇게 두 번 세 번 강조하는 것으로 보아 그는 이 문제를 매우 중요하게 여기고 있음을 알 수 있다.

전체적으로 말해서 이통현의 『신화엄경론』은 『화엄경』의 교의를 깊이 있게 풀어내었으며 견해 또한 매우 참신하다. 역학에 관한 운용 또한 타당하고 자연스럽고 독자성을 갖추고 있었기 때문에 오래도록 전해질 수 있었다. 송대 유가와 선사들에게 매우 환영받았다. "『화엄경』을 보는 것은 간괘艮卦 하나를 보는 것만 못하다"는 정이천程伊川의 말은 이통현의 저작 속에서 말한 「간괘」와 관련성이 전혀 없다고 할 수 없다. 또 이것은 명청明淸 시기까지 이어져 후대 사람들에게 시사하는 바가 크다.

장상영張商英[44]의 『화엄경결의론후기華嚴經決疑論後記』의 기록에 따르면, 북송 때 그가 『신화엄경론』을 저술했던 방산方山에 이미 그의 동상, 장자상長者像이 설치되어 백성들은 그 앞에서 복을 빌었다고 한다. 거의 신과 다름없이 모셔졌다. 자백존자紫栢尊者는 그의 동상 앞에서 스스로 진퇴進退에 관한 점을 치고 『방산이장자상전자복출처소方山李長者像前自卜出處疏』[45]를 지었다.

우익藕益은 자신의 『주역선해周易禪解』「도설圖說」에서 이통현의 64괘의 대소무애大小無礙의 원리를 빌려와 화엄의 사사무애事事無礙의 사상을 설명했다. 또한 청대의 행책行策은 『신화엄경론』을 응용하여 팔괘와 음양오행 사상을 화엄장해華嚴藏海와 비교분석하여 '육효섭의도六爻攝義圖'[46]를 훈고하였고, 팔괘와 음양오행 사상을 『주역』 리괘離卦의 6효에 맞추어 불교 조동종의 편정회호偏正回互의 취지를 하나하나 드러내었다. 이것은 『신화엄경론』이 지니고 있는 영향력의 일부분에 불과할 뿐이다.

44) 북송 휘종 대관(大觀)년 재상에 올라 사마광, 범중엄과 함께 현사(賢士) 대열에 들었다. 성품이 강직하여 문충(文忠)이라는 시호가 내려졌다.

45) 『자백존자전집』 권3. 「만속장경」 제127책.

46) 『보경삼매본의』. 「만속장경」 제111책.

2. 징관澄觀과 『화엄경수소연의초華嚴經隨疏演義鈔』

징관澄觀(737-833, 일설에는 738-839)은 이통현 사후 7년(일설에는 8년)에 태어났다. 나중에 그가 당대唐代 화엄종의 유명한 조사가 된 이유는 여러 방면에서 스승들을 참례參禮하고 각 종파의 교의를 충분히 익히고 또 불교 이외의 학설에 정통하다는 경력과 떼어 놓고 생각할 수 없다.

징관은 속성이 하후夏侯이며 월주越州 산음[산음山陰: 현재 절강소흥浙江紹興]사람이다. 11세에 출가하여 14세에 승려가 되었다. 그는 명산을 두루 다니며 경장經藏을 널리 수집했다. 건원乾元 연간(758-759)에 윤주潤州 서하사棲霞寺 예율사禮律師로부터 상부율학相部律學[37]을 익혔으며 본주本州 개원사開元寺의 담일曇一 율사를 참례하고 남산율南山律을 배웠다. 금릉金陵에 가서 현벽玄璧에게서 '관하삼론關河三論'을 전수받았다. 대력大歷 연간年間에 와관사瓦官寺에 가서 『대승기신론』과 『열반경』을 들었다. 회남淮南 법장처法藏處에 가서 해동海東 『기신론소』를 배웠다. 이어 전당(전당錢塘: 현 항주杭州) 천축사天竺寺에 가서 선법사詵法師가 『화엄경』을 강설하는 것을 들었다.

대력 7년(772) 섬계剡溪로 옮겨 성도成都의 혜량慧量에게서 '삼론三論'을 다시 배웠다. 대력 10년(775) 소주蘇州 천태종天台宗 형계담연荊溪湛然을 뵙고 천태지관天台止觀과 『법화경』, 『유마힐경』 등의 경소經疏를 공부했다. 후에 우두혜충牛頭慧忠, 경산도흠徑山道欽등을 참례하고 남종南宗의 선법禪法을 배웠다. 이어 또 혜운慧雲 선사를 찾아뵙고 북종北宗의 선리禪理를 익혔다.

징관은 율律, 선禪, 삼론, 천태, 화엄 각 종파의 교의를 광범위하게 학습했을 뿐만 아니라 제부이집諸部異執, 밀주경궤密咒經軌와 천축실담天竺悉曇을 연구하였으며, 아울러 경전자사經傳子史, 『소학小學』, 『이아爾雅』, 서법書法 등 불교 이외의 학문도 두루 섭렵하였다. 대력 11년(776), 오태산五台山, 아미산峨嵋山을 두루 다닌 후 다시 오태산 화엄사로 돌아가 대승참법大乘懺法[38]을 집중적으로 닦으면서 동시에 『화엄경』을 강설했다.

정원貞元 11년에 당 덕종德宗이 경사京師로 불러들여 '청량법사淸涼法師'라는 칭호를 내려 주었고 또 계빈罽賓[39]의 사문沙門인 반야般若가 천축오다국天竺烏荼國이 보내준 『화엄경』 후분범본後分梵本을 번역하는 것을 도와 그에게 심사하여 결정하게 하였으며 정원 11년에 번역 40권 (바로 『사십화엄四十華嚴』)이 완성되었다. 징관은 또 칙령을 받들어 40권의 『화엄경』을 주석하였다. 얼마 되지 않아 『수호국계주다라니경守護國界主陀羅尼經』의 역경譯經 사업에 참여하여 교열校閱을 담당했다. 조정에서 제왕帝王 경상卿相들에게도 예우와 존경을 받았다. 저술이 아주 많아 300여권 정도가 전해지며, 『화엄경』 소疏도 많아서 '화엄의 최고 주석가'로 일컬어지고 있다. 상술한 『화엄경소』, 『화엄경수소연의초』 이외에도 『화엄법계현경華嚴法界玄鏡』, 『화엄경략책華嚴經略策』, 『신경칠처구회송석장新經七處九會頌釋章』, 『삼성원융관문三聖圓融觀門』 등의 저작이 있다.

징관은 여러 선종 종파의 이론을 널리 참조하고 배웠기 때문에 『대승기신론』에 대한 이해가 더욱 깊었다. 이로 인해 그는 화엄학설의 진흥을 자신의 소임으로 삼았다. 하지만 그의 사상 중에는 선종, 천태와 『기신론』의 성분이 섞여 있었으며 교선敎禪을 융합하고 유심唯心을 강조하여 일심법계一心法界를 중시하는 논술을 지어 일심법계 무진연기설無盡緣起說을 세우고 화엄의 성기설性起說의 교의를 발휘했다.

여러 종파, 특히 선교일치의 근본 취지를 융합하는 방향으로 나아간 징관은 화엄의 이사무애理事無礙, 진망교철眞妄交徹의 교의를 해석하는 가운데 이통현과 마찬가지로 유교와 도교의 사상을 적용하였다. 특히 유가의 역학사상을 대량으로 인용하고 참고하였는데, 이러한 생각은 대개 그의 저작인 『화엄경소』와 『화엄경수소연의초』 두 권 속에 나타나며 특히 후자에서 더욱 두드러지게 나타난다.

『화엄경소』는 모두 60권이다. 당 덕종德宗 흥원興元 원년(784)에 편찬하기 시작하여 정원貞元 3년(787)에 완성되었다. 일설에는 건중建中 4년(783)에 초안을 잡아 4년에 걸쳐 완성했다고도 한다. 이 책은 법장法藏의 『탐현기探玄記』와 함께 『화엄경』 주석의 쌍벽雙璧으로 전해지고 있다. 징관은 또 『경소經疏』에 대해 상세한 해설을 하고 부연하여 『수소연의초隨疏演義鈔』 90권을 지었다. 『경소』는 역학을 토대로 하여 『화엄경』의 심오한 의미를 한층 더 넓고 깊게 해석하였다.

『경소』와 『수소연의초』의 사상적 맥락에서 볼 때, 징관은 이통현의 사상을 계승하고 있지만 상당히 독창적인 점도 있다. 그들이 불교와 『주역』을 회통시키려는데 있어 처음 지향한 생각은 다르지 않았다. 그러나 징관이 이런 작업을 하려는 이유는 이통현과는 달랐다. 이통현은 부처의 본의는 '속세를 이롭게 하고 미혹한 자를 깨우쳐 주는 것利俗啓迷'이며 함께 도를 증득證得하여 교화를 위한 방편으로 '세간법'을 빌려 이론을 편 것으로 본다.

'세간법'은 만상萬象을 포함하므로 역학 또한 이에 속한다. 그래서 『주역』을 취해 화엄을 나타낸 것이 그 자체 의미가 있다. 징관은 오히려 『화엄경』 사상의 원의를 깨달아서 『주역』과 상통시켜 『화엄경』의 소초疏鈔에 적용하는 것은 이치에 합당한 것으로 보인다.

그는 『화엄경』의 "유현하고 미묘함을 쪼개어 나누며 마음과 경계를 비추어서 확연히 안다. 이치를 궁구하고 법성法性을 다하여 과를 통철하고 인행因行을 포함하였으며 깊고 넓고 가득하여 넘치고 텅 비어 융화하고 넓고 커서 모두 다 갖춘 것"[47]이라는 이 구절은 『화엄경』의 특징을 잘 뽑아낸 것으로 보인다. 짧은 24자 안에 이미 「계사전」을 차용하여 『주역』의 특징인 '궁리진성窮理盡性', '광대실비廣大悉備' 여덟 자를 구체화하고 있다. 그 중 1/3을 차지하고 있어 징관이 『주역』을 취해 화엄을 이해하려는 노력을 엿볼 수 있다. 또 "주역의 도는 넓고 커서 포함하지 않는 것이 없다易道廣大, 無所不包"의 특징은 상술한 『화엄경』의 취지와 서로 비교해보면, 완전히 서로 융합되고 포섭되어 합류의 방향으로 나아가고 있다.

이통현과 징관은 다같이 『화엄경』에 대한 주注를 내었고 동시에 역학사상을 인용하여 자신의 관점을 펴고 있기 때문에 사상 구조에서 두 사람이 같은 점이 많다는 것은 이상한 일이 아니다. 아래에서는 세 가지 사례를 들어 살펴보기로 하자.

1) 그들은 모두 불교 수행 중에 발보리심發菩提心[40]을 중시한다. 이른바 발보리심은 무상보리無上菩提를 구하려는 마음을 가리킨다. 강조점은 불법佛法을 통해 신앙심을 일으켜 부지런히 정진하여 무상보리를 신속히 증득하는 데 있다. 왜냐하면 삼세三世 일체 제불諸佛은 모두 신심信心에서 비롯되기 때문이다. 만약 신심이 없다면 위로는 불도佛道를 구하고, 아래로 중생을 교화할 방법이 없다. 발보리심의 중요성을 알리기 위해 그들은 『주역』 괘효사를 가지고 논증하였으나, 두 사람이 치중하여 강조하는 점은 서로 다르다. 따라서 말하는 괘효卦爻 또한 다르다. 이통현은 신심을 일으킨 후, 즉 크게 '승진升進'하는 상象에다 중점을 두었다. 그러므로 점괘漸卦의 괘사를 증상연增上緣과 상응하는 것으로 보고 있다. 이에 비해 징관은 오히려 신심을 일으키는 초기 단계에 초점을 둔다.[어떤 사람들은 신信 자체를 생生한다고 말한다] 그래서 '믿음이

47) 『화엄경소서(華嚴經疏序)』. 『대정장』 제35권 1735쪽. "剖裂玄微, 昭廓心境., 窮理盡性, 徹果該因., 汪洋沖融, 廣大悉備."

도의 시원信爲道元'이라 칭한다.

이 때문에 『주역』 건괘乾卦의 「문언전」의 "원이란 것은 선의 으뜸이요."라는 구절을 가지고 찬탄해 마지 않는다. 비록 이 구절의 아래 말과 발보리심은 크게 연관되는 것은 없지만 다음과 같이 인용하고 있다. "형이란 것은 아름다운 것의 모임이요, 리라는 것은 마땅함에 조화되는 것이요, 정이란 일의 줄기이다. 군자는 인을 본받아서 충분히 다른 사람의 우두머리가 될 만하며, 모이는 것을 아름답게 하여야 충분히 예에 합치할 수 있으며, 다른 사물을 이롭게 해야 충분히 마땅함에 조화할 수 있으며, 바르고 굳게 충분히 일을 수행할 수 있으니, 군자는 이 네 가지 덕을 행하는 자이다. 그러므로 건은 원형이정元亨利貞이라고 말한다."[48] 이 말은 징관이 『주역』을 가지고 불교를 해석하는 데에 골몰하고 있음을 증명하는 것 이외에 다른 특별한 의도가 있는 것이 아님을 분명하게 보여주고 있다.

'신위도원信爲道元'의 관점은 이후 『주역』과 화엄의 교섭에 상당히 중요한 영향을 주었다. 송대 이강李綱은 『화엄경』에 대해 깊이 연구하였으며 또 『주역』에도 정통하였다. 그는 징관 사상을 이어받아 말하기를, "옛날 무상도無上道를 일으키는 것은 십신十信에서 시작하기에 '믿음은 도의 근원이고 공덕의 어머니이다. 일체의 선근善根을 길러내 주시고' 라고 하니 의심의 그물을 끊고 애착을 벗겨, 더없이 높은 무상보리의 도를 나타내 보이네"[49]라고 하였다. 이로부터 '십주十住, 십행十行, 십회향十回向, 십지성등정각十地成等正覺으로 채운다. 이는 마치 아이가 커서 성인成人이 되고 싹이 자라 재목이 되는 것처럼 그 골절지간骨節枝幹은 사람마다 이미 갖추고 있어서 확충하여 크게 성장할 뿐이다.' 이것은

48) "元者, 善之長也, 亨者, 嘉之會也, 利者, 義之和也, 貞者, 事之幹也. 君子體仁足以長人, 嘉會足以合禮, 利物足以和義, 貞固足以幹事. 君子行此四德者, 故曰"乾, 元, 亨, 利, 貞."

49) 팽제청(彭際淸) 『거사전(居士傳)』 권29 『이백기전(李伯紀傳)』. 『만속장경』 제149책. 『송사(宋史)』 『이충정집李忠定集』 "信爲道元, 功德母, 長養一切諸善根, 斷除疑網出愛流, 開示涅槃無上道."

'신위도원설'이 분명히 한 단계 더 발전한 것이라 볼 수 있다.

2) 『화엄경』 속의 선재동자善財童子가 '남으로 가서' 법法을 묻는 것에 관한 해석에서 징관과 이통현은 모두 『주역』 리괘離卦를 인용하여 설명한다. 하지만 설명 방식은 서로 다르다. 이통현은 선재동자가 남행하는 것은 남방南方을 리괘로 보고 있고 심법心法을 허무虛無로 보고 있기 때문에 리괘離卦에서 취한 의미를 가지고 불법에 맞도록 사용하였다. 징관은 해당 구절을 리괘의 단사彖辭 "리라는 것은 밝은 것이다離者, 明也"와 일치시키고, 또 「설괘전」의 "리離라는 것은 밝음이니, 만물이 모두 서로 보기 때문으로 남방의 괘이니"[50]의 뜻을 통하여 오직 진성眞性의 밝음이 있어야만 비로소 만물이 가득 차 있는 상象을 볼 수 있다고 풀이한다.

이른바 "성인聖人은 남면南面하여 백성들의 소리를 듣고 밝은 것을 향하여 다스린다."[51]는 구절에서 '성인'의 숨은 의미는 바로 진성眞性이다. 만약 진성이 주재하게 되면 반드시 천하에 선행善行하여 '마침내 하늘과 땅 모든 것이 질서정연함을 얻게 되어 황하黃河의 물은 맑고 바다는 잔잔하다'[52] 그런데 진성은 왜 드러나지 않는가? 이것은 바로 무명이 덮고 있어 진령眞靈을 가라앉게 하기 때문이라고 징관은 해석한다. 그래서 선재동자가 남방으로 가서 법을 물어 무명의 암흑진구暗黑塵垢를 제거하여 진성의 항상 밝음을 구하였다.

3) 성상星象 방위로서 화엄의 지비智悲 개념을 나타내는 이통현의 방법을 징관은 이어받는다. 아울러 이전의 이와 관련된 사상을 이용하여 오성五星과 오행五行관념을 각각 춘, 하, 추, 동 사계에 배치시켰다. 도표(그림 3-9)로 나타내면 다음과 같다.

50) "離也者, 明也, 萬物皆相見, 南方之卦也."

51) 『화엄경수소연의초』 권85. "聖人南面而聽天下向明而治."

52) 『화엄경수소연의초』 권16. "遂得地平天成, 河清海晏."

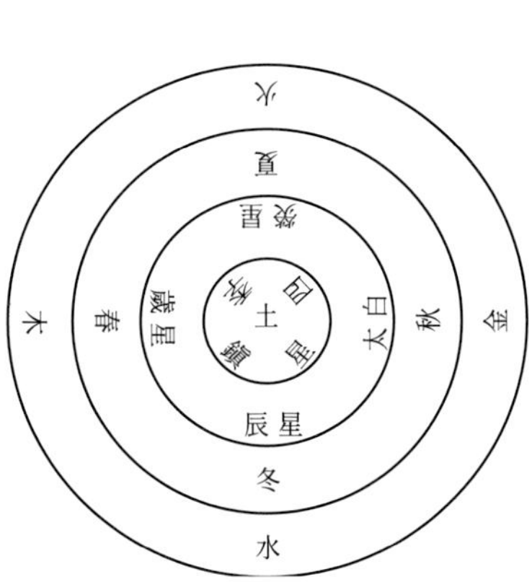

[그림3-9]

이것은 이통현의 사상을 흡수하는 것 외에도 북위北魏 담정曇靖의 『제위파리경』의 영향과 관계가 있다. 이 경문經文은 오성五星을 오행, 오방, 오덕, 오계五戒 등에 배치하였는데,[53] 본서 제1장 제2절에서 다룬 것과 같다. 징관이 말하려고 의도한 도표(그림 3-10)는 다음과 같다.

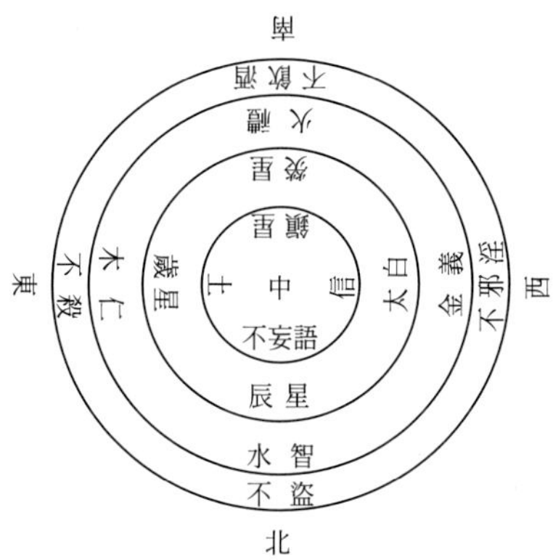

[그림 3-10]

53) 담연(湛然) 『지관보행전홍결止觀輔行傳弘訣』 6에 인용한 경문이 보인다. 진인각(陳寅恪) 『금명관총고초편金明館叢稿初編』의 「지민도학설고支敏度學說考」 상해고적출판사 1980년 판.

이외에 징관은 또 이통현이 이십팔수를 지비智悲관념에 배열한 것과 마찬가지로, 불전佛典 『대집경大集經』의 설을 인용하여 이십팔수를 동서남북 4조로 나누고 인류·국가·동물 등으로 나누었는데 글이 너무 번쇄하여 수록하지 않고[54] 그 속에 담긴 뜻을 도표(그림 3-11)로 나타내면 다음과 같다.

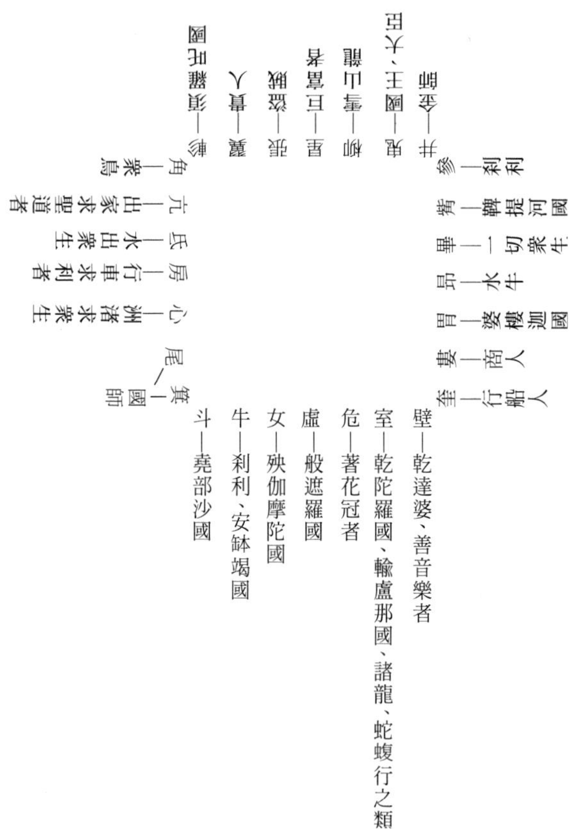

[그림 3-11]

54) 『화엄경수소연의초』 권63.

이 그림은 보기에는 『화엄경』이나 『주역』과 큰 관계가 없는 것처럼 보이지만, 사실은 그렇지가 않다. 징관 자신의 독자적인 관점이 보인다. 『주역』「계사상전」의 "『주역』을 지은 것은 천지의 도리를 준칙으로 삼았는데 이 때문에 천지 간의 모든 도리를 남김없이 포함하여 그것을 조리있게 짜고 있으니, 위로 우러러 하늘의 (해, 달, 별의) 문채를 관찰하고, 아래로 구부려 땅 위의 (산, 내, 들판의) 이치를 살핀다. 이 때문에 어두워 드러나지 않는 것과 밝게 드러나는 그 까닭을 알며, 사물의 처음 시작되는 것으로 거슬러 올라가 살피고 사물의 마치는 것으로 돌이켜 보기 때문에 삶과 죽음에 대한 이치를 알 수 있다"[55]는 말을 인용하고 있다. 이 말은 「계사상전」에 나온다. 징관은 "유명幽明을 아는 것은 바로 인정人情을 아는 것이다"[56]라고 단언한다. 왜냐하면 천인天人이 합일되기 때문이다.

고대 인도의 관점에 의하면 하늘의 28수는 과거의 천선天仙이 배치한 것이다. 천선들은 중국의 성인처럼 천문지리의 비밀을 알고 있고 인간세를 꿰뚫어 보고 있기 때문에 "국토를 호위하고 중생을 기른다"[57]고 하였다. 또 『역경』에서 말한 천도·지도·인도는 삼재三才를 가리키는데, "이것이 천天의 도를 세워 음과 양이라 하고, 지地의 도를 세워 강剛과 유柔라 하고, 인人의 도를 세워 인仁과 의義라고 한다. 삼재를 둘로 합하기 때문에 여섯이 된다."[58] 이른바 '둘로 한다'는 것은 삼획의 팔괘를 둘씩 서로 중첩함을 말하고, 여섯은 육효를 가리킨다. 이 말이 포함하는 '삼재지도三才之道'의 사상은 『주역』의 중요한 내용 중의 하나이다.

55) 『화엄경수소연의초』 권64. "易與天地準, 故能彌綸天地之道. 仰以觀於天文, 俯以察於地理, 是故知幽明之故, 原始反終, 故知死生之說."

56) 『화엄경수소연의초』 권64. "其知幽明, 卽中知人情."

57) 『화엄경수소연의초』 권64. "攝護國土, 養育衆生."

58) 『주역』「계사하전」"立天之道曰陰與陽, 立地之道曰柔與剛, 立人之道曰仁與義. 兼三才而兩之, 故易六畫而成卦."

삼획의 팔괘는 '삼재'의 상징(초획은 지地, 중획은 인人, 상획은 천天을 본뜸)을 갖추고 있고, 이것을 중첩하여 여섯 획의 64괘가 되며, 각 괘 또한 '삼재'의 상징(초初·이二는 지地, 삼三·사四는 인人, 오五·육六은 천天을 본뜸)을 함유하고 있다. 따라서 '삼재지도'는 상보相補, 상성相成의 관계이며 하나라도 부족해서는 안 된다. 『주역』을 지은 자는 오직 성인이어야 '삼재지도'의 뜻에 통달하여 생사와 인간세상을 알 수 있다. 징관이 이렇게 서술하는 목적은 화엄과 『주역』의 천상天象, 음양오행의 비교를 통해 아래에서 말하려고 하는 '인정人情'의 상호 융합에 바탕을 만들려고 하는 것이고 동시에 천·지·인 삼자의 상호의존 및 불가분의 관계를 설명하기 위한 것이다.

인습因襲과 창신創新을 아울러 거론한 것은 징관의 90권 『수소연의초』의 주된 특징 중 하나이며 그 중에 창신을 더욱 주된 것으로 삼는다. 징관은 온 힘을 다하여 역학의 원리를 인증처引證處로 삼는 방식을 통하여 불학과 『주역』을 하나로 융통하여 『화엄경』의 교관教觀을 밝혔다. 이로 인해 언급한 내용은 상대적으로 독립성을 가지고 있을 뿐만 아니라 또한 기승전결의 작용을 가지고 있어서 비교적 복잡하다.

『화엄경』 사상과 『주역』의 괘 간에 상호 교섭의 특징을 더욱 효과적으로 설명하기 위해 징관은 의외로 인도 용수龍樹[42]의 『중론中論』 가운데 '팔불八不' 개념의 '불거불래不去不來'를 뽑아 개조하고 분석하며 '래거來去'를 정리한 후에 '왕往'으로 '거去'를 대체하여 '왕래往來'라는 한 쌍의 개념을 구성했다. 여기에다 새로운 뜻을 부여하여 불교의 중요 개념인 미오迷悟를 설명하는 데 사용하고 있다. '왕往'을 미망迷妄에 비유하고 '래來'는 각오覺悟를 나타내는 데 적용하고 있다. 그는 왕往은 중생이 법계를 미망하여 육취六趣[43][중생이 전생의 선악 행위에 근거하여 지옥, 아귀, 축생, 아수라, 인, 천의 6가지가 윤회한다는 의미를 가지고 있다. 또 육도六道라고도 칭한다]로 가고, 내來는 '법계를 깨달아 일심一心을 회복'하는 것을 가리키는데, 성정등각成正等覺의 불타와 다르지 않다. 만약 "미혹하면 망념이 생기고, 깨달으면 망념이 없어진다. …미혹하면 진眞이 망妄을 따르고 진이 없어지면 망이 생긴다. 깨달으면 망이 없어지고 진으로 돌아가고, 진이 생기면 망은 없어진다."[59] 사실, 중생은 무시無始이래로 본래 진성眞性을 갖추고 있지만 무명에 의해 덮여있기 때문에 드러나지 않는다. 그렇기 때문에 맹목적으로 멋대로 나아가기만 한다면 진성의 근원을 잃어버린다. 오직 반본返本해야만 '왕往'에서 '래來'로 변할 수 있다. 그래서 선지식은 마땅히 '그 응應하는 바에 따라 설법을 한다.隨其所應而爲說法.'는 것은 근기에 따라 가르침을 베풀어 본원으로 돌아가게 만든다는 것이다.

징관은 『주역』 복괘復卦에서 말하는 것이 이와 매우 비슷하다고 생각한다. 이른바 "복復에서 천지의 마음을 본다. 가면 반드시 돌아온다."와 태괘泰卦에서 말한 "가서 돌아오지 않음이 없으니 천지의 사귐이라"고 말한 것은 반전회복을 설명하려는 것으로 이것은 자연의 법칙이다. 망妄을 제거하고 진眞을 회복하는 것은 본래 중생의 본성이고, 반본하여 근원으로 돌아가고 '왕往'을 복復으로 변화시킨 것은 모두 중생의 본래심本來心을 따라가는 것이다. 이것은 『주역』사상에서도 볼 수 있다.

하지만 진정으로 본원에 돌아가려면 미迷와 오悟의 이치를 이해하는 것만으로는 매우 부족하다. 왜냐하면 미혹을 깨뜨리고 본래면목으로 돌아가는 것은 마치 환골탈태하는 것과 같은 복잡한 과정이기 때문이다. '이치를 궁구하고 본성을 다하는 것窮理盡性'과 '결과와 원인을 철저히 분석하는 것徹果該因'에 힘써야 최종 목표에 도달할 수 있다.

먼저 궁리진성을 살펴보자. 여기의 '이理'는 이취理趣**45**를 가리킨다. 성性은 바로 법성法性이다. "그 이취를 궁리하면 그 체성體性을 다 밝힐 수 있다"[60] 는

59) 『화엄경수소연의초』 권1. "迷則妄生, 悟則妄滅 …… 迷則真隨於妄, 則真滅妄生; 悟則妄滅歸真, 則真生妄滅."

60) 『화엄경수소연의초』 권1. "窮其理趣, 則盡其體性."

이 말은 '궁리진성'에 대한 징관의 완벽한 해석이다. 그가 볼 때, 『화엄경』 가운데 "그 뜻과 본성을 다 궁구하는 것이다"[61]는 구절이 있다. 그래서 그는 '궁리진성'을 『화엄경』의 특징 중 하나라고 보았다.

비록 마음·부처·중생, 이 셋은 차별이 없지만 '모두 망심妄心을 펼치니 끝이 없다. 인과의 만법因果萬法을 심과 경이 두루 거두니 하나하나의 일을 따라서 모두 펼쳐서 확연하게 할 수 있다.'[62] 이 말의 대의는 본질적으로 보면 마음·부처·중생 셋은 차별이 없지만, 평소 중생이 드러내는 마음은 오히려 끝없이 펼쳐지는 망심이다. 인과만법은 모두 이러한 마음으로 말미암아 흡수된다. 그래서 어떠한 일이 현전現前되면 망심망법妄心妄法이 바로 펼쳐 나온다. 그러므로 궁리진성이 필요하게 된다. 예를 들면, 「설괘전」에서 말한 "이치를 궁구하고 성을 다함으로써 명에 이른다.窮理盡性, 以至於命." 또 "옛날 성인이 『주역』을 지은 것은 장차 성명의 이치에 따르려고 한 것이니昔者聖人之作易, 將以順性命之理"라고 했는데, 여기에서 말하는 명命은 바로 생生의 극점極點이며, 궁리는 그 극極을 다하는 것이다. 그러나 설령 '극' 자로써 '성'을 해석하는 것 또한 '성이라는 것은 극이다(性者, 極也)'의 뜻이며, 그 둘이 결코 다르지 않음을 볼 수 있다. 이 때문에 징관은 "만약 그 이수理數를 궁구하고 리의 성을 다하려면, 천명天命에 따라야 한다"[63]고 말했는데, 이것은 「설괘전」의 "성명의 이치에 따르다.順性命之理."의 함의에 다름 아닌 것으로 노력해야만 도달되는 불교 수행의 최고 경지를 말한다.

다음은 '결과를 통철하여 원인을 모두 포함하여徹果該因 극에 이른다.'는 말에 대해 살펴보자. '철과해인徹果該因'의 궁극적 의미는 '궁리진성'과 크게 차이가 없다. 다만 바라보는 각도에서 차이가 있을 뿐이다. '궁리진성'은 등봉조극登峰造極, 즉 봉오리에 올라 극한까지 나아간다는 뜻이 있으며, 철과해인은

61) 『화엄경수소연의초』 권1. "意趣體性, 皆窮究也."

62) 『화엄경수소연의초』 권1. "皆張妄心, 即無涯也. 因果萬法, 心境普收, 隨一一事, 皆可張廓."

63) 『화엄경수소연의초』 권1. "若窮其理數, 盡其性能, 則順於天命."

수인득과修因得果46로부터 출발하는 것이며, 과거의 원인과 현재의 과용果用의 근원 소재를 드러내는 데 의미가 있다.

징관은 중생의 희락喜樂은 일순간에 사라져버리며, 근심과 고통憂苦은 바다같이 깊고 넓어 그 속에서 벗어날 수 없다고 지적한다. 그 원인을 찾아들어가 보면, "기쁨과 근심은 이해에서 생기고, 이해는 참과 거짓情僞에 있고 고락은 길흉에 있고, 길흉은 사랑하는 것과 미워하는 것에 있다"[64]는 것을 알 수 있다. 하나하나 나아가면 최후에는 '사랑하는 것과 미워하는 것'으로 귀결된다.

또 「계사전」에서 말하는 "길흉은 정情으로써 옮기니, 이런 까닭으로 사랑하는 것과 미워하는 것이 서로 공격함에 길과 흉이 생기며, 원근遠近이 서로 취함에 뉘우칠 일이나 회린悔吝이 생기며, 참과 거짓이 서로 느낌에 이해가 생긴다"[65] 등의 말이 바로 이러한 뜻과 같다. 만약 사랑하는 것과 미워하는 것이 사라지면, 길흉고락이 모두 없어지고, 참과 거짓이 그치면 이해·우고憂苦가 끊어진다.[66] 따라서 사랑하는 것과 미워하는 것을 제거하는 것은 번뇌의 뿌리를 없애는 것과 같다.

징관은 구체적인 방법은 "옛날에 뛰어난 보살행을 닦아 끝이 없다는 등으로 옛날의 원인願因을 타고서 과용果用을 남김없이 포함한 것이 원신願身이다"[67]라고 생각한다. 의미는 과거의 수승한 인勝因을 타고 힘써 수행하며 게으르지 않고 정진하여 오래토록 지속하면 반드시 과용이 현현되는데, 마치 불보살과 같다.

「계사전」에 "『주역』을 지은 것은 천지의 도리를 준칙으로 삼았는데 이 때문에 천지간의 모든 도리를 남김없이 포함하여"라고 한다. 성인은 천지의

64) 『화엄경수소연의초』 권7. "憂喜生乎利害, 利害存乎情僞, 苦樂存乎吉凶, 吉凶存乎愛惡."

65) 「계사전」 "吉凶以情遷, 是故愛惡相攻而吉凶生, 遠近相取而悔吝生, 情僞相感而利害生."

66) 『화엄경수소연의초』 권7. "則利害憂喜用斷."

67) 『화엄경수소연의초』 권1. "往修勝行, 無有邊等, 乘昔願因, 彌綸果用, 卽是原身."

준칙에 의거하여 『주역』을 만든 것이다. 『주역』은 천지 간의 도리를 보편적으로 드러내고 있다. 마찬가지로 불佛도 본래 원행願行에서 시작되며, 그 원행은 넓고 깊어 천지 간에 두루 넘치고 삼계 및 모든 곳에 편재되어 있어 그 과용이 저절로 사물을 이롭게 하고 중생에게 복을 준다. 이러한 법계에 두루 편재하는 능력을 인위因位에서 말하면 바로 '원력願力'의 힘에서 얻은 결과이다. 이것이 철과해인의 전체 내용이다.

『화엄경』은 보살의 수행 단계로 십신十信·십행十行·십회향十回向·십지十地 등이 있는데 앞에서 이미 언급하였다. 보살의 행위인 보살제행菩薩諸行은 『화엄경』 전체를 관통하는 중요한 내용이며 자연히 징관도 이에 큰 관심을 보이고 있다. 그는 보살의 가장 중요한 행위는 『역전』에 있는 '숭덕광업崇德廣業' 네 글자로 정리할 수 있다고 보았다.

'숭덕광업'이라는 말은 「계사상전」에 나온다. 원문은 "공자가 말씀하셨다. 『주역』(의 도리는)은 지극하도다! 『주역』은 성인이(그것을 이용하여) 덕을 높이고 사업을 넓히는 것이니子曰.易其至矣乎! 夫易, 聖人所以崇德而廣業也."이다. 그 뜻은 공자는 『주역』의 도리는 마땅히 지극히 선하고 지극히 아름다우며 성인은 이 도리를 이용하여 그 덕을 높이고 그 사업을 넓혀야 한다고 말한다. 숭덕광업이란 바로 도덕을 높이고 사업을 넓히는 것이라는 것을 알 수 있다. 그러나 징관은 오히려 "궁리입신窮理入神은 그 덕이 높아지고, 겸제만물兼濟萬物은 그 업業이 넓어진다."[68]라고 해석하고 있다. 이것은 '숭덕광업'의 원의를 결합한 기초 위에서 불교적 해석을 한 것으로 의미가 더욱 심오하고 경지 또한 매우 고원하게 되었다.

「계사전」 중의 또 다른 구절 "성대한 공덕功德과 위대한 사업이 지극하도다! 넉넉하게 가지는 것을 큰 사업이라 하고, 날마다 새로워지는 것을 성대한 공덕이라고 이른다"[69]가 있는데 '숭덕광업'에서 '성덕대업'에 이르는 해석은

68) 『화엄경수소연의초』 권19. "窮理入神, 其德崇也. 兼濟萬物,其業廣也."

69) 「계사상전」 "盛德大業至矣哉. 富有之謂大業, 日新之謂盛德."

매우 높은 단계에 도달했다.

어떻게 「계사전」에서 말하는 사상적 발전 단계처럼, 보살수행을 새로운 단계로 끌어올리는가 하는 것이 가장 절박한 문제이다. 노자老子는 '마음을 비우고 몸을 망각한다虛心外身'고 말했다. 불교 보살의 눈에는 '허심외신虛心外身'이라는 이 네 글자는 확실히 '숭덕광업'을 할 경우에 마땅히 취해야 할 태도이다. 구체적으로 말하면, "마음을 비워 지혜로 능소能所를 끊고 몸을 망각하여 사물로 여겨 오로지 이타利他에 힘쓴다"[70]이다. 그 중에 "마음을 텅 비워 지혜로 능소能所를 끊고 몸을 망각하여 사물로 여겨虛曠其心, 智絶能所, 亡身爲物"라는 말은 바로 '궁리입신', '허심외신'의 뜻의 발전적 설명이며, "오로지 이타에 힘쓴다一向利他"는 것은 '겸제만물'이라는 '대업大業'의 실제 표현이다.

"보살이 수행하는 공덕행功德行은 자기와 타인을 위한 것일 뿐만 아니라 최고의 지혜심智慧心으로 중생을 이롭게 한다"[71]는 것은 바로 하늘에서 내리는 비가 소리 없이 만물을 윤택하게 하는 것과 같다. 만약 『주역』 건괘 단사에 의하면, "위대하도다, 건원이여! 만물이 이에 바탕하여 시작하니 이에 하늘을 통솔하는구나. 구름이 움직여 비가 내리니 만물이 (각자의 모습대로) 형체를 갖춘다. 끝과 시작을 크게 밝히면 여섯 자리가 때에 맞추어 이루어지니, 때에 맞추어 여섯 마리의 용을 타고 천도를 행한다. 건도가 변화하여 각각 성명을 바르게 하니 큰 조화를 보전하고 모으니 이에 바름이 이로울 것이니라. 여러 가지 사물 중에 으뜸으로 나오니 (이를 본받아) 모든 나라가 다 평안해진다."[72]고 하였다. 이처럼 포함하고 있는 내용이 상당히 많고 사상도 매우 복잡하고 그 뜻 또한 매우 깊다.

70) 『화엄경수소연의초』 권19. "虛曠其心, 智絶能所, 亡身爲物, 一向利他."

71) 『화엄경수소연의초』 권19. "菩薩所修功德行, 不爲自己及他人, 但以最上智慧心利益衆生."

72) "大哉乾元, 萬物資始, 乃統天. 雲行雨施, 品物流形. 大明終始, 六位時成, 時乘六龍以御天. 乾道變化, 各正性命, 保合太和乃利貞. 首出庶物, 萬國咸寧."

그러나 보살이 숭덕광업에 힘써 '최상의 지혜심으로써 중생을 이롭게 한다'하더라도 상당히 높은 단계에 오른 후에야 비로소 원융무애하게 덕을 베풀어 만물을 이롭게 한다. 그렇지 않으면 십지十地에만 이르러 보살은 여전히 '불佛의 덕을 품고 있으나 등정각等正覺은 아닌 곳에'[73] 처하여 시행하려 하려도 그렇게 쉽지가 않다.

예를 들면, 『주역』 소축괘小畜卦에 "빽빽한 구름에 비가 오지 않는 것은 우리 서쪽 교외에서 시작하였다.密雲不雨, 自我西郊."에서 "우리 서쪽 교외에서 시작하였다自我西郊"의 파생된 뜻은 덕이 아직 베풀어지지 않았다는 것이다. 고대 주周 문왕은 주紂의 시대에 자신은 서백西伯이며 군주의 덕행은 있으나 '빽빽한 구름'처럼 아직 군주의 자리에 오르지는 못했다. 그 덕이 아직 시행되지 못하였는데 마치 '비가 오지 않은' 것처럼 아직 등각의 보살에는 이르지 못하였다. 상황 또한 이와 같아서 마음에는 여유가 있으나 힘이 부족한 것과 같다.

역학 사상으로 불교 의리를 해석하고 융회, 관통시킨 것은 삼국三國, 양한에서 수, 당대까지 승속僧俗에서 행해졌으며 대부분은 둘을 합하는 관점을 말하여 그로 인해 양쪽 다 효과를 얻었다. 징관에 이르러 불교와 『주역』의 교류라는 기치 아래 불교 교의를 준칙으로 삼았지만 『주역』에 대한 관점에는 다소 완곡한 표현이 있었다. 이것은 전례가 없던 것이며 분량은 그리 많지는 않지만 중요하게 다룰 만한 가치가 있다.

불법의 일반적인 원리에서 말하면, 우주의 모든 법은 인연을 만나 생겨나고 인연이 떠나가면 소멸하니 인연이라는 철칙을 어떠한 사물도 빠져나갈 수 없다. 인과의 각도에서 출발하여 우여곡절 끝에 '원인에서 발생하지 않은 법은 아직 하나도 없다'는 결론을 얻을 수 있다. 원인이 있어야 비로소 결과가 있고 원인 없는 결과는 성립할 수 없다.

73) 『화엄경수소연의초』 권14. "含佛之德 未等正覺."

징관에 따르면, "무인無因을 말하는 것은 큰 잘못이 된다."[74] 같은 이치로 모든 사인邪因이 되는 것은 큰 잘못이 된다. 세간에 있는 외학外學의 잘못은 이 둘(무인無因, 사인邪因)을 벗어나지 않는다. 고대 인도 불타가 살던 때 96가지 외도外道들이 비록 천차만별의 여러가지 설을 세웠지만 모두 사인邪因, 무인無因을 벗어나지 못했는데[75] 이것이 곧 명확한 증거이다.

중국의 유가나 도가 학설 또한 이러한 잘못을 피하기 어렵다. 징관은 "유, 도는 현묘하나 삼현三玄을 넘지 못한다. 『주역』은 진현眞玄이고 『노자』는 허현虛玄이며, 『장자』는 담허談虛이다"라고 하였다. '그윽하고 또 그윽하다玄之又玄' 하더라도 여전히 모두 인因의 자리에서 잘못을 범한다.

특히 유가의 대표 경전인 『주역』 또한 속俗을 면할 수 없다. 『주역』은 우주 천지만물의 형성에 대해 "『주역』에는 태극이 있고 이것이 양의를 낳고 양의는 사상을 낳고 사상은 팔괘를 낳고 팔괘는 길흉을 정하고 길흉은 대업을 낳는다."는 말이 있다. 징관은 태극을 해석할 때 한강백韓康伯과 공영달의 말을 끌어와 주석으로 삼았다.

「계사전」의 "한 번 음하고 한 번 양하는 것을 일러 도라고 한다.一陰一陽之謂道."에서 한강백은 '일음일양一陰一陽'을 '무음무양無陰無陽'으로 해석하고, '도道'를 허무실체虛無實體로 해석하여 음양의 대립을 해소시켰다. 공영달은 그의 뒤를 이어 "일一은 무無"라고 주석하였다. 무음무양無陰無陽은 바로 도를 말하며, 일이 무가 될 수 있는 것은 무는 허무이고 허무는 태극이며 나눌 수 없으며 오직 하나일 뿐이다. 징관은 태극이 이미 무이면서 또 만물을 생성하기 때문에 '무인無因'의 잘못을 범하게 되어 불법과는 길이 다르게 된다고 말한다.

이른바 "일음일양지위도一陰一陽之謂道"는 『역전』이 음양의 변화 사상을 팔괘 체계 안으로 끌어들여 팔괘 구조의 철리성哲理性을 더욱 충실하게 만들었다.

74) 『화엄경수소연의초』 권14. "言無因, 乃成大過."

75) 『화엄경수소연의초』 권14. "設千般異說, 皆不出邪因無因."

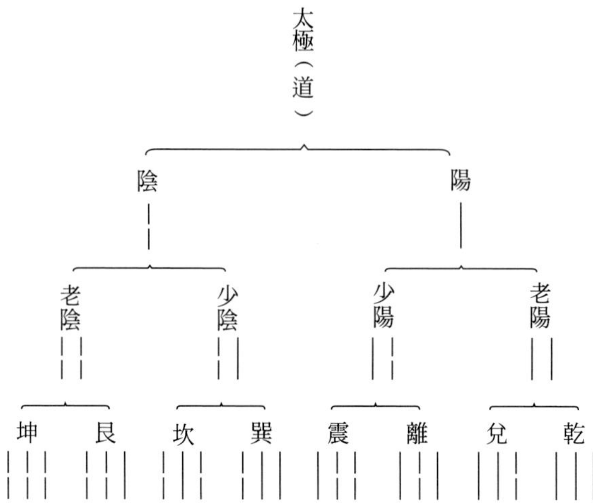

[그림 3-12]

위 그림(3-12)에서 보듯이 태극이 음양으로 나누어지고, 다시 노양老陽, 소양少陽, 소음少陰, 노음老陰의 사상四象으로 나누어진다. 사상에 다시 음양을 포개 건, 태, 이, 진, 손, 감, 간, 곤의 팔괘를 형성하고 팔괘가 길흉을 정한다. 만사에는 각각 길흉이 있고 광대하게 다 갖추어 천하의 큰 사업을 일으키고 음양 괘획卦畫의 소장消長 변화의 법칙을 드러낸다.

이러한 설명은 또 다른 의미에서 말하면, "음양변역은 만물을 생장시킨다.陰陽變易, 能生萬物."[76], "음양의 예측할 수 없는 것을 신이라 한다.陰陽不測之謂神.", "신은 방소가 없고 역은 체가 없는데 이에 이르러 도를 볼 수 있으니 그러므로 변화를 궁구하여 신묘한 이치를 다하며 신으로 말미암아 도를 밝힌다." 하지만 징관은 이러한 설명이 오히려 '사인邪因'이 된다고 지적한다.

결론적으로 『주역』의 태극이 만물을 생성하는 관점은 '허무설'이나 '음

76) 『화엄경수소연의초』 권14.

양변이설陰陽變異說'로 해석하는 것은 모두 불교의 '연생법緣生法'의 기준에 근거하여 판단하는데 이는 모두 근본적으로 설득력이 부족하다.

징관은 『주역』의 사상이 깊이가 없다고 생각하여 불경의 보조로만 삼았다. 이것은 어떤 면에서 그가 『화엄경』의 경의經義의 깊이에 대한 자신감을 반영한 것이며 동시에 다년간 광범위하게 외학을 섭렵하고 해박한 지식을 바탕으로 하여 반복적인 비교 연구를 거친 후에 나온 결론이라 할 수 있다. 이것은 『화엄소초』에서 외학을 널리 끌어들인 사례를 통해 볼 수 있다.

또 다른 측면은 불교가 당나라때에 전성기에 이르렀다는 조건에서 삼교 가운데 불교의 지위는 이미 그 전과 비교가 안 될 정도로 높아졌다. 그래서 처음으로 유가보다 기세가 당당했다. 예를 들면, 도선道宣47은 『광홍명집』「귀정편서歸正篇序」에서 "하늘에는 두 개의 태양이 없고 나라에는 두 임금이 없으며 오직 부처만이 대성大聖으로 칭할 수 있고 억만 년 간 천하에 빛을 비춘다. 그러므로 지금 불학은 날로 성하여 따르지 않는 나라가 없으며, 교의가 드디어 닦아져 식자들이 모두 그 자리에 참예한다. 저 공자와 노자의 명위名位는 보통사람과 다르지 않으며 선왕을 조술祖述할 뿐 스스로 교훈이 없는데, 어찌 부처에 대항할 수 있겠는가? 이것으로 천상천하 오직 부처만이 높다는 것을 알 수 있다"77)라는 것이 바로 이러한 형세를 반영하는 대표적인 표현이다. 만약 위진 남북조 시기 불교도의 문장이 자신의 변호 쪽으로 기울었다면 이 시기의 문장은 공격적인 성향을 보여주고 있다.

징관의 『주역』에 대한 이러한 비판정신은 그의 문하인 규봉종밀圭峰宗密에 의해 계승되었고 『원각경대소초』에서 충분히 보여주고 있다.

77)"若夫天無二日國無二王, 惟佛稱爲大聖, 光有億萬.
故今 門學日盛, 無國不仰其風, 教義聿修, 有識皆參其席.
彼孔老者 名位同俗, 不異常人, 祖述先王, 自無教訓, 何得比佛以 相抗乎?…
是知天上天下, 惟佛爲尊."
(神無方而易無體, 而道可見矣, 故窮變以盡神, 因神以明道.) (『주역』, 「계사전」)

3. 종밀宗密의 『주역』을 통한 불교 해석 사상의 경위

화엄학과 역학의 관계를 기술할 때, 징관은 『주역』 원문을 인용하여 말할 뿐만 아니라 『주역』에 그러한 말은 없지만 『주역』의 본의가 그렇다고 주장한다.[78] 종밀이 이야기한 것은 『화엄경』과 『주역』의 상호 융합에 관한 것인데 『화엄경』의 원문을 직접 인용하는 것이 아니라 독창적으로 화엄계통에 속하는 『원각경圓覺經』을 근거로 삼고 있다. 종밀의 관점에서 분석하면 이렇게 한 것에는 두 가지의 이유가 있다. 하나는 그가 『원각경』을 특별히 중시하여 원돈圓頓**48**의 가르침을 크게 넓히려고 발원하였기 때문이다. 두 번째는 『원각경』과 『화엄경』이 모두 일승원교一乘圓教에 속하여 취지가 서로 같았기 때문이다.

『원각경』은 고대의 경전 자료 중에서 역대로 대승 수다라장修多羅藏**49**에 속해 있다가 후에 화엄계열로 분류되었다. 『원각경』에 의하면 "원각이 일체 맑은 진여, 보리, 열반과 바라밀을 유출하고", "법계의 성품은 궁극적으로 두루 가득하고 천지사방에 널리 퍼져 있기 때문이다.(『원각경』「문수장」) 또 "이 경은 오

78) 『화엄경수소연의초』 권21.

직 여래의 경지를 드러내고 불여래佛如來만이 최고의 설법을 할 수 있다”(『현선수장賢善首章』) 등의 여러 요의가 모두 화엄종의 일체 제법을 두루 포섭하고 본래 성불成佛을 직접 드러내는 원교圓教의 종지에 부합된다. 이 때문에 종밀은 이 『원각경』의 판석의 단계는 화엄 원교에 속하고 오수(悟修: 돈오점수)의 출입문을 모두 갖추고 있다고 보았다.

또한 “『화엄』 대부大部와 징관의 주소注疏를 공박하여 본말을 궁구하였고, 장경藏經을 두루 열람하고 『원각경』을 들어 익히고 자문하고 토론하였으며 하나하나 대조하여 의미를 구하였다.”[79] 이 경經은 원각이 일체법一切法을 낼 수 있고 일체법은 원각과 떨어진 적이 없고,[80] 또 화엄 부류 중에 특수한 지위를 가지는 것으로 보기 때문에, 그는 이를 위하여 몇 종의 주소를 달아 화엄의 대의를 널리 퍼뜨렸다. 이것은 이통현이나 징관이 『화엄경』을 직접 소해疏解하여 알리는 방식과는 다르다.

종밀(780-840)은 어릴 때는 유가를 공부하였고 후에는 불교를 토론했다. 유학과 불교 모두에 조예가 깊었으며[81] 『주역』을 통해 『원각경』을 해석하여 스스로 다른 사람보다 뛰어나다고 자부하였다. 『원각경대소서圓覺經大疏序』 중에서 종밀은 다음과 같이 말하였다.

> 원형이정은 건乾의 덕이요, 일기一氣에서 시작한다. 상락아정常樂我淨은 불佛의 덕이요, 일심에 근본한다. 일기一氣를 오로지 하여 유柔에 이르고, 일심을 닦아 도를 이룬다」[82]

79) 『원각경대소초』 권1의 下, 『만속장경』 제14책. “因攻華嚴大部, 清涼(卽澄觀)廣疏, 窮本究末, 又遍閱藏經, 凡所聽習諮詢討論披讀, 一一對詳圓覺, 以求旨趣.”

80) 배휴(裵休), 『원각경소서』, 『원각경대소초』 卷首. “圓覺能出一切法, 一切法未會離圓覺.”

81) 종밀(宗密), 『원각경대소』 본서(本序) “髫專魯誥, 冠討竺墳.” 본문에 없음.

82) “元亨利貞, 乾之德也, 始於一氣; 常樂我淨, 佛之德也, 本乎一心. 專一氣而致柔; 修一心而成道.”

『주역』의 의미로 보자면 원형이정은 바로 건괘의 사덕四德이다. 그 의미는 「문언전」에 상세히 나타나 있다. 징관 역시 이것을 인용하여 연결하며 불교의 이치를 해석하였는데 앞에서 기술한 바와 같다. 종밀이 앞에서 말한 인용문의 함의를 통해서 알 수 있듯이, 원형이정의 사덕을 생성하는 근본은 일기一氣이며, 불교의 상락아정의 근본은 일심一心에 기초하고 있다. 일기와 일심은 종밀에게는 같은 근본원리로 간주되며, 똑같이 일기이며 또한 심이 변하는 바에 따르는 것이다. 종밀은 이 사덕의 뜻을 언급한 후에 「문언전」을 통하여 다음과 같이 말하고 있다.

> 원元은 시초의 뜻이요, 형亨은 창통暢通의 뜻이요, 이利는 화합하여 이익을 이루는 뜻이요, 정貞은 끝내 다 완성하는 뜻으로 이 괘의 덕을 말하는 것은 순양純陽의 성이 있기에 양기陽氣로서 먼저 만물을 생하고 형통하여 물성을 조화롭게 하여 각 그 이로움이 있고 견실히 주관하여 시작도 있고 끝도 있기 때문에 사덕이라 한다. 성인 또한 마땅히 이 괘를 본받아 선도善道를 행하는 것을 말한다. 만물을 기르게 함으로 원이 되며, 또 아름다운 모임의 일에서 만물을 합하고 개통하여 형통하게 한다. 또 의로써 만물을 화합하여 각각 그 이치를 얻게 하니 이로움이 된다. 또 곧고 바르게 하여 그 일을 주관하여 만물이 각각 잘 마치게 하니 정이 된다. 이로써 성인은 건을 본받고 이 사덕을 행한다.[83)]

종밀의 본의는 단지 건괘 사덕의 원래 의미를 토론하는 데 있는 것이 아니라, 사덕의 원리를 명확히 밝히는 것을 통해 불학과 역학을 융합하여『주

83) 『원각경대소초』 권1의 上. "元是初始義, 亨是通暢義, 利是和而成益義, 貞是終畢干(幹)了義, 謂此卦之德, 有純陽之性, 自然能以陽氣, 始生萬物, 而得亨通, 能使物性和諧, 各有其利, 堅固幹濟, 有始有終, 故謂之四德. 言聖人亦當法此卦而行善道. 以長萬物而爲元也, 又當以嘉會(美)之事, 會合萬物, 令使開通而爲亨也; 又當以義協和萬物, 使各得理, 而爲利也; 又當貞固, 幹了其事, 使物各得終成而爲貞也, 是以聖人法乾而行此四德."

역』으로써 불교 교의를 드러내는 목적에 도달하는 데 있다. 여기에서 그가 사덕인 원형이정, 오상인 인의예지신, 오행인 금목수화토, 사계인 춘하추동, 사덕四德인 상락아정을 서로 배치시키는 의도는 유가와 불교를 서로 융합하여 상호 일치성을 드러내는 데 있다.[84] 이것은 담정曇靖의 『제위파리경』, 안지추顔之推의 『안씨가훈』 「귀심편歸心篇」, 지의智顗50의 『호국인왕경소護國仁王經疏』, 징관의 『화엄소초華嚴疏鈔』에서 이와 관련해 언급한 점에 대해 상세하게 따져본 후 자기의 사상을 절충하여 이루어진 것이다. 도표는 다음과 같다.

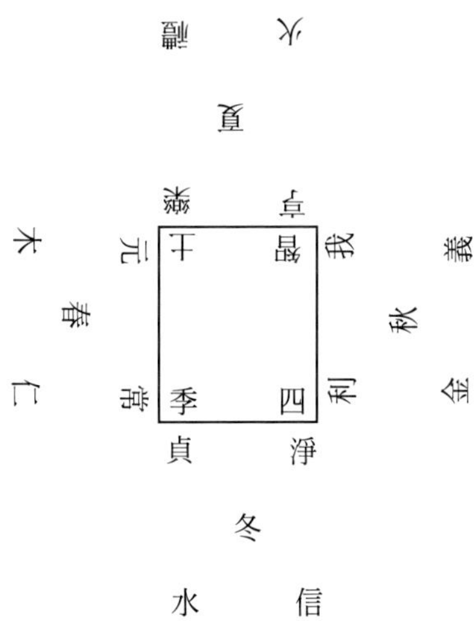

[그림 3-13]

"원元은 선의 으뜸이요元者, 善之長也"라는 말은 원래 징관이 「문언전」의 말을 인용한 것으로 "신信이 도의 근원이다.信爲道元."라는 말을 찬미하고 있다. 종밀은 이 구절을 단독으로 뽑아내어 논의하고 있다. 그는 천天의 원덕元德은

84) 『원각경대소초』 권1의 상上.

만물을 시생始生하고 선善의 으뜸은 생명을 주는 것보다 큰 것이 없다고 했다. 즉 설령 '수천 개의 불탑을 만든다 하여도 한 사람의 생명을 살리는 것만 못하다.'는 것이다. 부모의 은혜에 보답하는 '효도의 복이야말로 세상에서 가장 큰 것으로 천지를 감동케 한다.'[85] 여기에서 '불교의 한 생명을 구하는 것이 7층 불탑을 조성하는 것보다 낫다'는 종밀의 말은 유가의 효도와 같이 동등하게 중요한 위치에 두고 있다. 또 이러한 뜻은 모두 건괘의 사덕 가운데 원덕元德의 뜻과 같은 것이라고 종밀은 보고 있다.

건괘의 사덕은 '일기一氣에서 비롯된다.' 종밀은 일기가 곧 원기元氣이며, '음양천지의 근본'이며 또한 '유가가 말하는 지경至敬은 모두 일一에 근본한다'[86]고 보았다. 원기는 천지를 낳고 천지는 만물을 낳는다. 원기가 나누어져 음양의 기가 되고 음은 흐리고, 양은 맑으며, 맑은 기는 위로 올라가 천이 되고 탁한 기는 내려와 지가 되며, 기가 화합하여 사람이 되니 삼재가 비로소 세워진다. 이것이 바로 유가 역학의 관점이다.

하지만 종밀은 불교의 입장에 서서 스승의 비판정신을 이어받아 일一이 바로 무無라고 말한다. 무는 허무로서 허공과 같은 것으로 나눌 수가 없다고 보았다. 무는 음·양 두 기를 낳을 수 있지만(무형이기 때문에), 음陰일 때는 음의 작용을 볼 수 없고 양陽일 때는 양의 힘을 볼 수 없다.[87] 즉 '무인無因'의 잘못을 면할 수 없으니 불교가 말한 연기법의 원만무결圓滿無缺에 미치지 못한다.

'기氣'의 사상은 종밀이 유儒·도道를 혼합한 중요 사상 중의 하나로 불학과 역학의 상호 융화에 힘을 쏟은 주요 개념 중의 하나이다. 하지만 『주역』 본문인 『역경』에는 기에 대한 언급이 없고, 『역전』에 비로소 음양과 기라는 말

85) 『원각경대소초』 권1의 상上. "孝順之福, 亦世之最大者", "皆感天動地."

86) 『원각경대소초』 권1의 상上. "儒道至경, 皆宗於一."

87) 『원각경대소초』 권5의 상上. "在陰之時, 而不見爲陰之功; 在陽之時, 而不見爲陽之力." 이 말은 공영달의 『주역정의』에서 나왔다.

이 나타난다. 『주역』에서 음양을 말한 것은 오직 「중부괘中孚卦 구이九二」에서 "우는 학이 그늘에 있다鶴鳴在陰"라고 말한 이 한 구절이며, 음陰의 옛 의미는 '해에 가려진'이라는 뜻이다.[88]

『역전』을 제외하고 음양을 명확하게 기라고 해석한 것은 유가 경전 중에서는 『좌전左傳』 「소공원년昭公元年」에 보인다. 거기에서는 음陰, 양陽, 풍風, 우雨, 회晦, 명明을 육기六氣라고 칭하였다. 이것은 진秦나라 명의名醫 의화醫和가 진후晉侯의 병을 진찰할 때, 일반적으로 질병의 원인을 말하면서 제시한 것이지 후에 천인天人을 통괄하는 기의 사상과는 관계가 없다.

도가 경전 중에 기와 음양을 언급하고 있는 것은 먼저 『노자』이다.

> 도가 하나를 낳고, 하나는 둘을 낳고, 둘은 셋을 낳고, 셋은 만물을 낳고, 만물은 음을 짊어지고 양을 껴안고 있다. 비어있는 기로 말미암아 만물이 조화를 이룬다.[89]

여기에서 말하는 것은 도道로 말미암아 혼돈한 일기一氣가 생성되며 일기는 음양의 두 기를 생성하며, 두 기가 교감하고 화합하여 삼기三氣가 되며, 삼기가 만물을 생성한다는 것이다. 한마디로 '일원一元, 이기二氣, 만물萬物'의 생성론이다.

노자의 '도생일道生一'의 생성론과 『역전』의 '태극생양의太極生兩儀'의 생성론을 절충한 상황은 『역위건착도』, 동한東漢 환담桓譚의 『신론新論』,[90] 위魏 완

88) 『역전』에 나타난 '기(氣)' 자를 보면 다음과 같이 나타난다. 건괘(乾卦) 「문언전(文言傳)」 "陽氣, 同氣相求(氣息)…", 함괘咸卦 「단전(彖傳)」 "二氣感應以相與(陰,陽氣)…", 「계사전」 "精氣爲物, 游魂爲變…", 「설괘전」 "兩次出現..山澤通氣(氣息)"

89) 『노자』 제42장, "道生一, 一生二, 二生三, 三生萬物, 萬物負陰抱陽, 沖氣以爲和."

90) 『후한서後漢書』 「장형전주張衡傳注』에서 환담桓譚 『신론新論』의 말을 인용.

적阮籍의 『통노론通老論』,[91] 양梁 도홍경陶弘景의 『진고眞誥』「견명수제일甄命授第一」에서 모두 논한 바 있다. 이들 모두 『역전』의 도(혹은 태극)와 『노자』의 도(혹 일一)를 혼합하여 일체로 삼는 데 의도가 있다.

『역구명결易鉤命訣』에서 이르기를, "천지가 아직 나누어지기 전 그것을 일러 일기一氣라 한다. 그 속에서 다섯 번의 전변이 행해지는데, 즉 '태역太易·태초太初·태시太始·태소太素, 태극太極'이라 한다. 기상氣象이 아직 나누어지지 않은 것을 일러 '태역'이라 하며, 원기가 처음 싹트는 것을 '태초'라 하고, 기형氣形의 단초를 '태시'라 하며, 형은 변하나形變 바탕質이 있는 것을 '태소'라 하며, 형질質形이 이미 갖추어진 것을 '태극'이라 하며, 다섯 번 바뀌었기 때문에 오운五運이라 한다." 이러한 설에서 보듯이 변화하면 할수록 더욱 더 복잡한 경향이 보이고 있다.

이러한 문제는 당대 초기의 공영달에 이르러서야 비로소 완전해진다. 그는 『주역정의』「계사전상」에서 다음과 같이 말한다.

> 태극은 천지가 아직 나누어지기 이전을 말하며, 원기가 섞여 하나로 된 것이 바로 태초, 태일이다. 그러므로 『노자』에 "도생일道生一"이라 하는데, 바로 태극이 이것이다.[92]

이것은 선진·양한으로부터 육조六朝, 수당 시기에 이르는 유도儒道의 '태극원기생성론太極元氣生成論'의 발전을 개략적으로 설명한 것이다. 불교 입장에서 말할 경우 결코 이와 같지는 않을 것이다.

불교의 경적經籍은 본래 기氣를 말하지 않는다. 다만 습기와 원기元氣와

91) 『태평어람太平御覽』 권1에서 완적阮籍 『통노론通老論』의 말을 인용.

92) "太極謂天地未分之前, 元氣混而爲一, 卽是太初·太一. 故老子云道生一, 卽此太極是也."

는 무관한 '기' 자를 가진 말만 이야기할 뿐이다.[93] 이른바 습기가 가리키는 것은 사람의 번뇌와 곤혹 등 자주 일어나는 것으로 마음에 훈습薰習되어 습관적(혹은 습성)으로 되는 것을 가리킨다. 비유하면, 번뇌의 정체正體를 제거했더라도(정사正使라고 칭함) 습관적인 느낌은 여전히 남아 있다. 마치 향주머니에서 향을 빼냈더라도 주머니 속에는 여전히 향기가 남아있는 것과 같다. 이것은 유가 경전에서 말하는 만물을 생성하는 우주의 기와는 전혀 다르다.

불교 유식종은 습기를 종자種子라는 다른 이름으로 쓰고 있다. 이 종자가 바로 훈습의 기로서 생각과 행위, 기타 일체 유위법有爲法을 생산하는 힘을 가지고 아뢰야식에 저장되어 있다. 이러한 기의 개념은 천지만물의 원소元素라는 의미의 기와는 현격한 차이를 보이고 있다.

불교사상에는 본래 '기'의 개념이 없었다. 그래서 불교가 처음 전래될 때 기에 대한 언급은 거의 없었다. 나중에 불교의 보급과 확장에 따라 유儒·도道와의 충돌 또한 나날이 심해졌고 중국 전통사상 가운데 중요한 개념인 기는 자주 언급되지 않을 수 없었는데, 예를 들면, 불교 비판자들과 옹호론자의 논쟁 중에 빈번히 출현하였다. 『홍명집弘明集』51이 이것을 다룬 대표적인 책이다.

'기'의 개념은 불佛, 도道, 유儒 삼교의 상호 교섭 중에 불교에 흡수되고 발전되었다. 간략히 말해, 이러한 발전은 두 측면에서 이루어졌다. 첫째는 인과론因果論과 신불멸론神不滅論이다. '기'를 인과因果를 발현하는 잠재 능력으로 보며 생물이 기를 품부 받아 태어난다는 점을 중시했다. 예를 들면 동진東晋 혜원慧遠의 『사문불경왕자론沙門不敬王者論』「형진신불멸形盡神不滅」 중에서 "기를 품수 받아 하나의 생명을 다하고 …(음양이) 변화하여 생生하고 또 변화하여 사

93) 일본학자 후쿠이(福井文雅)의 『유도불 삼교 중의 기』에 의하면, 불경에 향기(香氣), 운기(雲氣), 인기(人氣), 기식(氣息), 정기(精氣), 기력(氣力), 화기(火氣), 출기(出氣), 입기(入氣), 독기(毒氣), 지기(地氣), 사기(四氣), 원기(元氣), 기미(氣味) 등을 언급하고 있는데, 만물을 생성하는 '기'와 무관하다. 『기적사상(氣的思想)』 제2편 제2장 참조. 상해인민출판사 1990년 판.

死가 되니 정신과 형체神形가 함께 변하여 원래 다른 것과 같은 것의 구별이 거의 없으며 같은 기의 정의로운 것과 거친 것의 차이일 뿐임을 알 수 있다."[94]

둘째는 일체법一切法에 모두 관련되는 단계로까지 상승된다. 예를 들면 혜원과 동시대인 승조僧肇[52]는 자신의 대표 저작인 『조론肇論』에서 '만물일기萬物一氣'라는 사상을 제시했다. 당대의 징관은 여러 자료를 수집하고 『역전』의 "태극이 양의를 생한다太極生兩儀."의 우주생성론 전문을 기록하여 『노자』의 '도생일道生一'의 생성론과 서로 절충하고 공영달의 학설(앞의 『주역정의』「계사전상」 중의 구절』)을 종합하여 '태극이 원인이 된다太極爲因'는 관점을 제기하였다. 목적은 불교의 입장에서 『역전』이 말하는 생성론의 '인因'의 문제에 있어서의 잘못을 지적하고 올바른 근거를 찾는 데에 있었다. 종밀은 '원기가 천지를 생성하고 천지가 만물을 생하는元氣生天地, 天地生萬物' 것에서 출발하여 『역전』의 잘못을 지적할 뿐만 아니라 자신의 관점을 제시했다.

종밀은 유가가 말하는 '원기元氣'는 "심소변心所變이 앞의 전식轉識[53]이 나타나는 경境에 속하며 아뢰야 상분相分이 섭수한 것이라고 본다. 처음 한 생각의 업상業相에 따라 심心·경境의 이심二心으로 나누어지며 세밀한 것細에서 거친 것粗에 이르기까지 망념이 계속되어 업을 짓게 된다. 경 또한 미미한 것微에서 드러난 것著에까지 계속 변화되어 천지天地에 이르게 된다. 업이 성숙하여 곧 부모로부터 품수 받은 두 기가 업식業識과 화합하여 인신人身을 이룬다. 이것에 의거하면, 심식心識이 변하는 경境은 이분된다. 하나는 심식과 화합되어 사람이 되며, 다른 하나는 심식과 화합되지 않는, 예를 들면, 천지· 산하·국읍國邑이 된다. 삼재 가운데 오직 사람만이 빼어난 것은 심신心神과 합하기 때문이다."[95]

94) "夫稟氣極於一生, 旣化而爲生, 又化而爲死, 故知神形俱化, 原無異統, 精粗一氣."

95) 『원인론(原人論)』「會通本末第四」"元氣亦從心之所變, 屬前轉識所現之境, 是阿賴耶相分所攝. 從初一念業相, 分爲心境之二心, 旣從細至粗, 展轉妄計, 乃至造業. 境亦從微至著, 展轉變起, 乃至天地. 業旣成熟, 卽從父母稟受二氣, 與業識和合, 成就人身. 據此, 則心識所變之境, 乃成二分. 一分卽與心識和合成人; 一分不與心識和合, 卽成天地·山河·國邑. 三才中唯人靈者, 由與心神合也."

이것은 종밀이 불교철학에 근거하여 말한 것으로 인간의 본성은 진심眞心에 모여지며, 진심이 바로 인류와 만사만물을 생성하는 근본이라고 여긴다. 인간은 심식心識이 합하여 이루어졌기 때문에 인류는 만물 중에서 가장 빼어난 존재가 된다. 이것은 징관이 원래 가지고 있던 관점에서 한 단계 더 발전한 것이다.

「계사전」에서 "천지의 큰 덕을 일컬어 생이라 한다.天地之大德曰生.", 또 "낳고 낳는 것을 역이라 한다.生生之謂易."라고 말한다. 이 관점은 오랫동안 수많은 유학자들에 의해 칭송되었으며, 하늘上天은 생生을 좋아하는 덕好生之德을 가지고 있다고 말한다. 언뜻 보기에는 나름대로의 이치가 있는 것 같지만 종밀은 그렇게 보지 않는다. 그는 "만약 생生을 대덕大德으로 본다면, 사死는 대적大賊이 된다." 단지 생生의 덕만 찬양하고 현우賢愚, 죄효罪孝에 대해서는 묻지 않고, 모두 '다 사死를 적賊으로 보아'[96] 분별도 없이 선악이 하나가 되어 공정함이 없으니 그것을 어찌 생이라 하겠는가?

다시 말해서 천天이 생生할 수 있다 하더라도 (찰나간에 일시에 생성하는) '돈생頓生'과 (보편적으로 전부 생성하는) '편생遍生'의 잘못이 있게 된다. 이른바 '돈생'은 논리적으로 말해 인간과 축생 및 초목 등의 만물은 '모두 일시에 다 같이 생하는데', '생하지 않는 것도 없고, 반드시 생하여야 하는 때와 생하지 않는 때도 없고, 그리고 이 물物을 생生하고, 저 물을 생하지 않는 것이 없는'[97] 등의 일은 불가능하다는 것이다. 같은 이치로 이른바 편생遍生 또한 '바로 일체의 곳에 편재한다면 곳곳마다 모두 일체의 인人, 물物 등의 류類를 생生하여야 하는데, 생처生處와 부생처不生處라는 것은 있을 수 없는'[98] 일이 발생하게 된다. 이 설을 세간의 만사만물의 생장에서 살펴보면 모두 맞지 않아서 그 오류를 볼 수 있다.

96) 『원각경대소』 권중(卷中)의 3. "皆賊之以死."

97) 『원각경대소초』 권5의 상上. "皆應以時齊王.", "不應有生時·不生時; 生此物·不生彼物."

98) 『원각경대소초』 권5의 상上. "卽遍一切處, 則處處皆應生一切人·物等類, 不應有生處·不生處."

또 생生에 대해 구체적으로 분석해야지 일률적으로 그것을 '대덕大德'이라 할 수는 없다. 예를 들면, 천지가 낳은 날짐승과 들짐승(사자獅子·호랑이虎·표범豹·고양이猫·살쾡이貍·매鷹·송골매鶻)은 서로 해치고, 또 날짐승(닭雞·까마귀烏·제비燕·참새雀)을 낳아서 벌레를 잡아먹고, 인간을 낳아 고기잡이와 수렵을 하여 식단을 채우며, 동시에 홍수·가뭄·병충해·전염병·전쟁 등이 일어나 인간을 위험에 처하게 한다.

인간에 대해 말하자면 하걸夏桀·상주商紂·도척盜跖을 낳아서 세상을 어지럽히고 요堯·순舜·주공周公을 낳아 천하를 다스리게 하였다. 이것으로 볼 때 서로 해치는 것은 '낳으면生 있고, 낳지 않으면 없다.' 다스림에 대한 어지러움, 죽음, 안정에 대한 위험은 '모두 조화에서 나와 천지에서 이루어진'[99] 것이고 물物 자체가 행한 것이 아닌데, 사람들은 모두 물物이나 타인에게 잘못을 돌리는 경향이 있다. 종밀이 볼 때 이것은 공평한 것이 아니며 문제의 원인을 찾아내지 못한 것이다. 사실상 '불인불의 불효부자不仁不義, 不孝不慈한 자들이 존재하는 것은 바로 천지자연의 이치이며' 근원은 천지에 있고 그 맹아는 '생生'에 있다. 만약 천지가 없다면 '생'도 없을 것이고 '생'이 없다면 서로 해치는 일도 없게 된다. 그러므로 『주역』이 매우 부당하다고 말한 진의가 쉽게 드러난다.

천天은 대대로 중국인들에게 지고무상한 관념으로 그것에 대해 경외할 뿐이다. 그렇지만 불교는 결코 천天에게 지존至尊한 인격신의 지위를 인정하지 않았다. 그렇기 때문에 종밀이 불교의 입장에서 천지의 잘못을 비난한 것은 이해하기 어렵지 않다.

'언의지변言意之辯'은 예로부터 중요한 논변 중의 하나이다. 『역전』에는 언어와 의미言意의 관계를 토론한 '말은 뜻을 다하지 못하고言不盡意', '상을 세워 뜻을 다한다立象盡意'의 관점이 있고, 전국戰國 시기의 장자莊子는 언言과 의意 간

99) 『원각경대소초』 권9의 하(下). "皆出於造化而成於天地."

의 관계를 매우 중시했다. 그는 언言과 의意를 통발筌과 고기魚에 각각 비유하여 『외물편外物篇』에서 '고기를 잡았으면 통발은 잊음得魚忘筌', '뜻을 얻었으면 언어는 잊어버림得意忘言'의 명제를 제기했다.

그 뒤를 이은 왕필의 역학사상은 양한의 상수를 힘껏 쓸어버리고 의리로써 『주역』을 해석할 것을 주장하였다. 이 때문에 언의言意관계에 대한 논술이 특히 많다. '입상진의立象盡意'와 '득의망언得意忘言'을 발판으로 삼아 그는 '상을 얻으면 말을 잊어버리고得象忘言, 뜻을 얻었으면 상을 잊어버린다.得意忘象.'는 관점을 제시한다. 그 의미를 말하자면 구체적인 형상은 내재적 함의를 이해하도록 도움을 주며 뜻을 이미 얻었으면 형상은 잊을 수 있고, 언어는 형상을 설명하는 것이고 형상을 이미 얻었으면 언어는 버릴 수 있다고 말한다. 본서 제1장 제3절에서 이야기한 바와 같다.

당대에 이르러 법장法藏은 『대승기신론의기大乘起信論義記』를 저술하였으며, 그 속에 『장자』「전제筌蹄」의 비유를 인용한 "통발과 올무에서 언상言象을 끊는다"라는 말 또한 이러한 뜻이다. 후에 '전제'라는 말은 고승들이 불교의 언의言意 관계를 논하는 관행적인 비유로 사용되었다.

종밀은 '득상망언得象忘言', '득의망상得意忘象'의 관점을 계승하고 언의言意의 논변 뒤에 "상은 본뜸, 유사이다. 본뜸과 유사의 방법을 취하는 것을 상象이라 하며 진리를 드러내게 한다."[100]라고 주장하였다. 『주역』에 「대상전大象傳」, 「소상전小象傳」으로 "역도易道를 드러낸다."(예를 들면, 육룡六龍은 양덕陽德, 변화무방變化無方을 상징한다)와 마찬가지이다. 이 말은 "전제"의 비유와 비교하면 완전히 같지는 않다. 전제는 '뜻意'을 포착하는 도구이지만, '상像', '사似'는 '뜻'의 영상影像 혹은 '뜻'과 유사한 사물 중에서 '뜻'이 있는 곳을 찾아 표시하여 상징의 의미를 가지고 있다. 예를 들면 "부처가 말하는 '원극圓極의 이치'는 말이 미

100) 『원각경대소초』 권11의 상(上). "象者, 像也, 似也. 謂取像似之法爲象, 令見眞理."

치지 못하기에 대부분 비유를 쓴다."[101] 곧 부처가 말하는 '원극의 이치'는 언어에 의해 직접 도달할 방법이 없기 때문에 비유를 써서 암시한다. 우리들은 이러한 상징성의 비유를 통해 진실의 함의를 이해할 수 있고 "가르침을 듣고 해석이 나오고, 의미가 생겨난다."[102]의 뜻을 이해할 수 있다.

만약 '상象'을 '의意'라고 인식한다면 그것은 본말이 전도된 잘못을 저지르는 것이다. 이것은 종밀의 '언의지변'이라는 논점에 대한 새로운 발전으로 중국철학사에서 중요한 의미를 지닌다.

『주역』 태괘泰卦 초구初九 효사爻辭에 "띠 뿌리를 뽑으니 함께 올라온다.拔茅連茹."는 말은 불교의 저작에 자주 인용된다. 이미 앞에서 이통현이 갈대의 일종인 모초茅草는 결백유약하고 단맛의 특성을 나타낸다고 하여 군자의 덕으로 비유하였다. 이러한 의미는 효사 본의와는 크게 관계가 없다. 엄격히 말해 '모茅' 자를 차용하여 확대 서술했을 뿐이다.

이와는 달리 종밀은 '상을 취해 말하는取象言之' 것은 "띠 뿌리를 뽑으니 함께 올라온다拔茅連茹"라는 본래의 뜻을 인용하고 있다. '서로 연결되고 견인해서 끊어질 수 없는 상象을 끌고 와서 마치 서로 얽혀 있는 모근茅根처럼 뽑으면 다 같이 연결되어 나오지, 뿌리 하나만 뽑히지 않는다'는 여러 말들을[103] 태괘泰卦의 상에서 취해 '인과상조, 교리상부因果相照, 教理相符'[104]를 설명하고 있다.

또 이 괘에 대한 주석으로 왕필의 『주역약례周易略例』를 예로 들고 있다. 왕필주의 내용이 불교의 인과因果 내용과 관련되어 있음을 말하고 있다. 그는

101)『원각경대소초』 권11의 상(上). "佛說圓極之理, 言之不及, 多以喻況."

102)『원각경대소초』 권11의 상(上). "聞教生解, 義相生時."

103)『원각경대소초』 권5의 상(上). "交連牽引不可割絶之象, 如茅根鈞帶相連, 拔卽牽引俱出, 不可獨拔一根."

104)『원각경대소초』 권5의 상(上). "因果相照, 教理相符."

왕필이 말한 '삼양동지三陽同志'는 하괘의 세 양三陽, 상괘의 세 음三陰을 가리키는데, 양기는 하강하고 음기는 상승하여 음양이 서로 교류하면서 만물을 생성한다. 그래서 '통태通泰'의 의미이며 모두 뜻은 상上에 있고, 초효는 유類의 우두머리가 되며 위로 올라가면 모두 따르는데 마치 띠茅茹와 같이 당기면 다 같이 나오는 것 같고, 상하가 순응하고 어기지 않으니 나아가 모두 뜻을 얻는다. 그러므로 그 무리類라는 것을 통해서 길吉을 상징한다.

만약 불교식으로 말하면, 보살이 육도六度에서 행하는 만행萬行을 인因으로 삼아 마침내 구경究竟의 과果로 회귀해야 한다. 또 근본적인 성질과 현상을 말하는 성상性相에 뜻을 두어야만 육도만행六度萬行을 실행하는 것이 가능하게 된다. 만약 원돈圓頓의 뜻으로 말하면, 반드시 "띠 뿌리를 뽑으니 함께 올라온다(拔茅連茹)", "끌어 당겨 모두 나오는 것(牽引俱出)"처럼 상하가 순응하여 보리열반의 극과極果에 도달한다.

그 밖에 『주역』과 그 주소注疏 그리고 유가의 여러 학자들의 '시時' 자에 대한 연구가 상당히 많다. 종밀은 상황에 따라 인용을 하였다.

> 차고 빔은 그 법도를 어기지 않고, 동정은 때를 넘지 않는다. 여섯 마리의 용이 때를 타서 때와 함께 행하니, 때에 맞게 행하면 통하고, 때를 거슬러 올라가면 막힌다. 그러므로 천지는 때를 어기지 않는다. 천보다 앞서도 천을 어기지 않고 천보다 뒤에 있어도 천시天時를 받드니 천 또한 위배하지 않는데 하물며 귀신에 있어서랴!」[105]

여기 '여섯 마리의 용이 때를 탄다六龍乘時'와 마지막 구절은 건괘乾卦「문언전」에 근거한 말이다. 종밀은 이때의 '시時'는 '변통하여 때를 따름變通趨時'에

105) "盈虛不違其度, 動靜不越於時; 六龍乘時; 與時偕行, 時行則通, 時上則塞, 故雖天地不得違時; 先天而天弗違, 後天而奉天時, 天且不違, 而況於鬼神乎."

지나지 않는다고 여긴다. 불교에 대해서는 그다지 큰 의미가 없어서 그것을 크게 발전시키지 않았다.

종밀의 '변통추시變通趨時'라는 말은 오히려 우익藕益에게 영향을 주어 크게 깨친바가 있게 하였다. 말하기를 "다시 세간世間의 삼도三道는 오래되면 반드시 변한 후에야 통하고, 나아가려면 반드시 물러난 후에야 오래갈 수 있다"[106]고 하였고, 다만 '오직 변화해야만唯變所適' 비로소 진퇴를 자유자재로 할 수 있다.

우익은 비록 '재능과 지위가 모두 낮고', '음유陰柔가 아래에 처하는' 때를 당해도 응당 '굳게 지키는 것이 옳으며' 덕에 나아가 업을 닦고, 도를 배양하여 때를 기다려야 한다고 생각한다. 마땅히 물러나서 하는 공부가 정밀하고 마음속에 굳은 덕을 보존하고 또 행할 수 있는 자리에 처해야 천시지리天時地利[54]가 다 갖추어진다. 이 때에 드디어 큰 일을 할 수 있지만, 변함없이 바름正을 지키고, '안을 성실히 하면 밖으로 드러나니誠內形外,[55] 설사 일시에 신임을 얻을 수는 없지만, 결과적으로 허물이 없게 된다. 우익의 말은 자신이 명대 말엽의 난세에 처한 깊은 우환의식에서 나온 것이며 그 자체로 깊은 철학적 의미가 담겨있다.

당나라 시기의 화엄학설과 역학 이론의 상호 결합을 고찰한다는 것은 주역사상으로『화엄경』교의를 드러낼 수단으로 이용하고 있음을 고찰한다는 의미이다. 법장 이후 중간에 이통현, 징관을 거쳐 종밀에 이르러 점차 확대되었다. 이 네 명의 거장巨匠은 순수한 화엄학설을 계승하고 발전시킨 것 외에도 서로 다른 각도에서 출발하여 불학과 역학의 관계에 대해 체계적인 논술을 했으며, 비근한 가운데에서 핵심적인 본질을 찾아내[56] 각각 그 묘함을 다했다고 말할 수 있다.

106)『주역선해』권9 "復世間三道, 久則必變而後通, 進則必退而後久."

앞에서 말한 것처럼, 법장은 '『주역』을 끌어다 화엄으로 들어가는' 첫 문을 열었지만 다만 여기에 그쳤을 뿐이었다. 비교적 전면적, 구체적으로 『주역』과 화엄의 차이를 분석하고 한 걸음 더 나아가 회통시키는 데 특별히 능력을 발휘하기 시작한 것은 이통현이다. 그는 『팔십화엄』을 깊이 탐구하여 불교와 『주역』을 회통시킨 『신화엄경론』을 세상에 내놓았다. 이 저작의 사상적 범위는 매우 넓으며 의미 또한 심오하다. 그는 거방우표법, 취상표법, 탁사표법 세 가지 측면에서 『화엄경』의 뜻을 해석하고 새로운 견해를 더하여 이후 화엄의 학설과 역리易理를 서로 융합시키려는 기본 틀을 마련했다.

그의 뒤를 이어 징관이 불교에 기초하고 또한 불교 이외의 여러가지 지식에 근거하여 보리심을 일으켜, 선재동자가 남행하듯이 성수星宿 방위로 사계, 오행에 배치한 여러 문제들을 다루었다. 그는 또 이통현이 원래 가지고 있던 기초 위에서 선학先學을 계승하고 후학後學에게 새로운 길을 열어주었다. 그는 또 『주역』의 '무왕불복無往不復', '궁리진성窮理盡性', '숭덕광업崇德廣業'과 '일음일양지위도一陰一陽之謂道' 등의 여러 핵심적인 의미들을 『화엄경』의 관련되는 논제들과 서로 대조하여 경전의 의미를 풀이하는 데 모든 힘을 경주하였다.

종밀은 『화엄경』 외에도 독창성을 가지고 나름대로의 깨달음을 주는 『원각경』을 논의의 대상으로 하여 그것을 역학사상과 서로 표리 관계가 되는 것으로 보아 "원형이정은 일기에서 비롯된다元亨利貞, 始於一氣"는 관점을 이끌어 냈다. 그는 또 '언의지변言意之辯' 문제에서 왕필이 주창한 언言과 의意의 관계와는 구별되는 새로운 뜻을 제시했다. 이 뿐만 아니라 종밀은 소재를 널리 인용하고 근원을 세밀하게 추적하였으며 자기와 상반되는 관점에 대해서 비판하면서 공격을 멈출 줄 몰랐다.

불학과 역학이 서로 상충될 때 종밀은 그의 스승들처럼 불교의 입장에서서 역학을 비판하였다. 예를 들면, 『역전』의 "천지의 큰 공덕을 일러 생이라고 한다天地之大德曰生"에 대한 비판이 그 일례라고 할 수 있다. 종밀의 논점은 명료하고 문장력 또한 막힘이 없어서 불교와 『주역』의 회통을 훌륭하게 수행하였다.

개별적으로 볼 때 이통현, 징관, 종밀 세 사람 모두 역학을 취해 불교를 해석하였지만 스스로 독자적인 틀을 갖추고 있었다. 전체적으로 보면 그들의 논의는 화엄사상을 널리 드러내고자 하는 공통적인 목적에 국한되어 있었기에 서로의 영향에서 벗어나지 못했다. 그래서 『주역』을 끌어다가 불교로 들어가는 노력을 통해, 불학과 역학 간에 착종錯綜된 복잡한 관계가 변천되는 역사적 궤적을 반영할 수 있었다. 역학을 빌려 불교사상을 전파하려는 이런 노력은 당대 불교가 존재하는 이론적 근거였고 불교 전파의 효시가 되었다. 이 시기 선사들과 고승들은 교류의 폭을 넓혀 당시 불교와 『주역』 회통의 최고봉을 이루었다.

불학과 역학 양자의 상호 교섭과 충돌 내지 보충과 회통은 화엄사상의 깊이와 외연을 확장시켰을 뿐만 아니라 중국 역학사易學史의 내용을 더욱 화려하고 다채롭게 만들었다. 이러한 사상적 원류는 화엄학설의 영향을 통해 송대 이학 사상의 형성에 이르렀고 동시에 명말明末 고승과 봉건 사대부들이 '불교로 『주역』을 해석'하는 계기에 적극적인 작용을 했다.

역주

1 【역주】 고대 인도 마가다국의 니련선하의 강변에 있었던 장소이다. 석가모니가 성도할 당시 앉았던 보리수 아래의 자리로서 깨달음의 장소를 말한다. 후대에는 깨달음을 얻고자 수행하는 곳을 일반적으로 가리키는 말이 되었다.

2 【역주】 삼만다발날라(三曼多跋捺羅)·필수발타(邲輸跋陀)로 음역하고 보현(普賢) 또는 변길(徧吉)로 번역한다. 문수보살(文殊菩薩)과 함께 석가여래불의 협시보살(脇侍菩薩)로 유명한데, 문수보살이 여래의 왼편에서 부처들의 지덕(智德)·체덕(體德)을 말하고 있다면, 이 보살은 오른쪽에서 이덕(理德)·정덕(定德)·행덕(行德)을 맡고 있다. 석가가 중생을 제도하는 일을 돕고, 또 중생들의 목숨을 길게 하는 덕을 지녔으므로 보현연명보살, 또는 줄여서 연명보살이라고도 한다. 문수보살과 함께 모든 보살의 으뜸이며, 형상은 여러 가지가 있는데, 크게 나누면 6개의 엄니[아(牙)]가 난 흰 코끼리를 탄 모양과 연화대에 앉은 모양의 두 종류가 있다. 또 밀교(密敎)에서는 금강살타(金剛薩陀)와 같이 생각하여 태장계 만다라(胎藏界曼茶羅)의 중대팔엽원(中臺八葉院) 남동 끝에 두며, 왼손에는 연꽃을 들고 그 위에 검(劍)을 세웠고, 오른손은 삼엽묘선(三葉妙善)의 인(印)을 하고 있다.

3 【역주】 범어 "Manjusri"에서 유래되었으며 문수사리(文殊師利)·만수시리(滿殊尸利) 또는 만수실리(曼殊室利) 등으로도 음역되는데, 문수와 만수는 '묘(妙)', 사리·실리는 '두(頭)·덕(德)·길상(吉祥)' 등의 뜻이므로 지혜가 뛰어난 공덕이라는 말이 된다. 『반야경(般若經)』을 결집, 편찬한 보살로 알려져 있다. 때에 따라서는 경권(經卷)을 손에 쥔 모습으로 조각되고 묘사되는 일이 많았다. 『화엄경(華嚴經)』에서는 비로자나불(毘盧遮那佛)의 협시보살(脇侍菩薩)로서 보현보살(普賢菩薩)과 더불어 삼존불(三尊佛)의 일원이 되어 있다. 보현이 세상 속에 뛰어들어 실천적 구도자의 모습을 띠고 활동한다면, 문수는 사람들의 지혜의 좌표가 되기도 하였다. 즉 이 보살은 석가모니불의 교화를 돕기 위하여 일시적 권현(權現)으로서 보살의 자리에 있는 것이다. 전설에 의하면 이 보살은 중국의 산서성(山西省) 오대산(五臺山)에서 1만 보살과 함께 있다고도 하는데, 한국에서는 강원도 오대산에 있다고 하여 지금도 그 곳의 상원사(上院寺)는 문수를 주존(主尊)으로 모시고 예불하며 수행하는 도량(道場)으로 알려져 있다.

4 【역주】 불타발다라(佛馱跋陀羅)는 범어 "Buddhabhadra"를 음역한 것으로, 각현(覺賢) 또는 불현(佛賢)을 뜻하며, 존칭하여 천축선사(天竺禪師)라고 한다. 북인도 출생으로 17세 때 출가하였으며, 부다세나

에게 선법(禪法)을 배우고 있을 때 그 자리에 있던 중국 승려 지엄(智儼)의 요청으로 중국으로 출발하여 3년 만에 장안(長安)에 도착하였다. 그곳에서 구마라습과 친교를 맺고 경론(經論)의 의문점 등을 서로 논하였다. 그러나 장안의 불교계와 맞지 않아 려산(廬山)의 혜원(慧遠)에게 갔으며, 그의 권유에 따라 『달마다라선경(達磨多羅禪經)』 2권을 번역하였다. 그 후 법현(法顯)과 함께 『마하승기율(摩訶僧祇律)』 40권과 『대반니원경(大般泥洹經)』 6권 등을 번역하였다. 또 지법령(支法領)이 가져온 『대방광불화엄경(大方廣佛華嚴經)』 60권을 번역하는 등 그가 번역한 불경은 모두 13부 125권이다.

5【역주】실차난타(實叉難陀)는 범어 "Siksananda"의 음역 이다. 우전(于闐) 출생. 695년 『화엄경』의 산스크리트본을 낙양(洛陽)으로 가져다가 보리류지(普提流志), 인도 여행을 한 의정(義淨) 등과 함께 『신역(新譯)화엄경』(80권)을 완역하고, 그 밖에 『대승입능가경(大乘入楞伽經)』, 『문수수기경(文殊授記經)』등 19부도 한역하였다. 704년에 일단 귀국했었으나 화엄종의 대성자(大成者) 법장(法藏) 및 의정 등과 친교가 두터워 708년 다시 중국으로 왔다. 그가 번역한 『화엄경』에는 측천무후(則天武后)가 서문을 썼다.

6【역주】이름은 법장(法藏)이고 법호는 현수대사(賢首大師)·국일법사(國一法師)이다. 그의 선조는 서역(西域)의 사마르칸트 사람이었으나 조부 때 장안(長安)으로 왔다고 한다. 17살 때 화엄종(華嚴宗) 제2조(祖) 지엄(智儼)이 운화사(雲華寺)에서 『화엄경』을 강론하는 것을 듣고 그 제자가 되었으며, 26살 때에 보살계(菩薩戒)를 받고 670년 태원사(太原寺)에서 출가하였다. 674년 고종(高宗)이 경성(京城)의 십대덕(十大德)에게 명하여 현수에게 만분계(滿分戒)를 주도록 했으며, 호를 현수라 하였다. 704년 측천무후(則天武后)의 초청으로 장생전(長生殿)에서 화엄법계(華嚴法界)에 관해 설법하고, 금사자(金師子)의 비유를 들어 화엄종의 무궁무진한 교리를 설명하였다. 주요 저서로는 화엄 교학(教學)의 체계서로 완비된 『화엄오교장(華嚴五教章)』, 『화엄경』의 주석서 『화엄경탐현기(華嚴經探玄記)』가 있다. 그 밖에 『화엄지귀(華嚴旨歸)』, 『유심법계기(遊心法界記)』, 『대승기신론의기(大乘起信論義記)』, 『금사자장(金師子章)』 등 화엄학 관계의 저서와 화엄종사(華嚴宗史)를 기술한 『화엄경전기(華嚴經傳記)』등이 있다.

7【역주】남조(南朝) 시대의 나라 이름. 유유(劉裕)가 진晉의 선양(禪讓)을 받아 세운 왕조임.

8【역주】구나발다라(求那跋陀羅)는 Gunabhaddra라는 말에서 온 것으로 공덕현(功德賢)이라 번역한다. 중인도인(中印度人, 393-468)으로 송(宋) 원가(元嘉) 12년(435)에 중국 광주에 들어와 지원사(祇洹寺)에 묵으면서 『화엄경』, 『잡아함경』, 『 대법고경』 등의 역경 사업을 하였다.

9【역주】현창(玄暢)은 하서(河西) 금성(金城) 사람으로 속명은 조(趙)씨이다. 어릴 때 오랑캐의 침략으로 가문이 멸망하자 양주(涼州)에 가서 출가하였다. 유송(劉宋) 문제(文帝)가 태자사로 삼으려 했으나 고사하고 거처를 형주(荊州)로 옮겨 장사사(長沙寺)에 머물렀다. 『보살염불삼매경(菩薩念佛三昧經)』 6권과 『무량문파마타라니경(無量門破魔陀羅尼經)』 1권을 번역하였다. (『양고승전(梁高僧傳)』)

10【역주】두순(杜順)은 중국 화엄종의 개조(開祖)로 속성은 두(杜)이고, 정식 호칭은 법순(法順) 또는 제심

존자(帝心尊者)로 불린다. 산서성(陝西省) 옹주만년현(雄州萬年縣) 출생으로 18세에 출가하여 인성사(因聖寺)의 진(珍)에게 선(禪)을 배우고, 마을을 돌아다니면서 병을 고치고 불법을 가르쳤다. 『화엄』을 깨우쳐 보현행(普賢行)을 체득하여 화엄종을 열었다. 제자에 제2조 지엄(智儼)·번현지(樊玄智) 등이 있으며, 『화엄법계관문(華嚴法界關門)』, 『십문실상관(十門失相觀)』, 『오교지관(五教止觀)』, 『법계관문(法界觀門)』 등의 저서가 있다. 법계관문은 법장(法藏)·징관(澄觀)·종밀(宗密) 등이 인용 또는 주석하여 십현연기(十玄緣起)의 기원으로 삼았다. 반야(般若)의 공관(空觀)인 진공관(眞空觀)과, 여래장연기(如來藏緣起)의 이사무애관(理事無碍觀)·화엄의 주편함용관(周編含容觀)의 3중관(三重觀)을 내용으로 하고 있다.

11【역주】 중국 동진(東晉) 때의 역경승(譯經僧)으로 주요저서는 『허당화상어록(虛堂和尙語錄)』이 있다. 출가한 뒤 인도의 간다라로 가서 부다세나에게서 선법(禪法)을 배우고 돌아올 때, 동문이며 선장(禪匠)으로 유명한 불타발타라(佛陀跋陀羅)와 함께 귀국하였다. 그 후, 산둥[山東]에서 선관(禪觀)을 수업하고 송무제(宋武帝)의 요청에 따라 시흥사(始興寺)·지원사(枳園寺)에 머물렀다. 또 보운(寶雲)과 함께 『보요경(普曜經)』, 『광박암정(廣博巖淨)』, 『사천왕(四天王)』 등 14부 36권의 경전을 번역 출판하고, 만년에는 선관(禪觀)을 구명하기 위하여 인도로 건너가 그곳에서 생을 마쳤다.

12【역주】 호는 안락(安樂)이고 자는 요부(堯夫)이다. 또다른 호는 강절(康節)로 소강절(邵康節)이라 불릴 때도 많다. 하남(河南)에서 살았으며, 주렴계(周濂溪)와 같은 시대 사람으로, 이지재(李之才)로부터 도서·천문(天文)·역수(易數)를 배웠고, 일생을 낙양(洛陽)에 숨어 살았다. 남송(南宋)의 주자(朱子)는 주염계, 정명도(程明道), 정이천(程伊川)과 함께 강절을 도학(道學)의 중심 인물로 간주하였다. 그는 『황극경세서(皇極經世書)』 62편을 저작하여 천지간 모든 현상의 전개를 수리로써 해석하고 그 장래를 예시하였으며, 또 『관물내외편(觀物內外編)』 2편에서 허심(虛心), 내성(內省)의 도덕수양법을 설명하였다. 또한 자유로운 시체(詩體)의 시집(詩集) 『이천격양집(伊川擊壤集)』(20권)의 작품이 있고, 『어초문답(漁樵問答)』(1권) 등이 있어 후세에 많은 영향을 끼쳤다.

13【역주】 사종법계는 사법계(事法界), 이법계(理法界), 이사무애법계(理事無碍法界), 사사무애법계(事事無碍法界)이다. 이 네 가지 법계설은 모든 우주는 일심에 통괄되고 있으며, 이 통괄되는 것을 현상과 본체의 양면으로 관찰하면 네 가지 의미로 해석된다는 것이다. 이 중에서 화엄의 무진법계는 사사무애법계를 말한다. 사법계는 모든 차별 있는 세계를 가리킨다. 사(事)란 현상, 사물, 사건 등을 말하며 계(界)란 분(分)을 뜻한다. 낱낱 사물은 인연에 의해 화합된 것이므로 제각기의 한계를 가지고 구별되는 것이다. 개체와 개체는 공통성이 없이 차별적인 면만을 본 것이다. 이(理)법계는 우주의 본체로서 평등한 세계를 말한다. 이(理)는 원리, 본체, 법칙, 보편적 진리 등을, 계(界)란 성(性)을 가리킨다. 궁극적 이(理)는 총체적 일심진여이며, 공(空)이며 여여(如如)이다. 우주의 사물은 그 본체가 모두 진여라는 것으로 개체와 개체의 동일성, 즉 공통성을 본 것이다. 이사무애(理事無碍)법계는 이와 사, 즉 본체계와 현상계가 둘이 서로 떨어져 있는 것이 아니고 하나의 걸림 없는 상호관계 속에 있음을 말한다. 법장은 『금사자장』에서 금사자의 비유를 들어 이를 설명하고 있다. 금이라는 금속은 이(理)의 미분화된 본체를 상징하며, 사자라는 가공품은 분화된 사(事) 혹은 현상인데 사자가 금에 의존하여 표상되고 있음이 바로 이사무

애의 경계라는 것이다. 사사무애(事事無碍)법계는 개체와 개체가 자재융섭하여 현상계 그 자체가 절대적인 진리의 세계라는 뜻이다. 제법은 서로서로 용납하여 받아들이고 하나가 되어 원융무애한 무진연기를 이루고 있음을 의미한다. 이것이 곧 화엄의 법계연기이다. 이 사사무애(事事無碍)의 세계는 이사무애(理事無碍)를 바탕으로 하여 의지의 전환이 있어야 가능한 직접적인 깨달음의 세계이다. 직접적이고 구체적인 체험과 실천행을 통해 현현하는 세계이다. 있는 그대로의 세계, 늘 그렇게 있는 세계이나 이해나 검증의 문제가 아니라 직접적이고 구체적인 체험을 통해 현실화해야 하는 세계이다.

14【역주】섬서성(陝西省) 출생으로 출가 후 화엄종의 대성자인 법장(法藏)에게 사사하여, 법장이 이룩하지 못한『신역화엄경(新譯華嚴經)』에 주석을 완성하고, 또『속화엄경략소간정기(續華嚴經略疏刊定記)』15권을 저작하였다. 법장의 5교판(五教判)에 대하여『구경일승보성론(究竟一乘寶性論)』에 바탕을 둔 사종교(四種教)를 세웠기 때문에, 화엄종의 전통은 일반적으로 두순(杜順) → 지엄(智儼) → 법장 → 징관(澄觀) → 종밀(宗密)의 5조설(五祖說)을 취하고 혜원은 의식적으로 빼놓았다. 징관도 혜원의 학설을 비판하고 있으나, 혜원의 교설은 과학적·논리적이며 넓은 시야에 입각한 비판으로서 경청해야 할 점이 많아 현대 학자들에 의해 재평가되고 있다.

15【역주】화엄종 제4대조. 청량대사(清凉大師)·화엄보살(華嚴菩薩)로 호칭된다. 월주(越州)에서 태어나 체진(體眞)에게 사사하고 11세에 출가하였다. 담일(曇一)에게서 남산율(南山律), 상조(常照)에게서 보살계(菩薩戒), 무명(無名)·혜충(慧忠)·법흠(法欽)에게서 선(禪), 법선(法詵)에게서 화엄(華嚴)·기신(起信), 담연(湛然)에게서 천태(天台)의 가르침을 각각 받고, 불공(不空)의 역장(譯場)에 참여하였다.『화엄경소(華嚴經疏)』(60권),『수소연의초(隨疏演義鈔)』(90권),『사십화엄소(四十華嚴疏)』,『행원품소(行願品疏)』,『법계현경(法界玄鏡)』 등 많은 저서를 지었으며, 혜원(慧苑)의 학설을 꺾고 법장(法藏)을 조술(祖述)하였으므로 화엄종의 제4조로 일컬어졌다.『교판론(教判論)』에서 화엄을 돈돈(頓頓), 법화(法華)를 점돈(漸頓)이라 하고 선종을 돈교(頓教)로 정의하였으며, 법상종을 삼론종(三論宗)의 아래에 두는 등 법장이 융화적인데 비해 그는 상대적으로 비판적이었다. 한편 교(教)와 선(禪)의 통로를 제시하기도 하였고, 실천을 중히 여겨『오온관(五蘊觀)』,『십이인연관(十二因緣觀)』,『삼성원융관(三聖圓融觀)』 등을 저술하였다. 후세에 많은 영향을 끼쳤으며, 제자로는 종밀(宗密) 등이 있다.

16【역주】화엄종의 제5조(祖). 속성은 하(何)이고, 시호(諡號)는 정혜(定慧). 규봉대사(圭峰大師)라 칭하였다. 과주 서충(果州西充) 출생이다. 28세에 도원선사(道圓禪師)를 따라 출가 후에 화엄종 제4조 청량징관(清凉澄觀)에게 배우고『화엄경』을 공부했다. 또 스스로 선종의 일파인 하택선(荷澤禪)의 법계(法系)를 이어받았다 하나 그 진위는 알 수 없다. 중국에서 지은『원각경(圓覺經)』을 세상에 반포한 공적이 크고, 원각경의 주석서를 저술한 외에『선원제전집도서(禪源諸詮集都序)』를 지어 교·선(教禪)일치설을 주장하였다. 중국 사상인 유교·도교를 불교의 입장에서 정의하여 삼교일치설(三教一致說)을 전개한 것이『원인론(原人論)』인데, 그의 사상은 송학(宋學)의 원류가 되기도 하였다. 한편 화엄종은 그의 후계자가 없어 제5조로 법통이 끊겼다.

17【역주】유위는 현상이므로 원인이나 조건 등의 변화에 따라 끊임없이 유전한다. 그러나 불교에서는 그

것이 인간 사회나 인간 생활의 실제 모습[진상(眞相)]이라고 보며, 이것을 '유위무상(有爲無常)' 또는 '유위전변(有爲轉變)'이라고 말한다. 특히 물질과 마음, 그리고 물질도 마음도 소멸하는 것의 세가지라고 하여 이를 삼유위(三有爲)라고 하는데, 특히 마음에 대해서는 예컨대, 기쁨·분노·탐욕·분별·의식 기타로 세분하여 합계 72~94의 유위법(有爲法)을 설정하였다. 유위에 대립하는 개념은 '무위(無爲)'인데 그것은 상주불변(常住不變)의 존재를 가리킨다.

18【역주】귀루(晷漏)는 해시계와 물시계를 말한다. 연촉(延促)의 연(延)은 '늘린다'는 뜻으로 긴 시간 속에서 사물을 본다는 말로 현상계의 관점으로 후천(後天)으로 볼 수 있고, 촉(促)은 짧은 시간으로 압축하여 사물을 보는 것으로 본체 혹은 선천(先天)의 관점으로 나누어 볼 수 있다.

19【역주】원행(願行)은 서원(誓願)과 수행(修行)을 말한다. 어떤 일을 맹세하고, 거기에 따른 수행(修行)을 하는 것을 의미한다.

20【역주】주반(主伴)은 만유제법(萬有諸法)이 각각 하나가 주(主)가 되면 다른 것은 모두 반(伴)이 되어 주와 반이 서로 상즉상입(相卽相入) 됨을 말한다.

21【역주】팔괘 방위를 달리 사정사유(四正四維)라고 한다. 또한 우주의 공간인 사정(四正)은 동서남북, 즉 진태이감(震兌離坎)을 말하고 사유(四維)는 건곤간손(乾坤艮巽)을 말한다.

22【역주】이십사산(二十四山)은 방위의 분할 방법을 말한다. 즉 24 방위의 총칭이다.

23【역주】고대 중국에서 해와 달 및 행성들의 소재를 밝히기 위하여 황도를 중심으로 나눈 천구(天球)의 스물여덟 자리. 동쪽의 각(角)·항(亢)·저(氐)·방(房)·심(心)·미(尾)·기(箕), 서쪽의 규(奎)·누(婁)·위(胃)·묘(昴)·필(畢)·자(觜)·삼(參), 남쪽의 정(井)·귀(鬼)·유(柳)·성(星)·장(張)·익(翼)·진(軫), 북쪽의 두(斗)·우(牛)·여(女)·허(虛)·위(危)·실(室)·벽(壁).

24【역주】지(止)는 정(定)의 다른 이름이다. 즉 선정(禪定)의 이명(異名)으로 마음이 한 곳에 정지(定止)하게 한다. 항상 관(觀)을 상대적으로 말하는데 지(止)를 의지하여 망(妄)을 떨치고 관을 의지하여 진리를 증득한다고 한다.

25【역주】삼증상학(三增上學)은 삼승학(三勝學)이라고도 하는데, 즉 계학(戒學)·정학(定學)·혜학(慧學)의 세 가지를 말한다. 계는 악을 저지르지 않고 선을 닦는 계율(戒律), 정은 심신을 고요히 하고 정신통일을 하여 마음이 산란하지 않게 하는 선정(禪定), 혜는 번뇌를 파하고 진리를 증득(證得)하는 지혜를 가리킨다.

26【역주】공의 이치를 관(觀)하는 지혜.

27【역주】 예를 들면, 옷은 원래 향기가 없는 것이지만 향료와 의복을 함께 두면 그 옷에도 향기가 배게 된다. 이와 같이 어떤 것의 성질이 다른 것으로 이행하는 것을 가리켜 이르는 말이다. 이 경우 의복에 남아 있는 향기에 해당하는 것을 습기(習氣) 또는 종자(種子)라고 한다.

28【역주】 받은 계법(戒法)에 따라 실행하는 것.

29【역주】 아라한(Arhan)의 준말로 나한(羅漢)이라고도 한다. 아라한은 본래 부처를 가리키는 명칭이었는데, 후에 불제자들이 도달하는 최고의 계위(階位)로 바뀌었다. 수행 결과에 따라서 범부(凡夫)·현인(賢人)·성인(聖人)의 구별이 있는데, 잘 정비된 교학(敎學)에서는 성인을 예류(預流)·일래(一來)·불환(不還)·아라한(阿羅漢)의 사위(四位)로 나누어 아라한을 최고의 자리에 놓고 있다.

30【역주】 득탈(得脫)·도탈(度脫)이라고도 한다. 도(度)란 바라밀(바라밀(波羅蜜):pāramitā)의 의역(意譯)으로 윤회의 세계에서 열반(涅槃)의 세계에, 즉 고해(苦海)를 건너 열반의 피안에 이르는 것을 말한다. 그 뜻이 확대되어 스님이 되는 것을 말하기도 한다. 출가하여 승려가 되고 계행(戒行)을 닦는 것은 생사의 고해를 건너는 시초이고, 미래에 반드시 피안에 도달할 것이므로 득도라고 한다.

31【역주】 승해(勝解)는 유식설에서 오별경(五別境)의 하나로서 심소(心所)를 말한다. 수승(殊勝)한 요해(了解)의 뜻인데 대상을 명료히 납득하고 그것이 어떠한 것인가를 단정하는 심의 작용을 말한다.

32【역주】 생멸심(生滅心)은 변화 요동하는 마음이다.

33【역주】 보살승(菩薩乘) 오십이위(五十二位) 중 십주(十住) 첫 번째 주(住)를 말한다. 즉 신심(信心)이 확립되면 불지(佛地)에 주(住)할 수 있다는 말이다.

34【역주】 여기에서는 "爲君, 爲師…"라고 되어 있지만, 원문 『신화엄경론』 권15 "君子爲師長者有德常以謙下之行, 令衆生所歸益之."라고 되어 있다.

35【역주】 "군자의 덕은 바람과 같고 소인의 덕은 풀과 같아서 풀 위에 바람이 불면 풀은 반드시 눕는다.(君子之德風, 小人之德草, 草上之風必偃)" 『논어』「안연(顔淵)」.

36【역주】 삼마지(三摩地)·삼마제(三摩提)·삼매지(三昧地) 등과 같이 산스크리트 사마디의 음역이다. 마음을 한곳에 모아 움직이지 않기 때문에 정(定)으로, 또 마음을 평정하게 유지하기 때문에 등지(等持), 또 정수(正受)·정심행처(正心行處) 등으로 의역한다. 이 삼매는 『반야경(般若經)』 등에서도 중요하게 여기고 있지만, 대승불교에서는 더 나아가 독자적인 설명을 하고 있다. 삼매, 즉 정신통일에는 지(止:마음의 집중)와 관(觀:관찰)이 있는데, 지일 때에만이 올바른 관찰이 실현된다고 말한다.

37【역주】 상부율(相部律)은 사분율(四分律) 삼파(三派)가운데 하나이다. 상부(相部)의 법려(法礪)가 세운

율종의 일파로 상부종(相部宗)이라고도 한다. 『불교대사전』 인용.

38【역주】 '참(懺)'은 산스크리트의 '크샤마(ksama)'가 원뜻으로 '인(忍)'을 의미한다. 타인에게 자기 죄의 용서를 비는 것을 뜻하는 말로서, 엄밀히 따지면 실수를 뉘우치는 '회(悔)'와는 의미가 약간 다르지만, 점차로 '참'과 '회'가 동일시되어서 '참회'라는 말이 사용되었다. 대승불교에서는 불상 앞에서 자기 죄를 참회하고 죄를 멸하는 수행을 하게 되는데, 이것을 '참회멸죄(懺悔滅罪)' 또는 '회과(悔過)'라 칭하고, 아미타불(阿彌陀佛)에게 회과하는 '아미타 회과', 미륵불(彌勒佛)에 회과하는 '미륵 회과', 『법화경(法華經)』에 의거 참회하는 '법화 참법(法華懺法)' 등이 행해진다.

39【역주】 한나라 때 서역에 있던 나라.

40【역주】 보리는 무상(無上)의 정진도(正眞道)이다. 무상 정진도의 마음을 발구(發求)하는 것을 발보리심이라 한다. (大乘義章九에 "發菩提心者, 菩提胡語 此翻名道 果德圓通故曰菩提, 於大菩提起意趣求 名發菩提心") 『불교대사전』 인용.

41【역주】 등정각(等正覺)의 범어는 Samyaksambuddha으로 부처님 십호(十號) 중의 하나이다. 정등각(正等覺), 정편지(正遍智), 정편각(正遍覺)이라고도 번역함. 부처님은 평등한 바른 이치(正理)를 깨달았으므로 이같이 말한다. 『불교대사전』 인용.

42【역주】 원명은 나가르주나(Nāgārjuna)로 신흥 대승불교 사상을 연구하여 그 기초를 확립하였다. 특히 『중론』에서 전개한 공(空)의 사상은 그 이후의 모든 불교사상에 많은 영향을 끼쳤다. 공의 입장에서 본다면 어느 한 쪽에도 치우침이 없는 중도적 입장에 있었기 때문에, 후세에 그의 학파를 가리켜 중관파(中觀派)라고 불렀다. 주요 저서에 『중론』(4권) 외에 『회쟁론(廻諍論)』, 『광파론(廣破論)』, 『십주비바사론(十住毘婆沙論)』, 『공칠십론(空七十論)』, 『대지도론(大智度論)』(100권) 『십이문론(十二門論)』 등이 있다.

43【역주】 망자가 죽어서 가게 되는 곳 중에 가장 좋지 못한 곳인 삼악도(三惡道)는 지옥도(地獄道), 그 다음이 아귀도(餓鬼道), 축생도(畜生道)이며 삼선도(三善道)는 아수라도(阿修羅道) 또는 수라도, 인간도(人間道), 천상도(天上道)의 여섯 갈래로 갈라져 있다. 이것을 육도라고 하며 여기에 삼계인 욕계, 색계, 무색계가 더하여 삼계육도라고 부른다. 6도를 6취(趣)라고도 하는데, 마지막의 천상도·인간도는 선취(善趣)이고, 앞의 세 가지 도는 악취(惡趣)가 된다. 또 보통 불경에서는 수라도를 제외한 5도로 나누기도 한다. 불교에서 중생은 집착과 선업, 악업으로 해탈하지 못하고 육도를 윤회하게 된다고 말한다. 과거에 인간이었던 자가 동물이나 벌레로 다시 태어나기도 하고, 벌레였던 것이 인간으로 태어나기도 한다. 중생은 번뇌와 업보에 따라 윤회전생(輪廻轉生)하게 된다고 한다

44【역주】 산스크리트 아눗타라 사미아크 삼보디(anuttara-samyak-sambodhi)를 한자로 표기한 말이다. 아뇩다라는 무상(無上), 삼막삼보리는 정등각(正等覺)의 뜻이므로 무상정등각(無上正等覺)이라 번역된다. 부처가 깨달은 모든 진리를 가리키며, '바른 평등' 또는 '원만'이라는 뜻이다. 아루보리(아뇩보리)라

고도 한다. 보리란 부처·성문(聲聞)·연각(緣覺)이 각각 그 과보에 따라 얻는 깨달음을 말한다. 곧 부처의 깨달음은 더 이상 위가 있을 수 없는 최상이며, 바르고 평등하며 완벽하다는 뜻이다. 부처 이외에도 깨달음은 있을 수 있으나 무상정등각은 오로지 부처의 깨달음만을 뜻하므로 비교할 대상도 없다.

45【역주】 평상시 생활 중 보통의 현상에서 철리(哲理)를 이끌어 낸 것.

46【역주】 선악을 닦은 인(因)으로 고락(苦樂)을 감(感)하는 것. 『불교대사전』

47【역주】 계율종 남산파(戒律宗南山派)의 개조(開祖)로 남산율사(南山律師)라고도 한다. 장안(長安) 남쪽에 있는 종남산(終南山)에서 살았기 때문에 붙여진 이름이다. 615년 지수(智首)를 따라 승려가 되어 구족계(具足戒)를 받고, 지수의 강연(講筵)에서 율(律)을 배웠다. 626년 처음으로 『사분율(四分律)』을 주석하여 『행사초(行事鈔)』(3권)를, 다음 해에는 『습비니의초(拾毘尼義鈔)』(3권)를 저술하였다. 그 후 『갈마소(羯磨疏)』(2권) 『계본소(戒本疏)』(3권) 『비구니의초(比丘尼義鈔)』(3권)를 저술하였는데, 이들 5부는 '율오대부(律五大部)'라 하여 율학(律學) 연구의 필독서가 되었다. 645년 현장(玄奘)이 인도에서 귀국하면서 가져온 경전을 번역하는 일에 참여하고, 658년 서명사(西明寺)가 건립되자 그 상좌(上座)가 되었다. 앞의 저서 외에도, 경전을 정비한 『대당내전록(大唐內典錄)』, 도교에 대하여 불교를 선양한 『고금불도논형(古今佛道論衡)』이 있으며, 『속고승전(續高僧傳)』, 『석가씨보(釋迦氏譜)』등의 사서(史書)도 있다. 그가 특히 힘쓴 것은 제자를 양성하는 것이었는데, 그 덕택에 그의 남산율(南山律)이 후세까지 전해질 수 있었다.

48【역주】 돈(頓)은 돈극(頓極)의 뜻이니, 모든 법(法)이 본래 원융한 까닭에 일법(一法)이 일체법(一切法)을 원만하게 하고 한 생각에 크게 깨달아 돈질극족(頓疾極足) 불과(佛果)하는 것을 원돈이라 한다. 『불교대사전』.

49【역주】 삼장(三藏), 즉 Tripitaka은 넓은 뜻의 수다라장(修多羅藏)이라고 하며 흔히 팔만대장경(八萬大藏經)이라고도 부른다. 불교의 모든 가르침을 부처님의 말씀인 경(經), 부처님이 제정하신 교단의 행동규범인 율(律), 경에 대한 주석서인 논(論)의 세 가지로 분류한 것을 말한다. 장(藏)은 "담겨져 있다, 감추어져 있다, 포함되어 있다"는 뜻으로 부처님의 모든 교법이 담겨져 있다는 의미이다. 부처님에 의해 설해진 교법은 불멸 후 여러 부파(部派)에 의해 여러 가지로 정리 분류되었으나 대승불교 흥기 이후 거의 보편적으로 경장(經藏)·율장(律藏)·논장(論藏)으로 분류하는 것이 일반적이다. 『불교대사전』

50【역주】 천태대사(天台大師)·지자대사(智者大師)라고도 한다. 속성 진(陳). 자 덕안(德安). 진(陳)나라 말과 수(隋)나라 초의 유일한 학장(學匠)으로 불리며, 천태교학(天台教學)의 대성자이다. 18세에 법서(法緖)에서 출가하여 560년 광주(光州) 대소산(大蘇山)의 혜사(慧思)에게 사사하였다. 575년 이후는 천태산에 머물면서 천태교학을 확립하였다. 진제(陳帝)와 그의 후계자들로부터 신임이 두터웠는데, 칙명으로 10년 후에는 다시 진링으로 나와 광택사(光宅寺)에서 『법화문구(法華文句)』를 강의하였다. 진(陳)나라의 병란을 루산[廬山]에서 피하고, 591년에는 진왕(晉王) 양광(楊廣)의 간청에 따라 왕에게 보살계(菩

薩戒)를 베풀고 왕으로부터 지자대사의 호를 하사받았다. 그 후 징저우[荊州]의 옥천사(玉泉寺)를 개창하고 『법화현의(法華玄義)』, 『법화문구(法華文句)』, 『마하지관(摩訶止觀)』을 강의하였는데, 이 세 저서는 천태 3대부(天台三大部)로 불리었다. 그 밖에 『관음현의(觀音玄義)』, 『관음의소(觀音義疏)』, 『금광명현의(金光明玄義)』등 다수의 저서가 있으며, 방생회(放生會)를 최초로 시행한 것으로도 알려져 있다.

51【역주】 승우(僧祐)가 편찬하였는데 책의 이름은 '홍도명교(弘道明教)'에서 따온 것이다. 동진(東晉) 이래 유교·불교·도교의 중진들 사이에 벌어진 논쟁의 내용을 수록한 책이다. 당시 중국의 배불(排佛)운동에 대하여 불교도의 입장에서 불교의 중요성을 해명하고 있다. 전 14권 중 11권까지는 유교 측에서 보는 인과응보나 정신의 멸·불멸(滅不滅) 문제 등, 불교 비판에 관한 것이고, 나머지 3권은 호법(護法)의 입장에서 적극적으로 불교의 가르침을 설파한 것이다. 그 속에는 모융(牟融)의 『이혹론理惑論』을 비롯하여 『명불론(明佛論)』, 『사문불경왕자론(沙門不敬王者論)』, 『신멸론(神滅論)』 등의 귀중한 자료가 수록되어 있다.

52【역주】 유식론에서 설한 팔식가운데 제8(第八) 아뢰야식을 본식(本識)이라 하고 그 밖의 안(眼), 이(耳), 비(鼻), 설(舌), 신(身), 의(意), 말라(末那)의 7식(七識)을 전식(轉識)이라고 한다. 이 칠식은 제8본식(第八本識)으로부터 전생(轉生) 변현(變現)하는 말식(末識)이므로 이렇게 말한다.

53【역주】 천시지리(天時地利)는 하늘이 내려준 기회와 지형의 이로움. "하늘의 운은 땅의 이로움만 같지 못하고 땅의 이로움은 사람들의 화합된 마음과 같지 못하다.(天時不如地利 地利不如人和.)"『맹자』「공손추 하」.

54【역주】 『대학』 "誠於中形於外."

55【역주】 『맹자』「이루」 "孟子曰, 君子深造之以道, 欲其自得之也. 自得之, 則居之安; 居之安, 則資之深; 資之深, 則取之左右逢其原, 故君子欲其自得之也."

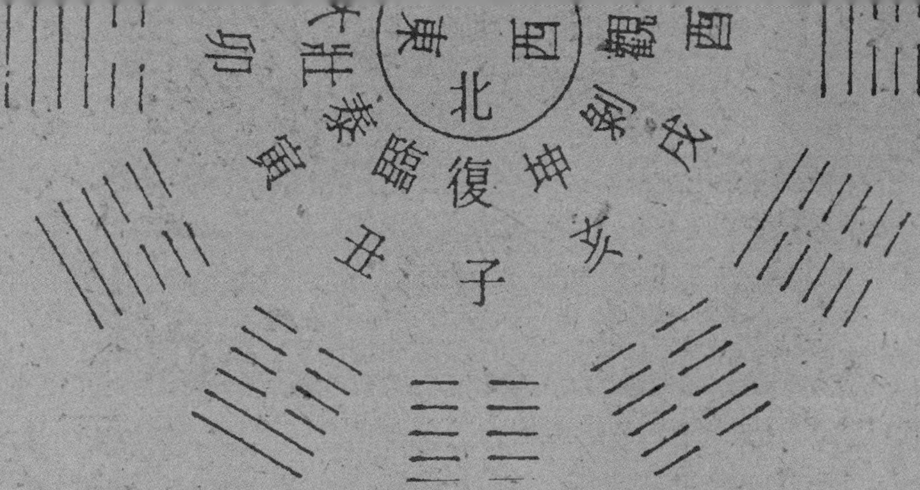

IV

밀교密教와 역학易學

1. 일행一行의 일생과 『주역』의 점占
2. 금강계만다라金剛界曼荼羅와 '낙서洛書'의 방위
3. 대흥선사大興善寺와 <건괘乾卦>의 효상爻象

밀교密敎는 인도 대승불교의 말기에 시작되었다. 교리敎理의 특징은 대승大乘 중관中觀학파와 유가瑜珈학파의 사상을 이론적 기초로 하여 주로 『대일경大日經』, 『금강정경金剛頂經』과 『소실지경蘇悉地經』 세 가지 근본 경전을 신봉한다. 실제 수행에서는 고도로 조직화된 주술咒術 , 예의禮儀, 본존本尊 신앙을 그 특징으로 하여 진언주어(眞言咒語: 語密), 수결계인(手結契印: 身密), 심작관상(心作觀想: 意密)을 암송한다.

삼밀三密1과 상응하는 단계에 도달하는 것이 육신으로 성불하는 것을 의미한다. 밀법密法을 닦을 때, 만다라壇場를 세우고 제불諸佛 보살 등의 형상을 설치한다. 중국 밀교는 인도 바라문(인도교의 성력性力 숭배와 대락大樂 사상)을 흡수하고 또한 중국 도교의 영향을 받았다. [1)]

밀교사상이 삼국시기에 이미 중국으로 들어왔고 밀교 경전 또한 번역되었지만 모두 부수적인 '잡밀雜密'에 속하며, 순수 밀교純密를 널리 전파하고 종파를 정식으로 형성한 것은 실제 당唐 개원開元 삼대사三大士인 선무외善無畏2·금강지金剛智3·불공不空4 등에 의해 시작되었다.

밀교는 만당시기에 전파되어 한 시대를 풍미하였는데 밀교 승들은 왕의 예우를 극진하게 받고 '국사國師'가 되어 범어 경전을 번역하고 관정灌頂5의 법을 전수시키자 밀교가 크게 유행되었다. 그러나 당 무종武宗의 멸법滅法과 오대五代의 전란을 거친 후, 밀교는 중국 땅에 크게 무너졌고 다시는 일어서지 못하고 점차 사라져 갔다.

당대에 찬란한 밀교가 있었다는 것을 아는 이는 극소수에 불과하다. 밀교와 역학의 관계에 있어서 그 유행한 시기가 짧은 탓에 언급하는 자가 드물었다. 하지만 밀교와 역학 간에는 상통하는 점이 적지 않다. 양자 모두 길吉을 쫓고 흉凶을 피하는 기술에 재간이 있다. 예를 들면, 한대 유가들은 '상수'로써

1) 張毅, 『試論道教對印度密教的影響』『南亞與東南亞資料』 1982년 제2집, 『試論密宗成立的時代與地區』, 『印度密教與中國佛教』, 중국사회과학출판사 1988년 판.

『주역』을 해석하는, 즉 괘상卦象에 빠졌고 각종 술수의 설이 만연하였으며 성상星象을 결합시켜 음양재이陰陽災異를 말하였다. 이것은 밀교가 성수星宿의 운행을 관찰하여 주문을 암송하는 방법과 매우 유사하다.

28수를 예로 드는 이러한 설은 인도에서는 일찍 행해졌으며, 범어梵語로는 'astāviṃsati'이다. 불교 경전 가운데 『대집경大集經』 권41, 『마등가경摩登珈經』 권상, 『수요경宿曜經』, 『사두간태자이팔수경舍頭諫太子二八宿經』 등에 모두 기재되어 있다. 밀교 또한 태장계胎藏界 만다라 밖에 금강부金剛部의 사방에다 일일이 그 형상을 그렸다.[2)] 북두칠성, 구집요九執曜, 십이궁十二宮, 이십팔수二十八宿 등에 제사를 드리는 것으로 재앙을 그치고 장수와 복을 구했다. 예를 들면, 요曜와 수宿가 일치되는 길일은 다음의 도표와 같다.

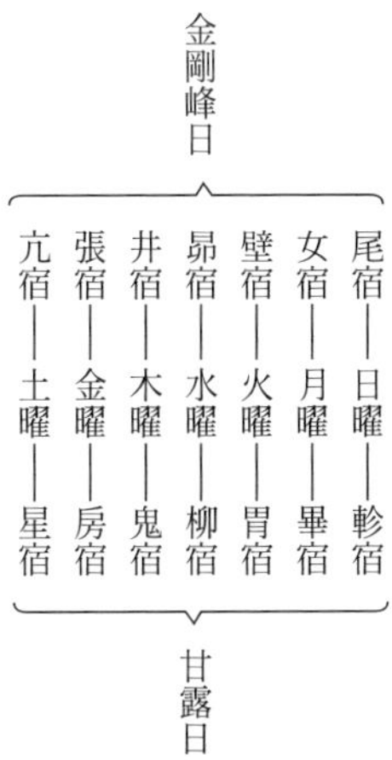

[그림 4-1]

2) 태장계만다라(胎藏界曼荼羅)는 범어로는 'garbha-dhātu-mandala'이며 두 종류의 밀교 만다라 중 하나이다. 대일여래의 이법신(理法身)을 대표한다. 『대일경·구연품(大日經·具緣品)』의 설에 근거하여 제작되었다. 도상은 한결같지 않다. 보통 안에서 밖으로 향하고 중태팔엽원(中台八葉院), 편지원(遍知院), 관음원(觀音院), 금강수원(金剛手院), 지명원(持明院), 석가원(釋迦院), 제개장원(除蓋障院), 지장원(地藏院), 허공장원(虛空藏院), 문수원(文殊院), 소실지원(蘇悉地院), 외금강부원(外金剛部院)과 사대호원(四大護院)으로 나누어진다.

감로일甘露日은 대길상일大吉祥日인데, 수직관정受職灌頂[6], 조작造作, 수계受戒, 출가出家 등 길사吉事에 적합한 날이다. 금강봉일(金剛峰日, 길일을 말함)에는 마땅히 항복법降伏法[3]과 여러 가지 힘든 일을 하여야 한다. 요曜, 수宿가 상응하는 흉일凶日은 다음과 같다.

日曜—胃宿
月曜—鬼宿
火曜—翼宿
水曜—參宿
木曜—氐宿
金曜—奎宿
土曜—柳宿

羅刹日（不宜百事，必有殃禍）

[그림 4-2]

이상은 중국 밀교의 고승 지송持松 아도려阿闍黎(1894-1972)의 『밀교통관密教通關』 제십문第十門 『법의약전法義略詮』에 나온다. 『성요경星曜經』의 뜻에 근거하여 말한 것이다. 이러한 것들은 밀교와 역학의 회통 연구에서 드러나며 그 영역은 매우 넓다. 하지만 밀교의 경전을 깊이 연구하여 역리易理와 융합한 대작들은 보이지 않는다. 본 장에서 다루고 있는 세 개 항목, 1. 일행一行의 일생과 『주역』점, 2. 금강계만다라와 '낙서'방위, 3. 대흥선사大興善寺와 건괘의 효상爻象 등은 이에 근거하여 같은 분야의 연구자들에게 흥미를 불러일으킨다.

3) 항복법(降伏法)은 밀교에서 명왕을 본존으로 하여 온갖 장애와 악마를 굴복시키는 의식을 말한다.

1. 일행一行의 일생과 『주역』의 점占

일행一行(673-727)은 '일행아도려'一行阿闍黎로 불린다. 한마디로 말하기 어려운 복잡한 사람이다. 그는 밀교 오조五祖 가운데 한 사람으로 유명한 천문학자이며 선禪·율律을 익히고 여러 가지 기예에 정통한 인물이다. 『송고승전宋高僧傳』 권5, 『구당서舊唐書』 「방지전方伎傳」, 『석문정통釋門正統』 권3, 『불조역대통재佛祖歷代通載』 권26 등의 기록에 의하면, 일행은 성이 장張이며, 이름은 수遂이고 당唐나라 거록鉅鹿(지금 하북성) 사람이다. 어려서부터 경사經史를 폭넓게 공부하였고 역상歷象 음양오행의 학문에 정통하였다. 21세에 형주荊州 경선사景禪師에서 출가하였고 후에 숭산嵩山 보적普寂 선사에게 선을 배웠으며 당양當陽 진찬眞纂을 예방하여 율律을 익혔다. 율부律部와 여러 경론經論의 글들을 수집하여 『섭조복장攝調伏藏』 10권(『송고전전』에는 60권이라 함)을 완성하였다.

나중에 선무외善無畏, 금강지金剛智를 배알하고 밀법密法을 수학하였다. 선무외가 밀교의 근본경전인 『대일경大日經』을 번역하는 것을 도와 『대일경소大日經疏』 20권을 지었는데, 밀교 쪽에서는 지금까지 중시되고 있다. 또 금강지에게 비밀리에 관정灌頂을 받아 밀교를 널리 알렸다.

개원開元 9년(721년) 당 현종玄宗은 전통 역법을 정정하기를 명하고 전국에 시행하라는 칙령을 내렸다. 이에 일행一行은 전대前代의 제가諸家 역법을 고찰하여 새로운 책력을 개찬했다. 또 양영찬梁令瓚과 함께 황도유의黃道游儀를 제작하여 칠요행도七曜行度를 고찰하여 서로 입증하고 나아가 『주역』의 대연大衍의 수 7를 추산하여 『개원대연역경開元大衍歷經』을 개작하였는데[4] 모두 52권이 된다.

청淸 완원阮元8은 『대연력大衍曆』에 대해 『주인전疇人傳』을 지어 다음과 같이 높이 평가했다. "천문을 추산하는 방법은 『개원대연역경開元大衍歷經』에 이르러 비로소 갖추어졌다! 서술이 간략하고 경전에 근거하면서도 기타 제가의 설을 두루 수집하였으니 훌륭한 방법임이 입증되었다. 그의 학문은 광범위하고 그 말이 명료하니 이후에 이런 시도를 하려는 사람들은 모두 미칠 수가 없었다."[5]

일행一行은 또 150여개의 항성恒星을 세는 위치를 다시 측정하여 전국 12개 관측소를 세워 자오선子午線 위도緯度에 맞는 길이를 계산해내었다. 개원開元 15년(727년)에 입적하였으며 시호는 '대혜선사大慧禪師'이다. 기타 저작으로는 『수요의궤宿曜儀軌』, 『칠요성신별행법七曜星辰別行法』, 『북두칠성호마법北斗七星護摩法』과 『약사유리광여래소재제난념송의궤藥師琉璃光如來消災除難念誦儀軌』 등이 있다.

일반인들은 일행一行의 업적이 주로 천문학, 밀교 두 방면에 집중되어 있다는 인상을 가지고 있다. 앞에서 언급한 그의 일생은 바로 이러한 관점에서 조명되고 있다. 사실 그의 행적 중에 점복占卜은 빠뜨릴 수 없는 일면이다. 초년에 이미 음양오행의 술수를 운용하는 재주를 보여주고 '음양陰陽 참위讖緯의 서적이 있으면 직접 상세히 궁구하였다. 만약 의문이 생기면 수천리 도 멀다 않고 유명한 사람들을 찾아다닌' 행위는 이것에 쏟은 엄청난 그의 열정을 보

4) 『구당서(舊唐書)』「방기전方伎傳」「본전本傳」.

5) "推步之法, 至大衍備矣! 術議略例, 援據經傳, 旁採諸家, 以證爲術之善. 其學博, 其辭辨, 後來算造者, 未能及也!"

여 주고 있다. 그래서 그는 '마치 손바닥 보듯 재복災福을 점칠'[6] 수가 있었다.

점은 『주역』의 주된 내용 중 하나이다. 『주역』은 본래 복서卜筮의 책이며 점을 이용하여 다가올 일의 길흉화복을 예측한다. 『좌전』과 『국어國語』에 기재되어 있는 여러 점의 사례들이 바로 이러한 점을 입증하고 있다. 『주역』은 이 때문에 진秦의 분서焚書라는 비극에서 살아남을 수 있었다.

일행은 사직社稷의 길흉과 복운을 점치라는 당 현종의 명령을 받고 역점을 시행하여 그에게 장차 '만리 행차'를 예언하였다. 이것은 '안사安史의 난'으로 인해 촉蜀으로 달아나 난을 피한 일을 가리킨다. 일행이 친 점의 영험함을 설명할 수 있는 또 다른 일화가 있다. 이웃집 아들이 법을 어겨 극형을 당하게 되었는데 그의 어머니가 일행에게 도움을 구하였다. 일행은 그 사람에게 은혜를 입고 있던 터라 길吉로 나아가고 흉凶을 피하는 역술을 뽑아 비밀주문을 암송하였다. 마침 하늘에 북두칠성이 숨어 나타나지 않고 천둥이 온 나라를 경동시키자 황제로부터 천하에 큰 사면을 이끌어내게 되어 이웃집 아들이 죽음을 면하게 만들었다. 『주역』 점은 길흉을 점칠 수 있고 주문咒語은 화禍를 피할 수 있는데, 이 둘은 자연히 회통할 수 있다. 적절히 운용한다면 분명한 효과를 거둘 수 있다. 하지만 『주역』의 점을 비밀스런 주문과 서로 결합시켜 성공적으로 운용할 수 있는 자는 역대로 보아 일행 외에는 찾아보기 어렵다.

일행이 이와 같은 신기한 효험을 부릴 수 있었던 것은 역학을 깊이 연구한 결과이다. 그가 지은 『역론易論』 20권은 역학의 핵심을 드러내고 있지만 후세에 전하는 말과는 약간의 거리가 있다. 『중흥서목中興書目』에는 그의 『역론』이 12권이며 그 중 4권이 소실된 것으로 기록되어 있다. 송宋 왕응린王應麟의 『곤학기문困學紀聞』은 『일행역찬一行易纂』을 인용하고 있다. 주진朱震의 『한상역

6) 『송고승전』 권5 「본전(本傳)」 "占其災福, 若指與掌."

전漢上易傳』은 맹희孟喜·경방京房의 학을 말하고 있는데, 일행이 수집한 것도 보인다. 모두 『자하역전子夏易傳』에서 나온 것이다.[7)]

맹희·경방 두 사람은 평소 『주역』으로 점을 쳐서 재변災變을 말하는 것에 뛰어나다. 그들의 역학은 당시에도 여전히 통용되었으며 일행은 그 중 상수象數의 핵심적인 부분에 대해 연구를 집중하였다. 특히 맹희의 '괘기설卦氣說'에 대해서는 자세히 다루고 있으며 일행의 『괘의卦議』는 그의 설을 다음과 같이 인용하고 있다.

> 동지冬至 초初부터는 중부中孚괘를 통하여 적용하고 있다. 일월一月의 책策은 구육칠팔九六七八로 30이 된다. 괘卦는 지육地六이며 절기候는 천오天五이다. 오육五六이 서로 타니 소식消息(천지시운)의 변화가 일변一變한다. 12번 변하여 해歲가 다시 처음이 된다. 감坎, 리離, 진震, 태兌의 24기氣는 차례대로 한 효爻씩을 주관한다. 그 첫 번째가 동지와 하지, 춘분과 추분이다. 감은 음이 양을 안고 있으므로 정북(冬至)으로부터 미약한 양이 아래에서 움직여 올라가지만 이르지 못한다. 2월까지 가면 응고한 기氣가 사라지고 감坎의 운행이 끝난다. 춘분은 진震에서 나오는데 비로소 만물의 으뜸이 되어 안에서 주관하니 여러 음이 변화하여 그것을 따른다. 정남(夏至)에 이르러 변화가 그치고 진震의 작용이 끝난다. 리離는 양이 음을 포괄하므로 하지로부터 미약한 음이 땅 속에서 생겨나 쌓이지만 현저히 드러나지는 못한다. 8월에 이르면 문명의 바탕이 쇠퇴하고 리離의 운행이 끝난다. 중추仲秋는 음이 태兌에서 드러나 비로소 만물의 말단을 따라 안에서 주관하니 여러 양이 내려와 그것을 잇는다. 동지에 이르러 하늘의 은택이 끝나고 태兌의 공功이 끝난다. 그러므로 양칠陽七의 고요함은 감坎에서 시작되고 양구陽九의 움직임은 진에서 시작되며 음팔陰八의 고요함은 리離에서 시작되고 음육陰六의 움직임은 태兌에서 시작된다. 그러므

7) 마국한(馬國翰) 『옥함산방집일서(玉函山房輯佚書)』 『역류(易類)』 인용.

로 사상四象의 변화는 모두 6효를 겸하지만 그 안에는 계절에 따라 법칙에 맞는 응應이 갖춰져 있다.」[8)]9

맹희 '괘기설'의 특징은 『주역』의 괘상卦象으로 일년 기후의 변화를 해석한다는 점이다. 즉 64괘를 사시四時, 12개월, 24절기節氣, 72후候에 배당시킨다. 위 인용문은 괘기卦氣에 대한 설명이다. 동지에서 시작하여 중부괘中孚卦를 배치하는데, 이것이 '중부용사中孚用事'가 된다.

한 달의 천수天數는 서법筮法 가운데 구육칠팔九六七八 수의 총수와 서로 같다. 이것이 바로 '시위삼십是爲三十'이다. 이른바 '괘는 지地를 6으로 한다卦以地六'는 매월을 5개의 괘에 배당하고 각각의 괘가 약 6일을 주관하니 '지육地六'이라 칭한다. 이것은 「계사전」 천지의 수의 관점에 의한 것으로 지육地六은 지수地數 가운데 중간수(지수 2, 4, 6, 8, 10 중의)이다.

「후이천오候以天五」에서 후候는 칠십이후七十二候이다. 천오天五는 칠십이후 중에서 각 후의 사이를 말하는데 5일보다 조금 길다. 왜냐하면 오는 천수 가운데 중간수(천수 1, 3, 5, 7, 9 중의)로서 '지육地六'과 상대되기 때문이다. '오와 육을 서로 곱한다五六相乘'는 말은 5에 6을 곱하니 30일이며 한 달의 천기를 대표하는 것이다.

'소식일변消息一變'은 한 달의 기후 변화를 가리킨다. 일 년 12개월의 절기의 변화는 12단계가 순환 왕복하는데, 이것이 곧 '12변하여 한 해가 다시 처음

8) 『신당서(新唐書)』 권28 上. "自冬至初, 中孚用事. 一月之策, 九六七八, 是爲三十. 而卦以地六, 候以天五. 五六相乘, 消息一變. 十有二變而歲複初. 而撲以地六, 候以天五, 五六相乘, 消息一變, 十有二變而歲複初. 坎震離兌, 二十四氣, 次主一爻. 其初則二至二分也. 坎以陰包陽, 故自北正. 微陽動於下, 升而未達, 極於二月, 凝固之氣消, 坎運終焉. 春分出於震, 始據萬物之元, 爲主於內, 則群陰化而從之. 極於南正, 而四大之變窮, 震功究焉. 離以陽包陰, 故自南正, 微陰生於地下, 積而未章, 至於八月, 文明之質衰, 離運終焉. 仲秋陰形於兌, 始循萬物之末, 爲主於內, 則群陽降而承之. 極於北正, 而天澤之施窮, 兌功究焉. 故陽七之靜始於坎; 陽九之動始於震. 陰八之靜始於離, 陰六之動始於兌. 故四象之變, 皆兼六爻, 而中·節之應備矣."

으로 돌아온다十有二變而歲復初'는 말이다. '감진이태坎震離兌, 24기氣'는 이 네 가지 정괘正卦가 각각 '24절기' 중에 여섯 절기를 주관하는 것을 말한다. 곧 동지冬至에서 경칩驚蟄까지는 감괘坎卦를 통하여 적용하고, 춘분에서 망종芒種까지는 진괘震卦를 통하여 적용하고, 하지에서 백로白露까지는 리괘離卦를 통하여 적용하고, 추분에서 대설大雪까지는 태괘兌卦를 통하여 적용한다.

'차주일효次主一爻'는 각괘의 6효에 각 효마다 하나의 절기를 주관한다. 예를 들면, 감괘坎卦 초육初六이 동지가 되고, 구이九二가 소한小寒, 육삼六三이 대한大寒, 육사六四는 입춘立春, 구오九五는 우수雨水, 상육上六은 경칩驚蟄이 된다. 기타 세 정괘正卦도 이와 같이 유추할 수 있다. '그 초효는 동지·하지와 춘분·추분이다其初則二至二分'는 말은 상술한 네 가지 정괘의 초효가 각각 동지, 하지, 춘분, 추분이 된다는 것이다.

『신당서新唐書』「역지曆志」에 의하면, 그 나머지 60괘는 72후候로 배열된다. 60괘는 벽辟, 공公, 후侯, 경卿, 대부大夫의 다섯 작위爵位에 따라 다섯 조로 나누어지고 각각의 조는 12괘이다. 12벽괘辟卦[9]는 더 이상 말할 필요가 없고 12후侯괘는 둔屯, 소과小過, 수需, 예豫, 여旅, 대유大有, 정鼎, 항恒, 손巽, 귀매歸妹, 간艮, 미제未濟가 된다. 그 나머지 괘는 공公, 경卿, 대부大夫 괘로 갈라진다.

24절기는 매 절기마다 초初, 차次, 말末의 세 가지 후候로 나누어져 모두 72후候이다. 60괘는 72후에 배당되며 12괘가 모자라기 때문에 후괘侯卦로 보충한다. 후괘는 또 내외內外로 나누어진다. 매 월의 월수月首는 절節이라 하고

9) 12벽괘(辟卦)설은 맹희(孟喜)가 말한 것이다. 여기에서 말하는 '벽(辟)'은 임금, 군주의 뜻으로 십이월을 주재한다는 의미이다. 12벽괘는 음양효의 줄고 늘어나는 소장(消長)을 통하여 12달의 변함을 괘상을 통하여 표현하고 있다. 맹희는 열두 달의 음양의 성함과 쇠함, 줄어남과 늘어남 등을 설명하여서 후대 인들에 의해서 많이 인용된다. 맹희의 12벽괘는 아래와 같다.

䷗	䷒	䷊	䷡	䷪	䷀	䷫	䷠	䷋	䷓	䷖	䷁
11月	12月	1	2	3	4	5	6	7	8	9	10
復卦	臨卦	泰卦	大壯	夬卦	乾卦	姤卦	遯卦	否卦	觀卦	剝卦	坤卦

월중月中은 중中이라 하기에 24기氣는 또한 중기中氣, 절기節氣 두 가지로 나누어지고, 중기12, 절기12로 나누어질 수 있다. 일 년의 절기변화로 말하면, 11월은 동지이고, 초후初候는 공괘公卦 중부中孚가 되며, 차후次候는 벽괘辟卦 복復이 되고, 말후末候는 후괘侯卦 둔屯이 된다. 이것이 일 년 절기변화의 시작으로 다음 해 11월의 절기는 대설大雪 말후末候인 이괘頤卦에 이르러 일 년의 절기변화가 종결된다. 이것이 바로 "사상의 변화는 모두 육효를 겸하고 중과 절의 응應이 갖추어져 있다四象之變, 皆兼六爻, 而中·節之應備也"는 것으로 일행一行은 위에서 말한 것에 의거하여 하나의 괘기도卦氣圖를 편찬하였는데 다음과 같다.

괘기도卦氣圖[10]

常氣	月中節, 四正卦	初候, 始卦	次候, 中卦	末候, 終卦
冬至	十一月中, 坎初六	蚯蚓結, 公中孚	麋角解, 辟復	水泉動, 侯屯內
小寒	十二月節, 坎九二	雁北鄕, 侯屯外	鵲始巢, 大夫謙	野雞始鴝, 卿睽
大寒	十二月中, 坎六三	雞始乳, 公升	鷙鳥厲疾, 辟臨	水澤腹堅, 侯小過內
立春	正月節, 坎六四	東風解凍, 侯小過外	蟄蟲始振, 大夫蒙	魚上冰, 卿益
雨水	正月中, 坎九五	獺祭魚, 公漸	鴻雁來, 辟泰	草木萌動, 侯需內
驚蟄	二月節, 坎上六	桃始華, 侯需外	倉庚鳴, 大夫隨	鷹化爲鳩, 卿晉
春分	二月中, 震初六	玄鳥至, 公解	雷乃發聲, 辟大壯	始電, 侯豫內
淸明	三月節, 震六二	桐始華, 侯豫外	田鼠化爲鴽, 大夫訟	虹始見, 卿蠱
穀雨	三月中, 震六三	萍始生, 公革	鳴鳩拂其羽, 辟夬	戴勝降於桑, 侯旅內
立夏	四月節, 震九四	螻蟈鳴, 侯旅外	蚯蚓生, 大夫師	王瓜生, 卿比
小滿	四月中, 震六五	苦菜秀, 公小畜	靡草死, 辟乾	小暑至, 侯大有內
芒種	五月節, 震上六	螳螂生, 侯大有爲	鵙始鳴, 大夫家人	反舌無聲, 卿井
夏至	五月中, 離初九	鹿角解, 公咸	蜩始鳴, 辟姤	半夏生, 侯鼎內
小暑	六月節, 離六二	溫風至, 侯鼎外	蟋蟀居壁, 大夫豐	鷹乃學習, 卿渙
大暑	六月中, 離九三	腐草爲熒, 公履	土潤溽暑, 辟遁	大雨行時, 侯恒內
立秋	七月節, 離九四	凉風至, 侯恒外	白露降, 大夫節	寒蟬鳴, 卿同人
處暑	七月中, 離六五	鷹祭馬, 公損	天地始肅, 辟否	禾乃登, 侯巽內

10) 『신당서』 권28 上.

白露	八月節, 離上九	鴻雁來, 侯巽外	玄鳥歸, 大夫萃	群鳥養差, 卿大畜
秋分	八月中, 兌初九	雷乃收聲, 公賁	蟄戶, 辟觀	水始涸, 侯歸妹內
寒露	九月節, 兌九二	鴻雁來賓, 侯歸妹外	雀入大水爲蛤, 大夫無妄	菊有黃花, 卿明夷
霜降	九月中, 兌六三	豹乃祭獸, 公困	草木黃落, 辟剝	蟄蟲咸俯, 侯艮內
立冬	十月節, 兌九四	水始冰, 侯艮外	地始凍, 大夫旣濟	野雞入水爲蜃, 卿噬嗑
小雪	十月中, 兌九五	虹蔵不見, 公大過	天氣上騰地氣下降, 辟坤	閉塞而成冬, 侯未濟內
大雪	十二月節, 兌上六	鶡鳥不鳴, 侯永濟外	虎始交, 大夫蹇	荔挺生, 卿頤

이상의 도식은 모두 맹희의 관점은 아니지만 그로부터 발전한 것이다. 4정괘설正卦說, 12벽괘설, 60괘가 72후候와 짝지은 설이 모두 맹희에서 나온 것은 의심할 여지가 없다. 수집된 맹희의 괘기설卦氣說에서 보면, 일행이 지은 것은 이정조李鼎祚의 『주역집해周易集解』와 비교하면 실제로 훨씬 더 우수하며 청대의 유가들과 비교해도 손색이 없다.

앞에 초록한 『괘의卦議』의 원문과 괘기도卦氣圖를 모두 분석해보면 그 취지는 일행이 한역漢易의 상수학설을 보존한 공헌에 대해 설명하고 있다. 따라서 역학은 중국 유儒, 석釋, 도道 삼교三教가 공동으로 연구한 학설임을 증명하고 있다. 역학은 유가 역학을 정통으로 보고 '불교로 『주역』을 해석하고 도가로 『주역』을 말하는 것을 좌도방문左道旁門의 학설이라고 배척하는 것은 설득력이 없다.

안타까운 것은 일행一行의 나머지 역학易學 저작이 대부분 소실되어 십분의 일도 남아있지 않다는 점이다. 청대淸代 마국한馬國翰은 잔편殘編들을 널리 수집했지만, 겨우 『역찬易纂』 한 권 뿐이었다. 이 때문에 그의 역학 사상의 전모를 알기에는 무리가 있다.

2. 금강계만다라金剛界曼茶羅와 '낙서洛書'의 방위

금강계만다라金剛界曼茶羅[10]는 범어梵語로 Vajra-dhatu-mandala이다. 태장계胎藏界 만다라와 상대되며 대일여래大日如來의 지법신智法身을 나타낸다. 밀교는 우주 일체가 모두 대일여래에서 현현된 것이라고 여기며 그 여래의 지덕智德을 표현한 것이 금강계金剛界라고 칭한다. 그 몸은 견고하여 마치 금강과 같으며 일체 번뇌에도 파괴되지 않기에 금강이라 불린다. 만약 밀교 근본 경전의 하나인 『금강정경金剛頂經』에 의하면 금강계를 도상으로 표시한 것이 금강계만다라이다.

辰 四印會 五	卯 一印會 六	寅 理趣會 七
巳 供養會 四	申 羯磨會(亦名成身) 一	丑 降三世羯磨會 八
午 微細會 三	未 三昧耶會 二	子 降三世三昧耶會 九

[그림 4-3]

이 도상은 모두 아홉 회會로 구성되어 있어서 구회만다라九會曼荼羅라고 말한다. 갈마회羯磨會(혹은 成身會) 이하 여섯 회會는 『금강정경金剛頂經』「금강계품金剛界品」이 말한 금강계대만다라金剛界大曼荼羅, 다라니만다라陀羅尼曼荼羅, 미세금강만다라微細金剛曼荼羅, 일체여래광대공양갈마만다라一切如來廣大供養羯磨曼荼羅, 사인四印만다라, 일인一印만다라 등 여섯 만다라와 서로 대응하고 있다.

그 나머지 삼회三會(이취회, 강삼세갈마회, 강삼세삼매야회)의 근거에 대해서는 정설이 없다. 도상 중앙의 갈마회는 불과佛果의 실상을 나타낸다. 만약 '과果에서 인因을 향하는' 하전문下轉門의 의미에 의거하면, 처음에 1의 갈마회에서 9의 강삼세삼매야회降三世三昧耶會에까지 여래가 중생을 끊임없이 교화시키는 작용을 나타낸다.

'인因에서 과果로 향하는' 상전문上轉門은 자子의 강삼세삼매야회降三世三昧耶會에서 신申의 갈마회까지는 보살이 수행하여 성불을 이루는 단계, 혹은 참된 언행으로 혹장惑障을 끊고 심지心地를 여는 과정을 가리킨다.

상술한 금강계만다라의 인연사상事相은 순전히 밀교 자체의 교의에 속하며 역학과는 무관하다. 그러나 이 만다라 도상의 제작은 '낙서洛書'의 수리數理방위와 상당히 비슷하여 눈여겨 볼 만한 가치가 있다.

역학의 '낙서洛書'는 송대宋代 주희朱熹의 『주역본의周易本義』 권수卷首에 실려 있다. 그 도상은 다음과 같다.

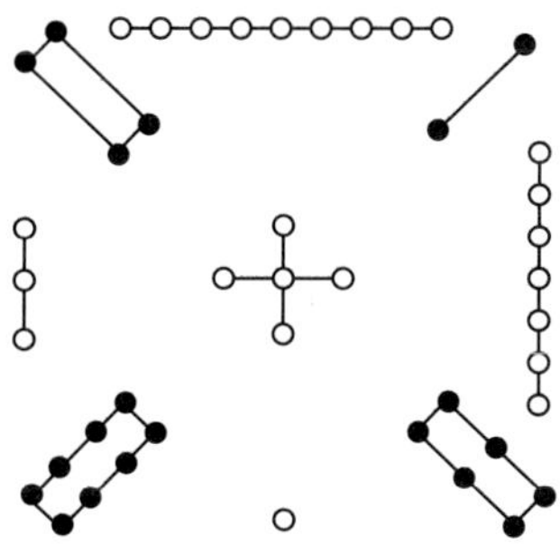

[그림 4-4]

『주역본의』에 의하면, 이 도圖는 북송北宋의 소옹邵雍이 전한 것을 취했다고 한다. 『주역』 「계사상전」의 "황하에서 용마龍馬의 등에 새겨진 그림이 나오고 낙수에서 거북의 등에 새겨진 글이 나왔으니 성인은 이것을 법칙으로 삼는다.河出圖, 洛出書, 聖人則之."라는 구절들을 해석하는 데 그 근본 취지가 있다.

'낙서'는 1에서 9까지 배열하여 '9를 이고 1을 밟고, 좌는 3 우는 7, 2와 4는 어깨에 메고, 6과 7은 발이 되고, 5는 중앙에 거하는' 거북형 방위이다. 그림 가운데 흰 점은 기수 양陽, 즉 '천수天數'를 나타내고, 검은 점은 우수 음陰, 즉 '지수地數'를 나타낸다. 그 방위는 한대漢代 『대대례기大戴禮記』 「명당明堂」의 '구궁수九宮數'에 해당된다. '낙서'의 점수點數는 숫자로 표시하는데 아래의 도표이다.

四	九	二
三	五	七
八	一	六

[그림 4-5]

이 도圖를 금강계만다라와 서로 비교하여 수치의 배열로 말하면, 만다라 구회九會는 1에서 9까지 오른쪽으로 바깥으로 돌며, 자子에서 신申까지는 왼쪽으로 안으로 돈다. 심지어 도상이 칠팔구오사삼육일이七八九五四三六一二의 순서에 따라 배열되어있다는 점으로 보면 진언眞言 수행자는 자증自證의 성과聖果 수행에서 중생에 대한 교화와 제도에까지, 또 역으로 '타인의 교화'를 거쳐 다시 자증自證의 과정으로 돌아감을 나타내고 있다.

위에서 말한 세 가지는 모두 중앙의 갈마회를 주主로 삼고, '낙서洛書'는 일삼구칠一三九七은 네 개의 정방향四正에 자리하고 이사팔육二四八六은 네 개의 간방四維에 자리하며, '오五'는 중앙에 위치한다. 양수陽數 1이 점차 왕성해져 9에까지 다하고, 7에 이르러 다시 쇠하여 전체 도상은 음양소장陰陽消長, 생생불식의 이치를 내포하는 형상이다. 이와 같이 볼 때 이 둘의 취지는 다르지만 도상의 형식으로 보면, 사정四正·사유四維는 각각 팔방八方을 정하고 중위中位를 주主로 삼는 구상은 전체적으로 서로 비슷하다. 구회九會만다라 가운데, 매 하나의 회마다 이러한 '사정사유四正四維', '중위를 주로 삼는中位爲主' 뜻을 가지고 있고, 매 회 중에서 또한 사정사유 방위 외에 다시 사정사유를 겹친다. 이것은 중앙의 성신회갈마회를 가장 두드러지게 한다. 이 도상은 다음과 같다.

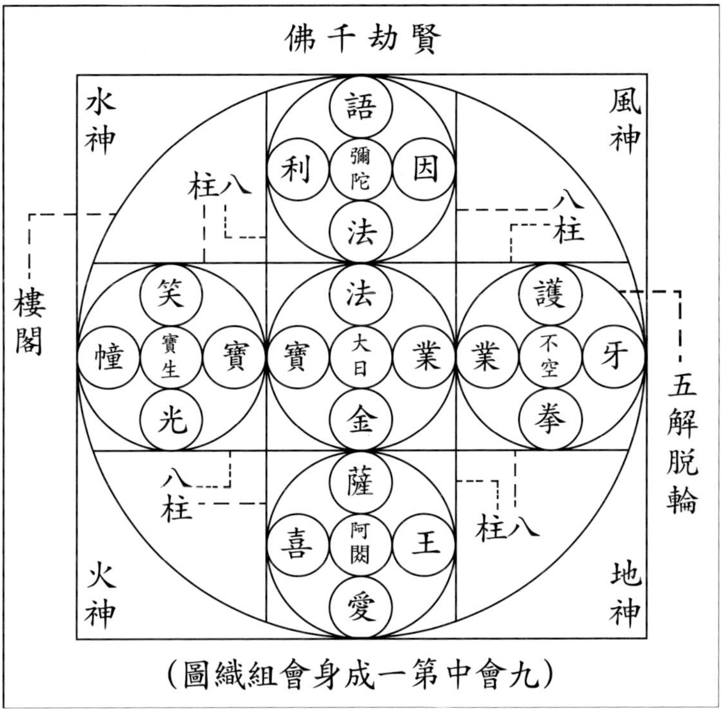

[그림 4-6]

갈마회는 네 가지 만다라 중에 대만다라大曼荼羅이다.[11] 다섯 개의 원을 배

11) 『이취경석(理趣經釋)』 권상(卷上)에서 네 가지 만다라는 상술한 만다라 외에 나머지 세 종류 만다라는 삼매야만다라(三昧耶曼荼羅), 법만다라(法曼荼羅), 갈마만다라(羯磨曼荼羅)로 나누고 있다. 바로 즉신성불(卽身成佛)로서 신언종에서 말하는 것으로 육신도 성불할 수 있다는 뜻을 나타낸다.

열하여 십자형을 만드는데 이것은 밀교의 오불五佛에 해당된다. 중앙은 하나의 큰 원이며, 그 가운데 다섯 개의 월륜月輪을 나타내었고 중앙 달이 대일여래이며 주위 네 개가 네 분의 바라밀보살이며 사방에 각각 하나의 월륜이 있고 안에 각각 하나의 불이 있기 때문에 '사방사불四方四佛'이라 칭한다. 네 개의 불이 같은 형식으로 배열되었고 주위에 각각 네 개의 친근한 보살이 있기에 모두 열여섯 대보살大菩薩이 있고, 내외에 여덟 공양대보살, 넷 섭보살攝菩薩이 있고 밀교수호의 여러 천天과 현겁천불賢劫千佛 등이 둘러싸고 있어 모두 106 불상을 가지고 있다.

이 '사정사유四正四維'의 배열방식은 '낙서'의 방위와 완전히 일치한다. 이러한 현상은 '낙서'의 영향을 받아 이루어진 것인가? 아니면 역학과는 무관한 우연의 일치인가?

어떤 사람은 "기원후 4세기에서 도교가 인도로 전입되어 '하도', '낙서' 도참이 한번 변하여 밀교가 만다라를 제작하도록 자극하였는 데 마치 그 당시 불교가 동점東漸하여 도교의 정일正一파의 과의科儀11와 주문咒語 속에 여러 가지 산스크리트 발음이 보이는 것과 흡사하다. 이는 모두 문화전파와 교류의 결과이다"[12]라고 하였다. 비록 문헌적 사료의 근거가 없는 추측일지라도, 만다라 구회九會의 도상을 보면 사각형 안에 일련의 원이 둥근 고리로 연결되어 있는 중국 고대 '천원지방天圓地方'의 설과 매우 비슷하다. 다른 점은 천원지방은 원 안에 네모가 있고 만다라는 오히려 네모 안에 원이 있다는 점이다. 하물며 중앙의 대일여래가 우주 만유의 본원이라는 것은 이 설이 조작되지 않았음을 증명해 줄 수 있다. 또한 밀교와 도교는 모두 의식儀式을 중시하고 그 둘은 색깔의 선택에 있어서도 고운 빛깔을 중시하는 상황을 고찰하면 더욱 그렇다. 밀교는 중국의 영향에서 벗어나기 어렵다. 구회만다라와 역학의 인연 또한 이와 같이 볼 수 있다.

12) 고봉(高峰) 『주역외학이칙(周易外學二則)』 상해서점 『서창(書窗)』 1992년 第1期.

3. 대흥선사大興善寺와 〈건괘乾卦〉의 효상爻象

장안長安의 대흥선사大興善寺[12]는 만당晩唐 밀교의 요충지였다. 밀교의 일대一代 종사인 선무외善無畏, 금강지金剛智, 불공不空과 함광含光 등이 차례로 여기에 묵었다. 그 중에 불공은 일찍이 이곳에서 『금강정경金剛頂經』,『금강정유가중발아눅다라삼막삼보리심론金剛頂瑜珈中發阿耨多羅三藐三菩提心論』 등 밀교와 대승경전 여러 부를 번역했으며, 마지막 입적한 곳도 이곳이었다. 대흥선사의 전신인 척호사陟岵寺는 북주北周 명제明帝 우문육宇文毓 재위 시기 약 557-560에 창건되었다. 『광홍명집廣弘明集』 권35 「후주명제수기사조後周明帝修起寺詔」에 따르면 다음과 같이 기록되어 있다.

> 효가 지극하여 신명에 통하고 가이 없는 하늘을 처다 보고 감동시켜 금을 깔아 기원정사祇洹精舍[13]를 짓고 은을 풀어 보전寶殿을 세우니 바야흐로 녹야원鹿苑[14]을 기대할 수 있고 학림鶴林[15]과 멀지 않음을 알 수 있다. 감히 아송雅頌에 의지하고 우러러 장엄함에 기대어 공을 천지에 펴니 흥겨운 노래가 멎지않고, 태사太師 진국晉國 공公에게 대척호사大陟岵寺와 대척기사大陟屺寺

두 사찰을 세우게 하였다.[13)]

원래 척호사와 척기사 두 사찰은 명제明帝가 그 부모를 추도하고 효성을 표하기 위하여 칙령으로 건설된 것이다. 그러나 정제靜帝 우문천宇文闡 때(579-581 재위), 척호사는 이미 대흥선사로 개명되었다. 『속고승전續高僧傳』 권23 「석승맹전釋僧猛傳」에 다음과 같이 말한다.

> 수 문제가 북주에서 승상을 맡음으로 불일佛日이 장차 밝아져 승맹이 나이도 많고 덕도 모두 높아서 유도의 무리들을 모아 경사를 방문하도록 하여 불교 사원을 존중하도록 명령하였다. 대상大象 2년(580년)에 대흥선사에 승맹이 머물도록 칙서를 보내고 『십지十地』[14)]를 강설하여 선양하게 하였다. 그 사찰이 바로 (대흥선사의) 전신인 척호사이다.[15)]

대흥선사가 사방으로 알려진 까닭은 그곳이 일찍이 중국 밀교 전파의 중심지인 것 이외에도 독특한 지리적 위치도 한 몫을 하였다. 『당회요唐會要』 권50 「원도관元都觀」에는 다음과 같이 기록되어 있다.

> 처음에 우문개宇文愷**16**가 도읍을 조성할 때, 주작문朱雀門 대로와 남북으로 성곽을 쌓아 여섯 개의 높은 언덕이 있었다. 이것은 건괘와 비슷하다. 그

13) "孝感通神, 瞻天罔極, 莫不布金而構祇洹, 流銀而成寶殿, 方知鹿苑可期, 鶴林無遠. 敢緣雅頌, 仰藉莊嚴, 欲使功侔天地, 興歌不日, 可令太師晉國公總監大陟岵·大陟屺二寺營造."

14) 『십지』는 『십지경론(十地經論)』을 말하는데 모두 12권이다. 옛날 인도의 세친(世親)이 지었고 북위의 보리유지(菩提流志)와 늑나마제(勒那摩提) 등이 번역하였다. 이 책의 내용은 보살 수행의 단계에 대해 풀이하고 있는데, 육조(六朝)시기 지론(地論)학파가 근거하는 중요한 전적이다.

15) "隋文作相, 佛日將明, 以猛年德俱重, 玄儒湊集, 追訪至京, 令崇法宇. 於大象二年(580, 敕住大興善寺, 講揚十地. 寺即前陟岵寺也."

러므로 구이九二에 궁궐을 배치한 것은 황제의 기거하는 곳에 해당하고, 구삼에 관청을 세운 것은 군자의 수에 대응하며, 구오는 귀한 자리이기 때문에 보통 사람들이 거주하지 못하게 하려고 원도관元都觀과 흥선사興善寺로써 방비하였다.[16)]

우문개宇文愷(555-612)는 삭방하주朔方夏州(현재 섬서성陝西省 정변靖邊 일대) 출신이다. 기예가 출중하고 생각이 뛰어났으며 관직은 공부상서工部尙書까지 올랐다. 수 문제文帝가 대흥성大興城(당나라 때 '장안長安'으로 개칭)을 도읍으로 건설할 때, 부감副監직을 맡았다. 도성 건축물의 신축을 계획할 때 우문개는 『주역』을 지침으로 삼아 전체 도성의 남북 길이를 15리로 정했는데, 역학의 '낙서' 15의 수에 맞춘 것이다.[17)]

또 '용수龍首' 평원 남쪽 기슭 대흥지구 여섯 개 언덕이 동서로 놓여 지금의 홍묘파紅廟坡에 거대한 안탑雁塔 사이로 뻗어있다. 건괘 육효의 상으로 볼 수 있는데 도성의 설계를 「건괘」 효위와 교묘하게 결합시킨 것이다. 역학에서 볼 때 건괘는 '천天'을 상징한다. 예를 들면, 「설괘전」에 "건乾은 천天이다"라고 말한다. 구이九二, 구삼九三, 구오九五는 '대인大人', '군자君子', '비룡飛龍'을 상징하며 존위尊位의 자리이다.

이 때문에 우문개는 궁정을 구이의 자리에 세우고 '중정中正'의 뜻을 취해 제왕帝王의 거처로 삼으려 하였다. 구삼의 자리에는 여러 부서의 관청을 세워 '군자'의 수에 응하게 하였으며 남은 구오의 자리는 '비룡재천飛龍在天'으로 건괘의 가장 길한 효로 삼았다. 옛날에 이 효는 '군주의 자리'로서 궁정을 설

16) "初, 宇文愷置都, 以朱雀門街南北盡郭, 有六條高坡, 象乾卦, 故於九二置宮殿, 以當帝王之居, 九三立百司, 以應君子之數, 九五貴位, 不欲常人居之, 故置此元都觀·及興善寺鎮之."

17) 蔡運章 『論河洛八卦對中國古代都城制度的影響』 7 『隋唐長安城的洛書數理』 『大易集要』, 齊魯書社 1994년 판.

치하기에 적당하다 여겼다.

종법제도를 바탕한 엄격한 봉건사회에서 평민은 절대 이 자리에 놓일 수 없다. 그렇지 않으면 참월僭越의 혐의를 받아 화를 면치 못한다. 하지만 수 문제는 여기에 궁궐을 조성하지 않고 오히려 대흥선사와 도관道觀을 세우는 데 이용하려 하였다.

수 문제는 어릴 때 비구니에 의해 길러졌다. 제위에 즉위하자마자 불법을 천하에 크게 일으키도록 명령하였다. 그가 이렇게 한 것은 인정과 도리에 합치하는 것으로 이렇게 구오의 존위尊位에 세워진 대흥선사는 그의 칙령으로 척호사陟岵寺의 자리로 옮겨왔고 아울러 국가 사찰로 지정받았다. 수 문제가 북주北周에 있을 때 대흥군공大興君公으로 봉해졌기에 '대흥大興'이라는 이름이 붙어졌다. 그러므로 이 사찰이 후에 밀교의 중요한 도량이 된 것은 결코 우연이 아니다.

『역대삼보기歷代三寶記』 권12, 『개원석교록開元釋教錄』 권7과 『장안지長安志』에 기록된 것에 의하면, 대흥선사가 세워진 후 처음에는 준선사遵善寺로 칭했다가 후에 개명되었다고 한다. 그 광활한 면적과 웅장한 사탑은 수당 이래 장안에서 제일의 사찰이라 칭할 만하다. 건축의 형태가 태묘와 같다. 당시 사찰이 가장 융성할 때 사방에서 학승들이 이곳에 구름같이 운집하였다.

수나라 개황開皇 시기(581-600) 인도의 승인 시나굴다闍那崛多, 달마굽다達磨笈多 등이 차례로 장안에 와서 이 절에 묵으면서 밀교를 전수하였다. 당 중종中宗 신룡神龍, 경룡景龍 년간(705-709) 대흥선사는 다시 풍국사酆國寺로 개칭되었다. 만당晩唐 밀교가 크게 유행하던 시기 이 사찰은 장안의 3대 번역 도량 중의 하나였다.

천보天寶 15년(756)에 불공不空이 머물렀으며, 그는 현종玄宗, 숙종肅宗, 대종代宗 삼조三朝의 제사帝師로서 후하게 예우되었다. 그는 오히려 절 안에서 재이災異를 그치게 하는 주문을 거행하고 관정灌頂 도장과 계단戒壇을 설치하였다. 이로부터 이 사찰은 청룡사靑龍寺와 함께 밀교의 중심 도량이라 불려졌다. 일본 승려인 원인圓仁[17], 원진圓珍 등도 당唐으로 법을 구하러 와서 이 절에서 밀교를 전수받고 돌아가 밀교를 일본에 널리 전파하였다.

칙령에 의한 대흥선사의 건설은 주로 역학적 의미에서 특수한 의미를 지니고 있으며 이 사찰은 중국 밀교의 본산이다.

역주

1 【역주】 밀교에서 신체·언어·정신으로 짓는 신(身)·구(口)·의(意)의 삼업을 이르는 말이다. 7세기경 인도에서 유래하였다. 진언(眞言)을 외우는 구밀(口密), 손으로 수인(手印)을 맺는 신밀(身密), 마음으로 불보살의 존상(尊像)을 바라보는 의밀(意密)을 통틀어 이른다. 불교에서는 인간의 의지 작용을 업이라 하고 그에 대한 객체적 반응을 과보라 하여, 업과 과보 사이에는 직접적 인과 관계가 성립한다고 본다. 이 인과율에 따라 모든 세계와 현상이 존재하며 인과를 벗어나는 것이 곧 깨달음이다. 업은 몸과 입과 마음이 원인이 되어 생긴다고 보고 이를 삼업이라 한다. 그러나 밀교에서는 법을 설하는 주체를 법신인 대일여래(大日如來)로 보고, 수행 방법도 보리심을 일으켜 선정에 드는 것이 아니라 손으로 결인(結印)을 하고, 입으로 진언(眞言)을 외우며, 마음으로 관념을 모아 현재의 몸 자체로 부처가 되는 삼밀행법을 택한다. 삼밀은 부처의 삼밀과 중생의 삼밀로 나뉜다. 부처는 자체가 법성이기 때문에 육대(六大)로 구성된 법계의 체상(體相) 자체가 신밀이고, 모든 음성·명칭 등 법만다라가 구밀이며, 한없는 능력과 두루 미치는 식대(識大)가 의밀이다. 따라서 부처는 별도로 결인을 맺거나 진언을 외울 필요가 없다. 모든 행위가 결인이 아닌 것이 없고, 모든 언어와 음성이 그대로 진언이며, 일체의 마음이 그대로 삼매인 것이다. 중생의 삼밀은 우주와 인생이 작용하는 세계와 깨달음을 얻기 위한 수행 방법이다. 몸으로 불보살의 행위인 수인을 맺고, 입으로는 진리를 상징하는 진언을 외우며, 마음으로는 언제나 삼매에 들어 대일여래의 덕성을 생각해야 한다.

2 【역주】 범명은 śubhakara siṁha이며, 깨끗한 사자(獅子)라는 뜻이다. 수바게라승하(戍婆揭羅僧訶)·수바가라(輸婆迦羅) 등으로 음사한다. 중부 또는 동부 인도의 왕족 출신으로서 동족의 난을 피하여 출가, 나란다사(寺)에서 학문을 대성하였다. 716년 80세 때 그의 스승 다르마그프타(達磨笈多)의 명에 따라 포교를 위하여 중앙아시아로부터 당(唐)나라로 갔다. 황제 현종(玄宗)은 감격하여 그를 맞이하고, 장안(長安)의 서명사(西明寺) 주지로 대우하였다. 포교와 역경(譯經)에 힘쓰던 그는 그 곳에서 『허공장구문지법(虛空藏求聞持法)』 1권을 번역하였다. 그 후 724년 뤄양(洛陽)으로 옮겨, 대복선사(大福先寺)에서 『대일경(大日經)』 7권을 번역했다. 이 번역에는 제자들이 그의 말을 받아 구술하였다고 한다. 726년에는 『소바호동자경(蘇婆呼童子經)』 3권과 『소실지갈라경(蘇悉地羯羅經)』 3권을 번역하였다. 그 후에도 역경을 계속하였는데, 특히 『대일경(大日經)』의 번역으로 예술성 높은 밀교의 불상 제작과 그 발전에 끼친 공은 매우 크다.

3 【역주】 금강지(金剛智)의 범명은 Vajrabodhi이며 중인도 마뢰나국(摩賴那國) 사람이다. 10세에 나란타사의 적정지(寂靜智)에게 출가하여 밀승(密乘)을 널리 통하고, 31세에 남인도에 가서 용수의 제자 용지(龍智)를 공양하면서 밀교를 배웠다. 당 개원 17(719)년에 광주를 거처 동도에 이르자 칙령을 받고 자은사(慈恩寺)에 거주하다가 얼마 후에 천복사(薦福寺)로 옮겼다. 그 곳에서 대만다라단(大曼茶羅壇)을 베풀고 사중(四衆)을 제도하였다. 일행(一行)과 불공(不空)은 그의 제자이다. 개원20(732)년 71세로 낙양 천복사에서 입적하였다.

4 【역주】 불공(不空)은 삼장법사(三藏法師)의 이름이다. 범명은 Amogha Aajra. 번역하여 불공금강(不空金剛)이라 하며, 북천축(北天竺)의 바라문족이다. 15세에 금강지(金剛智) 삼장에게 사사하여 오부(五部)의 개정(漑頂)을 받았다. 개원 20(732)년에 금강지 삼장이 시적(示寂)하자 유지를 받들고 오천축과 사자국에 가서 밀장(密藏)을 구하여 천보5(746)년에 환경(還京)하여 궁중에 단(檀)을 세우고 황제를 위해 관정(漑頂)하고 뒤에 비를 빌고 바람을 그치게 하는 데 효험이 있어 지장(智藏)이라 사호(賜號)하였다.

5 【역주】 절강성(浙江省) 태주(台州)의 장안(章安) 출생. 장안존자(章安尊者)라고도 한다. 23세 때 천태종(天台宗) 지의(智顗)의 문인이 되어 스승이 죽을 때까지 시자(侍者)로서 스승을 섬겼는데, 『법화문구(法華文句)』 『법화현의(法華玄義)』 『마하지관(摩訶止觀)』을 비롯하여 스승의 강설(講說) 대부분을 필사(筆寫)·편집하였다. 또 『지자대사별전(智者大師別傳)』을 쓰고, 스승에 관한 문서를 모아 『국청백록(國淸百錄)』을 엮었으며, 그 밖에도 『열반경소(涅槃經疏)』 『관심론소(觀心論疏)』를 저술함으로써, 후세에 석가에 대한 아난다(阿難陀)로 비유되었다. 중국 천태종 2조(祖)로 일컬어지는 등 천태종을 세우는 데 기초를 굳혔다. 지의의 저술로 여겨지고 있는 것 중 몇 가지는 관정의 것이라고 보는 학자도 있다.

6 【역주】 관정(灌頂)은 범어(梵語) Abhiṣcana 또는 Abhiṣeke로서 '물을 이마에 붓는다'는 뜻인데, 원래 인도에서 임금이 왕위에 오르거나 태자를 세우는 의식을 할 때 그 정수리에 바닷물을 부었다. 보살의 십지(十地) 수행 중 제9지에서 제10 법운지(法雲地)에 들 때에도 제불이 지혜물(智水)을 그 정수리에 부어 법왕의 직을 받은 것을 증명하기도 한다. 이런 때를 수직관정(受職灌頂)이라 하는데, 그래서 수직관정(受職灌頂)을 받은 보살 10지를 관정지(灌頂地)라고 한다. 관정위는 이 관정지를 말하며 또한 등각(等覺)을 말하기도 하는, 수행보살의 마지막 단계의 높은 '수행위'다.

7 【역주】 '대연지수오십(大衍之數五十)'이라는 이 어휘는 『주역』의 경문에서 계사상전의 제9장 2절에 쓰여 있으나, 십이경주소본(十二經注疏本)을 살펴보면 이보다 앞부분에 기록되어 있다. 선유(先儒)들, 즉 경방(京房), 마융(馬融), 정현(鄭玄), 순상(荀爽), 왕필(王弼)등은 한결같이 이 어휘에 대한 해설을 우주자연의 이치와 천문역수(天文曆數)에 관계되는 어휘라고 해설하고 있다. 그러나 『주역본의』에서는 "대연의 수가 50임은 대개는 하도중궁(河圖中宮)의 천오수(天五數)가 지십수(地十數)를 자승(自乘)하여 얻어서 서(筮)에 씀에 이른 것이다"라고 하였다. 이 때문에 『주역』을 점서로 보는 계기가 되어 오늘날까지도 대부분의 역학자들이 이 관점을 유지하고 있다. 오늘날 갑골문자(甲骨文字)가 발굴되기 시작하여 이전 학자들이 밝히지 못하는 어원을 밝히는 훌륭한 자료가 되고 있다. 대연이라는 어휘에서 '연(衍)'은 갑골문의 뜻에서 물이 최종 목적지인 넓은 바다를 향해서 흘러간다는 뜻으로, 물이 바다에 모이면 넓어지듯이

'대연지수오십'은 수의 이치를 오십으로 크게 넓힌다는 뜻이 되는 것이다. 그리하여 12세기 이전의 선유들이 '대연지수오십'에 대한 해설을 우주자연의 이치와 천문역수와 관련지어 해설한 내용을 이해할 수 있는 계기가 되는 것으로, '대연지수오십'은 서수(筮數)이기 이전에 천지자연(天地自然)의 이치를 인간에게 이해시켜주는 교량의 역활을 하는 어휘이다.

8 【역주】 완원(阮元)의 자는 백원(伯元)이고 호는 운대(芸臺)이며 시호는 문달(文達)이다. 강소성(江蘇省) 의징현(儀徵縣) 출생. 1789년 진사가 되고, 조정의 요직을 역임하였으며, 학정(學政)·순무(巡撫)·총독으로서 지방행정에 치적을 올렸고, 회시총재(會試總裁)를 지내기도 하였다. 벼슬길에 있을 때 학자를 육성하고 학술 진흥에 힘썼다. 광동(廣東)에 학해당(學海堂), 항주(杭州)에 고경정사(詁經精舍)를 설립하고, 학자를 모아 『경적찬고(經籍纂詁)』, 『십삼경주소교감기(十三經註疏校勘記)』를 편집하였다. 또 청나라 여러 학자의 경학에 관한 저술을 집대성하여 『황청경해(皇淸經解)』 1,408권을 편찬하였다.

9 【역주】 『대연역의(大衍曆議)』「맹씨장구」

10 【역주】 만다라는 크게 『대일경(大日經)』을 중심으로 하는 태장계(胎藏界) 만다라와, 『금강정경(金剛頂經)』을 중심으로 하는 금강계(金剛界) 만다라로 나뉜다. 태장의 세계는 모태(母胎) 중에 모든 것이 갖추어져 있듯이, 만물을 내장(內藏)하는 진리 자체의 세계를 석가로 구현화한 것이고, 금강계는 석가의 인식은 경험계를 초월한 인식이지만 그같은 인식을 근거로 하여 경험세계를 대상으로 하는 실천체계도 포함하고 있는 것이다. 또 극락정토(極樂淨土)의 모습을 그린 정토 변상(變相)을 흔히 정토만다라라고 부른다. 이러한 만다라는 관상(觀想)의 대상이기도 하며 예배의 대상이기도 하다.

11 【역주】 과의(科儀) 도교(道敎)는 국가의 재난을 없애고 복을 기원하는 도교의 한 형태를 말한다. 즉 기복을 통한 현세이익을 추구하여 나가는 관점이다

12 【역주】 홍선사(興善寺)는 중국 장안에 있던 수·당 시대를 통하여 장안에서 제일 컸던 절로, 수(隋)나라의 문제(文帝)가 582년에 건립되었다. 관정 도양이 설치되어 밀교의 중심 사원이었으나, 회창(會昌)의 법난(法難, 841~846) 이후 황폐하였다가 한때 다시 홍했으나 청나라 때 회교도에 의하여 파괴되었다.

13 【역주】 기원정사(祇洹精舍)는 중인도 사위성 남쪽에 있는 사찰로서 부처님과 그 제자들이 설법하고 수도하기 위하여 수달장자(須達長者)가 기증하였다. 7층의 가람으로 조성되었지만, 당나라 현장(玄奘)이 그곳을 순례하던 때는 벌써 황폐화 되었다고 전하고 있다.

14 【역주】 녹야원(鹿野苑, Mgadāva범 또는 녹야원(鹿野園)·선인론처(仙人論處)·선인주처(仙人住處)·선인타처(仙人墮處)·선인녹원(仙人鹿園)·선인원(仙人園)·선원(仙園)·녹원(鹿苑)·시녹림(施鹿林)·녹림(鹿林))은 석존께서 성도한지 삼칠일(三七日) 뒤에 처음으로 법륜(法輪)을 굴리어 아야교진여(阿若憍陳如) 등 다섯 비구를 제도한 곳이다. 중인도 바라내국 왕사성의 동북쪽에 있다. 지금 베나레스 시의 북쪽에 있는 사르나트(Sārnāth)의 유적이 곧 녹야원의 터이다.

15【역주】 학림(鶴林)은 중인도 구시나가라의 밖 니련선 강가에 있던 사라쌍수(娑羅雙樹)의 숲으로 곡림(鵠林)이라고도 한다. 석존께서 이 숲속에서 입멸하실 때에 이 숲이 모두 말라서 흰 빛으로 변하여, 마치 흰 학들이 모여 있는 것같이 되었다고 전하므로 후세에 이것을 학림이라 하며, 또 이것은 부처님 열반의 뜻으로도 쓰인다.

16【역주】 582년 수나라 문제(文帝)가 우문개(宇文愷) 등에게 칙조를 내려 한나라 장안성의 남동쪽에 있는 용수원(龍首原)에 신도(新都)를 조성하게 하고 대흥성(大興城)이라는 이름을 붙였다. 당나라의 장안성은 이 대흥성을 보수하여 지은 것으로 도성의 기본적인 구조는 크게 바뀌지 않았다.

17【역주】 일본 헤이안 시대 당나라로 건너가 밀교를 받아들인 구법승이다. 스승 사이초(最澄)가 입적한 후 수행과 후학 지도에 힘쓰다가 당나라로 건너갔다. 838년 양주에 도착하여 개원사 전아에게서 금강계대법을 받고, 이후 천태산을 순례하려 했으나 허락을 받지 못해 귀국하던 중 역풍을 만나 귀국하지 못하고 다시 10년간을 중국에서 생활하며 원정에게서 금강계전법을, 의진에게서 태장 및 소실지전법을, 법전에게서 태장계전법을 받았으며 범어와 범음을 배웠다.

V

유식학唯識學과 역학易學

근대 역학은 서세동점의 영향하에서 연구의 중대한 전환점을 맞게 된다. 선인先人의 성과를 이어받아 상수와 의리 방면에서 지속적인 연구를 진행하는 것 외에도, 현대의 과학이론을 받아들여 『주역』을 여러 가지 새로운 각도에서 연구하였다. 그 중 유물 변증법 원리를 운용하여 『주역』의 철학적 의미를 검토한 것도 있고, 문학적 각도에서 『주역』의 의미를 깊이 천착한 것도 있고, 역사학의 입장에서 『주역』의 사료적 가치를 드러낸 것도 있다. 또 수학·천문학·물리학·화학·의학·양자역학·생물유전학 등 자연과학의 측면에서 여러 학문과 역리와의 공통적인 원리를 찾았으며, 또한 새로운 방법으로 『주역』 경전經典의 명의名義·작자·창작 연대·발원지 등의 문제를 탐구한 것도 있다. 이런 여러 가지 것들이 복잡하게 섞여 있어 사람들을 혼란스럽게 했다.

불학과 역학을 서로 비교하여 각자가 가진 의미들을 분명하게 밝혀서 여러 각도에서 역리를 연구한 것도 있다. 예컨대 이증강李證剛은 한역漢易의 상수象數를 준칙으로 삼아 태泰, 비否, 동인同人, 겸謙, 예豫, 수隨, 박剝, 복復, 리離, 함咸, 항恒, 진晉, 명이明夷, 규睽, 구姤, 혁革, 간艮, 귀매歸妹, 풍豐, 태兌 등 여러 괘의 단사彖辭에 대해 훈고했다. 또 「계사전」의 원의를 밝히고 『주역』 대의를 '감통'의 뜻으로 일괄 귀속시키고 나아가 불교 '연생緣生'의 뜻과 비교하여[1] 네 가지 관점에서 논의를 전개하였다.

1) 불학과 역학의 명의名義 상으로 볼 때, 감통感通은 '느껴서 마침내 통한다感而遂通'는 것을 가리키며, 감感이 없으면 통通이 생길 수 없다. 연생緣生은 '인연하여 생겨난다緣而有生'는 것을 가리키며, 연緣이 없으면 생生 또한 멸滅이다. 이 둘은 이름은 다르지만 뜻은 같다.

1) 『易感通義與佛說緣生義之比觀』, 『國風』 격월간지 1930년 제10, 11기 합간본.

2) 이 둘의 체상體相[1]을 가지고 논하면, 감통의 체상은 '적연부동寂然不動' 한 무사無思, 무위無爲이다. 체상이 허무이기 때문에 천하의 동動을 느낄 수 있는 것이다. 연생의 체상에는 자성自性이 없다. 그 때문에 공空이고 '연緣이 일체에 응할' 수 있는 것이다. 감통과 연생은 모두 비워있음을 그 체상으로 삼는다.

3) 이 둘의 작자에 대해 말하면 감통의 작용은 '허무로써 천하의 움직임에 감하는데' 있다. 허무이기 때문에 지극히 고요하고 지극히 전일全一한 것이다. 지극히 전일하기 때문에 '은미한 것에까지 들어가 기미를 알 수 있고', 지극히 고요하기에 '천하의 움직임을 재제할 수 있다.' 이 때문에 그것은 적극과 소극, 순역順逆, 진퇴, 변화로 '백성의 행동을 제도한다.'

연생의 작용은 공空으로써 모든 사견邪見을 제거하는 데 있다. 결국 공이기 때문에 상견常, 단견斷, 두 극단에서 벗어나 중도를 얻고 아울러 '가명假名에 무너지지 않고 그 본초本初로 돌아가며, 진제眞際에 흔들리지 않고 법계를 건립할 수 있다.' 이로부터 감통과 연생 모두 공무空無로써 작용을 일으킨다는 것을 알 수 있다.

4) 두 가지 뜻을 구경究竟의 정도를 가지고 말하면, 감통은 허무를 체로, '바름을 온전히 지키는 것(貞一)을 용'으로 삼는다. 그러므로 느낌이 없어도 느낀다. 그 응應은 또한 자연히 응함이 없어도 응한다. 이로부터 '객체物와 주체我가 둘 다 사라지는物我兩消' 경지에 도달할 수 있다. 물아物我 둘 다 사라지므로 '고요하여 움직이지 않아도 감感하여 천하의 일故에 능통할' 수 있다. 또 '변하여도 변한 적이 없고 화化하지 않아도 변화하지 않은 것이 없다.' 건乾곤坤하여 함咸항恒』하고, 감坎리離하여 기제旣濟 미제未濟하는 『주역』의 시종과 세계 만물의 시종은 모두 '여기에서 다 드러난다.'

연생 역시 이것과 비슷하다. 연생은 무성無性을 체로 삼고 유무有無의 이변二邊을 떠남을 용으로 삼아 연緣이 없으면서 연이 되고, 그 인因 또한 인이 없으면서 인이 되어, 이로부터 자타自他가 함께 사라지는 효과를 얻을 수 있다.

자타가 모두 없어짐은 결국 공하여 인연이 과果가 된다. 결국 공이 생한다는 것은 일찍이 생겨난 적이 없는 것과 같고 얻은 바가 없으나 실제 얻지 않은 바가 없다. 이 때문에 “생사이면서 보리열반이요, 무위이면서 장엄불토莊嚴佛土, 불토방편佛土方便, 법계중생法界衆生이라는 법어法語 또한 모두 여기에서 다 드러난다.”라는 것이다. 위의 말에서 감통과 연생은 “다 같이 상응相應을 그 구경究竟으로 삼고 있는 것임을 알 수 있다.”

앞의 비교를 통하여 이증강李證剛의 역학과 불학에 대한 이해 수준이 어느 정도 높은가를 알 수 있을 것이다. 그는 감통과 연생에 내재한 정신에서 상호 합치점을 찾아내어 회통시키고 자연스럽게 융합시키고 있는데, 조금도 어색하거나 충돌되는 내용은 보이지 않는다. 이것은 매우 중요한 관점이다. 상호 비교하는 가운데 그는 『해심밀경解深密經』, 『밀엄경密嚴經』, 『잡집론雜集論』, 『장진론掌珍論』, 『성유식론成唯識論』, 『유가사지론瑜珈師地論』 등 유식학 경론을 끌어들여 설명하였다. 이것은 소연뢰蘇淵雷가 지은 『역학회통易學會通』(일명 『역통易通』)이 중외中外 철학과 유, 석, 도 삼가三家의 설을 융합시켜 『주역』으로 회통시킨 것과 같다. 또 장태염章太炎, 태허太虛 등의 유식학과 역학을 상호 융합하는 관점들은 근대 불교의 유식학의 부흥과 기세가 역학의 영역 속에서 잘 반영된 것이다.

유식학은 앞 장에서 다룬 선학禪學, 화엄학, 밀교 및 일반적인 불학 이론처럼 전통 역학과 밀접하게 연관되어 있는 것과는 달리 예로부터 자생자멸自生自滅하고 때에 따라 흥쇠興衰의 길을 달려왔고 역학 또한 거의 유식학에 관심을 가져 본 적이 없다. 유식학 대사大師 현장玄奘은 『주역』에 대해 또한 개별적인 논의만 했을 뿐[2] 깊은 연구는 하지 않았다. 이런 특수한 전파 형식은 중

2) 현장이 역학에 대해 논의한 것은 매우 드물다. 하나의 예를 들어보자. 『대자은사삼장법사전(大慈恩寺三藏法師傳)』에 의하면, 현장은 『상당태종황제표(上唐太宗皇帝表)』에 다음과 같은 기록이 있다. “대개 육효의 깊은 뜻을 들어도 생멸의 장에 구애될 뿐이다… 만물의 바른 이름(正名)도 진여의 경지에 도달하지 못한다.(蓋聞六爻深賾, 拘於生滅之場.,… 百物正名, 未涉眞如之境.)” 이 중에 앞 구절은 『주역』을 겨냥하여 말한 것이다. 그 뜻은, 『주역』 의 각 괘의 6효는 만물의 변동하고 머무르지 않는 깊은 이치를

국의 여러 불교 종파 중에서 보기 드문 일이다. 이런 현상이 생긴 것은 대부분 유식학이 비교적 인도 불학의 순수성을 보유하고 있어 중국전통 사상과 많이 다르고, 또한 변통과 개조를 하기 어렵기 때문에 이 둘을 쉽게 서로 융합할 수 없었기 때문이다.

유식唯識은 범어 "vijñapti-mātratā"이다. 식識은 심心의 본체를 가리킨다. 팔식(즉 아뢰야식)의 자체 변현變現 외에 별도로 실재하는 어떠한 사물도 없다. 이 때문에 '유식'이라 칭한다. 이 점은 『성유식론成唯識論』 권2에 '유식소변唯識所變' 이라는 네 글자로 나타난다.

유식학은 또 '유식무경唯識無境'을 주장한다. 이것은 세계 일체의 현상은 모두 팔식八識이 변현變現한 주관見分과 객관相分일 뿐이다. 전칠식前七識은 다시 이것이 변현한 외경外境의 영상을 실재 실유實有라고 집착한다. 또 그 자체 또한 아뢰야식의 종자로 말미암아 변하여 생겨나는 것이지 팔식 외에 어떤 다른 실재하는 사물은 존재하지 않는다고 말한다. 이것이 '유식무경唯識無境'의 관점이다.

유식학의 연원은 인도 무착無着[2], 세친世親[3] 계열의 유가행파瑜伽行派이다. 중국에 일찍 들어왔으며, 처음 북위北魏 보리유지菩提流支, 늑나마제勒那摩提의 지론사地論師에 의해 널리 전해졌으나 영향은 미미하였다. 중간에 양梁·진陳 사이에 진제眞諦[4]의 섭론사攝論師를 거쳐 전승되어 당대 초기 현장이 『성유식론』을 번역한 이후, 그 문생들이 다투어 연구하여 일시에 크게 바람을 일으켜 자은종慈恩宗(일명 유식종)을 형성했다. 이 종파는 '일본십지一本十支'[3)]를 의거하는 주요 경전으로 삼는데, 대표적인 저작이 『성유식론』이다.

드러내지만 애석하게도 생멸의 범위에 국한되고 아직 일체법의 본체를 깨닫지 못함을 말하고 있다.

3) 일본십지(一本十支)는 『유가사지론』을 근본으로 삼고, 『백법명문론(百法明門論)』, 『오온론(五蘊論)』, 『현양성교론(顯揚聖教論)』, 『섭대승론(攝大乘論)』, 『잡집론(雜集論)』, 『변중변론(辨中邊論)』, 『유식이십론(唯識二十論)』, 『유식삼십송(唯識三十頌)』, 『대승장엄경론(大乘莊嚴經論)』과 『분별유가론(分別瑜伽論)』을 십지(十支)로 삼는데, 자은종(慈恩宗)이 의거하는 주요경전이 되었다.

하지만 자은종의 유행은 잠시 나타났다 이내 사라져 버렸다. 당 초기에는 아주 성행하였으나 중당中唐에 이미 쇠미하였고 만당晩唐에서 송宋에 이르러 유식을 연구하는 자는 드물었고 원대元代에는 거의 끊어졌다. 명대明代는 전습하는 이가 있었지만 결국 그 전적들이 상실되었기 때문에 그 핵심사상을 얻기가 어려웠다. 그렇지만 유식학설이 후세에 끼친 영향은 적지 않다. 그 파급 범위는 불, 유 양가를 모두 포함한다.

율종(律宗) 도선(道宣)의 『사분률四分律』은 이론적인 면에서 일부 유식학의 관점을 흡수하고 있다. 예를 들면, 아뢰야식이 소장한 종자 심소心所를 계체戒體로 삼아[4] 심법계체론心法戒體論이라 칭하였다. 명말 왕부지王夫之의 저작인 『상종락색相宗絡索』은 『팔식규구송八識規矩頌』에서 『능엄경楞嚴經』, 『기신론起信論』의 설을 채택하여 증명하고 있는데 자은종의 기본개념에 대해 정밀히 분석하고 있다. 청대 이후 서양 이론이 차례로 들어왔지만 공자진龔自珍5은 유식학설을 자신의 저술에 운용하였다. 예를 들면, 인명因明, 삼지三支, 비량比量으로 『중불립경론中不立境論』과 『법성즉불성론法性卽佛性論』 등이 바로 그것이다.

담사동譚嗣同6 또한 유식학 사상을 융합하여 『인학仁學』을 지어 자신의 사상을 전개했다. 그는 유식의 '미생멸(微生滅: 量變)'의 사상을 개량주의 이론 근거 중의 하나로 삼았으며, "의식이 끊어지면 아상我相도 제거되고, 아상이 제거되면 동이同異도 민멸泯滅되고, 이동이 민멸되면 평등이 나오고, 평등에 이르면 피차를 관통하여 조금도 막힘이 없어 인아人我를 통하는 극치가 된다."[5]고 하였다. 이 때문에 유식학이 근대에 출현하여 부흥한 상황은 결코 우연이 아니고 심원한 사상 배경을 가지고 있다.

4) 불문 제자가 스승에 의해 계를 받을 때 정신적으로 일종의 거짓(非)과 악(惡)을 방지하는 공능을 이루는 것을 칭하여 계체라 한다.

5) 『譚嗣同全集(담사동전집)』『인학(仁學)』 83-84쪽. "意識斷則我相除; 我相除, 則異同泯; 異同泯, 則平等出; 至於平等, 則洞澈彼此, 一塵不隔, 爲通人我之極致矣."

중국에서는 유실된 여러 유식 경론들을 양인산楊仁山7이 일본에서 다시 가져와 인쇄하여 유통시켰다. 그 후 유식학 연구는 점차 열기를 띠었다. 예를 들면, 장태염章太炎은 『국고논형國故論衡』, 『명견편明見篇』 등의 글에서 인명因明과 서양 논리를 중국의 『묵경墨經』과 비교하여 연구하였다. 만년에는 소주蘇州에서 선진의 제자백가를 강의하였고 유식학을 제자백가 사상에 자주 비교하였으며 유식학과 역학을 상호 표리관계로 삼아 새로운 의미를 부여했다.[6]

또 다른 몇몇 학자들이 유식을 깊이 연구하여 상당히 풍부한 결과물들이 출판되었다. 예컨대 웅십력熊十力의 『신유식론新唯識論』, 태허太虛의 『신적유식론新的唯識論』, 주보창朱寶昌의 『유식신해唯識新解』, 무봉림繆鳳林의 『유식금역唯識今譯』 등은 모두 자신의 관점에서 유식학을 연구하고 논한 것들이다.

그 중 구양경무歐陽竟無, 태허太虛 두 사람의 성취한 업적이 가장 크지만, 관점은 상반된다. 구양경무는 『유식결택담唯識抉擇譚』에서 '법상과 유식'은 두 가지 학문이라는 관점을 제기하였는데, 태허가 지은 『논법상필종유식論法相必宗唯識』, 『재론법상필종유식再論法相必宗唯識』 등에서 반대 의견을 말하였다. 이에 양쪽 제자들 또한 격렬한 논쟁을 전개했으며 마침내 근대 유식학의 양대 사조를 형성하여 근대 불학사상의 발전을 한 걸음 더 촉진시켰다.

이상으로 유식학과 관계된 배경 자료를 간략히 소개했다. 요지는 불학과 역학의 소통이 가능함을 말하는데 있다. 그 이상의 상세한 상황에 대해서 본장은 원칙적으로 그 문제를 더 이상 전개하지 않고 다만 유식과 주역이 서로 통섭할 수 있는 부분에 대해서만 필요한 점을 논하려고 한다.

6) 본장 제2절 참조.

1. 장태염章太炎의 역학사상

장태염(1868-1936)[8]은 근대 300년 이래 손꼽을 수 있는 몇 안되는 빼어난 학자 중 한 사람이다. 그는 경사사장經史辭章, 성운문자聲韻文字 등 여러 방면에서 주목할 만한 성과를 거두었으며 방대하고 복잡한 학술 체계를 세웠다. 이른바 '다방면의 학문을 두루 섭렵하여 일가一家라고만 일컫을 수 없다'는 것은 이 때문이다.[7] 장태염의 역학은 그의 경학 중 일부분이다. 경학의 주류는 아니었지만 그의 다른 학술사상과 마찬가지로 복잡하고 풍부하다.

『주역』 해석에 있어, 그는 전통적인 훈고적 방법을 사용하였지만 실증을 중시여기고 진지眞知를 구하였다. 기존의 견해에 빠지지 않고 핵심만을 끄집어내어 사학史學의 관점에 입각하여 분석·판단하였으며 상수, 청담과 참위를 통해 『주역』을 말하는 것에 반대하였다. 폭넓은 연구방법으로 역학과 유식학을 상호 비교하여 새로운 견해를 자주 제시하며 사람들의 이목을 끌었다. 장태염의 역학에 대한 상세한 분석을 통해 그의 역학 사상의 전반적인 면모를 드러

7) 전목(錢穆) 『여항장씨학별기(餘杭章氏學別記)』, 1937년 6월 10일 천진(天津) 『대공보(大公報)』

내어 객관적이고 공정한 평가를 내리도록 하겠다.

1)『주역』 해석

『주역』 해석은 장태염 역학의 중요한 내용 중의 하나로 주로 『주역』의 작자, 전개과정 및 괘·효사가 지니고 있는 의미 등의 문제를 다루고 있다.

『주역』의 창작, 작자와 기타

『주역』의 창작과 작자에 관한 논쟁은 그 유래가 상당히 오래되었으며 여러 설들이 분분하여 일치된 결론을 이끌어 낼 수 없다.[8)] 특히 복희가 팔괘를 창작했다는 것에 대해 여러 가지 신화와 미신들이 존재한다. 장태염은 '하도'의 분석을 시작으로 『역전』과 관련된 내용을 결합하고 『주역』에 겹겹이 쌓인 먼지를 벗겨내어 그 본래 모습을 드러내고자 노력하였다.

그는 '하도河圖'는 이미 도형이 아니며[9)] 그렇다고 책도 아니며 일종의 '상象', 즉 원고遠古의 성인이 '그 지형을 측정한'[지리 관측] 원시 기록물이라고 생각하였다. 이것이 오랜 세월동안 황하에 잠겨 있다가 후에 황하가 범람하자 드디어 수면 위로 떠올랐고 복희씨에 의해 발견되어 성물聖物로 봉해졌다. 이것은 서한西漢 소하蕭何가 수집한 진秦의 도서 자료처럼, '괴이한 것도 아니고 하늘이 내려준 물건'도 아니다. '낙서洛書' 또한 마찬가지이다.[10)]

8) 황수기(黃壽祺), 장선문(張善文), 『주역역주(周易譯注)』 (상해고적출판사 1989년판)의 머리말(前言)에 이에 대한 설명이 비교적 상세하다.

9) 동한(東漢) 정현(鄭玄)은 '하도', '낙서'가 서명(書名)이라 여겨 『춘추위(春秋緯)』가 의거하는 것으로 보았다. 송나라 사람은 '하도', '낙서'를 원형으로 여겨 '오행수(五行數)'와 '구궁수(九宮數)'를 그것에 배당하였으나 근거하는 바를 알지 못했다.

10) 장태염 『구서(訄書)』 초간본 『장태염전집3』「하도제십육」, 상해인민출판사 1984년판.

사마정司馬貞『사기·보삼황본기補三皇本紀』에 제공된 자료에 의하면 복희는 뇌택雷澤(현재 산동 조현曹縣 일대)에서 태어났으며 그 부락이 태호太皞(현재 하남 회양淮陽 부근)에 건립하였기에 태호씨라고 칭해지고 있다. 그의 생전 활동 범위가 역사상 유명한 황하 역도易道가 성행한 유역이니 여기에서 '하도'를 얻은 것은 가능한 일이다. 오늘날 학계에서 복희가 바로 그 인물인지에 대해 여전히 이견이 많다. 하지만 복희를 역사적인 인물도 간주하는 장태염의 이러한 주장은 개인적인 소견으로 간주할 수 있다.

복희가 팔괘를 그린 것은 오래된 전설이다. 이것에 대해 장태염은 유類에 따라 상象을 취하여 그린 것이라고 본다. 그는 다음과 같이 말하고 있다.

> 남월南越의 큰 짐승을 상象이라 하는데, 『주역』은 그것으로 이름을 삼았다. 문자의 시작은 팔괘에서 비롯되고 유類에 따라 형形를 상징한다. 한비韓非가 말하기를, 사람들이 살아있는 코끼리를 보지 못하기에 그림으로 그 살아있는 코끼리를 상상한다. 그러므로 사람이 상상하는 것은 모두 상이라 말한다. 효의 문장은 이것에서 본받은 것을 취했다. 『역전』에, "역은 상이다."고 하였다.[11]

'상象'은 '물상物象', '의상意象' 두 가지 측면을 포괄해야 한다. 장태염은 복희씨가 '하도'를 얻은 후 '위를 향해 살피고 아래로 굽혀 관찰하여仰觀俯察' 사물에 빗대어 상징을 취하는, 즉 '의물취상擬物取象'하여 고도의 개괄적인 의미를 가진 팔괘를 창조했다고 말한다.

중요한 것은 장태염이 새로운 의미를 얻었는가에 있는 것이 아니라 「계

11) 장태염『태염문록초편(太炎文錄初編)』권1「설단상(說象象)」,『장태염전집4』. "南越大獸謂之象, 易以爲名. 文字之權輿, 昉類象形. 韓非曰: 人希見生象也, 而案其圖以想其生. 故人之所以意想者, 皆謂之象. 爻文於是取法焉.", "易傳曰: 易者, 象也."

사전」이 서술하고 있는 팔괘의 창작에 대한 두 가지 설명, "옛 날 복희가 천하를 다스릴 때, 우러러 하늘에서 상을 관찰하고, 몸을 굽혀 땅의 법칙을 살피고, 조수의 무늬와 땅의 마땅함을 관찰하며 가까이는 저 몸에서 취하고 멀리는 저 물건에서 취하여 이에 비로소 팔괘를 지어 신명의 덕을 통하여 만물의 실정을 분류하였다.古者包犧氏之王天下也，仰則觀象於天，俯則觀法於地，觀鳥獸之文與地之宜，近取諸身，遠取諸物，於是始作八卦，以通神明之德，以類萬物之情「계사하」"와 "하河에서 도圖가 나오고 낙수洛에서 서書가 나와 성인이 그것을 본떴다.河出圖, 洛出書, 聖人則之「계사상」"를 결합하여 사람들에게 비교적 합리적인 해석을 하려는 데 있다.

장태염은 무신론자로서 『무신론無神論』이란 글을 지어 이와 같은 관점을 자세히 밝힌 적도 있다. 그는 불교를 무신의 종교, 즉 철학의 종교라고 생각했다.[12] 이 때문에 『주역』 연구에서 그는 '하도', '낙서'의 신학적 색채를 지우고 시종일관 무신론적 입장을 고수하였다. 예컨대 『주역』이 말하는 것은 역사이지 참위讖緯가 아니다. 『주역』에 자주 언급되는 천명天命은 고인들의 관행을 답습한 것일 뿐이지 결코 실제의 사실은 아니라고 주장한다. 그의 관점은 분명하다.

장태염은 괘를 중첩시킨 인물과 괘·효사의 작자가 모두 주周 문왕이며 『역전』의 작자는 공자孔子라고 생각한다. 그는 『역전』의 본문과 『사기史記』 등을 근거로 삼아 청대淸代 금문학자 피석서皮錫瑞의 '공자가 괘·효사를 짓고 제자가 「계사전」을 지었다'는 주장에 대한 반박을 통하여 12가지 오류를 지적하여 자기의 논점을 입증했다.

문왕이 유리羑里의 감옥에 7년간 갇혀 중괘重卦 64개의 이름만 붙였지 아직 괘·효사를 짓지 않았다는 것은 이치에 맞지 않다고 장태염을 보았다. 「계사전」에 의하면, 『주역』은 주周나라 때 사용되었으나 괘·효사가 없었다. 복서

12) 장태염 『불법과 종교 그리고 철학과 현실의 관계에 대해 논함(論佛法與宗教,哲學及現實之關係)』,『중국철학』 제6집, 삼련서점 1981년판.

의 의미가 없었다고 한다면 도대체 어떤 용도로 쓰였는가? 다시 말해서 문왕이 괘·효사를 지은 것이 아니라 600년을 기다린 후에 노나라 공자에 의해 정리되었다고 하는 관점은 일반적으로 받아들이기 어렵다.

『사기』「공자세가孔子世家」에 공자가 『주역』을 많이 읽어 가죽 끈이 세 번 끊어졌다고 말한다. 64괘 중에서 15개의 괘 이름이 중명(重名: 두 글자로 된 괘의 이름)이며, 49개의 괘 이름은 단명單名으로 모두 합해야 글자는 겨우 79자이다. 고서의 일반 규칙은 백 글자 이상은 대나무나 나무조각을 여러 개 묶어 놓은 책策에다 쓰고 백 글자가 되지 않으면 네모난 얇은 나무판으로 만든 방方에 기록한다. 『주역』의 글자는 겨우 수십 글자인데, '위편韋編'의 설이 어떻게 성립되겠는가?9

『역전』에 이르기를, 『주역』은 중고中古 시기에 흥興하여, "은殷의 말세, 주周의 성덕盛德에 해당된다"고 되어 있고, 전하는 내용도 '문왕과 주紂에 관한 일'이다. 만약 『역전』이 공문孔門 제자에 의해 지은 것이라면 자연히 '중고 시대'를 말할 필요가 없다. 「문언전」, 「계사전」에 '자왈子曰' 두 자가 많이 있는 것 또한 오해할 필요가 없다. '자子'는 고대 남자의 미칭美稱이며 경대부의 존호尊號인데, 마치 사마천司馬遷이 태사령太史令에 임명되어 태사공太史公이라 칭해지고, 저소손褚少孫은 자칭 저褚 선생이라 칭해지고, 공자는 자子라고 칭해지는 것은 타당하다.[13] 장씨가 논하는 전체적인 의미는 타당하고 관점 또한 제기될 수 있으나 공자가 홀로 『십익』을 지었다는 것은 지나치며 사실에 위배된다.

공자 이후의 역학 전승에 대해 장태염은 크게 유념하지 않는다. 그 이유는 첫째, 중요한 것은 『주역』 자체에서 『주역』의 의미를 탐구하는 것이지 역학의 전승과는 별로 관계가 없다. 둘째, 그것을 전한 사람들의 저작은 이미 상당히 많지만 상고할 수가 없다. "상구商瞿가 『주역』을 지었으나, 지금 그 대의

13) 장태염 『태염문록초편(太炎文錄初編)』 권1 「박피석서삼서(駁皮錫瑞三書)」.

를 알 수 없고, 시施, 양구梁丘의 저작 또한 남아있지 않고, 유독 맹희孟喜만이 남아있는 설이 있으나 그 요령을 얻을 수 없다.” 장태염은 ‘비직역費直易10’에 치우쳤지만, 정현鄭玄, 순상荀爽의 역학은 결코 비직費直의 참된 전수가 아니라고 여겼기 때문에 족히 믿을 만한 것이 못된다고 보았다.

장태염은 ‘왕필, 정이에서 취한 것은 도에 가깝다고 말하였지, 삼성三聖의 도가 여기에 다 갖추었다고 말하지는 않았다.’[14] 여기서 왕과 정은 왕필과 정이천을 가리킨다. 전자는 한유漢儒의 상수학을 배척하고 의리義理로써 『주역』을 해석할 것을 주장하여 이후 역학사에서 ‘의리파’의 서막을 열었다. 후자는 『역전』를 지어 ‘리理’로써 『주역』을 해석하였는데 또한 ‘의리역’ 일파에 속한다. 그들이 『주역』의 의미를 드러냄에 있어, 도道와 서로 가까운 점이 있지만, 그에 의하면 그들 모두 『주역』을 자신의 사상을 발휘하는 도구로 삼았을 뿐, ‘삼성三聖’의 취지와 여전히 거리가 있기 때문에, 장태염은 크게 가치가 없다고 여겼다.

장태염은 『주역』은 우환의 저작이며 우환의식으로 가득 차 있다는 것에 주목했다. 만년에 더욱 이렇게 여겼고 또한 이것은 그가 『주역』의 뜻을 깊이 연구하는 근본 원인이다. 당시 그는 원세개袁世凱에 반대하다가 체포되어 북경시 교외의 전량호동錢糧胡同에 연금되었다. 여기에서 이전에 『주역』을 경시했던 점을 깊이 반성하여 “곤경에 처하여 점차 『주역』을 알게 되었다.”[15]고 술회했다.

당시 그는 『논어』와 『주역』 두 권을 몸에 늘 지니고 다녔다. 난세에 직면하여 『논어』를 읽었고 자신을 돌아보아 『주역』으로 내면의 비분과 근심을 치료하고 마음의 평정을 유지했다. 아울러 『역론易論』이란 문장을 지어 『주역』을

14) 장태염, 『답오검재론역서(答吳檢齋論易書)』, 1935년 6월 『국학논형(國學論衡)』 제 5기 하.

15) 『태염선생자정년보(太炎先生自定年譜)』, “處困而亨, 漸知易矣.”

배우지 않으면 종신토록 큰 허물이 없을 수 없으니 회린悔吝이 따르게 된다"[16] 고 여겼으며, 그 감개는 2천 년 전의 공자가 느끼는 것과 같다고 하였다.

『초씨역림』에서 "『주역』은 성인이 잘못을 고치게 하기 위한 책"이라고 말한 것으로 미루어 보면 마음을 치료하는 서적으로 주역을 바라보는 장태염의 관점에 근거가 있다. 장태염은 『주역』에 대해 폭인暴人이나 소인小人이 도모할 바는 아니지만, "성공과 실패의 수는 난폭하고 법도를 어기는 자는 항상 해를 끼치고 단정하고 의로운 자는 항상 삼가한다. 그래서 『주역』을 지은 자가 총명하고 올곧게 주도하려고 하지만 다만 그 상처를 보듬을 뿐이다."[17]

문왕이 인의仁義를 위하여 감옥에 갇힌채 우환의 마음으로 『주역』을 연역했다. 그 우환은 생생生生에 있다. 생生은 중생을 구제하는 것濟生을 뜻하지만 결국 구제할 수 없었다. 그러므로 『주역』이 '기제旣濟'를 말하나 여전히 '미제未濟'로 끝난다. 공자는 광인匡人들에게 욕을 당하고 사마천은 궁형의 치욕을 받았으니 모두 우환으로써 『주역』을 말한 것이다. 장태염 자신도 인생의 험한 굴곡을 몸소 겪었던 것이다. 일곱 차례나 체포되어 세 번이나 투옥되었지만 민국民國 건립이라는 목표는 끝내 수포로 돌아갔다. 국가의 위기상황에서 속수무책으로 어찌할 수 없음은 그에게 큰 절망과 슬픔을 안겨 주었다. 하지만 『주역』은 그의 정신적인 버팀목이 되어 고통을 완화시키는 중요한 역할을 했다. 이 점을 근거로 하여 전기박錢基博은 『주역은 우환의 학문周易爲憂患之學』이란 글을 지었다.

16) 장태염 『자술학술차제(自述學術次第)』 "不學易, 則終身不能無大過, 而悔吝隨之."

17) 장태염 『검론(檢論)·역론(易論)』, 『장태염전집3』 "夫成敗之數,奸暴幹紀者常荼, 而貞端扶義者常蹶. 因此, 作易者雖聰敏, 欲爲貞端謀主, 却徒如補其創痍而已."

괘효사卦爻辭의 함의에 대한 고찰

장태염의 『주역』 괘효사에 대한 연구는 항주杭州 '고경정사詁經精舍'에서 시작되었다. 고대 전장典章제도를 고찰하고 문자, 예禮의 규정 등을 연구하여 대략적으로 언급하였다. 당시 그는 『주역』에 대해 편견을 가지고 있었다. 『주역』은 한유漢儒들이 말한 것에 불과하고 그 뜻이 명확하지 않아 크게 논하지 않았다.[18] 그는 겨우 6편 『수어교불범난행야需於郊不犯難行也』, 『수부진야需不進也』, 『천하지동정부일자야天下之動貞夫一者也』, 『기인천차의其人天且劓』, 『화익化益』, 『장어규해壯於頄解』 만을 썼는데, 『고람실찰기膏藍室札記』와 『고경정사과예·고경찰기詁經精舍課藝·詁經札記』 속에 나누어 수록하였다. 문장은 훈고訓詁를 따랐으나 연구태도가 정밀하여 글자마다 실증하고 헛된 말을 하지 않았으며 구절마다 심득한 것이지 기존의 설을 인습한 것은 아니었다.[19] 예컨대 「쾌괘夬卦」 구삼 효사 "광대뼈에서 건장하니壯於頄"의 해석은 바로 이러한 점을 잘 보여주고 있다.

"광대뼈에서 건장하니壯於頄"의 '규頄'를 정현鄭玄은 바로 '규頯'라고 보아 '얼굴 양 뺨의 광대뼈'라고 해석하였다. 왕필은 이러한 해석에 근거했고 장태염은 그것이 정확하지 않다고 여겼다. 그는 쾌괘夬卦 초효에 "앞에 있는 발꿈치가 나아감에 건장하니壯於前趾"라 말하고, 구사九四 효는 "엉덩이에 살이 없으며 그 행함이 자꾸 머뭇거리니臀無膚"라고 하였는데, 구삼 효는 양자 사이에 처한 것으로 바로 앞 발꿈치와 볼기 사이이며 이치상 '정강이살'로 해석해야 한다고 보았다.

『설문해자』에 '규䞨'는 '적炙'과 같고, '적炙'은 또한 '장蹠'과 통용된다고 보았다. 그 뜻은 '경육(脛肉, 정강이 살)' 혹은 '곡경(曲脛, 정강이)'이다. 또 『광아廣雅』

18) 장태염 『자술학술차제』.

19) 장태염 『재여인론국수학서(再與人論國粹學書)』, 『국수학보(國粹學報)』 정미(丁未) 제12호.

「석기釋器」에 "장蹶은 부柎이다"라고 되어 있다. 부柎는 사람의 발이나 기물의 발을 통칭한다. 발은 곧 '정강이脛'에서 '발꿈치趾'에 이르는 부분을 가리킨다. 또한 「리履」,「간艮」,「태兌」,「박剝」 여러 괘의 효사를 인용하여 설명하고 있다.[20] 하나에서 둘, 둘에서 셋, 고리에 고리를 연결하듯이 옆으로 계속 확장하는데 상당히 설득력이 있다.

장태염이 문자학에 입각하여 『주역』을 해석한 또 다른 문장이 『팔괘석명八卦釋名』이다. 주지하는 바처럼 건, 곤, 진, 손, 감, 리, 간, 태 팔괘는 천天, 지地, 뇌雷, 풍風, 수水, 화火, 산山, 택澤을 각각 상징한다. 상징하는 의미는 건健, 순順, 동動, 입入, 함陷, 리麗, 지止, 열悅이다. 그러나 장태염은, 사람들이 이러한 사실만을 알 뿐 그 소이연所以然은 알지 못하기 때문에 반드시 훈고적 해석이 필요하다고 주장한다.

장태염은 '건乾'의 원의는 '상출上出'이란 뜻으로 '간倝'이라는 음音에서 나온 것이지 결코 '천天'의 뜻은 아니었다고 말한다. '간倝'의 뜻은 '해가 나오기 시작한다日始出'이다.[*역주: 원문에는 '연軟'으로 표기되어 있으나 맥락상 '간倝'이 옳을 것으로 보여 수정함] '광간간光倝倝'이란 말이 바뀌어 '호昦'가 되었다. '호昦'는 천지의 뜻이다. 그래서 '건은 하늘이다乾爲天'라고 말한다. '건의 운행은 강건하다乾行健'는 '소리를 본 딴 것이다.' 이로부터 건乾은 '끊임없이 항상 변한다는' 뜻을 가지게 되었다.

'곤坤은 토土, 신申이기에 지地가 되는데, 마찬가지로 소리를 본떠서 뜻으로 삼았다.' 만물을 놀라게 하는 벼락을 우뢰雷라 한다. 그러므로 진震은 뇌雷이다. 그 나머지 다섯 괘 모두 이런 식으로 그 뜻을 유추할 수 있다. 글자마다 고증적으로 풀어 자구를 짐작한 것이다. 고古로써 고古를 증명하여 다른 사람이 밝히지 못한 것을 밝혔으며 문제를 매우 적절히 설명했다. 장태염은 더

20) 장태염 『힐경찰기(詰經札記)』「힐경정사과예(詰經精舍課藝)」, 『장태염전집1』.

나아가 팔괘의 배열 또한 중국의 지리 방위와 긴밀한 관계가 있다고 주장한다.[21] 이 점은 본 절의 범위에서 벗어나므로 더 이상 논의하지 않겠다.

송대의 양만리楊萬里[11]는 『성재역전誠齋易傳』을 지어 『주역』으로 역사적 사건을 논증하여 별도의 새로운 역학 해석의 길을 개척했다. 장태염은 그의 학문을 계승하고 또 당시 선진적인 사회학의 지식을 결합하여 『주역』을 탐구하였다. 이로 인해 "『주역』 역시 역사"[22]라는 결론을 도출했다. 그는 『역론易論』을 지어 그 점을 밝혔다. 그는 『주역』은 술수와는 다르기에 '참기讖記·역서歷序' 같은 것이 아니라고 하였다. 즉 미신이나 참위의 설이 아니며, '개물성무開物成務'의 책이며, '인간사의 변화'와 사회의 진화 발전과정을 반영하고 있다고 보았다.

장태염은 둔괘屯卦는 인류사회의 시작 단계를 반영하는 것이라고 보고 있다. '미개한 원시 부족은 거처가 일정치 않았고 날로 먹었으며' 사람들은 들짐승과 다를 바가 없었다. 이것은 태고太古의 아직 개화되지 않은 상태이다. 남녀의 혼인 또한 정해지지 않아서 '여자를 만나면 중매도 거치지 않고 협박하여 빼앗았다.'[23] 육이六二[*원문에는 六三] 효사에 "도적의 무리가 아니라 혼인하러 온 사람들이니匪寇婚媾"라는 설이 있다. 몽괘蒙卦에 서술하고 있는 혼인 상황은 이전 것에 비해 발전된 것인데, "비로소 장가들 여자가 있으니 그 효를 '납부納婦', '집안을 온전히 하도다克家'"라고 말한다.

문명이 싹트니 비로소 야만의 상태에서 벗어난다. 동시에 사람들의 일상생활의 수요는 오히려 증가한다. 그러므로 수괘需卦에 "군자가 이것을 본받아 먹고 마시며 잔치를 열고 즐거워한다君子以飮食宴樂"라고 말한다. 이러한 수요로 인해 농업의 생산발전이 일어나고 이에 따라 토지의 중요성도 상승한다.

21) 『태염문록초편(太炎文錄初編)』 권2 下 『주역역해제사(周易易解題辭)』, 『장태염전집5』.

22) 장태염 『국고논형(國故論衡)』 권 중 『명해고(明解故)』下. "易經也是史."

23) 『검론(檢論)』 권6 「상평(商平)」. 『장태염전집3』 "逢女爲耦, 不假引媒, 其次劫略而已."

하지만 부족한 물자로 인해 경쟁이 일어나고 심해지자 재물을 쌓아서 곡식을 보관한다.[24] 그 때문에 「송괘訟卦」가 나온다. "작은 소송은 말다툼하는 소송을 하고 큰 소송은 군대를 동원한다." 그 기세는 마치 용이 하늘에서 다투어 피를 누렇게 흘리는 것 같다. 그래서 군대를 동원하여 무리를 모아 다툼이 일어난다. 이것이 이른바 「송訟」이 무리들을 일으키고 「비比」가 재물을 쌓고 군사는 사마司馬에 있고 폐백은 관아에 있다는 것이다.

'군軍' '폐백幣'이 있으면, '제위帝位가 있게 되고, 권력통치의 조건이 형성된다.' 이것이 「리履」가 된다. 제왕이 출현하고 국가가 확립되는 것은 쟁송의 결과이며 인류 사회발전의 필연적인 결과이다. 사회가 안정되면 사람들이 즐겁게 생활하는데 그러므로 태괘泰卦가 나온다. 태는 통通이다. 사물은 '통'으로 끝날 수가 없기에 막히는 비否가 있게 된다. 같은 이치로, 사물 또한 영원히 악이 득세하여 끝낼 수 없기 때문에 그러므로 동인同人으로 받는다. "다른 사람과 함께하며 사물은 반드시 여기로 돌아오게 된다.與人同者, 物必歸焉."라고 하였다.

장태염은 『주역』의 「둔괘屯卦」에서 「동인괘同人卦」까지 말하는 것은 '생민건국生民建國의 정해진 과정'이라고 생각하였다. 지나간 것을 밝히고 올 것을 살펴야 함에 예외를 둘 수 없다. 이와 같은 해석은 대체로 「서괘전」이 기술하고 있는 뜻과 서로 일치된다. 하지만 『주역』은 복서의 책이기 때문에, 그 내용은 다양하고 사회생활의 각 방면에 대해 언급하고 있다.

「설괘전」은 사물, 인륜, 방위, 인체 등 여러 방면의 내용을 팔괘에 부여하여[25] 복서의 요구에 맞아 떨어진다. 『주역』은 복서 기록의 총결로서 (분명히

24) 장태염 『장씨총서속편章(氏叢書續編)』 제17권 「도한창언(葑漢昌言)」, 성도설씨숭례당복각본(成都薛氏崇禮堂復刻本), 상해 사회과학원 도서관장.

25) 진도생(陳道生) 『重論八卦的起源-結繩, 八卦, 二進法, 易圖的新探討』 참조. 대만 『공자학보孔子學報』 1966년 9월 제12기.

세심한 편성을 거친 것이다) 객관적으로 당시 사회발전 변화의 여러 사실史實을 반영하고 있다. 이 점은 이상할 것이 없다. 만약 이 때문에 부분으로 전체를 개괄하여 그 중의 주된 종교적 무술巫術의 부분을 부정한다면, 이것은 공평하게 『주역』을 본다고 할 수 없을 것이다.

2) 유식학으로 『주역』을 말함

『주역전석周易詮釋』 외에 장태염 역학의 주요 사상 내용은 '불佛로써 『주역』을 해설'하는 것이다. 불교로써 『주역』을 해석한 기원은 매우 오래되었지만, 오랫동안 큰 발전을 보지 못하였고 줄곧 '유가역'을 정통으로 자부하는 자들에 의해 비판받아왔다. 청대 건륭乾隆 년간(1736-1795) 사고관신四庫館臣들에게 큰 화를 당했다. 그들은 '불교로 『주역』을 해석하는 것'은 근본적으로 잘못되었기 때문에 시비를 분별하여 기다릴 필요가 없었다.[26] 시비를 가리지 않고 결론을 내린 것은 분명히 잘못된 독단이었다.

하물며 그들 스스로 "『주역』은 광대하여 모든 것을 다 갖추고 있다. 성인의 가르침은 정조精粗 본말이 다 갖추어져 있고, 심성의 이치가 온축되어 있다'고 인정하지 않았는가. 또 '역도易道는 광대하며 임의대로 하나의 뜻을 들어도 이치가 모두 통한다"[27]고 했다. 『주역』에는 심성에 관한 부분이 포함되어 있고 불경 또한 심성의 학을 깊이 탐구하는 이론이다. 어찌 서로 회통하지 않겠는가?

사고관신들의 이러한 공정하지 못한 태도는 『사고전서총목』에 적지 않게 표현되어 있다. 예를 들면, 명대 학자 초굉焦竑의 『초씨필승焦氏筆乘』이란 책

26) 『사고전서총목』 권8 『經部·易類存目二』.

27) 『사고전서총목』 권3 『經部·易類三』 "易之爲書, 廣大悉備. 聖人之爲教, 精粗本末兼賅(該), 心性之理未嘗不蘊易中."

을 평론할 때, 작은 문제로 트집 잡아 전서全書를 부정하고 나아가 명대明代 학술 수준 전체를 평가절하한 것이 바로 그 예이다.[28] 「계사전」에 "천하는 돌아가는 것은 같으나 길은 다르며 이르는 곳은 하나지만 생각은 백가지이다"라는 말이 있다. 「계사전」은 곧 동일한 문제를 다양한 관점으로 설명하는 가능성을 인정하고 있다. 그래서 도교, 불교의 선학·밀교 혹은 진화론·사회학은 말할 것도 없고 자연과학이나 한의학으로 『주역』을 해석하는 것은 모두 가능한 일이다. 동이同異를 변별하면서도 그 주된 핵심 취지를 모으는 것은 소홀히 할 수 없는 일이다.

불가 입장에서 볼 때, "『주역』이 말하는 것은 모두 생멸문生滅門 가운데 있으며 미제未濟로 마치니 비로소 현묘한 종지를 드러낸다."[29] '불법은 생멸과 진여 두 가지 문을 겸하여 논하고 있고 출세와 입세入世 두 가지 법 모두 말하여 그것으로써 『주역』을 해석하니 어찌 서로 잘 어울리지 않겠는가?' 장태염은 『주역』은 모두 아뢰야식과 의근意根을 말하고 있으며[30] 양자는 자연히 회통할 수 있다고 생각하였다.

장태염의 『주역』 해석은 유식학과 불학의 기본 교의를 중심으로 하여 『주역』 중에 만물생성과 관련된 문제를 풀이하는 데 비중을 두고 있으며 둘을 하나로 회통시켜 그 이치를 밝히고 있다. 아울러 역체설易體說, 성명학性命學과 정기론精氣論 등의 사상적 관점을 언급했다.

28) 『사고전서총목』, "竑在萬歷中, 以博洽稱, 而剽竊成書, 至於如是, 亦足見明之無人矣."

29) 장태염 『도한창언(菿漢昌言)』 강소광릉고적각인사(江蘇廣陵古籍刻印社) 1981년판. "周易所說皆在生滅門中, 終以未濟, 始見玄宗."

30) 장태염 『장씨총서속편(章氏叢書續編)』 제17권「도한창언(菿漢昌言)」, 성도설씨숭례당복각본(成都薛氏崇禮堂復刻本), 상해 사회과학원 도서관장.

(1) 만물생성설

장태염이 볼 때, 『주역』의 만물생성설은 『역전』에 집중되어 있다. 예컨대 「설괘전」에 "건乾은 천天이다. 그러므로 부父라고 칭한다. 곤坤은 지地이다. 그러므로 모母라고 칭한다." "천지가 있은 연후에 만물이 있고 만물이 있은 연후에 남녀가 있고 남녀가 있은 연후에 부부가 있고 부부가 있은 연후에 부자가 있다."(「서괘전」) 그러므로 건괘와 곤괘는 천지를 대표하며 만물 기원의 근본이 되며 사람의 부모처럼 만물은 이것으로 말미암아 화생하고 만물이 있은 이후에 인류가 있다. 장태염은 유식학 중에 '아뢰야식연기설'을 이것과 연결시켜 해석하고 있다.

> 건乾이 바로 아뢰야阿賴耶이며 먼저 생상生相이 있어야 바로 능현能見이 일어난다. 현현할 수 있으면 바로 경계가 망령되이 드러난다. 그러므로 대시大始라 한다. 곤坤은 말나末那이며 이 생生을 실實이라고 집착한다. 이러한 경계를 실이라고 집착하는 것은 모두 건을 따르는 것이다. 그러므로 성물成物이라고 말한다.[31]

위 글의 '견見'은 '현現' 즉 '현현顯現'의 뜻으로 이해해야 한다.12 "아뢰야식은 유정계有情界[인류와 동물계], 기계器界[산하대지, 일월성진, 초목 등 일체 사물]의 근본이며,[32] 만사만물 등의 경계를 보여준다. 말나식은 팔식 중의 제7식이며[33] 항심恒審, 사량思量의 기능을 갖추고 있다. 그것은 아뢰야식 자체와

31) 『도한창언(菿漢昌言)』 참조. "乾卽阿賴耶 先有生相卽起能見, 能見而境界妄見矣, 故曰大始; 坤卽末那, 執此生爲實(執), 執此境界爲實, 皆順乾也, 故曰成物."

32) 장태염 『인무아론(人無我論)』, 『민보(民報)』 제11호.

33) 말나식은 범어 manas의 음역이며 뜻은 '의(意)'로 번역된다. 그러므로 의근(意根)이라 명명한다. 팔식

아뢰야식이 현현한 경계를 실재라고 집착한다. 하지만 아뢰야식이 현현한 경계 또한 단독으로 현현할 수 없으며 반드시 말나식과 합작해야만 작용을 일으킬 수 있다.

장태염은 말나식을 '곤坤'에 비유하는데 건乾을 '대시大始'라고 하는 것과 마찬가지로 원, 형, 이, 정 네 가지 덕성을 가지고 있으며, 본질은 강건剛健의 양기陽氣가 되어 운행이 쉬지 않고 변화가 무궁하며 자연을 주재한다. 건은 곤의 음기陰氣와 떨어질 수 없으며 그것과 서로 화합하여 작용하여야 비로소 '성물成物'할 수 있다.

건과 곤이 만물 기원의 근본 원인이라고 하였는데, 그렇다면 만물은 어떻게 생겨나는 것인가? 이것에 대해 장태염은 「단전彖傳」과 「문언전」에서 말한 것을 통하여 독특한 논의를 전개하였다. 그는 다음과 같이 말하였다.

> 크도다! 건원이여! 만물이 이에 바탕하여 비롯되니, 이것은 진실로 아뢰야식의 징표이다. 지극하도다! 곤원이여! 만물이 이에 바탕하여 생겨나니, 무명은 연생緣生의 제일지第一支이다. 무명은 어디가도 있지 않음이 없고 말나의 아치我癡가 곧 무명의 본체이며 또 곤괘坤卦는 앞서가면 미혹하고 뒤에 가면 주主를 얻는다. 미혹은 무명으로 깨닫지 못하는 것을 말하는 것이다. 여래장[34]에 의거하면 이러한 불각不覺이 있는데, 깨닫지 못하고 움직여 비로소 아뢰

중의 제7식이다. 그 '자상(自相)'과 '행상(行相)'은 '항심사량(恒審思量)'이며, 즉 끊어지지 않고 일어나는 사려작용이다. 그 특징은 세 가지가 있다. 첫째, 아뢰야식을 그 존재의 의거로 삼으며 아뢰야식은 나머지 육식(六識) 발생의 의거처가 된다. 둘째, 아뢰야식의 '견분'을 반연하여 '자내아(自內我)'로 삼는다. 셋째, '항심사량'은 집착 아상(我相)을 나타내며, 장태염은 그것을 '말나아치(末那我癡)'라고 칭하였는데 바로 의(意)이다. 그것은 전육식(前六識)과 다른 점은 '의식(意識)'이 중단되지 않는다는 점이다. 상당한 수행을 거쳐 전의위(轉依位)에 도달될 때, '심사량무아상(審思量無我相)'에 이른다.

34) 여래장은 바로 아뢰야식의 별명이다. 그것에 청정(淸淨), 잡염(雜染)의 구분이 있기 때문에, 청정의 아뢰야식을 여래장이라 하여 자질資로서 구별된다. 여래장과 진여, 법성, 법계 등 명사는 동의어이며 의(意)는 세계의 본원이다.

야식이 된다. 그러므로 먼저 가면 미혹하다고 한다.13 아뢰야식은 근본이 되고 무명이 아치로 바뀌는데 아뢰야식을 집착하여 자아라고 여긴다. 그러므로 '나중에 가면 주를 얻으니' 라고 한다. 항심恒審, 사량思量 때문에 『단전』에 '나중에 가면 얻으니 이로움을 주로 하니'라고 하여 상常이 있다고 말한다. 그것으로 사람과 법法을 집착하기 때문에,[35] 『단전』에 만물을 포함하여 화광化光한다고 말한다. 만물은 이것에 의거하여 건립된다.[36]

또 다음과 같이 말하였다.

건은 이에 바탕하여 시작하여 굳건함을 행하고 곤은 (건이라는) 주主를 얻어 상常이 있다. 건은 바로 아뢰야식이며 만법의 연기가 되므로 이에 바탕하여 비롯된다고 하고, 항상 전변恒轉하므로 강건함을 행한다고 한다. 곤은 바로 의근意根이며 아뢰야식을 아我라고 집착하므로 주主를 얻는다. 항심恒審, 사량思量하므로 상常이 있다고 한다.[37]

상술한 '아뢰야식'과 '건'이 만물을 생성하는 순서를 간략히 정리하면,

35) 법(法)은 통상 물질과 정신을 포괄하는 일체 현상을 가리킨다. 만법은 바로 만사 만물이다. 불교는 일체 현상은 모두 꿈(夢幻)과 같이 허망하여 실제가 아니라고 생각한다. 집지인법(執持人法)이 바로 인과 만사만물을 집착하여 실재한다고 여긴다.

36) 장태염 『도한창언(菿漢昌言)』 강소광릉고적각인사(江蘇廣陵古籍刻印社) 1981년판. "大哉乾元, 萬物資始, 此固阿賴耶識之微; 至哉坤元, 萬物資生, 旣無明爲緣生第一支也. 無明無往不在, 而末那我疾卽是無明本體, 且坤卦言先迷後得主. 迷者, 無明不覺之謂. 依如來藏, 有此不覺; 不覺而動, 始爲阿賴耶識, 故曰先迷. 阿賴耶識成根本, 無明轉爲我疾, 執此阿賴耶識以爲自我, 故曰後得主. 以其恆審思量, 故傳曰後得主而有常. 以其執人·法, 故傳曰含萬物而化光. 萬物依是建立也."

37) 장태염 『장씨총서속편章氏叢書續編』 제17권「도한창언菿漢昌言」, 성노설씨숭례당복각본成都薛氏崇禮堂復刻本 상해 사회과학원 도서관장. "乾以資始而行健, 坤以得主而有常. 乾卽阿賴耶識, 爲萬法緣起, 故曰資始; 恒轉, 故曰行健. 坤卽意根, 執阿賴耶識爲我, 故曰得主; 恒審思量, 故曰有常."

그 핵심은 뒤로 귀납시켜서 대조적인 측면을 보여주고 있다.

아뢰야식 연기는 무시無始 이래의 무명이 여래장을 미혹시키고 그것을 전변轉變시켜 아뢰야식으로 된다. 아뢰야식은 바로 만물생성의 종자種子이다. 이후 무명은 변하여 말나의 아치我癡가 되어 아뢰야식을 실재라고 집착한다. 사람과 일체 사물을 실재라고 집착하니 이 때문에 만물의 생생生生이 그치지 않는다.

> 여래장이 변하여 아뢰야식이 되며, 말나식은 아뢰야식을 실재라고 집착하며 말나식은 항심사량하며 인법人法이 모두 실재라고 집착하는데 만물은 이것에 의해 건립된다.[38]

이와 비슷하게 『주역』이 기술하는 만물생성의 순서는 곤덕坤德은 '유순柔順', '뒤에 자리함居後'에 있고 음은 양의 주도를 따른다. 다투어 앞에 자리하려고 하면 음양의 자리가 바뀌어지기 때문에 도를 잃게 된다. 뒤에 있으면서 건乾의 주도에 따라 양을 앞에 두어 건곤이 서로 합하고 음양이 교감하여 만물은 이로 말미암아 화생한다. 곤은 오직 건과 합하여 주主를 얻고 또 만물 발전의 법칙에 순응하여야 영구함을 얻을 수 있다. 다음에서 보는 바와 같다.

「건乾 →→ '선미先迷'[39] →→ '후득주後得主'[40] →→ '후에 주를 얻어 상常을 가진다.' →→ '만물과 포함하여 화광化光한다'.」

위에서 말한 것은 '건'과 '아뢰야식'이 우주만물을 탄생하는 순서를 기술

38) "如來藏轉爲阿賴耶識, 末那識執持阿賴耶識爲實在, 末那識恒審思量, 執持人法爲實在, 萬物依此建立."

39) 『귀장역』에 근거하면 곤(坤)은 건(乾) 앞에 나타나 있다. 『도한미언(菿漢微言)』 참조.

40) 『주역』에 근거하면 건이 곤에 앞선다. 『도한미언』 참조.

한 것이다. 다만 유식과 『주역』은 결코 자발적으로 만물을 탄생하는 것이 아니라 그 중에 하나의 동인動因이 있다고 장태염은 말한다. 아뢰야식에 대해 말하면 무명의 발동이고 건, 곤으로 말하면, 진震에 해당된다. 진은 동動이다. 장태염은 복희시대 팔괘의 배열방위는 '진에서 일어나 간에서 마친다起震終艮'라고 말한다. '진이 한번 움직여서 인因이 생긴다.' 그래서 건을 시작으로 보지 않고 진을 시작으로 본다. "마지막에 간艮에서 그치면 움직이지 않는다. 왜 간艮에서 그치게 되는가? 간괘艮卦는 이른바 '그 몸을 얻지 않으면 그 사람을 보지 못한다'라고 한다"[41] 장태염은 진震과 무명을 건과 아뢰야식의 근본 동인으로 보고 있으며 그 작용을 분명하게 드러내어 역리와 불교의 교의에 적용하여 서로 합치하고 있음을 보여주고 있다. 만약 불교와 『주역』의 현묘한 뜻을 깊이 파악하지 못했다면 이와 같은 수준에 이르기가는 어려웠을 것이다.

무명 외에도 애욕 또한 불교의 중요한 개념이다. 장태염은 만약 오직 무명만 있고 애愛를 증상增上으로 여기지 않으면, 일체법一切法은 돌고 돌아 생겨날 수 없다고 생각한다. 무명이 발동되고 애욕이 윤생潤生해야 일체법이 비로소 끊어지지 않고 이어질 수 있다.

『주역』의 상경上經은 건, 곤 두 괘를 시작으로 삼는데, 즉 (12인연의 첫 번째 지支인) '무명지無明支'를 말한다. 하경下經은 함괘咸卦로 시작으로 하는데, 즉 '애욕지愛欲支'이다. 애愛는 남녀 간의 정이라 할 수 있다. 그러므로 함괘의 괘·효사는 남녀의 문제를 말하고 있다.[*원서에는 '부부의 문제'로 말하고 있으나 수정함] 함咸은 그 의미가 '교감交感', '감통感通'이며, 이른바 "천지가 감응하여 만물이 화생한다天地感而萬物化生"는 구절에 그 깊은 의미가 잘 드러나 있다.

이상에서 보듯이 천지만물의 생성 과정은 상당히 복잡하고 미묘한 것이다. 따라서 만물을 탄생시키는 종자만으로는 부족하고 반드시 무명, 애욕 등

41) 장태염 『장씨총서속편(章氏叢書續編)』 第17권「도한창언(菿漢昌言)」, 성도설씨숭례당복각본(成都薛氏崇禮堂復刻本) 상해 사회과학원 도서관장.

여러 조건들이 상호 배합되어야 한다. 즉 인연이 갖추어지고 시기가 성숙되어야 비로소 만물이 생성된다. 그가 상술한 불학과 역학의 만물생성론을 비교하여 살펴보면 나름대로 이유가 있고 조리도 있다. '건은 장식藏識이 되고, 곤은 말나末那가 되며', '무명이 발동하고 진震은 생인生因이 된다'는 이론은 특히 빼어남을 보여준다. 만약 이것을 기초로 해서 한 걸음 더 나아가 위로는 우주발생론까지 올라가서 여래장과 태극이라는 본원적 성질을 가진 두 가지 개념을 서로 비교하여 동이同異를 구별하고 그 원류을 밝힌다면, 불교와 역학 둘다의 원의에 부합될 것으로 보인다. 또한 더욱 깊이있는 철학적 의미를 가지게 만들어 만물생성 후의 단계에만 머무르게 하지 않을 것이다.

불교 종파 중에서 장태염이 가장 마음에 두고 있는 것이 유식종이다. 그러나 위에서 보듯이 그의 논점은 순수한 유식학이 아니라, 유식종의 종자설을 취해 『대승기신론』의 여래장 연기설과 결합하고 자신의 관점을 섞어 만든 것이다. (예를 들면, 말나식을 무명의 본체로 보는 등) 아뢰야식이 만법萬法 생성의 종자로 『주역』에서 말하는 건乾과 비슷하지만 그들이 만물을 생성시키는 방식은 전혀 다르다.

아뢰야식은 여래장을 전칠식前七識의 잡염雜染하고 훈습薰習하여 종자를 구성한다. 그 중 '훈습'은 인因이 되고, '종자'는 과果가 된다. 동시에 아뢰야식의 종자 또한 전칠식의 잡염 현행現行을 낳는다. 그 중 '종자'는 인이 되고 '현행'은 과가 된다. 이와 같이 본유종자, 현행, 신훈 종자라는 삼법三法으로 인해 전전상생展轉相生하여 상호 인과가 된다. '종자가현행을 낳고, 현행이종자를 훈습한다種子生現行, 現行熏種子'는 끊임없는 순환의 관계에 놓이게 된다.

그러나 『역전』의 '건'은 만물의 토대로서 그 생성과정은 오히려 직선적인 특징을 갖는다. 이러한 직선적인 특징에 적절하게 맞추기 위해서 그는 '아뢰야식 연기론'을 개조한다. 먼저 『능가경楞伽經』에서 말하는 것에 근거하여 청정한 아뢰야식을 '여래장'으로 간주하고 '건'과 서로 대비시킨다. 이어 말나식의 작용을 강조하고 그것을 '무명'과 동의어로 바꾸어, '곤'의 '앞서가면 방향을 잃어버린다先迷'는 것과 서로 결합시켰다. 그런 후에 아뢰야식의 '종자생현행, 현행훈종자'라는 이 하나의 '순환'관계를 끄집어내어 지논사地論師와 섭론사攝論師의 논論을 융합시켜 여래장을 아뢰야식으로 변환시켜 '건'과 '아뢰야식' 양자의 시작에서 생성과정에 있어서 일치되는 관검이 있다는 입장에 도달한다. 장태염의 이러한 시도는 불학과 역학 양자를 비교하는 필요성에서 나온 것이다. 그러나 그의 유식학은 이미 원래 유식학의 변종이며 '장태염 유식학'이라고 말할 수 있을 뿐이다. 그렇지 않으면 기존 유식학을 이해하는 데에 있어서 상당히 혼동을 일으키기 쉽다.

(2) 역무체易無體와 성性과 명命

장태염은 혜원慧遠의 "주역은 체가 없으나 감을 체로 삼는다易無體而感爲體"라는 말을 인용하여 감응의 작용을 설명하고 있다. 그러나 그 의도는 혜원과는 구별된다. 함괘咸卦의 단전彖傳에서 말하는 "천지가 감응하여 만물이 화생한다天地感而萬物化生"에서 '감感'이 순수하고 정신적인 것으로 보아도 보이지 않고 만져도 드러나지 않으나, 사람으로 하여금 의식하게 하고 알게 하여 그 작용은 매우 크다. 또한 천지가 감응하고 음양이 교감하여 만물을 낳을 뿐만 아니라 『역전』에서는 "감하여서 마침내 천하의 일에 통한다感而遂通天下之故"라고 말한다. 장태염은 불교 연기설의 원리를 결합하여 '감感'의 본질을 밝힌다. 그는 감이 중생심의 업이 인연에 따라 가합假合하여 있게 되는 것이므로 결코 실재의 법이 아니라고 생각한다. 그가 강조하는 것은 '감'의 본성이며 요지旨는 그 '공空'을 설명하는 데 있다. 이것은 혜원이 '감'을 기술하는 데 있어 시간상의 늦고 빠름을 중시하여 '삼보三報'에 선후가 있다는 관점[42]과는 확실히 다르다. 두 사람 모두 "역무체易無體"의 말을 차용하여 불교의 문제를 설명하였지만 방법은 서로 다르다. 장태염이 보기에 이른바 '역은 감을 체로 삼는다.'는 것은 '역에는 체가 없다'는 것이다. 이것은 「계사전」의 "신기하고 오묘한 변화는 일정한 방향과 장소에만 나타나지 않고, 주역의 변화도 고정된 형체나 형식만을 가지는 것은 아니다神無方而易無體"의 설과 서로 위배되지 않는다. '무체無體'는 실재가 아니라 공이다. 그래서 장태염은 정현의 설을 비판하여 "『주역』은 불역不易의 뜻으로 보는 것은 무체無體의 설과 서로 어긋나며 간이簡易를 말하는 것은 더욱 더 관계가 없다"[43]고 말하였다.

불교 입장에서 보면 일체법은 결코 실재가 아니다. 예를 들면 앞에서 말한 '감感'처럼, 아뢰야식이 연緣을 따라 현현될 뿐이며 법의 본제本際[44]를 찾으면 당연히 없는 것이다. 법은 본제가 없다는 사실에서 법상法相은 변계소집상遍計所執相임을 명료히 이해하며 가명假名으로 안립安立되어 있다. 법상에는 자성성自性性이 없다(상相에는 성性이 없다.). 법은 실재가 아니라 허망이지만 허망의 법에도 상相을 생生하는 것이 있다. 하지만 생의 본제를 찾아도 또한 없으며 오직 무시이래의 무명업력에 의해 이끌려 상속될 뿐임을 볼 수 있다. 이것이 이른바 '생생불식生生不息'이라는 것이다. 생은 의타기상依他起相이며 의타연依他緣의 힘으로 말미암아 있는 것이지 자연적으로 있는 것이 아니다. 이런 점에서 생은 자성성自性性이 없다.

'역易'은 무체無體이기 때문에 「계사전」에 "생각하는 일이 없고 작위하는 일이 없어서 고요히 움직이지 않는다無思無爲也, 寂然不動"고 한다. 보당종保唐宗 무

42) 본서 제1장 제1절에 관련된 내용이 보인다.

43) 『도한미언』 참조. "不易之義與無體之說相背, 復言簡易愈不涉矣."

44) 진여, 열반의 별칭. 즉 근본(根本), 구경(究竟), 궁극(窮極)을 비로소 닦음을 말함.

주無住 선사의 말에 따르면, 이것은 '중생본성衆生本性', '불변불역不變不易[45]'이 되며, "감하여(느껴서) 마침내 천하의 모든 일에 통달하니感而遂通天下之故"이다. 제법諸法에 모두 자성성이 없기 때문에 무자성성無自性性이라 한다. 이것이 바로 연생법이다. '역'은 세간법이며 연생인데, 이 때문에 "역무체易無體는 승의이고 또 무성성無性性이다"[46]고하였다. 이것은 유식학의 '삼무성三無性'설로서 『능가경』과 유식종 경론에 나타나 있고 법상종의 핵심이다. 장태염은 이러한 이론을 "역은 생각하는 일이 없고 작위하는 일이 없어서 고요하여 움직이지 않는다易無思無爲也, 寂然不動"의 여러 뜻과 상호 검증하여 논술하였다. 논리가 정밀하여 설득력이 있다.

그 다음 「설괘전」에 "이치를 궁리하여 본성을 다하고 명(命)에 이른다窮理盡性, 以至於命"에서 명命을 공영달은 "명命이라는 것은 사람이 품부 받은 바에는 그 타고난 분分이 있으니 태어나서 죽을 때까지 장단의 끝이 있다"[47]라고 주석하였다. 이것은 일종의 천명론이며 궁하고 통하여 오래 살고 일찍 죽는窮通壽夭 것은 모두 하늘이 품부한 바이며 바꿀 수 없다.

장태염은 이러한 관점에 반대하며 천명을 인정하지 않았다. 그는 우선 『장자』의 말을 인용하여 다음과 같이 질의한다. "(생명이) 끝나는 것을 알 수 없는 것이라면 어째서 천명이 없다고 하겠는가? (생명이) 시작하는 것을 알 수 없는 것이라면 어째서 천명이 있다고 하겠는가?莫知其所終, 若之何, 其無命也, 莫知其所始, 若之何, 其有命也."에서 천명이 있고 천명이 없는 것은 모두 이와 같이 설명할 방법이 없다는 것이다.

45) 『역대법보기』에 나온다. 원문은 다음과 같다. 『師(保唐 無住선사를 말함)』가 또 말하기를, "『주역』이 불변 불역하니 이는 중생의 본성이다. 무사(無思)이며 무위(無爲)이며 적연부동(寂然不動)하니 중생의 본성이다. 만약 불변(不變), 불역(不易), 불사(不思), 불상(不想)이니, 바로 인의예지신이다."(『파촉선등록(巴蜀禪燈錄)』 14-15쪽)

46) 장태염 『도한창언』 강소 광릉고적각인사 1981년판.

47) 공영달 『주역정의』 권13 "命者, 人所稟受, 有其定分, 從生至終有長短之極."

장태염은 특히 불교 '십이연생법十二緣生法'과 연관지어 설명하고 있다. 연생은 곧 인연법이다. 본질에서 보면, '비유非有'이지만, 십이연생은 무명에서 늙어죽을 때까지 이르는 12 마디의 인과가 상속되어 끊어지지 않으나, 현상에서 말하면 '유有'이다. 또한 "연생의 말지末支 이른바 생유生有는 바로 응보의 모습으로서 이 몸에 드러나며 응보에 의거하여 이 땅에 나타난다."

현대적으로 이해하면 사람의 일생은 잠시 이 몸을 빌리고 이 땅에 의지할 뿐이라는 말이다. 그러므로 이른바 명命이라는 것은 내용이 없는 말로 결코 실재가 아니다. 장태염은 『역전』에 자주 나오는 '천명'이라는 말은 사람들이 진리를 이해하기 쉽도록 고대 성인이 기술한 말에 불과하지, 아득한 곳에 자연과 인류의 운명을 주재하는 어떤 천명이라는 존재가 있는 것은 아니라고 말한다.

만약 송유宋儒 장자후張子厚**14**, 근대의 학자인 완백원阮伯元**15** 같이 "명칭에 집착하여 구체적인 것으로 보는 것은 큰 비웃음거리가 될 것이다."[48] 『역전』의 작자가 정말로 천명을 믿었는지 여부는 논의할 가치가 있는 문제이나 결론을 내는 것은 시기상조이다. 다만 장태염은 유심唯心의 천명론을 버리고 대신 유물론적으로 해석한 것은 그의 무신론 사상과 일맥상통한 점이 있다.

다시 성性에 대해 논하여 보자. 장태염은 '성은 곧 중생심'이며 중생심은 보아도 보이지 않는다. 예를 들면, 눈이 있으나 자신의 신체 부위를 볼 수 없고, 귀가 있으나 세간의 소리를 들을 수 없는 것처럼 맹인과 농아는 더더욱 이야기할 필요가 없다. 만약 어떤 사람이 자기 마음속에 '성'이 존재한다고 보고 '마음으로 마음을 구한다면以心求心' 이것은 그가 견상見相에 집착하는 것이다. 이 때문에 그가 보는 것은 다만 심의 '영상'일 뿐이지 진실일 수 없다. 왜냐하면 성은 '보아도 볼 수 없고 들어도 들리지 않으며 잡아도 얻을 수 없는' 것

48) 장태염『장씨총서속편』제17권「도한창언」, 성도설씨숭례당복각본, 상해사회과학원 도서관장.

이다. '마음을 밝혀 성을 보려면明心見性' 오직 '심연心緣'을 벗어나고 '견상見相'을 버려서 '불견不見'으로 '보아야' 비로소 '진견眞見'의 목적에 이를 수 있다.

장태염은 「설괘전」의 '성'을 '불성佛性'으로 분명히 이해하고 『노자』, 『장자』의 사상과 결합하여 말하고 있으니 다소 선禪의 분위기가 풍긴다. 그는 또 고대의 성인이 '성을 드러내기 어려움'을 걱정하여 '천天에 의탁하고 명命에 가탁한다'고 말한다. 그래서 '명命과 성性'은 천인天人의 분별에 있는 것이 아니라 성인 자신도 알 수 없어서 명命이라고 한 것이라고 주장한다.[49)]

지금까지 '성'과 '명'을 역학상에서 진상眞相을 드러낸 사람은 장태염이 처음이다. 이와 같은 탐구는 상당히 깨달음을 주는 의미를 지닌다고 말할 수 있다. 이것은 본서 제3장 제2절에서 논한 징관澄觀의 "이치를 궁리하여 본성을 다하고 명에 이른다窮理盡性, 以至於命"에 관한 주석과 서로 비교하면 그 뜻이 명확히 구별된다. 이것은 서로 다른 각도와 다른 목적으로 인해서 야기된 다른 결과이기 때문이다.

(3) 정기론精氣論

정기精氣, 유혼游魂은 「계사전」에서 나온다. 원문은 "사물의 처음 시작되는 것으로 거슬러 올라가 살피고 사물의 마치는 것으로 돌이켜 보기 때문에 삶과 죽음에 대한 이치를 알 수 있다. 정精과 기氣가 응취凝聚하여 물物의 형체가 되고, 혼魂이 떠돌면서 변화가 생겨난다. 이 때문에 귀신의 실제 상태를 아는 것이다.原始反終, 故知死生之說, 精氣爲物, 游魂爲變, 是故知鬼神之情狀." 대의는 사물의 초시初始와 끝을 탐구해야만 생사의 규율을 알 수 있고 정기가 응취하여 이루어진 사물과 기혼氣魂의 흩어짐과 변화의 상황을 고찰해야, '귀신'의 실제를 알

49) 장태염 『장씨총서속편』 제17권 「도한창언」, 성도설씨숭례당복각본, 상해사회과학원 도서관장.

수 있다. 이 말은 고대인의 소박한 유물관을 반영하고 있다.

이러한 사상은 고승들에 의해 '영혼불멸', '삼세윤회三世輪廻', 귀신불허鬼神不虛 등 불교사상 이론을 설명하는데 광범위하게 운용되었다. 예를 들면, 혜원慧遠, 징관澄觀, 종밀宗密 등은 모두 이 문제들에 대해 다양한 설명을 하였다. 다같이 불교 교의를 설명하지만 장태염은 오히려 이로부터 무신론의 관점을 말한다. 그가 볼 때 불법佛法이 말하는 일체 유정有情 결생結生[16]의 상속相續은 「계사전」에서 말하는 정기와 유혼游魂의 관점과 어긋나지 않는다. 그는 정기가 응취하여 물物, 즉 유형有形이 되는데, 이것은 불학 중의 '색온色蘊'과 서로 같다. 색온이라는 말은 간단히 말해 바로 물질이다. 사람으로 말하면 신체의 구조가 모발, 뼈, 피, 피부, 살 등으로 이루어져 있음을 가리킨다.

불교에 의하면, 인간의 신체는 지地, 수水, 화火, 풍風 네 종류의 원기元氣가 취합하여 이루어진 것이며, 사람이 일단 사망하면 다시 '사대四大'로 돌아간다. 장태염은 이것을 '물질 불멸'로 보지 '영혼 불멸'로는 보지 않는다. '유혼游魂'은 무형무상無形無狀한 것이며, '무형은 바로 수受, 상想, 행行, 식識의 사온四蘊'이다. 불교는 이러한 사온을 통해 인간의 의식과 사유 활동 등이 정신 부류의 것에 속하고 있음을 말한다. 인간은 정신과 물질의 혼합체이다. 물질 부분은 사람이 사망하면 다시 사대로 돌아가서 소실하지만, 정신은 여전히 업력을 형성하여 '윤회'를 유전한다. 이것은 「계사전」에서 말하는 '혼이 떠돌면서 변화가 생긴다游魂爲變'이다. 장태염의 '정기론精氣論'의 내용은 바로 여기에 있다. 그의 귀신에 관한 논의는 무신론의 색채가 두드러지며 유물론적 역학 영역 속의 권위를 다시 한 번 수립하였다. 상호 비교가 상당히 정밀하고 정확하여 충분히 수긍할 만하다.

3) 장태염 역학이 역학사에서 가지는 지위

예로부터 대개 학문을 성취한 자는 모두 전통을 계승하면서 아울러 창의적인 사고를 하는 데 뛰어났다. 장태염의 『주역』에 대한 연구도 이와 같았다고 할 수 있다. 『주역』을 해석할 때, 그는 전통적 훈고방법을 이용하여 새로운 관점을 가지고 이전 사람과는 다른 견해를 제시하였다. 실증을 중시하였고 참된 앎을 추구하는 정신을 보여주고 있다. 그는 수천 년간 해결하지 못한 난제에 대해 회피하지 않았고 다른 사람의 말을 맹목적으로 따르지 않았다. 또한 폭넓은 학식과 대담한 견식을 가지고 참위신학讖緯神學의 외피를 벗겨 미신을 타파하고 고착된 관념에서 벗어나 당시 상황에 적용하여 여러 측면에서 문제를 고찰하였다.

『주역』이 행간을 통하여 드러내는 정보에 따라서 숨어있는 "깊은 의미를 탐색하고 멀리 이르게 하여探賾索隱, 鉤深致遠" 객관 실재에 부합하는 회답을 내놓았다. 그는 고문 학자가 명리名理를 탐구하고 망설에 반대하는 전통을 계승하여 역사학의 관점으로 『주역』을 보았으며 상수, 청담淸談과 참위로 『주역』을 말하는 것에 대해서는 부정하였다. 또 '괘기卦氣, 납갑納甲과 선천先天'을 모두 '방사方士들의 견강부회한 설'[50]로 간주하여 받아들이지 않고, 시종일관 무신론 사상을 폈다. 설령 그런 것으로 『주역』의 전체 내용을 해석할 수 없는 것, 즉 순수하게 훈고의 방법만으로 『주역』을 해석할 수 없는 것과 마찬가지라고 할지라도. 그러나 적어도 그 중의 몇 몇 중요한 사상을 충분히 이야기할 수 있다는 평가는 결코 지나친 것은 아니다. 근대 이래 불학과 역학의 비교연구에 종사한 학자 중에 장태염은 가장 주목할 만한 인물이며, 그의 사상은 지금까지도 사람들에게 적지 않은 시사점을 주고 있다.

50) 장태염 『답오검재론역서(答吳檢齋論易書)』, 1935년 6월 『국학논형(國學論衡)』 제오기 하

불학佛學으로 『주역』을 해석한 것은 '예로부터 내려오고 있지만' 유식학과 역학을 상호 검증하여 연구한 것은 장태염의 독창적인 시도이다. 그는 오랫동안 불학으로 역을 말하는 합리성을 부정하는 권위적 관점에 대해 용감하게 맞섰다. 불교와 역학은 본래 다루기 쉽지 않은 학문이지만, 서로 장단점을 함께 놓고 비교하여 뺄 것은 빼고 더할 것은 더하여 참신한 견해를 제기하였다. 하지만 그 내용이 대개 구술로 전해지고 대략적으로 말하여 비약이 심하고 필요한 설명과 엄밀한 논증이 부족하여 체계성을 갖추지 못했다. 이로 인해 두 가지 문제점이 나타났다. 하나는 복잡하게 얽혀 사람들에게 이해시키기 쉽지 않다는 것이고, 또 하나는 여러 생각이 복잡하게 얽혀 있어 사상의 결이 어지럽게 겹치는 동시에 원의를 곡해한 곳이 많다는 것이다.

그는 불교의 삼승설三乘說과 건乾, 곤坤, 간艮 세 괘를 서로 대응시키고 있다. 이것은 그가 『제물논석齊物論釋』 속에 있는 「덕충부德充符」 중의 '영부靈符'와 「경상초庚桑楚」 중의 '영대靈台'를 '아뢰야(혹 아타나)'에 비유한 것은 비슷한 유형의 착오이며 다소 억견이라는 비판을 피하기 어렵다. 게다가 '아뢰야식 연기'와 '건乾'의 비교에서 장태염은 '만물생성론'의 단계에 머물러 있어 진일보한 더 높은 단계에까지 이르지 못하였다. 이 또한 결점이라고 말하지 않을 수 없다.

위에서 말한 편차와 부족함의 원인은 불학과 역학 자체에 있는 것이 아니라 그가 잡다하게 비교만 할 뿐 세밀하게 양자를 융회하고 관통시키는 차원에는 이르지 못하였기 때문이다. 이 때문에 자연히 진실에 가까운 판단을 제출할 수가 없었다. 이 또한 시대환경과 개인의 특수한 상황에서 비롯된 것이다. 물론 이러한 편차와 부족한 점은 옥에 티에 불과하지 역학사에서 차지하고 있는 그의 위치에는 별다른 영향을 끼치지는 않는다.

2. 역리易理와 불법佛法

'역리易理와 불법佛法'은 본래 태허太虛(1889-1957)가 역학과 불교 간의 상호관련성을 논한 글의 제목이었다. 지금 그것을 본 절의 제목으로 삼고 있는데, 태허는 유식학으로 승가僧伽 제도론을 연구하고 정리한 탁월한 인물이지만 그의 역학 논문은 겨우 두 편, 『주역에 관해 논함論周易』과 『역리와 불법易理與佛法』에 불과하다. 후자는 역학사상의 전체 내용을 다루고 있어서 이러한 제목이 붙은 것이다. 『주역에 관해 논함論周易』이란 글은 태허가 남해南海 보타산普陀山에서 칩거할 때 집필하였다. 당시 인광印光은 그가 문을 걸어 잠그고 수도하는 방房을 "번민 없는 칩거의 집遯無悶廬"[17]이라는 이름을 붙였는데 역易의 깊은 뜻이 서려있다고 하였다.

태허의 『주역』에 대한 논의는 말은 간결하나 뜻은 다 포함되어 있고 아울러 불법으로 서로 논증하였으며 특히 유식학의 입장에서 논하였다. 장태염章太炎과 비교하면 또 다른 의미를 가지고 있다. 논술하면 다음과 같다.

세계만물의 생성

태허는 장태염, 구양경무歐陽竟無와 동시대인이다. 그들은 모두 유식을 연구하였으며 역학과 유식학을 비교함으로써 양자의 의미를 밝혀낼 수 있다고 생각했다. 구양경무는 다음과 같이 말했다.

> 『주역』은 『반야』, 『유가瑜伽』의 오묘한 진리와 서로 비교하여 이해함으로써 불가사의한 신묘함을 얻을 수 있다… 본래 경으로 말하면, 『주역』은 도가의 말을 채택하였지 불씨의 이치를 융합한 적이 없는 것 같다… 보리심을 내고 조사, 부처를 초월한 것이 하늘로 곧바로 올라가 무수한 세계에 편주遍周되어 진환眞幻이 하나라는 것을 알면 『주역』과 『유가』를 참구하는 것을 빠뜨릴 수 있겠는가?[51]

『유가』는 바로 『유가사지론瑜珈師地論』이며 법상유식학法相唯識學의 주요 경전 중 하나이다. 여기에서는 유식학을 대신한 말이다. 구양경무는 『주역』과 유식학에 내재되어 있는 것은 서로 부합하지만 역사적으로 사람들이 그것을 그다지 중요하게 여긴 적이 없다고 보았다. 그러나 그는 불학과 유학이 일치한다는 관점에 대해 언급만 했지 깊이 연구한 것은 없었다. 이 때문에 이 방면에 대한 그의 구체적인 생각이 어떠했는지는 알 수 없다. 태허는 이와 달리 그의 유식학에 대한 기본 관점이 구양경무와 다를 뿐만 아니라 유식학과 역학의 상호관계에서도 상당한 연구를 하였다. 더욱이 세계만물의 생성과정에 대한 탐구는 매우 높이 평가할 만하다.

51) 『담공학(談孔學)』, 『구양대사유집(歐陽大師遺集)』 제4책, 제3511쪽 "易則比契般若·瑜伽之妙而得不可思議之神; …… 自來說經, 唯易採道家語, 而猶未能融佛氏理. …… 發菩提心, 超祖越佛者, 干雲直上, 唯見遍周沙界, 眞幻一味, 則必不遺易與瑜伽之參究者歟?"

역학적인 입장에서 세계 만물의 생성을 논하면, 먼저 '음양'을 언급하지 않을 수 없다. 『역경』 본문에서 '음양' 두 자가 연용되어 쓰인 곳이 없고 『역전』에 비로소 말하고 있는데, 이것은 앞의 제3장 제3절에서 말한 것과 같다. 하지만 팔괘에서 64괘에까지 모두 음과 양 두 효로 구성되어 있다는 것은 분명한 사실이다.

음(--), 양(—) 두 부호가 가진 본래의 의미를 나타내기 위해 태허는 『역전』 「계사전」의 만물 생성을 서술한 말을 차용하여 증명하려 한다. 그는 '—'은 "시작이 없는 혼돈混沌이며 음양이 아직 나누어지지 않은 상無始混沌, 陰陽未分之象," 즉 「계사전」의 "역에는 태극이 있다易有太極"라는 말을 표시한 것이다. 무시 이래의 태극이 갑자기 변동하여 파열되면서 끊어져 '--'이 되었다고 말한다. 이와 같이 본래 상대가 없는 '—'이 상대가 있는 일음일양一陰一陽으로 되는데, 바로 "이것이 양의를 낳는다是生兩儀"는 것이다.

이 음양이 중첩하여 사상四象(⚌·⚍·⚎·⚏)이 되고, 사상을 다시 연역하여 팔괘(☰·☱·☲·☳·☴·☵·☶·☷)가 되었으며, 팔괘가 중첩되어 육십사괘가 되었다. 이것은 역학사의 각도로 보면 일반적인 관점이며 새로운 의미가 있는 것은 아니다. 그러나 태허는 장태염의 뒤를 이어 "불법이 말한 유식연기 세계의 중생의 도리와 통할 수 있다"[52]고 제시하였고 양자를 하나로 종합하여 자신의 생각을 폈다.

> 처음의 일획一畫은 제팔식第八識이며 세간법世間法의 근본이다. 세간의 일체 근신根身, 기계器界는 모두 제팔식에 의해 변하여 나타난 것이다. 제팔식은 시작도 끝도 없고, 중심도 주변도 없고無邊無中, 안도 밖도 없는無內無外 것으로 볼 수 있다. 무시무명無始無明이 갑자기 움직여서 바로 『기신론』 삼세상三細相

52) 『역리여불법(易理與佛法)』, 『해조음(海潮音)』 제27권 제1기, 『태허대사전집(太虛大師全集)·논장(論藏)·종용론(宗用論)』 제379쪽.

18의 무명업상無明業相에서[53] 제칠식이 되고 제칠식과 제팔식이 상대한 후에 제팔식 진여眞如는 곧 은몰隱沒하여 제칠식의 소집所執의 아我가 되기 때문에 제칠식은 능집能執이며 제팔식은 소집所執이 된다. 이것이 바로 『기신론』의 삼세상三細相의 능견상能見相, 능현상能現相이다.[54] 이러한 아를 능집하는 제칠식과 소집되는 제팔식의 아我는 『주역』이 말하는 음양의 양의兩儀에 견줄 수 있다. 제칠식과 제팔식의 능집과 소집이 상응하는 것이 바로 무시사혹無始四惑인 아치我癡, 아견我見, 아애我愛, 아만我慢이다. 이 사혹에 상응하는 것이 바로 세간의 근본이다. 치癡, 애愛는 음유陰柔처럼 엉겨 무겁게 가라앉고, 견見, 만慢은 양강陽剛처럼 높이 오른다. 이것은 『주역』이 말하는 소음, 태음, 소양, 태양의 사상에 견줄 수 있다.[55] 다시 돌고 돌아 서로 의지하고 서로 연緣이 되어 각각 근根, 진塵, 식識이 화합하여 팔식이 된다. 건은 팔식에, 곤은 칠식에 비견되고 건, 곤의 칠, 팔 두 식에 의거하여 변천하여 제6의 의식과 안, 이, 비, 설, 신 전오식이 된다. 간艮, 진震, 감坎, 리離, 손巽, 태兌 여섯 괘에 견줄 수 있다. 팔괘에서 변해 육십사괘가 되는 것은 팔식에서 세 번 변하여[56] 세간 만법이 되는 것에 견줄 수 있다.[57]

53) 무명업상(無明業相)은 근본 무명에서 일어나는 진여의 최초 상태를 가리키는데, 지말무명(枝末無明)의 제일상(第一相)이다. 이 상(相)은 오히려 주관, 객관의 상태를 구별할 수 없다.

54) 능견상(能見相)은 초동(初動)의 상(相)을 가리키며 전상(轉相)이라 칭한다. 초동업식(初動業識)에 의거하여 능견(能見)의 상으로 바뀐다. 이것은 앞에서 말한 무명업상이 일어나 대상을 인식하는 마음(主觀)이다. 능현상(能現相)은 경계상(境界相), 또는 전전상(前轉相)이고 망현경계(妄現境界)의 상이라 일컬어진다. 능견상이 일어나면 동시에 이러한 인식대상(客觀)을 잘못 드러낸다.

55) 태음, 태양이 바로 노음, 노양이다.

56) 삼능변(三能變)은 이숙(異熟), 사량(思量), 요경(了境) 세 가지 능변을 가리킨다. 이숙능변은 제일능변(第一能變)이며 바로 제8 아뢰야식이다. 이 식은 인계(人界), 천계(天界)의 유정(有情)이 공유한 과보(果報)이며 이 과보가 업을 끌어당기는데 항상 상속되는 총보(總報)의 체(體)가 된다. 사량능변은 제이능변이며 바로 제7 말나식이다. 본 장 제2절에 관련된 서술이 있다. 요경능변은 요별경능변(了別境能變)인데, 제삼능변이며 안이비설신의 전육식을 지칭한다. 이 육식에 색·성·향·미·촉·법 육진경(六塵境)을 요별하는 작용이 갖추어져 있고 제7, 제8식에는 오히려 이러한 작용이 없다.

57) 이 구절은 태허 『역리여불법(易理與佛法)』에서 인용. 『해조음(海潮音)』 제27권 제1기, 『태허대사전집(太

상술한 대의는 이 '—'을 그렸을 때 『주역』에서는 태극이라 하고, 불교는 '팔식'八識(일명 本識)이라 칭한다. 제팔식은 본래 무자성無自性이며 그 성性을 지키지 못하기 때문에 자기도 모르는 사이에 움직이고, 움직이면 중간이 끊어진 '--'획으로 된다. 『주역』에 있어서는 음양의 양의兩儀가 되며, 불학에서는 제팔식은 무명 때문에, '모르는 사이에 움직여서' 생멸生滅과 불생멸不生滅이 화합한 아뢰야식이 된다. 아뢰야식이 있으면 곧 제칠식이 있게 된다. 이 두 식의 소집, 능집으로 인해 사혹四惑이 생겨난다. 이것은 『주역』에서 말하는 사상四象에 해당한다. 이 사상으로 인해 팔괘, 육십사괘로 연역 되는데, 마치 칠식, 팔식 두 식이 전전展轉되어 안, 이, 비, 설, 신, 의 등의 전육식前六識이 되며 팔식을 공유하고 있는 것과 같다. 팔식의 삼능변三能變[19]으로 인해 세간 만물이 생성된다. 이 설은 장태염이 말한 아뢰야식 연기와 건이 만물을 낳는 과정의 관점과 서로 비교하면 다음과 같은 차이점을 가지고 있다.

첫째, 장태염은 건乾에 해당하는 아뢰야식이 만물을 생성하는 복잡한 과정을 설명하기 위하여 탄생의 첫 단계에 '미혹迷'의 관점을 제시하고 있다. 무시이래의 무명은 여래장을 미혹시키고 그것을 전변시켜 아뢰야식의 종자가 되게 한다. 건이 곤에 의해 자리를 빼앗겨 음양의 자리를 바꾸기 때문에 먼저 '미혹'되어 길을 잃는다. 그런 후, 말나식은 항상 살피고 생각하며恒審思量 인법人法을 집지執持하는 작용이므로 만법의 성립에 이르고 건은 이것과 "나중에 나아가면 주主를 얻어서 바른 도를 가진다後得主而有常", "만물을 포함하여 변화가

虛大師全集)·논장(論藏)·종용론(宗用論)』 379쪽. "初一畫爲第八識, 爲世間法的根本. 世間一切根身·器界皆爲第八識所變起, 而直觀第八識是無始無終·無邊無中·無內無外的. 無始無明忽動, 卽由起身信論三細相之無明業相而成第七識, 第七識與第八識相對之後, 第八識眞如卽隱沒而成爲第七識所執之我, 故第七識爲能執, 卽起信論之三細相之能見相·能現相. 此能執我之第七識與所執第八識之我, 可比易所說之陰·陽兩儀. 第七·第八能執所執相應的卽爲無始四惑, 是爲我疾·我見·我愛·我慢, 此四惑相應, 卽世間的根本.. 疾·愛凝重如陰柔, 見·慢高亢如陽剛, 可比易所說之少陰·太陽·小陽·太陰之四象. 再展轉相依相緣, 各由根·塵·識三和合而成八識: 乾比八識, 坤比七識, 依乾·坤之七·八兩識, 演變成爲第六意識及眼·耳·鼻·舌·身前五識, 可比艮·震·坎·離·巽·兌六卦. 由八卦變爲六十四卦, 可比由八識三能變以成世間萬法."

광대하다含萬物而化光"와 서로 상응한다. 하지만 태허는 그렇게 보지 않는다. 그는 아뢰야식을 풀이하고 또한 '미혹'을 말하고 있지만 장태염이 강조한 것과는 달리 대략적으로만 언급했다.

전체적으로 말해서 장태염은 세간의 만물을 낳는 잠재적 과정을 중시하였다. 그래서 비교적 소략하게 표현하여 비약적인 면이 있고 어떤 내용들은 여전히 독자들이 읽어가는 중에 보충을 필요로 한다. 태허는 전체 생성과정 중에 표현되어 나오는 외재적인 수열형식數列形式을 구체화하는 데 마음을 기울이고 있다. 때문에 그는 '태극'을 세계의 본원으로 삼아 '태극생성론太極生成論'을 '아뢰야식 연기'와 대비시켜 다소 자세하게 말한다.

아뢰야식	→	칠식, 팔식	→	사혹四惑	→	팔식三能變	→	만법萬法
태극	→	음양	→	사상	→	팔괘	→	육십사괘

둘째, 장태염과 태허는 모두 고대 격의格義 불교의 전통을 답습하여 역학과 불법을 서로 연결시키고 있다. 만약 협의적인 의미의 격의로 해석한다면 장태염이 중시한 것은 의리義理를 밝혀내는 것이며, 태허와 비교하면 오히려 한말漢末 격의불교 초기의 경우와 비슷한 특징을 가지고 있다.

셋째, 두 사람은 『역전』이 이야기하는 '만물생성설'의 원시적 자료를 취하고는 있으나 다른 점이 있다. 장태염은 「설괘전」·「서괘전」과 「문언전」을 중시하여 관점이 복잡하나 상세히 다룬 경향이 있지만, 태허는 「계사전」 만을 취해 아뢰야식과 서로 비교하여 글이 매우 간략하며 조리가 분명하다. 이 점은 그가 여러 해 동안 유식학을 깊이 연구하고 의미를 정밀하게 파헤친 것과 무관하지 않다. 이런 입장에서 본다면 태허의 설이 다소 우수한 것으로 보인다.

객관적으로 말해 역학과 불학은 서로 다른 발전 체계에 속하는 것이기 때문에 세계만물 생성에 관한 이론 또한 서로 다르다. '태극생성론'은 역학의 본의에 기초하여 현실세계의 유래에 대한 탐구로서 고대 중국인의 생활환경에 대한 이해와 지혜를 반영한다. 마찬가지로 유식학의 세계 발생에 대한 관점은 불교의 입장에서 이루어진 고대 인도인들의 지혜의 결정結晶이다.

불학과 역학이 동일한 문제를 다루고 있지만, 이 두 가지 학설은 다른 학문 사상적 배경에서 나왔고 서로 다른 민족에서 기원하였다. 이런 점에서 보면 양자는 서로 관련성이 없다고 할 수도 있다. 그러나 양자가 다루고 있는 것은 동일한 주제이기 때문에, 사유방식에서는 다르지만, 약속이나 한 듯이 일치된 견해를 보이고 있다. 이 때문에 태허가 『역전』의 태극생성론을 아뢰야식 연기설과 비교하고 소통한 것은 여전히 가치있는 연구다.

『주역』은 세간법世間法

세간법世間法과 출세간법出世間法은 본래 불교 교의 중의 중요한 두 개념이다. 간략하게 말하면 세간법은 욕欲, 색色, 무색계無色界 일체의 유루有漏 무상無常의 법을 말한다. 출세간법은 이것과 상대적이며 삼계三界를 초탈한 무루無漏 해탈법解脫法이며 열반법涅槃法이다. 역사적으로 몇몇 유가학자들은 항상 '섭속경국涉俗經國(속세에서 나라를 경영함)'과 '이군색거離群索居(무리를 떠나 홀로 지냄)' 이 두 가지를 통하여 세간법과 출세간법을 판정하는 기준으로 삼았다. 이렇게 볼 때, 『주역』은 이 두 가지 모두를 말한다고 보아 그것(『주역』)을 '유가의 출세법'이라고 본다.58)

태허는 이러한 주장에 뜻을 달리하여 반론을 제기하였다. 세간법과 출세간법의 개념은 불교 쪽에서 제기된 것인데, 『주역』이 출세간법이냐 아니냐를 판정한 것은 불교에서 말하는 것을 표준으로 삼아야 성립된다는 것이다. 태

58) 『논주역(論周易)』 6 『주역지세법출세법분별(周易之世法出世法分別)』, 『각사총서(覺社叢書)』 제1기, 『태허대사전집(太虛大師全集)·논장(論藏)·종용론(宗用論)』 370, 371쪽.

허는 말한다.

> 세世라는 것은 시간적 순서이고, 계界라는 것은 방위이다. 이 두 가지 기본 항목인 세와 계에서 사물은 벗어나지 못하고 서로 의지하여 존재하고 변역變易은 그것으로 인해 드러나니 『주역』이 설명하는 것은 진실로 세간법이다.[59)]

위 글에 따르면 '세계'라는 두 글자는 바로 시간과 공간을 나타낸다. 일체 만물은 모두 이것에서 벗어나 존재할 수 없다. 『주역』이 해석하는 것은 시공 속에서 사물의 상호의존과 변화를 말한다. 모두 무상無常과 유루有漏의 존재에 속하기 때문에 『주역』은 세간법이다.

더 상세하게 말하면, "『주역』의 도는 변화를 헤아려 이치를 구하고 흉을 피하고 길로 나아가는 것을 귀하게 여기며"[60)] 자연 진화의 법칙에 따라 진퇴·순환·변화하며, "어지러운 변화를 궁구하여 그 조리를 구한다. 자연의 분수에 나아가 그 도수度數(즉, 법도)를 통하는 데 있다."[61)] 만약 조리를 알아 도수가 밝아지면 길하고 반대가 되면 흉하다. 『주역』은 복서로서 미래의 일을 예측하니 '길로 향하고 흉을 피하는趨吉避凶' 것을 목적으로 인간세에서 안락처를 구한다.

이것은 『주역』 처세處世의 궁극적 목적으로부터 그 지향하는 것을 설명한 것으로, 그 중에서 당시 새롭게 도입된 서양 진화론의 관점을 언급하고 있다. 또 이러한 뜻을 『주역』 '순화順化(자연의 변화에 따름)'의 뜻과 표리로 본 것은 매우 정확하다. 이 외에도 태허太虛는 "자연의 변화에 따라서 인위人爲의 공功

59) 『논주역(論周易)』6 『주역지세법출세법분별(周易之世法出世法分別)』, 370, 371쪽. "世者時序, 界者方位], 此二原行, 事物莫遁, 交時憑之而存, 變易由之而著, 則周易之所詮者, 固世間法矣."

60) 『논주역(論周易)』6 『주역지세법출세법분별(周易之世法出世法分別)』, 370, 371쪽.

61) 『논주역(論周易)』6 『주역지세법출세법분별(周易之世法出世法分別)』, 370, 371쪽.

을 일으키는" 세간의 도로부터 출세간의 차원에 이른다. "생화生化를 좋은 것으로 여기지 않거나, 생生할 수 있거나 화化할 수 있는 것을 참된 것으로 여기지 않으며, 장차 그것을 생生할 수 있는 천추天樞를 이해하고 그 변화하는 의문의 근원을 분석하면 생生함도 없고 변화도 없다."[62] 이것은 또한 반면적反面的 관점에서 주역이 말하는 것이 '생생生生'과 변화에 통하는 단계에 있을 뿐이고 '무생無生', '무변無變'의 세간법을 초탈하는 경지에는 도달하지 못했음을 증명한다.

어떤 사람은 이와는 다른 관점을 가지고 있는데, 『역』은 '역수逆數'이기 때문에 '역화逆化의 출세법出世法'이지 '순화順化의 세법世法'이 아니라고 본다. 태허는 이러한 관점이 정확하지 않다고 본다. 왜냐하면 『주역』은 "지나간 것을 세는 것을 순順으로 보고 올 것을 아는 것을 역逆으로 보기 때문에 『역』에서 말하는 순은 보내는 것을 말하고 역은 맞이하는 것을 가리키는 것"**20**이고 『주역』이 말하는 순은 송送을 가리키기 때문이다. 역은 영迎을 가리키며**21**, "지나간 이전의 변화를 보내고 새로운 변화가 오는 것을 맞이한다."[63] 사물의 유전 변화는 장강長江의 흐르는 물과 같고, 『주역』의 도道는 마치 강가에 있는 사람이나 배를 탄 사람이 '그 흐르는 물살을 보고 따라가거나' '노를 저어 건너거나' '제방을 쌓아 둑을 만드는 것'과 같다. 물이 끓어오르면 배가 높아지고 조수가 평탄하면 양안兩岸이 넓어진다.

출세간법은 이와 같지 않다. 흐르는 물을 마주보고 오직 '그 근원을 파악하여 나로부터 돌아나가서 근기의 크고 작음에 따라 그 쓰임을 잡으면 많다고 꺼리지 않고, 한 방울이라도 적다고 여기지 않는다. 쓰이지 않으면 없어져서 흔적이 없다. 양자의 구별은 마치 경수涇水와 위수渭水처럼 분명하여 하나로 섞어 말할 수 없다.'

62) 『논주역(論周易)』6 『주역지세법출세법분별(周易之世法出世法分別)』, 370, 371쪽.

63) 『논주역(論周易)』 6 『주역지세법출세법분별(周易之世法出世法分別)』, 370, 371쪽.

『주역』은 이와 같이 세간법이지만, 태허는 그 '정지定志', '수업修業', '성덕成德'은 출세간법과 통할 수 있다고 생각하였다. 예컨대 불승佛乘을 수습修習하여 "믿음으로 발심發心을 일으켜 초지初地에 오르며",[64] '대비행大悲行은 부족하나, 공혜관空慧觀은 많다'. 그래서 '세상에서 물러나 있어도 고민하지 않으며', 이것은 건괘乾卦 초효의 "물속에 잠겨 있는 용이니 아직 (능력을) 쓰려고 하지 말아야 한다潛龍勿龍"와 유사하여 크게 어떤 일을 도모할 수 없다.

십주十住를 거친 후 십회향十回向에 들어가서야[65] 비로소 덕을 쌓아 몸을 이루어 '보리를 생각하나 세간에 상주하며, 열반을 관觀하나 중생을 버리지 않고 항상 유정有情에 따르나 이들을 이끈다.'[66] 이것은 "나타난 용이 땅위에 있으니 대인을 만나면 유리하다"[67]와 매우 비슷하다.

건괘 구사 효사에서 이르기를, "혹 위로 뛰어오르거나 혹은 연못에 있으면 허물이 없을 것이다或躍在淵, 無咎"는 칠지七地 보살에 해당되고, 구오의 "나는 용이 하늘에 있으니 대인을 보면 이로울 것이다飛龍在天, 利見大人"는 보살이 십지에서 덕업을 닦은 후에 자유를 얻은 것과 같다. 불지佛地에 이르러 "종자와 훈습種習이 모두 없어지고 이숙異熟22이 완전히 비게 되는데, 불佛은 자성신自性身

64) 초지(初地)는 환희지(歡喜地)라고 명명된다. 보살십지(菩薩十地) 중에서 최초의 자리이다. 보살이 이 위(位)에 올라야 비로소 성성(聖性)을 획득하고 인(人), 법(法) 이공(二空)을 증득하고 자리이타(自利利他)를 행하고 마음에 기쁨이 일어나므로 환희지라고 일컫는다.

65) 십주(十住) 또한 십지라고 불리는데, 불교 수행 과정의 열 가지 단계를 가리킨다. 여기에 두 가지 설이 있다. 하나는 삼승십지(三乘十地)로서, 성문, 연각, 보살이 공히 수습하는 단계를 가리킨다. 1)건혜지(乾慧地) 2)성지(性地) 3)팔인지(八人地) 4)견지(見地) 5)박지(薄地) 6)이욕지(離欲地) 7)이작지(已作地) 8)벽지불지(辟支佛地) 9)보살지(菩薩地) 10)불지(佛地)이다. 다른 하나는 대승보살 십지로서 보살수행의 단계가 된다. 1)환희지(歡喜地) 2)이구지(離垢地) 3)발광지(發光地) 4)염승지(焰勝地) 5)난승지(難勝地) 6)현전지(現前地) 7)원행지(遠行地) 8)부동지(不動地) 9)선혜지(善慧地) 10)법운지(法雲地)이다. 여기서는 후자를 가리킨다. 십회향(十回向)은 보살 수행 52단계 중에서 제31(位)에서 제40(位)에 이르는 단계이며, 대비심(大悲心)으로 일체 중생을 구호(救護)하려는 숨은 뜻을 가리킨다.

66) 『논주역(論周易)』 7 『석건괘(釋乾卦)』 "念菩提而常住世間, 觀涅槃而不舍衆生, 恒隨有情而爲主導."

67) 「건괘」 九三 爻辭 "見龍在田, 利見大人."

23, 자수용신自受用身24에서 하나하나의 공업에 진실하여 끝이 없다."[68] 그러나 이와 같은 경지는 일반 중생들이 전혀 알지 못할 뿐만 아니라 심지어 십지보살, 등각보살 또한 아직 깨달은 것이 아니기에, 이른바 "도道가 높으면 속俗이 끊어지고, 덕德이 귀하면 업業이 사라진다."[69] 움직이면 후회가 있다는 것은 바로 건괘 상구에서 말한 "너무 높이 올라가버린 용은 후회함이 있으리라亢龍有悔"는 말에 해당된다.

태허의 이러한 논의는 본질적인 면에서 역학과 불학이 내재적 본질의 추구라는 측면에서 말하면 회통할 수 있다는 것이다. 그 사상 내용은 완전히 같지는 않지만, 이러한 비교는 철학 사상의 상호 융합으로 보면 또 다른 새로운 의미라고 할 수 있다. 왜냐하면 역학은 일종의 세간법에 속하면서 또 출세간법과 통하는 이론이라는 것이 태허의 기본 입장이기 때문이다.

기타 논의

『주역』의 원류에 대해 태허太虛는 우익藕益과 마찬가지로 '사람에게는 과거, 현재, 미래가 있고 세상은 고대 상고, 중고, 하고 시대를 거쳤다人更三世, 世歷三古'고 하는 전통적 관점을 따른다. 그렇다고 그의 이러한 관점이 보수적이라는 것을 의미하지는 않는다. 그는 현실적 시대 감각을 가진 인물로서 근세 불교의 쇠퇴와 승가僧伽의 범람을 우려하여 승가 제도론과 교리敎理, 교산敎産, 교제敎制라는 세 가지 혁명설을 정리하고 시대에 맞는 '생활불교'를 주장한 사람이었기 때문에 당시 사람들에게 불교 개혁을 부르짖는 급진적인 대표 인물로 간주되었다.

역학의 해석이라는 점에 있어서 태허는 당시 서양에서 들어온 새로운 사

68) 『논주역』 7 『석건괘』 "種習俱盡, 異熟全空, 佛自性身·自受用身, 一一功地, 眞實無邊."

69) 『논주역』 7 『석건괘』 "道高則俗離, 德貴則業厭."

상과 이론을 혼용하여 역학의 해석을 다양하고 풍부하게 전개시켰다. 예를 들면, '흡翕', '벽闢' 두 자는 본래 『역전』「계사전」에서 말하는 것으로 '폐장閉藏'과 '개벽開闢'은 '건', '곤'의 성질을 설명하기 위해 사용된 개념이다. 태허는 오히려 토마스 헉슬리(Huxley)의 (*원문에는 스펜서(Spencer)로 잘못 되어 있음) 『진화와 윤리(Evolution and Ethics)』의 관점을 인용하여 논의를 확대하고 있다. 그는 다음과 같이 말하였다.

> 흡은 재질과 연관되니 건의 곤이다. 벽은 힘을 분산하니 곤의 건이다.[70]

여기에서 '질質'은 '재材'를 의미하고, '력力'은 '성性'을 가리킨다. 태허는 다음과 같이 말한다.

> 물物은 음을 등지고 양을 안는다. 즉 질質을 등지고 힘을 안는다. 힘이 없으면 흡취벽산翕聚闢散할 수 없고, 질이 없어도 흡취벽산할 수 없다.… 질력質力이 서로 합하여 변화를 이루니, 이른바 교역交易이고 변역變易이다. 그러므로 진화라는 것은 곧 『주역』의 다른 이름일 뿐이다.[71]

이러한 관점은 '흡', '벽'을 물리학의 '구심력'과 '원심력'[72]으로 이해한 이증강李證剛의 설과 마찬가지로 흥미를 끈다. 웅십력은 이 '흡', '벽'이라는 개념을 유식학과 『노자』『장자』 그리고 심지어 서양철학과 융합시켜 마치 하나의

70) 『논주역』 4 『팔괘중괘총의(八卦重卦總義)』 "翕以聯質, 乾之坤也., 闢以散力, 坤之乾也."

71) 『논주역』 4 『팔괘중괘총의』 "物負陰而抱陽. 非力無以翕聚闢散; …… 質力雜糅, 相劑爲變, 則卽所謂交易·變易也. 故天演者, 卽周易之別名耳.

72) 『역감통의여불설연생의지비관(易感通義與佛說緣生義之比觀)』, 『국풍(國風)』 1930년 제10, 11기 합간본(合刊本)

용광로에 넣어 새롭게 주조하여 사용하였다. 철저히 탐구하고 이해하여 『신유식론新唯識論』을 지었다. 이것은 중국 근대철학사상 보기 드문 현상이다.

태허는 근세 생물학, 지질학, 역사학, 철학 등에 대해 '그 영역이 넓고 깊고', 주공周公, 공자도 언급한 적이 없으니 복희, 신농을 말할 필요도 없다고 하였다.[73] 현재가 과거보다 낫다는 이러한 관점은 다윈 진화론의 영향을 받은 것으로 볼 수 있다. 고대 성인의 지혜가 근대인보다 뛰어나다고 할지라도, 오늘날의 지식은 고대보다 훨씬 방대하고 정밀하다는 것은 부인하기 어려운 사실이다.

물론 태허太虛는 불교 승려이기에 서양학문을 상세하게 다루어 자신의 관점을 말하는 것은 아니지만, 전대前代 조사의 의발을 이어 서학西學을 용用으로 삼고 역학의 원리를 참구하여 불교의 교의를 폈다. 당나라 때 징관澄觀은 『화엄경소초』에서 일찍이 일정한 분량으로 『주역』 건괘의 원, 형, 이, 정 사덕의 함의에 대해 논하였다.

이에 대해 태허 또한 『주역을 논하고 건괘를 풀이함論周易·釋乾卦』이라는 문장의 1절에서 『역전』「문언전」의 구절을 인용해 고견을 발표하고 인륜人倫, 군덕君德 등을 상세히 다루었다. 그 가운데 "이利라는 것은 의義의 조화요利者, 義之和也"에 대해 특히 깊이 있는 논의를 하였기 때문에 다음과 같이 인용한다.

> "이利라는 것은 마땅함에 조화되는 것이요"라는 말은 묵가墨家의 '의는 이익이다'의 설과는 다르다. '마땅함에 조화되는 것'이 바로 리利라는 것이다. 또 맹자가 리를 버리고 의義를 말한 것과도 다르다. 다만 최근에 말하는 양자 모두에게 이익이 되는 것을 리로 삼는 설은 자유롭게 타인을 경계로 삼는 관점과 가장 가까운데, 다수에게 마땅할 뿐만 아니라 자신에게도 그렇다. 그러므로 스펜서의 양리상권兩利相權25은 자기를 버리고 전체를 따르는 것으

73) 『논주역』 4 『팔괘중괘총의(八卦重卦總義)』.

로 오히려 타당하지 않고, 오직 다수와 자기가 이미 서로 이익을 주고받기 때문에 충분히 마땅함에 조화한다고 할 수 있다.[74)]

이 해석은 분명히 현대적 의미를 가지고 있다. '리利'는 '상호 이익'이며, 이른바 '집단과 개인이 서로 이로운 것이다.' 또 상대에게 손해를 끼치는 것, 예를 들면, '자기를 버리고 집단을 따른다'는 것, 혹은 '집단을 버리고 자기를 마땅하게 하는' 것을 선결조건으로 삼지 않는다. 그러므로 묵가의 애리愛利를 겸한 '의리義利'[75)]와는 다르며 또한 맹자의 '이익을 버리고 의를 말하는去利言義' 관점과도 다르다.

그러나 태허는 이것은 세간법에 불과하며 '한계'가 있음을 거듭 밝히고 있다. 여기에 머무르지 않고 이것을 초월해야 보다 높은 '출세'의 경계에 도달하여 『주역』에서 말하는 '군덕君德'과 같은 것을 구비하여야 한다. 왜냐하면 대인大人의 도는 "인륜은 군덕과 같은 것으로 사람은 반드시 군덕이 있는 후에야 설 수 있다"에 있으며, 비단 '재위在位하고 있는 군주'에 국한되는 것이 아니라 설령 '쑥대蓬艾' 사이에 처하여도 군덕을 갖추어 스스로 마음속에 보존하기 때문이다. 이것은 건괘乾卦 용구用九 "여러 용을 보되 머리가 없으면 길하다群龍無首, 吉"라는 말에서 볼 수 있다.

『주역』의 궁극적 이상은 그 귀함이 사람들이 모두 군덕을 가지고 있으

74) "此有異乎墨家義利也之說, 義之和卽利, 亦異孟軻去利而言義. 獨與晚近兩利爲利之說, 自由以他人爲界之說, 最爲密邇; 不獨宜群, 不獨己. 故斯賓塞爾兩利相權, 去己從群, 猶爲未當, 唯群己交利, 故足以和義."

75) 묵자의 '리(利)'에 대한 설명은 '애(愛)'와 연결하여 나타난다. 예를 들면, 『묵자』「겸애(兼愛)」下, "내가 남의 부모를 먼저 사랑한 후에야 남이 우리 부모를 사랑하는가? 내가 남의 부모를 먼저 미워한 후에야 남이 우리 부모를 사랑하는가? 반드시 내가 먼저 남의 부모를 사랑해야 남도 우리 부모를 사랑할 것이다.(若我先從事乎愛利人之親, 然後人報我以愛利吾親乎? 意我先從事乎惡賊人之親, 然後人報我以愛利吾親乎? 卽必吾先從事乎愛利人之親, 然後人報我以愛利吾親也.))" 이 말은 비록 서로 사랑하고 서로 이롭다는 말이지만, 상호 이익의 교역(交易)과는 약간 다르다.

나 머리가 없어서 한 사람이 이것을 가지고 무리에서 튀어나와 만민의 수령이 되는 것을 강조하지 않는다. 이러한 점은 태허가 『주역』을 세간법으로 보고 있으면서 또한 출세간법에도 통하는 근거의 하나로 보고 있는 것이다. 이것은 바로 앞글에서 말한 '정지定志'이다. 매우 설득력이 있는 대표적 관점이라 할 수 있겠다.

3. 웅십력熊十力의 『신유식론新唯識論』

일반적으로 불학佛學과 역학易學의 상호교섭은 처음부터 근대까지의 발전 과정 속에서 줄곧 역학을 불학의 보조이론으로서 기술한 것이다. 이러한 상황은 천 여 년 유지되다가 웅십력熊十力에 이르러 비로소 변화하기 시작한다. 역학은 이전의 종속적 지위에서 주도적 지위로 상승한다. 이것이 웅십력의 신유식新唯識 학설이 이전에 '『주역』으로 불교를 해석'하거나 혹은 '불교로서 『주역』을 해석'하는 사상 유파와 구별되는 두드러진 특색이다.

웅십력은 일찍이 "내가 평생 공부한 것은 여러 다양한 종諸宗을 섭렵했으나, 끝내는 『주역』으로 돌아와 근본으로 삼았다."[76]고 말하였다. 여기에서 말하는 '제종諸宗'이란 불교 각 종파의 사상 이론, 특히 유식종의 교의를 가리킨다. 『대역大易』은 바로 역학의 근본적인 뜻으로 불유佛儒를 출입했으나 마침내 역학으로 귀종歸宗한 웅십력 학술사상 발전의 기본 노선이다.

76) 『신유식론 (임진삭정본). 췌어』 4쪽, 『체용론(體用論)』 중화서국 1994년판.

웅십력의 원명은 계지繼智, 승항升恒이며 자는 자진子眞이며, 호북성湖北省 황강현黃岡縣 사람이다. 유년기에 배움의 기회를 놓쳐 홀로 분투하였다. 청년 시기 반청反淸 혁명에 참가하였다. 35세 이후 비로소 정치에서 벗어나 학술이론의 연구와 저술에 종사하였다. 한때 지나내학원支那內學院에 들어가 구양점歐陽漸에게 불법佛法을 익히고 나중에 북경대학에서 주로 『신유식론』을 강의하였으며 박학함과 치밀한 사유로 국내외에서 명성을 떨쳤다. 주요 저작은 『신유식론』 외에 『체용론體用論』, 『명심편明心篇』, 『건곤연乾坤衍』, 『존재수필存齋隨筆』 등이 있다.

본서 내용의 제한으로 인해 이 절은 웅십력이 논한 유식학과 역학 관계의 사상을 논술하는 것을 주로 삼았으며 이와 관련하여 필요한 것만 언급하며 기타 이론적인 문제는 많이 언급하지 않으려 한다.

흡벽성변翕闢成變

변역變易은 세상 천지만물의 근본법칙이다. 이 때문에 거의 모든 철학 사상 학설은 이것에 대해 언급한다. 불타는 세간의 제행은 순식간에 생멸生滅, 상속相續이 끝없는 현상으로 인해 무상無常의 이치를 깨달았고, 『주역』의 작자는 일체 사물의 변동이 한 곳에 머물지 않음에 따라 "오직 변해서 갈 뿐이니唯變所適"26의 원칙을 추출하였다. 양자는 이 문제에서 통일될 수 있다. 자백존자紫柏尊者는 다음과 같이 말하고 있다.

> 선천先天에 불변함常이 있다면, 후천은 어떻게 시작되는가? 후천에 불변함常이 있다면 선천은 어떻게 돌아갈 것인가? 오직 선천은 불변함이 없어야 후천이 비로소 열리고 오직 후천에 불변함이 없어야 선천이 회복될 수 있다.[77)]

77) 『자백존자전집(紫柏尊者全集)』 권21 「해역(解易)」, 『만속장경』 제127책. "先天有常, 則後天何始? 後天有常, 則先天何復? 唯先天無常, 而後天始開; 唯後天無常, 而先天可復也."

또 말하길, 『주역』 "64괘, 384효는 비록 성정性情이 다르지만 무상無常이라는 점에서는 같다"[78]라는 인용문의 뜻은 결코 이해가 어렵지 않다. 이른바 상常은 불변不變이다. 무상無常은 이러한 뜻과 상반된다.

팔괘를 예로 들어보자. 만약 건괘가 불변이라고 한다면, 리괘離卦는 생겨날 수 없고 곤괘坤卦가 불변을 계속 유지해 간다면 감괘坎卦는 있을 수 없다. 건, 곤이 변동하여 한 곳에 머무르지 않기 때문에 감, 리가 따라서 생겨나게 만든다. 한 괘가 팔괘를 낳고 한 효가 64효를 낳으니 이러한 이치는 모두 같다.

무상無常과 변역變易은 말은 둘이나 뜻은 하나이다. 이러한 의미에 대해 웅십력은 마음으로 깨달아 이해한 것이기 때문에 그의 『신유식론』에서 「전변轉變」이라는 장章을 만들어 전문적으로 그 뜻을 논술했다. 그는 만년에 또 『신유식론』에 의거하여 『체용론』 한 권을 개찬하고 '전변轉變'을 '명변明變'이라 고쳐서 책의 제1장에 배열했으니 그가 '변變'의 의미에 대한 연구를 얼마나 중요하게 여겼는지 알 수 있다.

웅십력이 변화를 연구한 것은 인도 유식가唯識家(웅십력은 '구사舊師'라고 칭함)가 말한 것에서 출발하였으며 역학을 융회하여 진행한 것이다.

유식가는 일체의 마음과 물질의 현상을 '행行'이라고 불렀다. '행'에는 두 가지 뜻이 있다. 하나는 변천 유행遷流이고 다른 하나는 형상相狀이다. 이른바 변천 유행은 마음과 물질의 현상이 시시각각 흘러 않고 변하는 것이지, 고정되어 움직이지 않는 것이 아니다. 형상相狀은 마음과 물질이 비록 시시각각 변하지만 일정한 형상이 드러나는 것을 말한다. 마음의 형상은 감각으로 관찰할 할 수 없지만 알아차릴 수는 있다.

천류遷流와 형상相狀이라는 두 가지 의미는 심물心物 현상의 기본 특징이 '무상無常'임을 말하는 데 있다. 그래서 행行 혹은 제행諸行, 일체행一切行으로 통

78) 『자백존자전집』 권21 「해역」, 『만속장경』 제127책. "六十四卦, 三百八十四爻, 雖性情有殊, 而無常則一也."

칭한다. 웅십력은 '전변轉變' '곧 일체행을 모두 실재하는 것으로 볼 수 없다'고 주장한다. 이러한 의미에서 말하자면 구설舊說(즉 '舊師所說')의 제행무상의 뜻과 상통하는 점이 있다.[79]

확실히 일체 사물은 생生하면 곧 멸滅하니 잠시도 제 자리에 머물러 있지 않는다. 이것이 불가가 힘써 깨우치려는 것이며 웅십력 역시 특별히 강조한 것이다. 그러나 일반인들은 이해하기 매우 어렵다. 『요씨역전姚氏易傳』 건괘에 다음과 같은 말이 있다. "일체 사물은 시시각각 변화하며 다만 잠시 있는 존재이다." 이것은 역학자 요배중姚配中이 한 말이며, 그는 사물이 멈추지 않고 변화함을 인정하면서도 '잠시 있는 존재'라는 개념을 말하고 있다. 이것이 전형적인 일반인의 사상이다. 이에 대해 웅십력은 그가 '진견眞見이 없음'을 비판했다. 그는 『역전』「계사전」의 "빨리 달려가지 않아도 신속하며 가려고 의도하지 않아도 이를 수 있으니不疾而速, 不行而至"라는 말을 인용하여 자신의 관점을 피력한다.

> 일체 사물이 매 찰나刹那 변이變異하는 것은 다만 그 법칙이 그러한 것으로, 달리 크게 신묘한 것의 힘이 있어서 일체 사물로 하여금 빠르게 변화시키는 것은 아니다. 이른바 변이는 매우 기묘하게 신속한 것으로 매 찰나마다 조금도 정체하지 않는 것이다. 그래서 '빨리 달려가지 않아도 신속하며不疾而速'라고 한다. 또 만물이 매 찰나마다 변화하기 때문에 앞의 사물이 이미 멸하여 머물러 있지 않으니, 다음 사물이 앞의 사물에 이어 일어난다. 즉 앞 사물이 비록 뒤에 남을 수 있는 실물實物이 아니지만 매 찰나마다 사물이 이어져 생기한다. 마치 앞의 사물이 뒤에 이르는 것처럼 보인다. 그래서 '가려고 의도하지 않아도 이를 수 있으니不行而至'라고 한다.[80]

79) 『신유식론 (어체문본)』 제4장 「전변」, 중화서국 1985년판.

80) 『신유식론 (어체문본)』 제4장 「전변」, 중화서국 1985년판. "一切事物刹那刹那變異, 只是法爾如此, 不

웅십력은 불학에 근거하여 역학을 드러내고 있다. 주목을 끄는 점이 두 가지가 있다. 첫째, 불경 안에 시간 개념을 표시한 '찰나剎那'라는 말을 반복적으로 인용하고 있다. 찰나(범어 'Ksana')는 수유須臾, 일념一念으로 의역되며 시간의 최소 단위를 가리킨다. 『구사론俱舍論』 권12 중 "힘센 장사가 한 번 신속하게 손가락을 튕기는 짧은 시간이 65찰나이다.壯士一疾彈指頃, 六十五剎那."[27]라는 구절에서 시간의 빠른 정도를 볼 수 있다. 당唐대 유식의 거장 규기窺基는 "생각念은 찰나의 다른 이름이다."[81]라고 하였으니 그 본의에 부합하는 것 같다. 찰나를 사용하여 변화의 빠름을 표시하였는데, 확실히 '생하자 곧 멸한다才生卽滅'라는 것에 비해 더욱 생동적이고 형상적이다.

둘째, 사물의 생멸과 멸생滅生의 과정을 고찰하는데 웅십력은 그 변화의 빠름不疾而速에 주의했을 뿐만 아니라 그 가운데 중간 연결 또한 정밀하게 분석하여 빈틈이 없다. 이것은 유식학 이론을 전심전력을 다하여 연구한 결과였다. 『역전』의 "가려고 의도하지 않아도 이를 수 있으니不行而至"라는 말로 결론을 맺어 매우 간결하고 명쾌하게 표현했다.

위에서 말한 것은 웅십력이 생멸의 관점에서 변화를 해석한 내용이며 유식가가 말한 의미와 상통하는 부분이다. 그러나 이것은 다만 현상에서 파악한 것으로 그 근본 취지는 아주 다르다. 현격한 차이를 다음 인용문에서 볼 수 있다.

> 구사舊師는 일체행一切行으로 무상을 말하여 은연중 비판하고 있지만, 이 책에는 오히려 이러한 뜻이 결코 없다. 이 때문에 순전히 우주론의 관점에서

是別有個大神的力, 來使一切事物很猛疾的變異. 而所謂變異者, 卻是極奇妙的迅速, 梅一剎那頃都不會停滯的, 所以說不疾而速. 又, 凡物剎那剎那變異故, 前物已滅, 本不曾住於後, 然後物續前而起, 卽其前雖無實物可以住後, 而由剎那剎那, 有物續性, 宛似前物至後, 所以說不行而至."

81) 『신유식론술기』 권18, 『대정장』 제43권 "念者, 剎那之異名."

보면 (우리는 객관적으로 독립적으로 존재하는 우주를 인정하지는 않지만, 논리적으로 자아가 가지고 있는 일체행 혹은 만유萬有를 통하여 우주를 가정하는 것은 무방하다. 다른 곳에서 우주를 말하는 것은 모두 이와 유사하다.) 바로 일체행은 모두 자체가 없음이 드러난다. 실제로 일체행은 매우 생동적이며 부단히 변화하는 과정 중에 있을 뿐이다. 이러한 끊임없는 변화를 우리는 위대한 작용의 흐름大用流行이라고 한다. 이것은 비판적인 의미가 전혀 없다. 우리는 이러한 우주관에 의거하여 우리의 인생태도를 결정하므로 정진精進과 향상向上이 있을 뿐이다. 제행을 싫어서 버리는 일도 없고 집착도 없다.[82]

웅십력의 이 단락의 말은 불교의 몇 가지 개념(예를 들면, 일체행·무상·만유와 염사厭捨 등)과 사상을 이용하여 자기의 사상을 드러낸 것이나.[83] 이것은 그의 일관된 방법으로 불교의 명사를 빌려서 자기의 뜻을 부여했다. 이것은 그 일례에 불과하다. 웅십력은 유식가는 "일체행으로 무상을 말하지만 은연중 비판을 담고 있다一切行而說無常, 隱存呵毁"는 이유로 그들을 부정한다. 나아가 역학의 "대용유행大用流行"의 논의를 통해 "정진精進과 향상向上"의 인생 태도를 말하고 있는데, 이것은 그의 『신유식론』과 이후 사상 체계의 일관된 종지宗旨가 된다. 여기에서 웅십력이 유식학에 대한 비판이 타당한지 잠시 접어두고 다만 "정진향상精進向上"을 그의 철학사상의 근본 취지로 삼는 입장은 수십 년이 지나도

82) 『신유식론 (어체문본)』 제4장 「전변」, 중화서국 1985년판. "舊師以一切行而說無常, 隱存呵毁, 本書卻絶無這種意思. 因此我們純從宇宙論的觀點來看(我們雖不承認有各觀獨存的宇宙, 但在邏輯上, 不妨把自我所賅備的一切行或萬有, 推出去假說爲宇宙. 他處, 凡言宇宙者的均仿此), 便見一切行, 都無自體. 實際上這一切行, 只是在那極生物的·極活潑的·不斷變化的過程中. 這種不斷的變化, 我們說爲大用流行. 這是無可呵毁的. 我們依據這種宇宙觀, 來決定我們的人生態度, 只有精進和向上. 其於諸行, 無所厭捨, 亦無所染著了."

83) 웅십력의 『신유식론』은 불교 명사를 인습적으로 사용하여 그 뜻을 바꾼 것이 많은데 예를 들면, '恒轉'은 본래 '아뢰야식'을 말하며, '공능(功能)'은 원래 '종자'의 별칭이다. 그 중에 "모두 그 뜻을 바꾸어 본체로 간주한다(皆變其義, 而以'本體'目之)"라는 구절이 있다.

바뀌지 않았다는 점을 지적하고자 한다. (비록 그 나머지 사상적 관점에는 약간의 변경이 있지만) 이 점은 선현들과 비교해서도 확실히 흔하지 않다. 이것은 그가 이른 나이에 반청反淸 혁명에 참가한 경력과 진리를 추구하는 서원이 완전히 일치한 것이다.

'생멸生滅'로 변화를 분석한 것 외에도 웅십력은 '흡벽翕闢'을 차용하여 토론하였다. "벽闢은 막힘없이 유행하는 세력의 작용이며 흡翕은 끌어 당겨 응취한 세력의 작용"이지만 그것들은 또한 찰나마다 생生하면 바로 멸滅하여 잠시도 머물러 있지 않는 것으로[84] 다만 표현방식이 다를 뿐이다.

'흡벽'이라는 말의 근원은 『역전』의 「계사전」에서 비롯되었다. 그것의 본래 의미는 '폐장閉藏'과 '개벽開闢'으로 '곤坤', '건乾'의 근본 성질을 표현하는 데 사용된 것이다. 앞의 절에서 이미 언급한 내용이다. 흡, 벽 두 글자는 모두 동태動態의 뜻이 있음을 말한다. 폐장은 표면상에서 보면 정지와 비슷하나 실제로는 오히려 고요함 가운데 움직임靜中之動이 있다는 뜻을 담고 있다. 웅십력은 이러한 뜻을 확대하여 흡벽을 "본체가 수많은 다양한 작용으로 현현됨"으로 말한다.[85] 그 '용用'의 '상속불이相續不已'는 마치 전광석화처럼 그침이 없는 것과 같다.

웅십력은 자신의 학문은 『주역』에 근본하고 있으며,[86] 「계사전」에서 말한 "대저 건은 고요할 때에는 (어떤 다른 것이 없이) 한결같고, 움직일 때에는 곧으니 그리하여 큰 것이 생기며, 곤은 고요할 때에는 닫히고, 움직일 때에는 열리니"라는 설은 자연히 '흡벽'의 뜻에 근거하고 있음을 거듭 밝히고 있다. 사실은 그렇지 않다. 흡벽이 「계사전」에서 나왔지만 「계사전」이 말하는 정흡동벽靜翕動闢의 글과는 무관하다. 왜냐하면 「계사전」에서 말하는 건곤은 실제로는 천

84) 『신유식론 (어체문본)』 제4장 「전변」, 중화서국 1985년판.

85) 『신유식론 (어체문본)』 제4장 「전변」, 중화서국 1985년판.

86) 웅십력의 『신유식론』, 『체용론』, 『명심편』에서 이러한 종류가 대체로 10여 차례나 된다.

지(乾은 天이고 坤은 地)를 상징하고 있기 때문이다.

당나라 이정조李鼎祚의 『주역집해周易集解』에는 송충宋衷의 주注를 인용하여 말하기를 "흡翕은 폐閉와 같다. 곤은 정靜하여 작용하지 않고 닫아 감추고閉藏 숨으니 마땅히 만물을 기른다. 동動하여 작용하면 칩거하여 있는 것들을 일으키고, 때에 맞춰 침체로 이끈다. 한번 닫히고 한번 열려 동정이 때를 잃지 않으면 어떠한 것도 재해를 입지 않는다. 이 때문에 광생廣生이라 한다."[87] 상세히 살펴보면 모두 천지가 만물을 낳는 작용이라는 측면에서 말한 것임을 알 수 있다. 웅십력은 『주역』이 천지를 통하여 상징하는 것은 다만 실제 천지라는 실물을 통하여 말하는 것이기 때문에 동정動靜의 상호 융합을 적절하게 설명할 수 없다고 생각하였다.

또 그가 논하고 있는 흡벽은 "구체적 사물의 표상을 초월하여 진체眞體의 유행流行을 깊이있게 말하고 있는데, 유행이 곧 일흡일벽一翕一闢이다."[88] 유행은 본체가 작용이 되고 흡벽은 두 가지 세력의 작용이지만 실제 하나의 세력으로 이 두 방면의 상반을 통해 그 작용을 이룬다. 이 때문에 두 가지 세력의 작용을 가정하여 말하고 있다. 물론 전적으로 동動을 '벽'이라 말할 수는 없다. 왜냐하면 벽은 일찍이 정靜하지 않은 적이 없었기 때문이다. 같은 이치로 특별히 정을 '흡'이라 말할 수 없는데, 흡은 일찍이 동動하지 않은 적이 없었기 때문이다. 이와 같이 동에 있으면서 동시에 정에 있는卽動卽靜 것으로 동정이 합일해야 비로소 흡벽이 된다. 이것은 「계사전」이 흡과 벽을 나누어 말하는 뜻과는 차이가 커서 함께 거론할 수 없는 것이다.

앞에서 언급했듯이 흡은 끌어당겨 응취한 세력의 작용이며 벽은 막힘없이 유행하는 세력의 작용이다. 세상 만물은 무無에서 유有에 이르며 미미함에

87) "翕, 猶閉也. 坤, 靜不用事, 閉藏微伏, 應育萬物矣. 動而用事, 則開闢群蟄, 敬導沈滯矣. 一翕一闢, 動靜不失時, 而物無災害, 是以廣生也."

88) 『답문난(答問難)』, 『신유식론』 648쪽.

서 드러남을 알며 수응收凝에서 이루어진다. 웅십력이 말한 것에서 보면 흡은 곧 물物이 된다. 벽은 '우주의 마음'이라 하는데 또한 '우주의 정신'으로 이해할 수 있다. 그 정신은 흡 가운데서 운행되며 또 그 주재가 된다. 흡으로 벽을 드러내고 벽으로 흡을 운행한다. 흡과 벽은 본래 상반된 것이나 '한 번 받아들이고 한 번 내는一受一施 것에서 융합된다. 총괄해서 말하면 벽은 흡을 포함하고 흡은 벽에 종속된다. 그림으로 표시하면 다음과 같다.

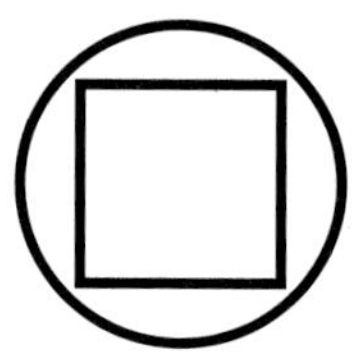

[그림 5-1]

그림에서 정방형은 흡을 표시하며 물物이 생성한 후 방소方所가 있음을 가리키고 원으로 벽을 표시하는데 심 혹은 정신은 두루 유행하나 막히지 않기 때문이다. 벽은 흡의 밖을 둘러싸고 있으나 흡에 통해 있다. 이 점에 있어 웅십력은 이미 벽을 불교의 진여와 같은 높은 위치로 끌어올려 만물을 생성하는 실체가 되게 하고, '항전恒轉'과 동의어로 사용하고 있다. 이러한 항전과 벽의 관계는 유식학에서 말하는 여래장과 아뢰야식의 관계와 비교해 보면 매우 놀랄만한 유사점을 가지고 있다. 이것은 웅십력의 『신유식론산정기新唯識論刪定記』에서 말한 "나는 불법이 가지고 있는 단점을 바로 잡고, 그 장점을 융섭融攝하지 않음이 없었다. 몇몇 조그만 깨침도 실은 불법佛法으로부터 시작된 것인데 그렇지 않았으면 유학에 대한 깨달음도 없었을 것이다."[89]라는 말에서 볼 때 결코 우연이 아니다.

89) "余於佛法, 彈正其短, 未嘗不融攝其長, 區區一隙微明, 實自佛法啟之, 否則不能有悟於儒."

웅십력은 또 『주역』에서 말하는 변화의 법칙은 상반상성相反相成의 원리에서 벗어나지 않는다고 생각한다. 이러한 원리가 없다면 변화도 없다. 왜냐하면 상반상성은 모순되는 대립면이 서로 의지하면서도 또 서로 배척하는 관계로 사물의 생성, 발전과 변화를 가능하게 추진시키는 동력이기 때문이다. 이러한 원리는 하나의 공식을 사용하여 나타내면, 『노자』에서 말하는 "일이 이를 낳고 이가 삼을 낳는다一生二, 二生三"는 형식이다. 예컨대 『주역』은 "각 괘마다 삼효三爻를 세우는데, 바로 '일이 이를 낳고 이가 삼을 낳는다'의 의미이며, 이것이 바로 상반상성을 나타낸다"[90]는 것이다. 더 상세히 말하면 하나一가 있으면 바로 둘二이 있는데, 둘은 하나와 상반되기 때문이다. 동시에 또 셋三이 있게 된다. 삼三은 일一에 근거하여 이二와 상반된다. 예를 들면, 건괘乾卦 삼효는 아래에서 위로 차례대로 배열되는데, 곧 변화의 법칙을 나타낸다. 본체(항전恒轉)의 측면에서 흡, 벽의 작용用을 말하여도 똑같이 "일이 이를 낳고 이가 삼을 낳는다一生二, 二生三"는 원리를 가지고 있다.

웅십력은 흡은 항전에 근거해서 있는 것이며 흡이 있으면 바로 벽이 있게 되는데, 상대가 있어야 변화를 만들어 낼 수 있기 때문이다. 그 중에 항전은 일一이며 항전이 드러나면 흡이 되며 거의 자성을 지키지 못한다. 이러한 흡이 바로 이二인데 이른바 '일이 이를 낳고一生二'가 이것이다. 하지만 항전은 결국 항상 그 성性을 그대로 유지하려고 하지 결코 물화物化되지 않는다. 그래서 그 흡일 때 벽이라는 세력의 작용이 함께 일어난다. 이러한 벽이 삼三이며 이른바 "이가 삼을 낳는다二生三"는 것이 이것이다."[91]

흡·벽은 생하면 멸하고 멸하면 생하여 생멸이 끝이 없기 때문에 흡·벽 또한 "일이 이를 낳고 이가 삼을 낳는다"는 공식에 적용된다. 그런 점에서 이러한 공식은 불교 '찰나생멸'의 뜻을 나타낼 수 있다. 웅십력은 전찰나前刹那가

90) 『신유식론 (어체문본)』 제4장 「전변」, 중화서국 1985년판.

91) 『신유식론 (어체문본)』 제4장 「전변」, 중화서국 1985년판.

이미 생하였다면 이것은 바로 일一이라고 말한다. 이렇게 새로 생겨난 법法은 찰나 순간에서 곧바로 멸하는데, 이 멸滅이 바로 이二이다. 이것은 일一(生)과 상반적이다. 후後 찰나에 새로 생하는 법이 있는데, 이것이 바로 삼三이다. 이 삼은 비록 일一과 같지 않지만 여전히 일一에 근거하여 일어나니 이二와 상반된다. 그러나 이 삼三은 사실상 여전히 앞의 일一과 같다. 이 일一은 상반되는 것이 바로 이전의 이二이며 이 이二가 상반되는 것이 마치 이 삼三과 같다. 이와 같이 찰나 찰나 생멸生滅 멸생滅生하여 끝이 없다. 이것은 『주역』의 대화유행大化流行, 변동불거變動不居의 뜻과 부합된다.

웅십력은 총결하여 말하길, "무릇 물物은 찰나 찰나 생멸하고 멸생하여 시종終始 '일이삼一二三'의 법칙을 따르며, 항상 창신創新하여 옛 것을 지키지 않으니, 『주역』의 이른바 '천하가 지극히 혼잡하고 다양하지만 혼란스럽지 않다.至賾而不可亂也'"[92]라는 말에 해당한다. "천하가 지극히 혼잡하고 다양하지만 혼란스럽지 않다."는 말은 「계사전」에 나온다. 원문은 "천하의 지극히 잡난雜亂한 것을 말하되 싫어하지 않아야 하고, 천하의 모든 움직임을 말하되 혼란스럽게 하지 않으니言天下之至賾而不可惡也, 言天下之動而不可亂也"이다. 의미는 역도易道 변화의 원칙을 가리킨다. 여기에서 인용문은 빠진 부분이 있다. 그가 이 말을 인용한 것은 상반상성相反相成, 정반합일正反合一의 변화원칙을 나타내기 위한 것인데, 이것은 천하의 도道와 부합되는 것이다.

웅십력이 비록 일체 사물이 찰나 생멸하는 "이러한 이치가 불교와 『주역』에 드러나고 있지만" 그러나 양자의 귀착점은 서로 같지 않다고 말한다. 『주역』은 '인도人道를 밝히고 사람들을 다스림'으로써 천행天行의 건健, 혁고정신革故鼎新(늘 옛 것을 바꾸고 새로운 것을 만듦), 자강불식自强不息의 뜻을 구현하는 데 있다고 보았다.

92) 『체용론』 제1장 「명변(明變)」 62-66쪽. 중화서국 1994년판.

그러나 불교는 오히려 '찰나멸刹那滅'에서 '제행무상諸行無常' '공관空觀을 가지고 있어서 반인생反人生으로 흐르는데,' 이것은 '치우쳐 바름을 잃은 것偏而失正'[93]이다. 『주역』의 생생불이生生不已, 일신성덕日新盛德과 '심지어 소기小己와 대체大體를 합하여 무궁에 놀면서' 적극성을 얻는 것과는 다르다. 웅십력이 보기에 양자가 근본적으로 구분되는 것은 바로 『주역』이 '오직 생생을 말하고' 불교는 '오직 멸멸부주滅滅不住'[94]를 말하고 있다는 점이다. 이것이 그가 불교와 유교를 출입하였으나 끝내 『주역』으로 돌아오게 된 근본 원인이다.

이러한 비교는 불교를 누르고 『주역』을 높이는 경향이 분명히 보인다. 여기에는 두 가지 오해가 있다. 첫째, 이른바 공空은 일체가 무無가 아니며 인연과 화합으로 이루어진 것이다. 실재적인 자체自體가 없다는 연기론에 기초하여 설명한 것으로 볼 수 있다. 중관中觀은 성공性空에 대해 자주 말하는데, 성공性空이기에 연기緣起이다. 이른바 "마땅히 머무르는 바 없이 그 마음을 내어라應無所住而生其心"고 한다. 유식은 연기에 대해 많은 이야기를 하였는데 연기이기 때문에 성공性空이며 이른바 "임시로 세운 이름을 허물지 않으면서 실상을 말한다不壞假名而說實相"고 하였다.

둘째, '반인생反人生'이다. 말하자면 불교의 보살은 중생이 고해에 빠지는 것을 가엾게 여겨 대자대비심을 발하여 일체 중생을 제도하면서도 출세에 뜻을 둔다. 이와 같이 되면 최종적으로 인류는 다시는 존재할 수 없게 된다. 이러한 그의 주장은 결코 새로운 것이 아니라 역대 유가가 불교를 공격할 때 사용하는 비판적 무기이다. 사실, 출세의 '출出'자는 '넘어서다' 혹은 '이기다'의 뜻이다. 불법을 수행함에 대지혜大智慧가 있어야 하며 우주 인생의 진리를 통해 심지心地가 청정하고 번뇌가 없어지며 영원한 진리를 체험하게 되는데 이것이 바로 출세이지 결코 다른 세계에 도달해야 하는 것이 아니다.

93) 『체용론』 제1장 「명변」 62-66쪽. 중화서국 1994년판.

94) 『체용론』 제3장 「불법 하」 122-123쪽.

불보살은 모두 이 세계에 있지만 그들은 비할 바 없는 지혜로서 진리를 통달하고 심지가 청정하여 일반인과는 다르다. 웅십력의 이러한 설은 불법을 동떨어지게 해석한 잘못을 면하기 어렵다. 『주역』의 뜻을 가지고 말하면, 식견이 있는 사람이라면 보자마자 웅십력이 자기 식으로 개조하여 말하는 것임을 발견하여 『주역』의 본의와는 상당한 거리가 있음을 알 수 있다.

> 『주역』이라는 책은 기수奇數 우수偶數로 64괘 384효를 배열하고 있다. 세상에서 수리철학 저작 중에 가장 오래된 것이라고 할 수 있다. 그 책은 기우奇偶로서 변화를 이루고 만변만화萬變萬化, 만물만사가 생성되고 그 변동이 머무르지 않고 지극히 복잡하나 어지럽지 않고 규율이 없을 수 없으며 마침내 '천지를 마름질 하고裁成天地', '만물을 돕는輔助萬物' 데로 돌아간다는 것을 밝힌다. 그것은 사람들의 수만 가지 변동의 단서에서 "궁하면(극한 상황에 이르면) 변하고, 변하면 통하고, 통하면 오래 지속할 수 있다窮則變, 變則通, 通則久"의 보편법칙을 창발하여 마침내 '사물을 곡진히 이루어서曲成萬物[28]', '여러 용을 보되 머리가 없다群龍無首[29]'는 왕성함으로 돌아간다.[95]

이것은 웅십력의 손을 거친 후 발표된 역학과 관련된 변화의 유래, 변화의 법칙, 변화의 추이라는 변화의 세 가지 측면에 관한 것이다. 그 중 변화의 유래('홀수와 짝수가 변화를 이룸奇偶成變')는 변화의 규율과 추이(자연계에 대한 '裁成天地'와 '輔助萬物', 인류에 대한 '曲成萬物'과 '群龍無首')의 기초가 된다. '기우성변'이 말하는 것은 『주역』 64괘 괘효의 형성이다. 「건괘」, 「곤괘」를 예로 들고 있다.

95) 『체용론』 제4장 「成物」 "易之爲書, 以奇數偶數排列成六十四卦·三白八十四爻. 大地上數理哲學著作, 此爲最古之第一部. 其以奇偶成變, 明萬變萬化·萬物萬事所由生成與其變動不居, 而至賾不可亂, 莫不有規律, 卒歸於裁成天地·輔助萬物. 其於人群變動萬端, 而創發窮則變, 變則通, 通則久之公律, 卒歸乎曲成萬物·群龍無首之盛."

건괘乾卦 3효는 모두 홀수(☰)이고 곤괘坤卦 3효는 모두 짝수(☷)이다. 웅십력에 의하면, 「건괘」를 사용하여 벽闢을 나타내고, 「곤괘」를 통하여 흡翕을 나타낸다. 흡은 곧 물物이 되고 물계物界는 짝을 가지는 것이므로 우수偶數를 사용한다. 벽은 신神이며 신은 형태가 없어 분할할 수 없으니 홀수를 사용한다. 흡과 벽은 상호 대립적이지만 여전히 상호 융합적이다. 앞에서 말한 것과 같다. 흡을 말하자마자 벽을 함유하는데 곤괘로써 비괘䷋를 나타낸다. 벽을 말하자마자 흡을 함유하는데 건괘를 써서 태괘䷊를 나타낸다.

웅십력은 이전에 역학을 말하는 사람들이 건괘 3효는 순수 양으로 음이 없고 곤괘 3효는 모두 음으로 양이 없다고 생각하는데, 이것은 큰 잘못이라고 말한다. 사실 건곤은 벽흡과 마찬가지로 상호 대립과 상호 융합이며 그것들을 두 괘로 절연絶緣하게 나누어 볼 수는 없다. 건을 말하면 이미 곤을 포함하고 있고 곤을 말하면 건을 함유한다고 주장한다. '건곤무상乾坤無常'설[96]에 대한 가장 훌륭한 주해라 해도 무방하다. 이것은 우익藕益이 말한 태극 가운데 양의兩儀를, 양의 가운데 사상四象을, 사상 가운데 팔괘를 함유한다는 뜻[97]과 실제로 거의 대동소이하다. 왜냐하면 건을 말하면 곤을 함유하고 곤을 말하면 건을 함유한다고 말하는 것은 그 가운데 변화의 계기를 포함하고 있음을 나타내고 있기 때문이다. 관점은 『주역』이 변화를 논하는 원의에 부합하고 있다. 이 점이 웅십력의 역학이 이전 학자들에 비해 뛰어난 점이다.

상술한 생멸 변화의 도리는 결국 불생불멸, 불변부동不變不動이다. 왜 그러한가? 왜냐하면 생멸은 찰나에 그 상相을 환현幻現하며 잠시도 머물지 않으며 실재로는 생멸법을 얻을 수 없기 때문이다. 그래서 일찍이 생멸한 적이 없다고 말한다. 왜냐하면 사물의 본성은 자체가 항상 변함이 없고 다른 사물을 낳은 적이 없고 어떠한 사물도 괴멸壞滅한 적이 없기 때문이다. 따라서 불생불

96) 『체용론』 제4장 「성물(成物)」.

97) 『주역선해』 권8.

멸이라 한다.

이른바 변동 또한 이러한 이치인데, 찰나에 그 상을 환현하지 결코 다른 사물로 변화되지 않기때문에 불변부동不變不動이라 한다. 이 또한 바로 "생하는 것은 곧 사물이 생하는 것이고 생하기만 하고 존재하지 않기 때문이다. 변은 곧 불변이니 변하나 항상함이 있기 때문이다. 동은 부동이며 동하지만 변하지 않기 때문이다"98)

웅십력은 이 설을 가장 자랑스럽게 생각하고 있다. 세속에서 말하는 생멸변화에 대한 여러 뜻과는 크게 차이가 나지만 불학과 역학의 근본 사상과는 매우 잘 부합하고 있다. 우선 불학 상에서 말하면, (1) '불생불멸不生不滅'은 곧 '열반'의 함의이다. (2) '변즉불변變卽不變' 또한 불학의 '불변은 연을 따르고, 연에 따라 불변한다.不變隨緣, 隨緣不變.'의 뜻과 통한다. 불변不變은 진여眞如가 일체 제법諸法의 실체임을 가리키며 시공을 초월하며 불생불멸不生不滅, 무위상주無爲常住의 존재이다. 수연隨緣은 진여가 불변의 자성이 연을 따라 여러 법을 생生함을 가리킨다. (3) '동즉부동動卽不動'은 승조僧肇의 『물불천론物不遷論』에서 이야기한 뜻과 같다. 역학의 관점으로 볼 때, '변즉불변'은 분명히 변역, 불역의 이치와 일치되고, '동즉부동動卽不動'은 정괘井卦의 괘사 "우물의 물은 항상 흐르지만 우물은 그 자리에 있다井居其所而遷"99)의 뜻과 같다고 웅십력 스스로 인정하고 있다. 그는 오히려 '생즉무생, 변즉불변生卽無生, 變卽不變'의 도리를 이해한다면 다음과 같은 경지에 이를 수 있다고 자신한다.

98) 『신유식론 (문언문본)』갑부 「성능(成能)」91쪽. 중화서국 1985년판.

99) 우물의 물은 항상 흐르지만 우물은 그 자리에 있다는 의미는 우물의 물은 흘러도 마르지 않으며 항상 그 곳에 고여 있다. 그러나 웅십력이 인용한 문장은 분명히 오류가 있다. 「정괘(井卦)」괘사인 "改邑不改井, 無喪無得, 往來井井"의 의미는 마을(城邑村莊)은 옮길 수 있으나 우물(水井)은 옮길 수 없으며, 매일 길러도 마르지 않고 물이 유입되어도 샘은 차서 넘치지 않으며, 왕래하는 사람들 모두 부단히 반복하여 이 우물에 의지하여 사용한다. 이 문장은 정괘 효사와 단(彖), 상사(象辭)에는 모두 인용하는 뜻이 보이지 않는다. 혹 우물은 '길러도 마르지 않고 들어와도 차서 넘치지 않는다(汲之不渴, 注之不盈)'의 뜻에서 변통해 온 것일 수도 있다.

만상萬象에서 모두 진여를 알 수 있고, 유행流行에서 바로 주재主宰를 알 수 있고, 발용發用에서 스스로 정지를 잃지 않는다.[100)]

그 의미는 번잡한 현상에서 실체를 볼 수 있고, 현상의 유행에서 그 법칙을 인식할 수 있고, 실체가 만수萬殊의 공용功用을 발현할 때, 정지靜止를 잃지 않음으로써 동정動靜의 일치에 이르게 된다. 매우 높은 경지라 할 수 있다. 이것이 불학과 역학을 융합한 웅십력의 내적 정신이 보여주는 결과이며 성공적인 시도로서 주목할 만한 가치가 있다.

심물불이心物不二

앞에서 흡벽翕闢으로 사물 변화의 내용을 분석할 때 벽을 심心이라 불렀고 흡을 물物이라고 불렀다. 흡벽이 항전恒轉의 현현이기 때문에 벽은 항전의 자성自性을 잃지 않는다. 마치 얼음의 근원은 원래 물이니 여전히 수성水性을 잃지 않는 것과 같다. 그래서 웅십력의 "이것에서 본체를 알고 또한 바로 이것에서 본원을 말할 수 있다."[101)]는 이 주장은 사실상 이미 벽(혹은 心을 말함)을 본체의 차원까지 올려놓았다. 이러한 관점은 그 스스로는 『주역』에 근본하고 있다고 하지만 사실 그렇지 않음을 보여준다. 벽은 본체인 항전이 현현함으로 말미암아 그 본체의 자성을 잃지 않는다는 점에서 말하면 본장 제1절에서 장태염章太炎이 말한 여래장은 무명이 미혹한 것이기 때문에 이것이 변하여 아뢰야식이 되며 다시 아뢰야식이 만물로 변현된다는 설과 다소 비슷하다. 다만 '무명'의 이러한 미혹한 세력을 제거할 뿐이다. 웅십력이 수 년 간 유식학 연구에

100) 『신유식론 (문언문본)』갑부 「성능」 91쪽. 중화서국 1985년판. "於萬象皆見爲眞如, 於流行便識得爲主宰, 於發用自不失靜止."

101) 『신유식론 (어체문본)』 제4장 「전변」 330쪽. "於此而識得本體, 亦卽於此而可說爲本原的."

전념하여 유식학에 근거하여 자신의 철학체계를 구축하였다는 점을 참작하면, 그런 사상의 영향을 받아 자신의 관점을 세웠다는 것은 충분히 가능한 일이다. 이어 심心과 물物의 문제를 검토하기로 한다.

먼저 답변해야 할 것은 심과 물은 어떻게 나온 것인가에 관한 것이다. 이에 대해 웅십력은 당시 유행한 우주 발전의 삼층설三層說을 결합하여 말한다. '삼층설'에 의하면, 가장 먼저 출현한 것은 무기물, 즉 물질층이다. 그 다음 생물이 출현하였는데, 바로 생명층이다. 가장 후에 동물에서 진화하여 인류에 이르고 여기에서 심령층心靈層이 출현했다. 웅십력은 이러한 구분은 적절치 못하고 이렇게 하는 것은 생명과 심령을 다른 층차로 구분하여 두 가지 성性으로 나누는 것과 같다고 여겼다. 이와 같이 생명을 벗어나서 심령을 말하면 심령이 어찌 빈 거울이 되지 않겠는가? 심령을 제거하고 생명을 말하면 생명은 불교에서 말하는 '미암迷暗'세력(즉, 무명) 이 되지 않겠는가?

불교의 '십이연생十二緣生'은 곧 인생은 무명에서 생기生起한다고 본다. 이에 대해 웅십력은 그렇게 보지 않는다. 그는 말하기를, "십이연생론은 실제 인생의 미혹이라는 점에서 출발하지만 여전히 생명의 본성에 대해서는 언급하지 못하고 있다"[102]고 주장한다. 이 때문에 생명의 본성은 마땅히 미암세력으로 생각해서는 안되며, 또한 심령과 생명 양자를 가르지 않아야 한다. 실제로 생물이 아직 출현하기 전에 생명, 심령이 물질층 내에 이미 잠재하고 있었으며 다만 그 성性은 숨어서 드러나지 않았을 뿐이다. 식물이 막 발아하면 생명(그 기체機體는 지극히 간단하여 가장 낮은 작용조차도 여전히 드러난 적이 없다)이 있는 것으로 발현된다. 만물의 발전은 영성靈性으로 하여금 한 걸음씩 차츰 드러나게 한다. 그러나 그것이 본래 없었다고 결코 말할 수 없는 것은 마치 물의 성질처럼 물이 찬 것을 만나면 얼음이 되는 것은 물에 응결의 성性이 있기 때문이다. 물이 아

102) 『명심편』 상편 『통의』 170쪽. 『체용론』 참조. "十二緣生之論, 實從人生迷惑處著眼, 卻未涉及生命的本性."

직 얼음으로 응결되지 않은 때에도 결코 그 응결의 성이 존재하지 않는다고 말할 수 없다는 것을 설명하고 있다.

생명과 심령은 비록 두 가지 측면으로 나누어 말하더라도 실제 다른 성異性이 아니며 결코 두 가지 성질로 나눌 수 없다. 즉 하나에 두 가지 이름이 있을 뿐이며, 심과 물은 둘이 아니다. 여기에서 웅십력은 역학을 귀착점으로 삼는 생각을 관철하고 있다. 『주역』은 건을 심으로 삼고 곤을 물로 삼기 때문에 생명과 심령이 생생生生, 강건剛健, 형창亨暢, 승진升進, 소명照明 등의 작용을 공유하고 있는 것으로 그는 보고 있다. 이른바 생생生生은 옛 것을 버리고 새로운 것을 창조하는 것이 끝이 없다. 강건은 항상 지극히 강건한 성性을 지켜 그것을 바꾸지 않음을 가리키는데, 물질 속에서만 움직이거나 또 물질에 의해 막히지困 않는다.

형창亨暢은 화창和暢하여 통순通順하는 것을 가리키고, 승진은 위로 향해 나아가고 물러나 떨어지지 않음을 말하고, 소명照明은 크게 밝아 어둡고 헤매는 성질이 없음을 가리킨다. 모든 이러한 작용은 틀림없이 모두 역학 계통에서 취한 주요 사상이다. 만약 여러가지 기능과 작용을 가진 심령과 생명을 불교의 개념과 비교해 보면 그것들은 진여에 속한다. 혜립慧立이 말한 "건원乾元의 법신法身은 우주에 가득차서 손으로 만지는 모든 것은 진여 아닌 것이 없다"[103]라는 말은 그 주석으로 삼을 수 있다.

위에서 말한 작용은 생명, 심령이 본래 가지고 있는 것이다. 오직 사람만이 생명, 심령의 일체 작용을 실현할 수 있기 때문에 사람은 만물의 영장이 된다. 그러나 사람과 만물은 본래 일체이며 사람은 만물발전의 최고 높은 단계이다. 그래서 생명과 심령은 본래 둘이 아니며 심물 또한 둘이 아니라고 말한다. 웅십력은 하나의 예를 드는데, 누구나 부친에게는 자식이 되며 형에게는

103) 혜립(慧立) 『독평신유식론(讀評新唯識論)』 6 『석역(釋易)』. 『현대불교학술총간 27』 『유식사상금론(唯識思想今論)』 대만 대승문화출판사 1978년판. "乾元法身, 彌綸宇宙, 信手所捫, 莫非眞如."

동생이라 일컬어진다. 명칭은 둘이지만 실제로는 한 사람이다. 이러한 관계가 바로 한 사람의 심心과 신身에 동일하게 적용될 수 있다.

본래 심의 활동은 신체를 도구로 삼고 있지만 때로 도구에 이용되기도 한다. 이것이 바로 옛 사람들이 말하는 '심이 형形에 의해 사역된다心爲形役'는 것이다. 이 때문에 노자는 사람의 큰 근심은 몸을 지니고 있기 때문이라고 했다. 불교 또한 중생은 모두 자신의 관념을 애호하는데 이러한 관념이 바로 신견身見이며 여기에서 만 가지 악이 나오게 된다. 웅십력은 불교, 노자가 신체에 대해 나쁘게 보는 것을 큰 잘못이라고 하였다. 심신은 일체여서 분리될 수 없다. 신체를 제거하면 마음을 얻을 수가 없다. 이 말은 노자를 겨냥한 정확한 비판이라 할 수 있다.

노자의 말은 '나에게 몸이 없다면 다시 무슨 근심이 있겠는가?'라는 것인데, 이는 마음과 육체를 분리하는 측면에서 말한 것이다. 그러나 이것으로 불교의 설을 반박한다면 과녁을 잘못 본 것이다. 왜냐하면 불교가 말하는 신견身見은 유식학에서 말하면 '전이轉移'로 이해되는데, 범부들은 이 몸이 자기我에게 속한 것으로 생각한다. 그래서 '아소견我所見'이라 칭한다. 이것은 일종의 잘못된 생각이다. 육체를 가리켜 말하는 것이 아니기 때문에 신심身心 분열을 주장하지 않으며 웅십력의 심신불이설心身不二說과 결코 서로 위배되지 않는다.

심心이 형形에 의해 부림을 당하는 원인을 알려고 한다면 오히려 본심本心, 습심習心에서 접근해야 한다. 웅십력은 도가의 도심道心, 인심人心, 불가의 법성심法性心, 의타심依他心과 습기習氣 등의 개념을 통해 본심과 습심을 말한다. 본심은 도심, 법성심에 해당하며 또 성지性智라고 말한다. 이것은 바로 '우리의 진성眞性이며 천연天然 본유本有이지 후천적으로 있는 것이 아니며', "(증득한 법이) 참으로 청정하여 깨달음에 조금의 하자도 없이 허정虛靜하고 신령스럽게 통하여 탁월하게 독존한다眞淨圓覺, 虛靜靈通, 卓然而獨存"[104]는 특징을 가지고 있다. 습심習心은 인심人心, 의타심依他心에 해당하며 또 양지量智라고 이름하며 습기와 관련이 있다. 사람이 '심이 형에 의해 부림을 당하는心爲形役' 이유는 습기가 주主가 되어 본심本心을 가려 본심이 원래 가진 작용이 발현할 수 없도록 하기 때문이다. 이 때문에 '어떻게 습기를 없애 본래면목을 회복할 것인가'라는 것이 웅십력 철학 체계에서 가장 중요한 부분이라 할 수 있다.

웅십력은 "그 도道는 스스로 본심을 알아 바로 진원眞源을 완전히 깨닫는데 있다"[105]고 주장한다. 구체적 방법으로 그는 선종중의 하나의 공안公案을 예로 들어 설명한다. 지금 이것을 그의 주석과 함께 다음과 같이 옮긴다.

당대唐世에 대주혜해大珠慧海라는 자가 처음에 마조馬祖를 참례했다. 마조가 말하기를, 여기에 무슨 일을 하러 왔느냐? 답하길, 불법을 구하려 왔습니다. 마조가 말하기를, 자기 집에 있는 보배창고를 돌아보지 아니하고, (보장寶藏은 본심本心을 비유한다. 이것은 만화萬化의 근원이며 만물의 근본이다. 그러므로 보배창고에 비유하였다.) 집을 버리고 돌아다니며 무엇을 하려고? (양지量智나 지식을 믿고 밖으로 추구하는 탐색을 경계한다. 고금 철학가들은 대개 집을 버리고 돌아다닌다.) 여기는 한 물건도 없다.(본체는 외재적 사물로 여겨 헤아릴 수 없다.) 그런데 무슨 불법을 구하는가? (헤매는 자迷者는 실제 구할 수 있는 불법이 있다고 여긴다. 사실 불佛은 깨달음이며 단지 이 마음이 이것이다. 법은 궤범軌範 혹은 진리이며 또한 다만 이러한 마음일 뿐이다. 만약 마음에서 떨어지면 불은 구할 수 없으며 또한 구할 수 있는 법도 없다. 다시 마땅히 알아야 한다. 이 마음은 원래 형상이 없어 사물로 여겨 구할 수 없다. 구하려는 한 생각이 일어나면 바로 이러한 마음을 이미 잃게 되

104) 『신유식론 (어체문본)』 제8장 「明心上」 547-548쪽

105) 『신유식론 (어체문본)』 제8장 「明心上」 547-548쪽

어 망상이 된다.) 대주珠가 다시 묻기를, 어떤 것이 저의 보배창고입니까? 마조가 말하기를, 지금 이 순간 나에게 묻고 있는 그 모습 그대로 그것이 바로 너의 보배창고이다. (이 때 묻는 마음은 청정허명清淨虛明하여 조금의 티끌이나 망념이 끼어들지 않으니 이러한 마음이 곧 자신의 보배창고로 간주한다.) 일체가 구족되어 조금의 모자람도 없어서 (만덕萬德 혹은 만선萬善을 구비하고 있다) 마음대로 사용하는데 (이러한 보배창고는 우리들이 화생化生한 이치이며 또한 바로 천지만물이 형성되는 이치이다. 우리는 천지만물과 동일한 본원이므로 분할할 수 없기 때문이다. 이로부터 이 큰 보배창고에는 무궁한 신화神化, 끝없는 묘용妙用을 갖추고 있기 때문에 사용이 자재하다고 말한 것이다. 또 고인들의 일상생활에서 말하면 이 보배창고는 접촉하는 대로 응應하고 느끼는 대로 통하지 않음이 없으니 또한 사용이 자재함을 볼 수 있다.) 밖을 향해 찾을 것이 뭐 있느냐? 왕양명의 배우는 자를 위한 훈계 시詩 "자신이 가지고 있는 무진장한 보물을 버리고 다른 집을 돌아다니면서 구걸하는 걸인과 같도다!"는 마조의 뜻과 같다.[106]

이 인용문은 기본 의미가 간결하고 이해하기 쉬워 설명을 덧붙일 필요가 없다. 다만 본심本心, 습심習心이라는 양자의 관계는 여전히 설명이 필요하

106)『신유식론 (어체문본)』 제8장 「明心上」 547-548쪽 "唐世有大珠慧海者, 初參馬祖. 祖曰: 來此擬須何事? 曰: 來求佛法. 祖曰: 自家寶藏不顧,(寶藏, 喩本心. 此是萬化之本, 故以寶藏喩之.) 抛家散走作什麽?(戒其專恃良知或知識向外追求探索也, 古今哲學家, 多是抛家散走.) 我這裡一物也無,(本體不可當做外在的物事來推度.) 求甚麽佛法?(迷者以爲實有佛法可來. 實則佛者覺也, 只此心是. 法者軌範或眞理, 亦只是此心. 若離自心, 便無佛可得, 亦無法家得. 又復應知. 此心元無形相, 不可當做物事去追求. 才起求之一念, 便已迷失此心, 而成妄想矣.) 珠復問曰: 阿那个是惠海自家寶藏? 祖曰: 卽今問我者, 是汝自家寶藏.(此時興問之心, 淸淨虛明, 不來雜一毫汚垢或妄念雜慮, 做此心卽是自家寶藏.) 一切具足, 更無欠少.(具備萬德或萬善.) 使用自在,(這個寶藏, 是吾人所化生之理, 亦卽是天地萬物所以形成之理. 因吾人與天地萬物同一本源, 不可分割故. 由此應知, 此大寶藏具有無窮神化, 無邊妙用, 故云使用自在. 又剋就古人日常生活言之, 此大寶藏, 隨觸卽應, 無感不通, 亦見其使用自在.) 何假向外求覓.(王陽明有詩戒學者云: 抛卻自家無盡藏, 沿門托缽效貧兒. 與祖意正同.)

다. 심心에는 본심, 습심의 구별이 있지만 실제로는 본심만 있고 습심은 본심에 소속된다. 웅십력은 말하기를, "일반인은 대개 모두 한량없고 끝없는 습기에 얽혀 단단히 묶여 있으며 습기는 바로 우리들의 생명이 된다. 다시 말해서 습기가 대상에 나아가는 대로 맡겨 두면 무엇이 자신의 보배창고 혹은 본래의 심인지 스스로는 알지 못한다."[107] 이런 관점을 통하여 웅십력이 불가의 무명 미혹의 설을 반대하지만 오히려 '습기가 마음을 자유롭게 하지 못한다習氣纏縛'는 관점을 스스로 세우고는 있으나 이 둘이 서로 비슷하다는 것을 알 수 있다. 중생은 무시이래 본심을 알지 못하는데(자기 집의 보배창고라고 하기도 한다), 만약 무명개념을 제거한다면 본심을 가리고 있는 소이연所以然을 분명하게 말하기 어렵다는 것을 알 수 있다.

'본심을 알려고 하는' 설은 원래 선종 일가에서 나왔다. 웅십력은 이 설을 빌려 유가 방식으로 인仁을 체득하려고 하였으며 인을 본심의 다른 이름으로 보았다. 또 정호程顥의 『식인편識仁篇』의 "인仁은 혼연히 물物과 동체仁者渾然與物同體"라는 말을 통하여 인간은 만물과 일체라는 사상을 주장하였다.

나아가 『역전』의 "원이란 것은 선의 우두머리요元者, 善之長"라는 말을 공자의 말로 보고 "건원은 만물의 본체이고 곤원은 그대로 건원이다以乾元爲萬物之本體, 坤元仍是乾元"에서 "사람에게 있어서 원元은 인仁이라 일컫고 이것은 바로 본심이다元在人而名爲仁, 卽是本心"[108]라는 관점을 끌어내어 '수많은 변화의 근원이며 만유의 기초萬化之原, 萬有之基'라고 보았다. 또 바로 이러한 인체仁體는 본래 우리 마음속에 있는 것이지 밖을 향해 찾을 수 없다. 그렇지 않으면 물物에 집착되어 염법染法이 된다. 조금씩 습기를 제거해야 하는데, 마치 『주역』의 소식消息처럼, 구괘姤卦(䷫)의 오양일음五陽一陰에서 돈괘遯卦」(䷠), 비괘否卦」(䷋), 관괘觀卦」(䷓)를 거쳐 박괘剝卦(䷖)에 이르러 다 없어지니 가장 위에 양 하나만 남아있는

107) 『신유식론 (어체문본)』 제8장 「明心上」 547-548쪽.

108) 『신유식론 (어체문본)』 제8장 「明心上」 547-548쪽.

상과 같다. 이 참된 양陽이 바로 생명 자체이며 '본래면목本來面目'이라고 말한다. 모두 '본심'의 다른 이름이다.

이러한 "흡은 벽에 따라 운행하며 물은 심에서 전이되니, 이에 본체로 돌아가면 모자람이 없고 끝내 박剝에서 복復이 된다. 그러므로 복괘復卦에 '복復에서 천지의 마음을 볼 수 있도다!復其見天地之心乎!"[109]라고 한 것이다. 이것이 바로 웅십력이 말한 스스로 본심을 알다自識本心'의 상세한 과정이다.

불교의 교선教禪의 말을 사용하면 이것은 '명심견성明心見性'과 '입불지견入佛知見'이라 할 수 있다. 본심이 드러난 후 바로 대용大用이 있고 또 『주역』의 소식消息처럼 복괘復卦의 일양(一陽, ䷗)에서 임괘臨卦(䷒), 태괘泰卦(䷊), 대장大壯(䷡), 쾌괘夬卦(䷪)를 거쳐 건괘乾卦의 순양純陽의 체體에 이른다. 이러한 체가 온전한 기틀全機의 대용大用이 되며, "분명하게 보고 분명하게 들어서 어디를 가든지 전체의 훤히 드러나지 않는 것이 없는視極其明, 聽極其聰, 斯無往而非全體之昭著"[110] 효과에 도달한다.

심물心物 관계에서 말하면, 곧 본심은 족히 사물을 이용하나 사물에 의해 이용되지 않고 사물을 변화시키나 사물에 의해 변화되지 않는다. 웅십력의 이러한 관점은 불교의 오도悟道의 설을 섭취하여 『주역』 괘와 관련된 뜻을 결합한 것이다. 이를 통하여 본심을 반구反求하는 관점을 말하는데 줄곧 불유佛儒를 두루 출입하였지만, 결국은 역리易理를 주로 삼는 길로 돌아온다. 그는 논증이 엄밀하고 논리가 강하며 그의 호학과 깊은 생각, 여러 학문의 회통 그리고 창의적인 견해를 개발하려는 노력을 여기에서도 충분히 볼 수 있다.

109) 『신유식론 (문언문본)』 甲部 「명심상」 103, 153쪽. 『신유식론』 중화서국 1985년판.

110) 『신유식론 (문언문본)』 甲部 「명심상」 103, 153쪽. 『신유식론』 중화서국 1985년판.

체용론體用論

『신유식론』은 본체를 논하는데, 체용불이體用不二를 종극宗極으로 삼고 있으며 결국 『주역』을 근본으로 삼는 것으로 돌아간다.[111]

이것은 웅십력이 체용관계를 논한 말이다. 이와 비슷한 다음과 같은 구절이 있다.

나의 학문은 『주역』을 종주로 삼고 체용불이로 종지를 세운다.[112]

이로부터 웅십력의 '신유식론'- 선석으로 『신유식론』 책만을 가리키는 것이 아니다-의 종지宗旨는 체용불이體用不二이며 그 경지를 세우는 근본은 『역경』이다. 그의 만년晩年 정론定論으로 간주되는 『체용론』은 이러한 두 가지 뜻으로부터 논지를 전개한 것이다.

본체本體라는 말은 웅십력 철학 체계에서 매우 중요한 개념이다. 이 개념에 해당하는 것으로는 '항전恒轉', '건원乾元', '인체仁體', '성지性智' 등이 있다. 다른 글에서도 이와 상응하는 명사 개념을 채용하고 있다.

본체는 우주론에서 '만유萬有를 갖추고 그 본원本源을 말하는 것'을 가리키는데, 『신유식론』 제1장 「명종明宗」에 나타난다. 항전恒轉은 본체의 능변能變을 체현하는 성질이며 끊어지지도 않고 상주하지도 않는非斷非常, '변동불거變動不居'의 뜻을 나타내며, 제4장 「전변轉變」에 나오는 개념이다. 이 개념은 유식학 개념인 '아뢰야식'에서 변현되어 나온 것이다.

111) 『신유식론(壬辰刪定本). 산정기(刪定記)』, 『체용론』 참조. "新論談本體, 以體用不二爲宗極, 畢竟歸本大易."

112) 『체용론』 「췌어」 44쪽 "余之學宗主易經, 以體用不二立宗."

본체개념으로 쓰이는 건원은 「공능功能」 1장에 이미 단서가 드러나고 「명심장明心章」에 이르러 정식으로 제기되며 「명심편」에서 더욱 강화되었다. 건원은 『주역』의 의미를 기술할 때 사용한 것이다. 인체仁體는 선종의 '구식본심求識本心'의 뜻에 근거하여 유가의 공맹사상의 정수를 토론하면서 성립된 것이다. 만약 "자명자각自明自覺하고, 허령무애虛靈無礙하며, 원만무결圓滿無缺하고 적막무형寂莫無形을 드러내고 정연하여 뭇 이치를 이미 다 갖추고 있어서 일체 지식의 근원이 될 수 있다"[113]고 하면 성지性智가 되고 각오覺悟의 결과가 된다.

위에서 말한 상황은 불교에서 '진여'라는 말이 다른 경우에서 법성法性, 불성佛性, 법계法界 등의 다른 명칭들로 사용되는 경우와 매우 유사하다. 동시에 웅십력은 『역전』의 "주역에는 태극이 있다易有太極"에서 '태극'을 '우주 실체'로 간주하며 아울러 "64괘 384효의 모든 효는 전부 태극"[114]이라고 여긴다. 그 이유는 효爻는 모두 음양으로 구성되고 태극은 음양의 실체가 되기 때문이다. 그래서 전체 효를 모두 태극이라고 말하는 것이다. 이러한 견해는 태극, 양의, 사상, 팔괘 등 만물을 생성하는 순서에서 볼 때 그 내재하는 정신과 부합한다.

본체의 성질을 설명하기 위해 웅십력은 『주역』 간괘艮卦 괘사에 대한 소해疏解를 이용하여 다음과 같이 말한다.

> 간괘艮卦 괘사에, "그 등에 그치면 그 몸을 얻지 못하며 그 뜰에 가도 그 사람을 보지 못하니艮其背, 不獲其身, 行其庭, 不見其人"라는 말이 있다. 역대의 주석가들은 이 구절을 자신들의 뜻대로 해석하였을 뿐 경전의 뜻은 아니다. 얼굴은 자기의 몸을 보지만 등背은 자신을 볼 수 없다. '등'이란 보이지 않은 곳에 놓여 있는 것처럼 본체 또한 드러나지 않는 상象이라고 생각한다. "그

113) 『신유식론 (어체문본)』 제1장 「명종」 249쪽.

114) 『체용론』 제2장 「불법상(佛法上)」 84쪽.

뜰에 가도行其庭"라고 말하는 것은 정원 사이는 지극히 가깝지만, 등은 아주 가까이에서 사람을 만나도 볼 수 없다. 등背을 통해서는 생각意을 일으키지 않는데, 비유하면 본체는 작의作意가 없다는 것으로 종교인이 말하고 있는 신神과는 다르다. 간艮에는 산의 상이 있고 또한 등의 상이 있다. 뜻을 취한 것이 하나가 아니며 모두 본체로 비유할 수 있다.…또 본체의 숨은 뜻은 등에서 상을 취한 것으로 숨어서 드러나지 않는 무형이므로 직접 들어 사람들에게 드러낼 수 없다.[115]

간괘 괘사에 이러한 함의가 숨어 있지만 주석가들은 대개 글자 그대로 해석하고 있다. 하지만 경문의 뜻에 부합한지는 논하지 않겠다. 의리파의 관점에서 말하면 이 책이 언급하는 것은 「서론緖論」에서 정이程頤가 말한 "『화엄경』 한 권을 보는 것은 간괘 하나를 보는 것만 못하다"[116]고 말하여 "그릇됨을 방비하고 악을 저지하는防非止惡" 이치를 거듭 밝히고 있다. 또 왕필 『주역주』에 "등에 그치게 되면 물욕에 막히지 않으니 그 그칠 바를 얻게 된다"[117]라는 관점을 증거로 들어 입장을 더욱 강화시켰다.

제3장 제1절은 이통현이 취한 「간괘」 "간은 산이고 멈추다艮爲山, 爲止"는 뜻을 취하여 불교 계율의 망령을 멈추고 사려를 그치는止妄息慮 기능과 서로 맞아 떨어지는 것을 논술하고 있다. 또 제5장 제1절에서 장태염章太炎은 '간지艮止'를 이용하여 부동不動의 뜻을 나타내었는데, 모두 '억지抑止'의 뜻이다. 웅십력은 괘사 '배背' 자에서 문장을 지어 '등背'의 '유은幽隱의 상象'을 취하여 본체

115) 『신유식론(임신산정본) 산정기』, 『체용론』 참조. "艮卦卦辭曰: 艮其背, 不獲其身, 行其庭, 不見其人. 從來疏家各以意解, 非經旨也. 夫吾面自見己身, 背則不獲見自身. 此言背居幽隱之地, 故以爲本體幽隱之象. 行其庭云云者庭院之間至近, 而背則於至近處遇人亦無見. 此以背不起意, 喩本體. 無有作意, 卽不同於宗教家所謂神. 艮有山象, 亦有背象. 取義不一, 要皆以喩本體. …… 又以本體幽隱, 取象於背. 幽隱無形, 故無可直揭以示人."

116) "看一部華嚴, 不如看艮卦."

117) "施止於背, 不隔物欲, 得其所止也."

가 숨어 드러나지 않는 성질에 비유하였다. 이것이 그 중의 하나이다. 또 '등은 뜻을 일으키지 않는다.' '얼굴'과 상반신을 차용하여 본체는 비록 여러 작용을 드러낼 수 있지만 그 자체는 오히려 '작의作意가 없는데'라고 하였다. 이것이 두 번째 뜻이다. 이 두 가지 의미는 '뜻이 같은 것이 아니며' 세운 관점 역시 새롭고 빼어나다. 특히 '등에서 상을 취한다取象於背'의 구절은 '억지抑止'라는 옛 뜻과의 중복을 교묘하게 피했을 뿐만 아니라 자기의 의견을 세세하고 적절하게 반영하고 있다. 하나의 중요한 관점을 제시했다.

웅십력이 논증한 본체의 또 다른 특징은 불학에 대한 비판을 통해 구체화된 것이다. 예를 들면, 앞에서는 '등에서 상을 취하다取象於背'는 관점을 제기했다. 여기에서 또 불학의 본체를 단지 '간배艮背'로서 형용할 수 있다고 말했다. '등背'의 뜻은 바로 '간지艮止'이다. 왜냐하면 "부동不動의 경지에 그치는 것을 간배艮背라 한다止於不動之地, 曰艮背. 불교는 체體를 '여여부동如如不動'으로 말하는데 바로 이것이다."라고 말했기 때문이다. 유가가 "진괘震卦의 상象에서 '뇌우의 움직임이 가득 차다雷雨之動滿盈.'[118]라는 말로 본체의 유행流行은 성대하여 예측하기 어렵다고 형용한 것과는 다르다.[119]

사실 '여여부동如如不動'은 불교의 본체가 가지고 있는 특성 중의 하나만을 형용할 수 있을 뿐이다. 여기서 첫 번째 '여如' 자는 '진여'를 가리키는데, 곧 대승불교가 말하는 '만유의 본체'이다. 두 번째 '여如'는 형용사이며 불변의 뜻을 나타낸다. 『대승기신론』의 뜻에 의하면 진여는 오히려 연緣을 따르는데 수연진여隨緣眞如라고 칭하며 또 아뢰야식이라 불린다. 연에 따라 염정제법染淨諸法을 발생시키니 이 때문에 또한 변역變易의 일면을 지니고 있다. 만약 불변부동不變不動의 측면에서만 진여의 뜻을 헤아린다면 이것은 지나치게 편향적이라고

118) 여기 인용문에 오류가 있다. 『주역』 둔괘(屯卦)의 「단전」에 "雷雨之動滿盈"이라는 말이 있지 『진괘(震卦)』의 상이 아니다.

119) 『체용론』 제2장 「불법상」 84쪽.

할 수 있을 것이다.

체용體用관계를 말할 때 웅십력은 여전히 위에서 말한 정신을 일관되게 관철하고 있다. 우선 중국의 모든 학술 사상은 그 연원이 대개 『주역』에 근거한다고 보았다. 현재의 『주역』은 "마땅히 공자가 문왕에 의거하며 하夏, 은殷의 두 『역』을 합하여 만들었다."[120] 그렇기 때문에 그는 『주역』을 '공자의 『대역大易』'이라고 칭했다.[121] 이러한 관점은 오늘날 학계의 동의를 얻기 힘들다. 이 문제 또한 더 이상 언급하지 않겠다.

그는 또 『주역』은 줄곧 체용을 말하고 있다고 주장한다. 『연산역連山易』(즉 하나라의 『역』) 수괘首卦는 「간艮」이다. 복희는 이미 우주 본체를 체득하여 산山으로 상징하고 산은 고요하여 운기雲氣를 출생시키는데 본체가 허정虛靜하여 만상萬象을 발현하는 것에 비유하고 있다. 『귀장역歸藏易』의 수괘는 곤坤이며, 곤은 땅地이니 만물은 돌아가 그 속으로 저장되지 않음이 없다. 이것은 일종의 유물론이다. 그러므로 본체를 물질적으로 보는 것이기에 분명히 『연산역』과는 다르다.

『주역』은 수괘가 「건」이며 그것은 두 가지 뜻을 가지는 것으로 본다. 하나는 용用에 즉해서 체體를 드러내며, 또 하나는 주재主宰를 각성覺醒하는 것을 중시한다. 첫 번째 뜻은 바로 『연산역』을 변통하였으니 『연산역』은 본체에 대해 심이라 말하지 않고 물物이라고도 말하지 않는데 공자는 이런 점을 취하였다. 왜냐하면 심과 물 이 둘은 모두 '용用'에서 세워진 이름이며 용은 곧 본체의 현현이며 대해에서 물과 물거품의 관계와 같으며, 바닷물은 체에, 물거품은 용에 비유된다. 용에서 체를 드러내니 곧 물거품에서 바닷물의 성질을 알

120) 『신유식론(壬辰刪定本). 산정기』, 『체용론』참조.

121) 웅십력 『존재수필(存齋隨筆)』 권1 『약석십이연생(略釋十二緣生)』에 이르기를, "『대역(大易)』은 공자의 『주역』을 가리키지, 한인(漢人)들이 잘못 전한 『오경』의 『주역』이 아니다. 선성(先聖)의 『주역』 원본은 한(漢)대에 이미 끊어져 그 유문(遺文)은 위경(僞經)에 있다는 것은 식자들이 고를 수 있을 것이다.

수 있으니, 불교처럼 '체를 추구하다 용을 없애'[122] 침체에 빠지는 것과는 다르다고 말한다.

『주역』으로 체용을 말하려는 것은 웅십력의 독창적 견해이다. 그 이전에 말한 사람은 아무도 없었다. 역사상 체용의 뜻을 처음 말한 것은 정현의 『예기서禮記序』이다. 그 중에 말하기를, "예禮라는 것은 체이며 리履이다. 마음을 통어하는 것을 체라 하며, 실천하여 행하는 것을 리履라 한다."[123] 하지만 아직 체용관계를 논하지는 않았으며 또한 '체용' 두 자를 연용한 사례도 없다.

'체용' 두 자를 가지고 철학 관계를 가장 먼저 표현한 곳은 왕필의 『노자주老子注』 제38장이다. 그 중에 "비록 무無를 용으로 높이지만, 무를 버리고 체로 삼을 수 없다"는 말이 있다. 체용은 또한 불교의 일관된 전통적 주제이다. 따라서 웅십력의 불교에 대한 비판인 '체를 추구하다 용을 없애는求體廢用' 설은 반드시 한번쯤 분명하게 다룰 필요가 있다.

앞의 글에서 이미 말했듯이 체용불이體用不二는 그의 이론체계의 최고 단계이다. 이 논의는 불교 유식학에서 말하는 체용관의 기초 위에서 형성된 것이다. 설명을 필요로 하는 것은 불교가 논하고 있는 체용은 내용이 다소 복잡한데, 예컨대 승조僧肇의 『반야무지론般若無知論』에 "용을 말하면 다르고 적寂(體를 가리킴)을 말하면 같다言用則異, 言寂(指體)則同"는 설이 있고, 법장法藏의 『금사자장金師子章』「늑십현勒十玄」의 제7에 '체용'을 직접 사용한 말이 있다. 이후 화엄華嚴이 논한 이사理事, 일다一多는 모두 체용으로부터 그 이론을 세운 것이다.

『육조단경六祖壇經』의 제15장에 또 다시 "등燈은 빛의 체이며 빛은 등의 용이다. 이름은 둘이지만 이치는 둘이 아니다.燈是光之體, 光是燈之用, 名卽有二, 理無兩般" 등이 있다. 유식학에서 보면, 기본적으로 "본식은 체가 되며 종자는 용이 된다本識爲體, 種子爲用"는 것이다. 예를 들면, 『성유식론成唯識論』 제2분(分) 『분별

122) 『체용론』 제2장 「불법상」 84쪽.

123) "禮者, 體也, 履也. 統之於心曰體, 踐而行之曰履."

종자分別種子』에서 이르기를, "이것은 본식 및 소생과는 불일불이 관계이며 체용인과는 이치가 응당 그러하다「此與本識及所生果, 不一不異, 體用因果, 理應爾故」" 여기서 말하는 본식本識은 체이고 종자는 용이며, 종자는 인因이고 소생所生은 과果이다. 이 때문에 종자와 현행現行은 상생하여 서로 인과가 되며 또한 종자와 현행은 서로 그 체가 된다고 말한다. 이러한 관계는 웅십력이 말한 체용과 전적으로 같은 것은 아니다.

웅십력이 가장 맹렬히 공격하는 호법護法으로 말하면 그의 학은 기타 유식 논사들과는 다소 차이가 있다고 하더라도 연기緣起의 이치를 밝혀 무아無我의 성性을 드러내는 것으로 실제 불타 설법의 뜻과 차이가 없다. 사실 유식학은 연기를 주로 언급하지 특별히 체용개념을 가지고 이야기하지는 않는다. 웅십력이 자기가 세운 체용관계를 통하여 유식학을 비난한 것은 다소 견강부회한 측면이 있다.

만약 불교의 전체적인 종지宗旨로 말하면 이와 같은 공격은 사실 온당하지 않다. 왜냐하면 불교의 최종목표는 "일체 중생이 생사고해를 벗어나도록 제도하기를 바라는 것"[124]이며 이것이 진정한 해탈이며 대자재大自在이며 무한한 공덕을 갖추고 있기 때문이다. 또한 판별할 수 없는 것이 어떤 법法이며, 유정有情을 이롭게 하는데 할 수 없는 것은 무슨 일인가? 어찌 '체를 추구하여 용을 없애는求體廢用' 것으로 그것을 부정하는가?

웅십력의 이론적 관점에 석연치 않은 점이 있기 때문에, 『신유식론』이 막 세상에 출판되었을 때, 당시의 지식인들은 이런 관점을 중요하게 보았지만 불교계는 대부분 그렇지 않다고 반박하였다. 그 중 유정권劉定權의 『파신유식론破新唯識論』이 대표적인 비판서이며 인순印順 또한 『웅십력의 신유식론熊十力新唯識論』이란 글을 지어 불학에 대한 웅십력의 왜곡에 대해 정정을 가하였다. 이후

124) 『체용론』 제2장 「불법상」 84쪽.

웅십력은 『신유식론』에 의거하여 『체용론體用論』을 지었으며 앞의 책에 비해 많이 수정되었다. 하지만 여전히 불법을 비판하고 『주역』의 사상적 가치를 높이고 있다. 구체적인 세목에서 수정이 많았지만 전체적인 경향은 거의 변하지 않았다.

용用을 가지고 말하면, 벽闢은 건동健動, 승진升進, 개발開發의 기세勢로 이른바 정신精神이다. 흡翕은 응렴凝斂, 섭취攝取이며 고폐固閉의 기세勢를 가지고 있는 이른바 물질이다. 흡이 만약 분화하게 되면 매우 다양한 물物을 이룬다. 벽은 혼일渾一하고 일체 물질 중에 두루 운행되며 고정된 소재가 없으나 존재하지 않은 곳이 없다. 벽의 이러한 성질은 우익이 말한 '역리易理'는 어느 곳인들 있지 않은 곳이 없고 "천지보다 앞서며 또 천지만물의 시종에 관철된다在天地之先, 亦貫徹於天地萬物之始終"와 내용상으로 서로 가깝다.

대용大用에 벽, 흡 두 가지의 성질이 있으니 상반상성한다. 『역전』의 말로 하면 이것은 "인仁에 드러나고 용用에 갈무리 된다顯諸仁, 藏諸用"는 것이다. 인은 생생불식生生不息을 말함이며 태극의 공용功用이다. "인에 드러나고顯諸仁"라는 말은 바로 본체(태극)의 공용을 드러내는데, 웅십력의 뜻에 의하면, 즉체즉용卽體卽用이다. "용에 갈무리 된다藏諸用"는 것은 태극이 결코 그 공용과 떨어져 독자적으로 존재하지 않는다는 말이다. 이것은 바로 '즉용즉체卽用卽體'를 말하는 것이다.

즉체즉용卽體卽用, 즉용즉체卽用卽體는 웅십력이 그 체용관계를 기술하는 가장 간결하고도 명료한 말이다. 그는 말한다.

> 체용은 나눌 수 있으나 실제로는 나눌 수 없다. 나눌 수 있다는 것은 체가 차별이 없고(비유하면 바닷물은 원래 혼전渾全한 것), 용은 만수萬殊(비유하면 많은 물거품은 각각 별개로 드러남)이다. 실제 나눌 수 없다는 것은 즉체즉용(비유하면 바닷물은 온전히 물거품이 된다)이며 즉용즉체(비유하면

물거품 밖에 따로 바닷물이 있는 것이 아니다)이다. 이렇기 때문에 복잡다단한 묘유妙有는 모두 고정되지 않고 마땅히 용用으로 말해야 할 것이다. 혼연渾然하게 가득 차 있다는 것은 함이 없으나 하지 못하는 것이 없다는 것이니 이것은 대용 유행의 본체(혼연이란 완전하여 나눌 수 없음을 말한다. 충색充塞은 두루 편재遍在하여 있지 않은 곳이 없음을 말한다)이다. 용用은 체體로서 이루어지고(비유하면 무량한 물거품 모습漚相은 모두 바닷물이 만들어 낸 것) 체는 용을 기다려 존재한다.(비유하면 바닷물은 무량無量한 물거품을 초월하여 독자적으로 있을 수 없다)[125]

이 말은 체용관계를 기술하고 있는데 뜻이 간결, 명료하며 논리가 엄밀하다. 이것은 웅십력 이론 체계의 특징이며 그가 현대의 탁월한 성과를 거둔 철학가가 된 원인 중의 하나이다. 그러나 이러한 사상을 이해하는 것은 여전히 쉬운 것은 아니다. 웅십력이 스스로 기술한 것에 의하면, 그는 우주론을 탐색하는데 전후前後 세 차례 전환을 통하여 비로소 정론定論을 이루었다고 한다.

우선 그는 하나의 조물주를 가설했다. 이것은 그가 어릴 때부터 고서적을 보고 얻은 것으로 이른바 천天, 제帝 등의 부류이다. 그 후 "멀게는 다른 사물에서 취하고, 가깝게는 자기에서 취하여 혼자서 궁리한다遠取諸物, 近取諸身, 獨處窮理"[126]라고 하여 모두 조물주의 존재를 증명할 수 없어서 이 가설을 포기하였다. 이것이 첫 번째 전환이다. 다음으로 그는 만물에는 출발점源頭이 없다

125) 『체용론』 제2장 「불법상」 84쪽. "體用可分, 而實不可分. 可分者, 體無差別(譬如眾漚現各別的). (譬如大海水元是渾全的), 用乃萬殊(譬如衆沟現各別的)實不可分者, 卽體卽用(譬如大海水全成爲眾漚), 卽用卽體(譬如眾漚以外無有大海水). 是故繄然妙有, 都不固定, 應說名用. 渾然充塞, 無爲而無不爲者, 則是大用流行的本體(渾然者, 言其爲大全而不可分也. 充塞者, 言其周遍而無不在也). 用以體成(喩如無量漚相都是大海水所成), 體待用存(喩如大海水非超越無量漚相而獨在)."

126) 『체용론』 제2장 「불법상」 84쪽.

고 가설하여 만물은 무시無始이래로 각자 '형形으로서 상생相生하고' '유類로서 상종相從하며' '같지 않으면서 같고不齊而齊' '저절로 그러하다'라고 여겼다.[127] 그러나 이것도 마음에는 들지 않았다. 그래서 '근원을 궁구하는 학窮原之學'을 계속하였다. 이것이 두 번째 전환이다.

마지막으로 "가깝게는 자기에서 취하였고, 멀게는 다른 사물에서 취하여近取諸身, 遠取諸物"와 "이치를 궁리하여 본성을 다하고窮理盡性"로부터 고찰하고 사색하는 가운데 만유萬有의 실체는 바로 만유 자체임을 깊이 깨닫고 믿게 되었다. 실체는 결코 만유 배후에 숨어 있거나 만유를 초월해 있는 것이 아니다. 항상 불변하여 물物과 떨어져 혼자 존재하는 것도 아니라 "형형색색으로 진리가 두루 드러나 있고, 똥오줌, 기왓장에도 청정한 본연이 아님이 없고" 또 "그 천지만물 일체의 덕혜德慧를 함양하고 재단하고 성업을 돕는 것은 모두 천지만물 전체를 완성하는 본성이며 사사로움이 없기 때문이다."[128] 웅십력은 이것이 바로 유가의 '성학의 혈맥聖學血脈'이며 또한 미래의 인류가 멈추지 않고 계속해서 '보존하고 발전시켜 나가야 하는 이유라고 생각한다.

웅십력의 이른바 '성학혈맥'은 순수한 유가사상이 아니라, 장자의 "도는 똥오줌에 있고 기왓장에 있다"와 『역전』의 "천지를 마름질하고 만물을 돕는다"와 『예기禮記』「예운禮運」편의 "천하는 공정하다" 등의 여러 사상을 융합하고 통섭한 혼합물이며 이것은 또한 현대 신유가의 선구자의 사상을 대표한다.

어쨌든 역사상 관방官方 유학은 당唐이래로 불학과 역학이 모여 합류한 경향에 대해 줄곧 합당한 지위를 부여하지 못했으며 당, 청대에 두 차례 대 소탕이 있었으나 양가 사상의 회통을 효과적으로 억제하지 못했다. 이어 근대 '오사五四' 이후 관방유가는 이미 더 이상 존재하지 않았으며 유가사상은 이미

127) 『체용론』 제2장 「불법상」 84쪽.

128) 『체용론』 제2장 「불법상」 84쪽.

불가사상과 마찬가지로 같은 처지가 되었다.

불교방면에서 말하자면, 유불儒佛 합일을 창도한 사상은 더욱 자유롭고 실재적인 방면으로 나아갔다. 예컨대 인광印光은 바로 유가사상으로 출발한 사람이며 나아가 그의 염불법문念佛法門을 발전시켰다. 유가는 관학官學의 지위를 상실함에 의해 사상은 침체상태였고 이미 옛날의 좋은 상황과 비할 바가 아니었다. 이러한 쇠퇴에 직면하여 몇몇 유학자들은 유가사상 전반을 반성하기 시작하였으며 새로운 해석과 평가를 내리기 시작했다. 어떤 사람은 불법에서 유학이 나갈 방향을 찾으려고 시도했다. 웅십력은 유불에 출입하고 중국문화와 불교華梵를 드러내어 밝혔으며 최후에는 『주역』으로 돌아가는 그의 학술적 노정道路은 바로 이러한 방향의 중요한 예증例證이 된다. 그는 말한다.

초기에는 불법을 연구함에 세친世親, 호법護法의 유식론으로 시작하였는데 그들의 정밀한 분석을 매우 좋아했다. 깊이 들어가자 그 지루하고 번쇄함에 다소 싫어졌다. 용수龍樹를 구하였으나 그는 공空의 탐닉을 벗어나지 못하였다. 수년간 사색하여 홀연히 『주역』에서 깨달음이 있었다. 『신유식론』 문언본文言本은 『주역』을 융합하여 불교로 들어간 것이다. 어체본語體本에 이르러 종주는 『주역』에 두고 불교의 단점을 묶어 버리고 그 장점을 융섭했다. 불법이 대승에 이르러 소종(小宗: 소승)의 자리自利를 경계하여 중생을 버리지 않고 세간을 버리지 않는 것을 종요宗要로 삼았는데 진실로 『주역』의 도와 가깝게 되었다. 그러나 그(대승) 큰 바램은 결국 중생이 생사의 고해를 벗어나도록 제도하는데 있었지만 여전히 이산尼山[129]처럼 멀리 떨어져 있었다. 나는 오직 건원乾元 성해性海[130]를 알려고 하였으나 생사해生死海가 있는 것을

129) 산동성에 위치. 안씨는 이산(尼山)에 기도를 드려 노나라 양공 22년(B.C 551) 노나라 창평향 추읍에서 공자를 낳았다고 한다.

130) 진여(眞如)의 이성(理性)이 깊고 넓음을 바다에 비유(比喩)한 말

알지 못했다.[131)]

이러한 추세는 이후 현대 신유가들에게 불유佛儒를 융합함에 스스로 본보기가 되었다. 모종삼牟宗三, 당군의唐君毅 등이 이와 관련이 깊다. 다만 불학을 가져와서 현세를 긍정하는 유학의 정신을 더욱 드러낸 것은 여전히 바뀐 것이 없었다.

131) 『신유식론(壬辰刪定本). 산정기』, 『체용론』 참조. "初研佛法, 從世親·護法唯識之論入手, 甚喜其精析. 及人之深, 頗厭 其支離瑣碎. 求之龍樹, 未免耽空. 蓋澄思累年, 而忽有契於易. 新論文言味, 猶融易以入佛. 至語體本, 則宗主在易, 惟繩佛之短, 而融其長. …… 佛法至大乘, 戒小宗之自利, 而以不舍眾生·不舍世間爲宗要, 固與易道爲近. 然其大願, 終在度盡眾生出生死海, 猶與尼山遠隔在. 余唯求識乾元性海, 而不見有生死海."

역주

1 【역주】 본체와 차별 현상.

2 【역주】 산스크리트 아상가(Asaga)의 음역으로, 무착(無着) 또는 무장애(無障碍)라 번역된다. 유식불교를 확립하였으며 무상유식(無相唯識)의 시조로 평가된다. 인도 서북지방에서 태어나 동생 세친(世親)과 함께 대승불교를 발전시켰다. 처음에는 소승불교의 일설체유부에 출가하여, 소승의 공관(空觀)을 배웠으나 이에 만족하지 않고 신통력으로 도솔천에 올라가 미륵에게서 대승의 공관을 배웠다. 지상에 돌아와 공(空)을 닦아 익히고 대중에게 설교하였으나, 사람들이 믿지 않자 미륵이 직접 내려와 『십지경(十地經)』을 설교하였고 이후 사람들이 대승의 가르침을 믿었다고 한다. 일광삼매(日光三昧)를 배워 대승의 교리를 이해하고 많은 주석서를 펴냈으며 만년에는 세친을 대승불교에 인도하였다. 저서로 『섭대승론』 『아비달마집론』 『현양성교론』 『금강반야경론』 『순중론』 『육문교수습정론』 등이 있다. 『섭대승론』은 『해심밀경』과 『대승아비달마경』에 기초하여 유식사상의 교리로 대승의 체계를 세운 저술로 그의 대표작이다. 처음 3장은 아뢰야식·삼성(三性)·유식관을 정의하고, 다음 5장은 수행을 실천하는 방법으로 육바라밀·십지(十地)·계율·선정·지혜 등을 다루었다. 마지막 2장에서는 무주소(無住所) 열반과 부처의 삼신(三身)을 논하였다. 원전은 없으나 진제와 현장이 번역한 한역본과 티베트본이 전하며, 중국에서는 진제의 역본을 기본으로 섭론종(攝論宗)이 생겨났다.

3 【역주】 천친(天親)이라고도 한다. 산스크리트 바수반두를 바수반두(婆數槃豆)·벌소반도(伐蘇畔度) 등으로 음역하였다. 간다라국(國)의 정통 브라만 출신이다. 형인 무착(無著:Asaga)과 동생 사자각(師子覺)도 유명한 불교학자이다. 처음에는 소승불교 가운데 최대학파였던 설일체유부(說一切有部)와 경량부(經量部)의 사상을 공부하여, 하루에 한 게송(偈頌)씩 600게송을 지었다는 명저 『아비달마구사론(阿毘達磨俱舍論)』을 저술하였다. 이 책은 소승불교의 여러 사상을 잘 간추려 엮은 것으로서 인도·중국·한국·일본 등지에서 널리 읽혔다. 뒤에 형 무착의 권유로 대승불교로 전향하여 미륵(彌勒)·무착으로 이어져 확립된 유식사상을 『유식이십론(唯識二十論)』과 『유식삼십송(唯識三十頌)』에 결집하였다. 대승불교에서의 그의 위치는 『화엄(華嚴)』·『법화(法華)』·『열반(涅槃)』·『승만(勝鬘)』·『무량수경(無量壽經)』 등의 여러 대승경전을 연구하여 대승 전반에 걸쳐 개척자적인 지위를 확보하였다. 무엇보다 중요한 것은 형 무착의 유식학을 계승하여 이를 완성시킨 데 있다. 무착과 세친의 대승불교는 유가행파(瑜伽行派)로 불

려지며, 용수 등의 중관파와 더불어 인도 대승불교의 양대 주류를 이루었다.

4 【역주】 산스크리트어로 파라마르타(Paramārtha)의 한역(漢譯) 이름이다. 인도 우자인의 바라문 출생. 주로 중기 대승불교의 유식사상을 배우고, 546년 중국 양(梁)나라 무제(武帝)의 초청으로 많은 경전을 가지고 바닷길로 남방을 경유하여 남경(南京)으로 갔다. 때마침 국난을 만나 양나라가 멸망하였으므로, 중국 각지를 전전하며 귀국을 꾀하였으나 폭풍우를 만나 뜻을 이루지 못하고 남해(南海)에서 죽었다. 그는 어려운 생활 속에서도 홀로 인도 불교 경전을 한역하여 그 역본이 대략 70부에 이르렀다고 하나, 현존하는 것은 30부뿐이다. 특히 유식 계통의 것을 정확하게 번역한 『섭대승론(攝大乘論)』·『금광명경金光明經』·『구사론(俱舍論)』·『대승기신론(大乘起信論)』 등이 있는데, 오늘날 불교 연구에 중요한 자료가 되고 있다.

5 【역주】 자 슬인(瑟人)·이옥(爾玉). 호 정암(定庵). 일명 공조(鞏祚). 절강성(浙江省) 항주(杭州) 출생. 고증학자 단옥재(段玉裁)의 외손자로 어릴 때 직접 가르침을 받았고 1819년 유봉록(劉逢祿)에게 공양학(公羊學)을 배웠다. 1829년 진사에 급제, 내각중서(內閣中書)에 임명되고 종인부주사(宗人府主事)를 거쳐 1837년 주객사주사(主客司主事)가 되었으나, 1839년 관직에서 물러나 고향으로 돌아간 후 다시 관계(官界)에 나서지 않았다. 호탕한 성격에 학식도 넓어 위원(魏源)과 더불어 재주를 칭송받았다. 청나라 말기의 혼란한 시대상과 자신의 울분을 정감 넘치는 시문(詩文)으로 표현하였는데, 그 속에서 엿보이는 개혁의지는 그 후의 개혁가에게 큰 영향을 끼쳤다. 문집 『정암문집(定庵文集)』(3권), 저서로는『시집(詩集)』(4권) 『보편(補編)』(4권) 등이 있다.

6 【역주】 1865년 호남성(湖南省) 류양(瀏陽)에서 출생하였다. 자는 부생(復生)이며 호는 장비(壯飛)이다. 아버지는 진보적 사상을 가진 청나라 고급 관리였다. 그가 10세 때 디프테리아에 걸렸으나 어머니와 형, 누나는 사망했고 담사동은 목숨을 건졌다. 어린 시절부터 시문에 뛰어나 시문 저작은 30세 때까지 16종 24권에 이른다. 1884년 이래 6차례나 과거에 응시하였으나 급제하지 못하자 결국 과거에 급제하여 관리가 되겠다는 생각을 포기했다. 이후 사상가였던 양계초(梁啓超)의 영향을 받아 사회 변혁의 길을 택했다. 청일전쟁이 끝나고 1896년 난징에서 중국 불교의 거목이었던 양문회를 만나 불교의 법을 익혔으며 이때 저술한 책이 그의 대표작인 『인학(仁學)』이다. 그는 『인학』을 통해 봉건시대의 유산을 타파해야 한다고 주장했다. 중국의 전통적인 유교적 절서인 삼강오륜으로 4억 민중의 몸과 마음을 묶어 버렸다고 했으며 반청(反淸), 반군주(反君主), 반공자(反孔子)의 주장을 펼쳤다.

7 【역주】 자 문회(文會). 안휘성(安徽省) 출생. 영국·프랑스에서 유럽 문물과 사회정세에 관하여 공부하였다. 귀국 후 폐불사건(廢佛事件)으로 황폐화된 중국 불교계의 부흥에 진력하였으며, 특히 불교연구에 필요한 서적 출판에 주력하였다. 그는 불교 여러 종파의 통일을 염원하여 아미타불(阿彌陀佛)을 신봉하였으며, 동치(同治) 5년(1866)에 정학천(鄭學川)이 주관하는 각경(刻經)에 참여하여 금릉각경처(金陵刻經處)를 설치, 불전(佛典)의 출판·보급에 생애를 바쳤다.

8 【역주】 장병린(章炳麟, 1868년~1936년)은 중국 청말 민국 초기의 학자이자 혁명가이다. 절강성 여항현

(余抗縣) 출신이다. 자는 매숙(枚叔). 호는 태염(太炎)이다. 청년 시절에 유월(兪越)에게 사사하여 고증학을 수학하고, 『좌씨전(左氏傳)』을 연구한 뒤에 강유위와 양계초 등의 개혁운동에 참가하였으나 그들의 공양학파(公羊學派)에 대한 학문상의 견해 차이로 곧 그들과 결별하였다. 무술정변 후 한때 일본에 망명하여 개혁파를 떠난 채 배만운동(排滿運動)을 결의하였다. 『구서』에서 강렬한 배만사상을 표명한 데 이어 『박강유위론혁명서(駁康有爲論革命書)』와, 추용(鄒容)의 저서인 『혁명군(革命軍)』의 서문에서 청조를 매도하여 투옥되었는데, 옥중에서는 불전(佛典)을 연구했다. 또한 절강(浙江) 계통의 혁명단체인 광복회(光復會)의 결성에 관여하였다. 출옥 후 도쿄에 가서 중국 혁명동맹회(中國革命同盟會)의 기관지인 『민보(民報)』의 주필이 되어 민족혁명을 맹렬히 고취하였다. 신해혁명 후에는 위안스카이(袁世凱)의 정치에 반대하였고, 쑨원(孫文) 등과 행동을 함께 하였다. 뒤에는 정계를 떠나 국학(國學)의 연구와 유지에 전념하여 민국의 학문에 상당한 영향을 미쳤다. 저서로는 전술한 것 외에 『문시(文始)』, 『신방언(新方言)』, 『소학문답(小學問答)』, 『검론(檢論)』, 『국고론형(國故論衡)』 등 대단히 많다. 이것들은 대체로 『장씨총서(章氏叢書)』, 『동속편(同續編)』, 『태염문록(太炎文錄)』에 수록되어 있다.

9 【역주】 여기에서 말하는 방(方)은 판(板)으로 책을 묶기 이전의 상태이고, 책(策)은 편철(編綴)한 것을 말한다. 이 기준이 바로 100가지 명(名)을 기준으로 방(方)이나 책(策)을 구분하는 것을 말하는 것으로 보인다. 이런 이유에서 『주역』의 경우는 100가지 명(名)에 미치지 못하기 때문에 편(編)한 책(策)으로 보기는 어렵다는 말이다.

10 【역주】 비직(費直)은 비씨역(費氏易)의 창시자로서 고문역학은 비씨로부터 시작된다고 할 수 있다. 그의 학설은 마융(馬融 AD 79-166)에 의하여 연구되었으며 정현(鄭玄 127-200) 또한 마융의 제자로서 고문역학인 '비직역'을 연구하였으나, 정현은 금문역학과 고문역학의 융화에 노력하였다.

11 【역주】 양만리(楊萬里)의 자는 정수(廷秀)이고 호는 성재(誠齋)이다. 강서성(江西省) 길수(吉水) 출생. 각지의 지방장관을 역임하면서 관직을 전전할 때마다 시집 한 권씩을 엮었다. 그가 낸 시집은 『강호집(江湖集)』에서 『퇴휴집(退休集)』까지 모두 9부로 시의 전체 편수는 무려 4,000여 편이다. 주역의 주석(註釋)인 『성재역전(誠齋易傳)』의 저작도 남겼는데, 이 책은 특히 역사적인 관점에서 주석한 책이다.

12 【역주】 저자는 '能見'에서 '見'을 '現'으로 보아야 한다고 하지만 능견(能見)으로 보는 것이 타당하다.

13 【역주】 정이천은 『이천역전』에서 "음은 양을 따르는 것으로 먼저 부르는 것을 기다려 화답하는 것이니 음으로서 양에 앞서면 혼미하여 잘못되고, 뒤에 서면 그 떳떳함을 얻는다.(陰從陽者也. 待唱而和, 陰而先陽則爲迷錯, 居後乃得其常也.)"고 하여 곤의 덕이 유순으로 뒤에 자리함(居後)에 있음을 말하고 있다. 만약 이러한 곤의 특성을 무시하고 다투어 앞서 나아가려 한다면 반드시 미혹하고 잘못될 것이다. 이 때문에 다만 뒤를 따라간다면 분명히 이익을 얻을 것이라고 말한다.

14 【역주】 장재(張載)를 말함.

15【역주】완원(阮元, 1764-1849年)을 말함. 자가 백원(伯元)임.

16【역주】결생(結生): 중유(中有)가 없어지고 모태(母胎)에 생(生)을 의탁하는 것을 말함.

17【역주】이 말은 건괘(乾卦)「문언전」의 "세속을 떠나 있어도 괴로워하지 않고(遯世無悶)"라는 말에서 나왔다.

18【역주】삼세상(三細相):『기신론(起信論)』에서 설한 것. 근본무명의 상장(相狀)을 분별하여 지말무명(枝末無明)의 육추(六麤)에 대한 것을 삼세(三細)라고 함. 첫째, 무명업상(無明業相). 업(業)은 동작(動作)의 뜻. 일법계의 이(理)에 달하지 못하고 진심(眞心)이 처음 동작한 것. 둘째, 능견상(能見相). 이미 있었던 동작에 따라 능견의 상이 있는 것. 셋째, 경계상(境界相). 능견의 상이 있으면 반드시 소견(所見)의 상이 있다. 이 삼상(三相)가운데 동작의 체(體)에 따라 능견과 소견의 취용(取用)이 생기며 체와 용이 떨어지지 않으면 일시에 삼상(三相)이 갖추어진다. 이 상(相)의 용은 지극히 미세하여 삼세라 한다.『불교대사전』

19【역주】유식론에 대하여 만법이 식의 모든 변이 되고 팔식이 능변이 됨을 말한 것이다. 삼종(三種)으로 나누어 차례로 말한다. 아뢰야식을 제1능변이라 하고 말나식을 제2능변이라 하고 육근(六根)을 제3능변이라 함.

20【역주】「설괘전」의 말.

21【역주】「설괘전」의 말.

22【역주】다른 형태로 성숙함을 말함.

23【역주】삼신(三身)은 성질에 따라 나눈 부처의 세 가지 몸. 법신·보신·응신 또는 자성신·수용신·변화신 따위가 있다.

24【역주】수행이 끝나 복덕과 지혜가 원만하고 밝아 늘 진리를 관조하여 스스로 그 법락(法樂)을 받는 불신(佛身)을 말한다,

25【역주】양리상권(兩利相權), 즉 두 사건을 상호 비교하여 둘 중에서 어느 것이 더 큰 이익을 산출할 수 있는가를 고려하여 하나를 선택하는 것을 말한다. 반대로 둘 다 하자가 있는 경우는 어느 것이 위해(危害)가 작은 것인 것인가를 택하는 것을 양해상권(兩害相權)이라고 말한다.

26【역주】"유변소적(唯變所適)의" "적(適)"은 "따르다" 또는 "가다"는 의미로 오직 주어진 상황에 적합하게 하여 변화하고 따라 간다는 의미이다.

27【역주】일(一) 수유(須臾)는 48분이고, 일 찰나(刹那)는 0.0133초, 일 탄지경(彈旨頃)은 약 0.86초이다.

28【역주】『『주역』· 계사전』 "曲成萬物"

29【역주】『『주역』· 건괘』 "用九 見群龍 无首吉"

附錄

主要 參考書目

1) 『祖堂集』 권4, 5, 6, 8

2) 『傳燈錄』 권3, 14

3) 『宋僧傳』 권9, 11, 12, 13, 17

4) 『新續高僧傳』 권45

5) 『指月錄』 권16

6) 『人天眼目』 권3

7) 『集古今佛道論衡』 卷丙

8) 『石門文字禪』卷首, 15, 24

9) 『卍續藏經』 제103, 110, 111, 119, 120, 124, 125책.

10) 『僧寶正續傳』 권2

11) 『中國佛學源流略講』 제9강, 부록.

12) 『中國禪宗史』「印順撰」

13) 『二十二史札記』 권19

14) 『全唐文』 권536

15) 『京氏易傳』

16) 『漢上易傳·卦圖』

17) 『易道明辨』

18) 『易經集成』 제13책

19) 『周易正義』

20)『周易參同契古注集成』

21)『周易參同契通析』(潘啓明著)

22)『周易禪解』

23)『周易集解』

24)『中國道教思想史綱』(卿希泰著』제2장, 5장, 6장, 7장

25)『周易槪論』(劉大鈞著)

26)『高僧傳』

27)『新華嚴經論』

28)『華嚴經隨疏演義鈔』

29)『新唯識論』

30)『體用論』

31)『太虛大師全集·論藏 . 宗用論』

32)『圓覺經大疏鈔』

33)『周敦頤集』권1

34)『太極圖說遺議』

35)『紫柏尊者全集』권21

36)『居士傳』권29

37)『氣的思想』

38)『中國道教史』(任繼愈主編) 제2편 제6장, 7장, 11장

39)『道敎論稿』(王家祐著)『讀蒙文通先師論道敎札記』,『唐代道敎』兩篇

『불교와 주역』 해제

인류 문명의 건축물을 떠받치고 있는 철학의 주춧돌이 BC 5세기경 동서양 여기저기에서 놓여졌다. 서양의 사상적 원류에 해당하는 고대 그리스 사상, 인도의 불교와 중국의 유학 사상들이 약속이나 한 듯이 비슷한 시기에 출현했다는 것은 우연치고는 대단한 우연이다. 이것은 인간의 거대 문명도 개별 생명체처럼 탄생과 성장 그리고 소멸이라는 역사 발전의 수레바퀴로 돌고 있는 것은 아닌가 하는 의문을 들게 한다. 훗날 야스퍼스는 인류 지성에 근간을 이루는 토대를 구축했다는 의미에서 이를 주축시대Axis Age라고 명명하였다.

불교와 유학은 동양철학의 두 축으로서 우랄산맥의 동서를 분할하여 각각 인도와 중국에서 탄생하였고 그 후 기타 지역으로 전래되어 막강한 영향력을 행사해 왔다. 불교는 인도 남쪽으로 뻗어나가 남방불교를 형성하였고 동북아 쪽으로 흘러간 대승불교는 중국 고유문화와 만나 선불교라는 독자적인 불교문화와 사상을 탄생시켰다.

유학은 중국에서 비롯되어 한국과 일본 지역까지 포괄하는 동북아 패권 사상으로 오랫동안 군림하였다. 특히 공자가 『역경易經』을 풀이한 『역전易傳』은 『역경』을 읽는 관문 역할을 하였고 『주역』은 유학의 대표적인 경전에서 빠뜨릴 수 없는 가장 중요한 책이 되었다. 『주역』의 근본사상은 천도天道를 미루어 인사人事를 밝히는 것이다. 즉 인간은 자연을 본받고, 자연의 법칙을 인간사에 반성적反省的으로 응용하여 흉凶을 피하고 길吉로 나아가도록 하는 우환憂患의 책이 바로 『주역』이다. 불교의 가르침 또한 삶의 고해苦海에서 벗어나는 길을 찾으려는, 말하자면 고통에서 벗어나 영원한 안식처에 이르는 길을 전하는 내용을 담고 있다. 그러므로 불교와 『주역』 둘 다 추구하는 지향점은 인간 존재의 불완전성과 미래에 대한 불안정성을 해소하고 삶에 대한 바른 길正道을 찾는 데 있다.

불교와 『주역』은 모두 사상적 외연이 대단히 넓고 내포적 의미가 깊다. 특히 불교가 중국문화에 끼친 영향은 철학, 문학, 예술, 조각, 건축 등 다양한 분야에 걸쳐 있으며 『주역』 또한 유가역, 도가역, 불가역이 있을 정도로 여러 사상들 속으로 파고든 흔적은 뚜렷하다. 서기 1세기경 불교가 중국에 전래되면서 토착의 사상과 긴밀한 교류를 시작했고 그 과정에서 유학과 상호 영향을 주고받으며 시대와 상황에 따라 모습을 달리하면서 합류의 물줄기를 타고 이어져 내려왔다. 그 과정에서 수정과 변형은 생존을 위한 불가피한 선택이었다.

이 책 『불교와 주역』은 시대별로 인물들과 그 이론을 중심으로 불교와 『주역』의 상호 관계를 논한 책이다. 불교가 중국에 전래되어 중국의 토착 사상과 때론 대결하고 때론 흡수하면서 어떻게 중국화의 길을 밟아갔는지, 또 불교가 중국의 토착 사상 속으로 들어가 유학과 도가 사상에 어떤 영향을 끼쳤는지를 체계적으로 잘 보여주고 있다. 저자도 지적했듯이 불교와 『주역』의 상호관계에 대한 연구는 여전히 개척을 기다리는 분야이다. 불교와 유학과의 관계나 교섭을 다룬 기존 연구는 있지만 불교와 『주역』에 대한 교류를 다룬 연구는 거의 찾아보기 어렵다. 있다하더라도 단편적인 비교 단계를 벗어난 결과물을 찾아보기 어렵다. 그 이유는 불교나 역학 모두 내용 자체가 어렵기도 하거니와 다루는 양 또한 상당하여 역사적으로 불학과 역학의 관계를 전문적으로 다루기가 만만치 않기 때문이다. 무엇보다 많은 자료와 상당한 노력이 요구될 뿐만 아니라 인도와 중국 사상을 관통하는 흐름을 꿰뚫어 볼 수 있어야 가능한 연구이다. 게다가 불교와 역학을 다룬 서적은 대부분 고승의 손에서 나왔고 그들은 역학을 불교를 전파하는 보조수단으로 삼고 있기 때문에 불교의 이론을 기술하는 데 집중되어 있어서, 이들 관계를 전문적인 철학적 주제로 삼은 것은 드물 수밖에 없다. 겉으로 보기에도 불교와 『주역』이라는 다소 이질적이고 개성이 뚜렷한 두 사상에서 공통점을 도출하여 융합시키는 것은 쉽지 않다. 불교가 마음의 존재와 그 구조에 대한 탐구라면, 『주역』은 우주의 거대한 흐름에 동류하면서 자연의 현상을 관찰하여 그 법칙을 인간과 그 사회의 준칙으로 삼고 있다. 결국 마음의 본질에 대한 인식은 모든 존재의 현상과 그 근본에 대한 인식과 매우 밀접한 관계를 갖는다는 점에서 불교와 『주역』은 상호 회통할 수 있는 교집의 영역을 가진다. 양자의 상호 관계와 영향을 다루고 있는 본 저자의 연구가 어떤 결과를 보여줄지 적지 않은 기대와 궁금증을 일으키고 있다.

이 책은 특히 불교와 『주역』이 교류한 역사적 맥락을 따라 각종 역사적 사건과 그 변천 과정을 조명하였을 뿐만 아니라 이와 관련된 인물의 사상적 관점을 구체적으로 분석하여 그 사상과 영향을 가감 없이 평가하였다. 또 중국 불교사의 발전, 이론의 연원 문제 등을 간략히 정리하였으며 전체 내용을 종적, 횡적으로 파악할 수 있는 이론 틀을 제시하여 맥락과 구도 속에 은닉되어 있는 의미를 온전히 드러내려고 시도했다. 이 책은 무엇보다 불교의 각 종파와 시대적 흐름에서 『주역』이 어떻게 착종되고 수용하는지에 관한 논제를 상세히 검토하고 있다는 점에서 사료적 가치는 물론 사상의 심층 구조를 드러내주고 있다는 점에서도 의미가 크다.

불교와 역학의 구성은 5장으로 되어 있으며 간단히 소개하면 다음과 같다. 1장 〈불교와 역학의 교섭〉에서는 불교가 중국에 전래되어 중국 전통 사상 중 『주역』과의 상호 영향과 교류 관계를 시대별 그리고 종파별로 상세히 다루고 있다. 불교가 중국에 전래되어 전파되기 위해서는 먼저 이질적 토양에 뿌리내릴 수 있는 과정이 필요하다. 따라서 불교 개념과 용어에 생소하여 이해하지 못하는 현지인들에게 전도하기 위해서는 그들이 이해하는 수준과 개념을 사용하는 것이 현지화의 첫 번째 단계이다. 이렇듯 불교가 중국 문화 속으로 전파하여 뿌리내리기 위해서는 반드시 중국 토착 사상과 상호 소통하고 연결되면서 더욱 심화시켜 나갈 계기를 만들어야 했다. 불교 개념을 소개하고 경전을 편찬할 때 생소한 사상으로 인해 불교 용어나 개념을 그대로 사용할 수도 없고 그렇다고 그것에 딱 맞는 한자도 없었다. 따라서 토착 사상의 용어를 차용하여 설명할 수밖에 없었다. 이러한 이행기의 불교 형태를 '격의불교格義佛敎'라고 한다.

격의불교는 기존 용어를 불교 개념을 설명하는 데 적극 이용하였으며 이를 통해 불교 개념을 현지인들에게 효과적으로 이해시키는 데 어느 정도 성공하였다고 볼 수 있다. 격의의 방법을 통해서 중국의 고유한 사유방식에 적응하여 그들의 관습과 문화를 수용하는 동시에 불교 전파라는 소기의 목적을 이룰 수 있었다. 그러나 격의의 방법은 한편으로는 중국인들에게 생경한 불교 이론과 개념을 이해시키고 전파하는 데 효과적인 방법이었지만, 다른 한편으로는 이로 인해 부작용도 발생했다. 중국에 없는 불교 개념을 중국식 개념으로 전달하다보니 원의에서 벗어나 왜곡과 오역이 나타날 수밖에 없었다. 특히 역학과 불교의 교의를 억지로 연결시켜 비슷한 면을 추출하려다 보니 원의와 맥락에 맞지 않는 견강부회한 측면이 많았으며, 불교를 널리 전파하는 것에만 집중하다보니 불경 편찬과정에서 여러 위경僞經을 대량으로 생산하는 부작용을 낳았다.

이런 문제점에도 불구하고 불교는 중국 문화 속으로 깊이 파고들어 중국사상을 외래 불교에 융합시키고 서민층과 상류층을 막론하고 전 계층의 사람들이 거부감 없이 받아들이도록 진력했다. 그 결과 위진 시대 불교의 강술이나 불경의 주석들은 대부분 『노자』, 『장자』와 『주역』의 용어들을 인용하였으며 승려들은 물론이고 관료나 사대부들도 불교 연구에 대거 참여하였다. 왕필王弼은 위진 현학을 개창한 인물로 노자와 『주역』에 매우 밝았으며 그가 주장한 '득의망상得意忘象' 설은 이후 축도생竺道生이 단서를 얻어 침체된 불교계에 새로운 활력을 불어넣어 이후 불학 사상 발전에 큰 동력이 되었다.

2장 <선학과 역학>에서는 유불도 삼교의 광범위한 교류를 다루고 있다. 도가 위백양魏伯陽의 저작 『참동계參同契』는 선종에 큰 영향을 주었고 선사들이 역학과 선학 문제를 다루는 매개 역할을 한 것으로 보고 있다. 특히 본 장에서는 불교 도상圖象과 도가 및 『주역』의 도상을 비교, 분석하는 데 많은 지면을 할애하고 있다. 선종 도상인 진단陳摶의 무극도無極圖와 주돈이周敦頤의 태극도太極圖를 비교한다든가 또는 조동종의 형성과정에서 『주역』 괘효의 영향과 차용을 상세히 다루고 있다. 또한 임제종 선사 혜홍각범慧洪覺範의 '십육자게十六字偈'는 『주역』의 호체법互體法을 채택하여 선학의 종지를 설명하는 부분에서는 아주 독특한 해석을 하고 있다. '십육자게'에 대한 논쟁은 후에 끊이지 않는데 본 장에서 그 원인을 진단하고 조동종曹洞宗 역학이 후대 선종에 끼친 영향을 분석하고 있다. 무엇보다 선종과 『주역』과의 관련에 대해서 말할 경우, 빼놓을 수 없는 인물이 명말의 고승 우익藕益이다. 그의 저작 『주역선해周易禪解』는 불교입장에서 『주역』을 해석한 최고봉으로 꼽힌다. 『주역선해』를 통해 당시의 선종과 역학의 관계뿐만 아니라 『주역』이 어떻게 불교 이론과 접목되고 안착되는지를 밝히고 있다.

3장 〈화엄학과 역학〉은 이통현, 징관, 규봉 종밀 등의 학자들이 『주역』과 화엄학을 비교분석하고 통섭하여 각각 자신의 독특한 이론을 전개하고 있음을 다루고 있다. 『화엄경』은 심오한 내용과 이론 체계로 인해 중국 고승들에게 애독되어 왔고 주석 또한 다양하고 풍부하다. 이통현李通玄의 『신화엄경론』은 역학의 음양·팔괘·오행 등의 원리를 직접 운용하여 『화엄경』 주석의 독보적인 위치를 점하고 있다. 그의 주석은 법장의 사사무애事事無碍 이론과는 다른 새로운 해석으로 화엄성해華嚴性海 사상에다 『주역』의 원리를 적용시켜 독특한 방법으로 『화엄경』을 풀이하고 있다. 그 구체적인 세 가지 방법이 거방우표법擧方隅表法, 취상표법取象表法, 탁사표법託事表法이다.

후에 징관澄觀은 이통현의 사상을 계승하고 있지만, 이 또한 상당히 독창적인 점이 있다. 징관이 이통현과 마찬가지로 불교와 『주역』을 융통시켜 불교의 교관에 대해 새로운 의미를 부여한 것은 같지만, 시도의 방향과 의도는 이통현과 구별된다. 이통현은 부처의 본의는 '속세를 이롭게 하고 미혹한 자를 깨우쳐 주는 것利俗啓迷'이며 함께 도를 증득하여 교화를 위한 방편으로 '세간법世間法'을 빌려 이론을 펴고 있다고 주장한다. 또한 화엄 사상과 『주역』의 괘 간에 상호 교섭의 특징을 효과적으로 설명하기 위해 징관은 용수龍樹의 『중론中論』 가운데 '팔불八不' 개념의 '불거불래不去不來'를 추출하고 여기에다 새로운 뜻을 부여하여 불교의 중요개념인 미오迷悟를 설명하는 데 사용하고 있다. 징관의 『주역』에 대한 이해와 비판은 그의 문하인 규봉종밀圭峰宗密에 의해 계승되었으며 『원각경대소초』에서 충분히 보여주고 있다.

4장은 〈밀교와 역학〉으로 본 장은 밀교와 역학 간의 관계를 다루고 있다. 중국 밀교는 인도 바라문을 흡수하고 특히 중국 도교의 영향을 받았다. 밀교사상이 삼국시기에 이미 중국으로 들어왔고 밀교 경전 또한 번역되었지만 순수 밀교를 널리 전파하고 종파를 정식으로 형성한 것은 실제 당대 선무외善無畏·금강지金剛智·불공不空등에 의해 시작되었다. 그러나 밀교는 당 무종武宗의 멸법滅法 사건과 오대五代의 전란을 거치면서 중국 땅에서 뿌리를 내리지 못하고 사라져 갔다. 그 조운祚運이 짧은 탓에 이들의 관계를 연구하거나 심지어 언급하는 자도 드물었다. 하지만 밀교와 역학의 관계에 있어서 서로 상통한 점이 적지 않다. 양자 모두 길吉을 쫓고 흉凶을 피하는 것을 그 소기의 목적으로 삼고 있다. 본 장에서 다루고 있는 일행一行의 밀교와 주역점, 금강계만다라와 '낙서'방위, 대흥선사大興善寺와 건괘乾卦의 효상爻象 등과 같은 항목은 불교와 역학 연구자들에게 흥미를 불러일으키기에 충분하다.

5장은 〈유식학과 역학〉으로 불교는 기본적으로 모든 것은 마음을 떠나 존재할 수 없다는 유식사상에 입각하여 불교 교리를 설명하고 있다. 마음에 대한 이론적 토대를 구축한 것이 유식학이다. 마음은 모든 것을 인식하고 판단하여 선악을 나타내기 때문에 마음을 떠난 대상이 따로 없다는 것으로, '유식무경唯識無境'이라는 이 짧은 어구 속에 유식학의 종지가 녹아있다. 식識은 심心의 본체를 가리키는 말로 심의 작용을 8가지로 세분화하여 세계 일체의 현상은 모두 이 팔식八識이 변현變現한 주관見分과 객관相分일 뿐이며 이 팔식 외에 어떤 다른 실재하는 사물物도 존재하지 않는다고 하는 것이 '유식무경'의 원의이다. 본장에서는 유식학이 중국에서 전래되어 역학과 교섭하고 착종하는 과정을 설명하고 있으며 유식학과 역학의 통섭을 가장 성공적으로 보여준 중국 근대사상가 장태염章太炎과 웅십력熊十力의 이론을 소개하며 그 영향과 의의를 논하고 있다.

이러한 편제에서 보듯이 이 책은 불교와 역학에 대한 연구이지만 불교를 세분화하여 역학과의 관계를 체계적이고 구체적으로 다룬 주제들로 구성되어 있다. 따라서 이 책은 불교와 『주역』의 단순한 조우가 아니라 인도와 중국이라는 거대 문화의 만남이요, 중국의 대표 경전인 『주역』과 융합된 불교가 어떤 변천과정을 밟고 있으며 불교가 『주역』의 원리를 어떻게 상황에 맞게 활용하고 응용하는지를 알게 해주는 소중한 기회를 제공하고 있다.

찾아보기

불교와 주역

발행일 2021년 5월 3일 초판 1쇄
지은이 하금화(夏金華)
옮긴이 정병석·김대수
발행인 최외출
발행처 영남대학교 출판부

경북 경산시 대학로 280
전화 053-810-1801~3
팩스 053-810-4722
book.yu.ac.kr

출판등록 1975년 9월 5일 경산 제16-1호
ISBN 978-89-7581-840-0 93140